다시, 평화

임동원 자서전

다시, 평화

위기의 한반도에서 화합과 평화의 여정을 돌아보다

임동원

자서전

폴리티쿠스

지난 70여 년간 대한민국은 산업화와 민주화에 모두 성공하는 놀라운 성취를 이룩했습니다. 1인당 국민소득이 70달러에도 미치지 못한, 세계에서 가장 가난한 나라에서 3만 5천 달러 수준의 풍요로운 사회, 세계 10대 경제 강국으로 우뚝 섰습니다. 가난한 농경 사회에서 산업화 정보화 사회, IT 강국으로 도약하며 정치·경제·사회·문화 선진국으로 자리매김했습니다. 위대한 우리 국민의 피땀 어린 노력으로 이룩한 자랑스러운 성과가 아닐 수 없습니다.

하지만 우리 민족은 아직도 분단을 극복하지 못하고 있습니다. 분단은 동족상잔의 전쟁으로 이어졌고, 전쟁은 통일도 평화도 가져오지 못했습니다. 전쟁은 통일이 아닌 분단 고착화를, 평화가 아닌 군사정전체제하의 적대 관계 심화를 초래했습니다. 또한 동서 냉전체제하에서 한반도 냉전이 구조화되어 갔습니다.

1990년에 동서 냉전이 종식되면서 한반도에서도 냉전을 끝내고, 남북이 화해하고 협력하여 평화를 만들며, 분단을 넘어 통일을 지향할 수 있는 기회의 창이 열렸습니다. 그동안 남과 북은 많은 대내외적인 도전을 이겨내며 남북관계를 개선·발전시키기 위한 힘겨운 노력을 경주해 왔습니다.

　저는 남북관계와 북핵 문제를 돌이켜 보며, 2008년에 회고록 《피스메이커》를 출간하였고 2015년에 다시 개정증보판으로 출간한 바 있습니다. 탈냉전시대를 맞아, 제가 관여한 남북고위급회담, 역사적인 최초의 남북정상회담, 남북 화해와 협력의 시대 개막, 북핵 문제의 전개 과정 등의 사실에 기초하여 서술한 역사 기록입니다.

이제 제 나이 90을 앞두고 이 자서전을 펴냅니다. 이 자서전에서는 제가 살아온 인생 역정을 기술하였습니다. 저는 일제강점기에 초등학교를 다녔습니다. 해방 후에는 중·고교 시절을 분단된 북녘땅에서 보내고, 전쟁 시기에 월남하여 제 인생을 개척해 나갔습니다. 동서냉전 시기인 1950~1970년대에는 군복을 입고 피스키퍼로서 안보 분야에서, 1980년대에는 외교관으로 외교 분야에서 복무했습니다. 그리고 동서냉전이 끝난 1990년대부터는 통일 분야에서 피스메이커로서 제 소명을 다했습니다.

이 자서전에서 저는 제가 살아온 당시의 시대 상황과 한반도 정세를 요약하여 기술하는 한편 《피스메이커》에 담지 못한 개인적인 견해와 뒷이야기 등을 추가하여 서술했습니다. 또한 공직생활을 마치고 시민사회의 평화·통일 운동에 참여한 20년의 삶을 기록했습니다.

지금까지 살아오면서 많은 분의 사랑과 지도와 도움, 격려와 조언을 받았습니다. 저를 도와주시고 함께 일한 분들, 대화하고 협상한 북측 인사와 외국인들, 인상에 남는 분들을 기억하며 이 자서전을 통해 감사의 뜻을 표하게 된 것을 기쁘게 생각합니다.

　이 자서전이 지난 한 세기에 가까운 우리의 현대사를 이해하고, 한반도 평화와 통일 문제에 관심이 있는 분들에게 다소나마 참고가 된다면 다행이겠습니다.

　끝으로 이 책을 출간해 주신 메디치미디어의 김현종 대표와 배소라 실장을 비롯한 관계자들에게 깊은 감사를 드립니다.

2022년 10월

임 동 원

|차 례|

2부 · 안보 일선에서: 자주국방의 길

4부 · 평화와 통일의 길에서

'육군사관학교 제3기 사관생도 모집' 포스터가 눈에 띄었다.
4년간 전액 국비로 군사학과 이공계 대학 교육과정을 이수하고 나면
이학사 학위를 수여하고 육군 소위로 임관한다는 것이다.
'돈이 없어도 대학 교육을 받을 수 있고 장교로 임관된다니 이거야말로
안성맞춤이 아니겠나' 하는 생각이 번뜩 들었다.

1부

시련 속에서
단련되다

1장

일제 강점기와
해방 – 분단 – 전쟁을 겪으며

범사에 감사하라

나는 어릴 때부터 "항상 기뻐하라. 쉬지 말고 기도하라. 범사에 감사하라"는 아버님의 가르침을 받으며 자랐다. 이 가르침은 내 일생을 통해 하나님을 경외하며, 긍정적이고 낙관적인 인생관을 형성하는 데 큰 영향을 주었다.

나는 1933년 7월 25일 압록강 가의 한 산골, 평안북도 위원읍에서 아버님 임의영(林義永)과 어머님 김명순(金明淳)의 장남으로 태어났다. 약국을 경영하신 아버님은 기독교 교회의 장로로서 하나님을 섬기고 교회를 위해 헌신하며 늘 예수님을 닮아가는 삶을 살고자 노력하셨다.

내가 태어날 무렵, 일본은 조선에서 식민지 통치 기반을 굳히고 만주사변을 일으켜 중국 동북 지방을 점령하였고, 그곳에 '만주'라는 괴뢰국을 세워 중국 침략의 야욕을 키워 가고 있었다. 압록강에 인접한 지리적 위치 때문에 내 고향 위원은 만주에서 활동하는 독립운동가들이 자금 조달을 위해 국내에 잠입하는 접근로로 이용되었으며, 이곳에는 그들의 활동을 지원하는 숨은 애국자들이 적지 않았다. 이 때문에 위원에는 1개 중대 규모의 일본군 수비대가 주둔하여 압록강 가를 따라 여러 개의 감시초소를 운용하고 있었다. 나는 애국자들이 체포되어 고문을 당하는 무서운 이야기를 종종 들으며 어린 시절을 보냈다.

백두산에서 시작하여 서쪽으로 흐르는 압록강은 만포선의 시발역인 만포를 지나면서 오른쪽으로는 옛 고구려의 도성인 지안(集安)을, 왼쪽으로는 위원(渭原)과 초산(楚山)을 지나 수풍댐을 거쳐 황해로 흘러 들어간다. 여름철에는 압록강을 따라 줄 이어 내려오는 뗏목들을 바라보며 벌거벗고 멱감던 일, 겨울철에는 얼어붙은 압록강에서 스케이트를 타다 만주 땅에 건너가 호떡을 사먹던 일들이 떠오르곤 한다. 산간벽지인 이 고장의 특산물로는 견고하고 미려한 색채를 자랑하는 단계석(端溪石)을 예술적으로 조각한 벼루가 유명하다. 옛날에는 이 벼루를 왕실에 바쳤다고 하며 일제강점기에는 일본 황실을 비롯해 상류사회에 공급하였다. 일본인이 경영하는 벼루 회사가 이 고장의 큰 기업이었으며, 한때 초등학교에는 벼루 기능공 양성을 위한 수공예과가 부설된 적도 있었다.

사랑과 정직, 근면과 성실, 근검절약은 아버님의 생활신조였다. 매일 새벽기도에서 돌아오시면 정원을 가꾸고 도로와 약국을 청소하셨는데 나는 어려서부터 조수로 거들었다. 우리 집 정원에는 아름다운 향으로 소문난 보라색 라일락 세 그루가 있었고 화원에는 계절마다 백합꽃, 튤립, 백일홍 등이 피고지며 꽃동산을 이루었다. 일제 말기에는 식량

사정이 악화되자 아버님은 집 근처에 1천 평가량의 텃밭을 마련하여 야채며 토마토며 감자며 옥수수 따위를 경작하셨다. 이처럼 쉬지 않고 부지런히 일하면서 노동의 신성함을 체험하시며 자식들도 훈련시켰다. 나는 아버님을 따라 근면 성실, 근검절약을 몸에 익혀 나갔다.

어머님은 초산에서 지하 독립운동에 참여한 연고로 고초를 당해 오신 김명덕 씨의 여동생으로 열여덟 살에 아버님과 결혼하여 2남 6녀를 낳아 키우셨다. 내 위로는 누님 동숙(東淑)이 있고, 내 아래로는 누이들인 동연(東淵), 동신(東信), 명혜(明惠), 정혜(靜惠), 도은(道恩)과 1948년생인 남동생 동진(東振)이 있다. 어머님은 전형적인 현모양처형으로 남편을 하늘같이 우러러 모시고 순종하며, 자상한 어머니로서 자녀들의 가정교육에만 전념하셨다. 교회의 권사로서 봉사 활동하신 것을 제외하면 집안 살림을 꾸려 나가는 일에 온갖 정성을 다하셨다.

젊어서 일찍이 장로로 선택받은 아버님은 위원 장로교회의 정신적 지도자요 가난한 시골 교회의 재정적 후원자였다. 아버님의 신앙은 사랑의 실천을 통해 항상 행동으로 나타났다. 아버님은 헐벗고 굶주린 사람, 병들어 고통받는 사람들의 다정한 친구가 되어, 가난한 사람들에게는 식량과 옷을 마련해 주고 병든 사람들에게는 약을 주고 치료해 주었다.

돌모루라는 마을에는 귀신 들린 난폭한 농인(벙어리) 하나가 철사에 묶여 지냈는데 가끔 철사를 끊고 벌거벗은 채 읍내로 달려들어 오곤 했다. 사람들이 몽둥이를 휘둘러 마을 밖으로 몰아내려고 하면 그는 포위망을 뚫고 우리 집으로 달려오곤 했다. 아버님은 그를 반갑게 맞아 목욕을 시키고 새 옷을 입히고는 기도해 주고 음식을 배불리 먹여 그의 집까지 데려다주곤 했다. 신기하게도 그는 아버님 앞에서는 항상 순한 양같이 되었다. 사람들은 아버님을 '성자(聖者)'라고 부르기를 주저하지 않았다. 아버님의 독실한 신앙생활은 나에게 큰 영향을 주었다.

북한이 공산화되면서 많은 사람이 고향을 떠나 월남하던 무렵, 우리 가족도 이삿짐을 꾸렸다. 출발 날이 다가오면서 깊은 고민에 빠지신 아버님은 교회에서 밤새워 기도하고 돌아와서 신도들과 더불어 고통을 나누며 교회를 지키고 하나님을 섬기기 위해 떠나지 않기로 했다고 밝혔다.

매일 아침 온 가족이 한자리에 모여 가정 예배를 드리는 것은 우리 가정의 가장 중요한 일과였다. 각자가 담당한 청소를 마치고 세수를 끝낼 즈음 축음기를 틀어 아침 예배 시간을 알리는 일은 나의 신성한 임무였다. 약 5분이 걸리는 헨델의 '할렐루야 코러스'가 끝나면서 예배가 시작된다. 아버님은 "항상 기뻐하라, 쉬지 말고 기도하라, 범사에 감사하라"는 말씀을 반복하여 강조하셨다. 나는 이러한 가르침에 따라, 일생 동안 아무리 어려운 상황에 처하게 되더라도 범사에 감사하며 희망을 품고 긍정적이며 낙관적인 삶을 살게 되었다.

일제 치하의 소년 시절

나는 초등학생 시절 내내 일본식 교육을 받으며 자랐다. 내가 초등학교에 입학한 1940년은 일본 기원 2600년이라며 법석을 떨던 해였다. 동시에 우리 민족이 조상 대대로 이어온 성과 이름을 일본식으로 바꾸는 일, 즉 창씨개명(創氏改名)을 강요당한 해였다. 그 2년 전에는 '일본어 사용령'이 내려와 나는 초등학교에서 처음부터 우리말이 아닌 일본어로 공부해야 했다. 이 무렵부터 우리 민족은 우리의 말과 글, 역사와 문화, 심지어 이름까지도 모두 잃어버리는 지경에 이르렀다. 일본인 교장은 매일 아침 조회 시간에 조선인 학생들에게 일본 '천황'이 있는 동쪽을 향해 큰절을 하게(東方遙拜, 동방요배) 하고, 충성을 서약하는 '황국신민의 선서'를 소리 높여 외치게 했다. 신사(神社) 참배도 강요했다. 우리는 일본 노래를 부르고 일본 역사와 일본 신화를 배우며, 절대 순종하는 일본 국민으로 개조되기 위한 교육을 받으며 자랐다.

일본은 1931년 만주를 침략하여 괴뢰 만주국을 세운 데 이어 1937년에는 중국에 대한 침략 전쟁을 개시하였다. 베이징(北京)을 포함한 화북 지방을 점령한 데 이어 상하이와 중화민국의 수도 난징(南京)을 점령하고 30만 명을 무차별 학살하는 만행을 자행했다. 유럽에서 프랑스와 네덜란드가 독일에 점령당하자 일본은 프랑스의 식민지인 인도차이나반도를 점령했다. 이어서 1941년 12월 8일에는 미국 하와이의 진주만을 기습 공격함으로써 미국, 영국 등 연합국에 선전포고하고 태평양전쟁을 시작했다. 이른바 '대동아공영권' 건설을 표방하며, 파죽지세로 말레이반도, 싱가포르, 버마(현 미얀마)의 랑군, 인도네시아, 필리핀 그리고 태평양의 여러 섬을 점령하는 등 연속 승전고를 울렸다. 일본군이 승전고를 울릴 때마다 일본열도는 흥분과 축제 분위기에 휩싸였다. 초등학생들까지도 〈미국과 영국 격멸(擊滅)〉이라는 승전가를 부르며 거리를 걸어야 했다.

수많은 조선 남성들이 징병, 징용으로 끌려갔고 젊은 여성들은 정신대로 끌려갔다. 나중에 알게 된 일이지만, 조선인 징병제에 의해 약 9만 명, 학도병 4,400여 명이 징집되어 많은 희생자를 낸 것으로 알려졌다. 내가 4학년이었을 때는 우리 초등학생들도 험준한 산속으로 이끌려가 포도당 주사약의 원료라는 머루 넝쿨, 항공 연료로 쓰인다는 소나무 뿌리 기름(松根油), 식용 고사리와 도라지 등을 채취하는 데 동원되었다. 또한 일손이 부족한 농촌을 돕기 위해 퇴비 생산 등에도 동원되었다. 나는 무리한 중노동으로 건성 늑막염에 걸려 한동안 학교를 쉰 적도 있었다. 징병으로 학교 교사들도 점점 줄어들면서 정상적인 수업은 기대하기 어려워졌다.

　얼마 못 가 일본군이 여기저기서 옥쇄(玉碎)했다는 보도가 이어졌다. 태평양에서 벌어진 여러 해전에서 일본군이 미군에 참패를 거듭하며 전세는 역전되어 갔다. 미군이 태평양의 사이판섬을 비롯한 여러 섬을 탈환하여 일본열도 공격의 발판을 마련하는 한편 일본 해군은 괴멸되었다. 1944년 10월부터 일본은 인간 폭탄인 소형 전투기의 가미가제(神風) 자살 특공대를 투입(2,500여 명)하여 약 70척에 이르는 미군 함정에 피해를 입히긴 했으나, 미군은 도쿄를 비롯해 일본열도에 대한 대대적인 공중폭격을 감행하였고, 결국 일본은 패망의 위기에 처하게 된다.

　1945년 5월 8일에 독일이 연합국에 항복함으로써 제2차 세계대전이 끝을 향해 가자 일본에 대한 연합국의 집중 공세가 시작되었다. 6월 말에는 3개월간의 격전 끝에 오키나와섬이 미군에 함락되었다. 7월에는 일본군의 항복을 권유하는 포츠담선언이 발표되었다. 포츠담 합의에 따라 소련군이 8월 8일 일본에 선전포고를 하고, 만주와 조선반도 최북단 지역에 대한 대대적인 침공 작전을 개시하였다. 한편, 미국은 8월 6일과 9일에 각각 일본 히로시마와 나가사키에 원자폭탄 공격을 감행하였다. 원폭에 의한 엄청난 피해와 소련군의 침공에 당황한 일본은 포츠담 선언을 수락하고 8월 15일에 천황이 '항복선언'을 발표하면서 태평양전쟁은 막을 내렸다. 일본이 '대동아공영권'이라는 미명하에 동아시아를 지배하려는 야욕은 만주 침공 이래 15년 전쟁으로 많은 희생만 남긴 채 허망한 꿈이 되었다. 한반도에는 38도선을 경계로 미군과 소련군이 진주하여 일본군을 무장해제시켰고, 이 선은 결국 분단의 경계선으로 굳어지게 되었다.

북에서 맞은 8·15 해방

일본의 패전으로 우리나라가 해방되던 그해 나는 초등학교 6학년이었다. 해방의 흥분 속에서 우리 고장에서도 자치 기구인 건국준비위원회와 자위대가 재빠르게 구성되었다. 아버님은 위원군 건국준비위원회 부위원장 겸 보건부장으로 추대되었고, 내 삼촌은 자위대 대장이 되어 일본 경찰서를 인수하고 군복 비슷한 복장에 팔에는 완장을 두르고 치안 유지에 나섰다. 9월로 접어들면서 우리 고장에도 소련의 붉은 군대가 진주했다. 나는 마이오르(소령)가 지휘하는 타타르족 출신 소련 군인들이 일본인을 찾아내어 시계며 만년필이며 귀중품들을 닥치는 대로 빼앗는 것을 여러 번 목격했다.

해방된 거리는 중국에서 귀환한 많은 동포와 일본군에 동원되었다 목숨을 건진 생환자들로 붐비고 활기를 띠었다. 내 사촌 형도 일본 해군 수병복을 입은 채 돌아왔다. 나는 그가 입고 온 감색 나팔바지를 선물로 받아, 고쳐서 입고 다녔다. 그는 얼마 있다가 먼저 서울에 가서 자리 잡는다고 월남했다. 후에 나도 월남해서 이리저리 수소문했으나 그의 행방을 찾을 수 없었다. 해방 직후 나타난 특이한 현상 중 하나는 중국에서 귀환한 조선의용군 김두봉계 신민당의 젊은 여성 조직 선동 대원들이 나타나 민주청년동맹이며 여성동맹 등을 조직하여 선전 선동 활동을 전개하는 것이었다. 군복 비슷한 제복을 입은 이들은 우리 어린 학생들을 모아놓고 〈조선독립군의 노래〉 등 새 노래들도 보급했다.

1946년에 접어들면서 상황은 급변하기 시작했다. 소련군의 조정하에 공산화를 위한 제반 개혁을 단행하기 시작했다. 북조선임시인민위원회를 수립하고 34세의 젊은 김일성을 위원장으로 내세웠다. 김일성은 1930년대 초 만주 백두산 지역에서 항일 유격전을 전개하다 1940년 연해주로 탈출했다고 알려졌다. 연해주에서 항일연합군 88여단의 대대장급 지휘관으로 대일전쟁에 대비하던 중 소련군과 함께 귀환하여 대중 앞에 모습을 드러낸 것이다. 북조선임시인민위원회는 토지개혁과 주요 산업 국유화 등을 추진했다. 인민군대의 전신인 보안대도 창설했다. 친일파와 지주, 중소 기업인, 수많은 종교인과 지식인들이 자의로 또는 숙청되어 38선을 넘어 월남하기 시작했다.

아버님은 공산 세력이 득세하자 얼마 지나지 않아 건국준비위원회

자리에서 물러났다. 또한 민족진영의 지도자 조만식 선생이 이끄는 조선민주당의 군 위원장으로 한때 활약했으나, 당수가 연금되고 공산당의 들러리를 강요당하자 탈당해 버렸다. 해방 직후 지지 기반이 약했던 공산당은 민족주의 세력과 연합전선을 형성, 자기 세력을 강화해 나가면서 비공산계 지도자들을 제거하거나 무력화하고 다른 정당들을 꼭두각시로 만들었다. 그리고 신민당을 흡수 통합하여 노동당으로 당명을 변경, 통치 기반을 강화해 나갔다.

해방이 되자 우리 초등학생들은 약 1년간 집중적으로 우리말과 우리글을 배웠다. 초등학교 졸업이 3월에서 7월로 바뀌고, 나는 1946년 9월 집에서 2킬로미터 떨어진 위원중학교에 입학했다. 일본군 수비대가 쓰던 붉은 벽돌 건물에 신설된 학교였다. 해외에서 돌아온 지식인들과 단기 중등교원양성소를 다녀온 분들이 교사로 부임했다. 초등학교 5학년 때 우리 담임선생으로 일본인 선생 못지않게 일본 천황에 대한 충성을 강조했던 김 선생이 이번에는 일찌감치 공산당원이 되어 중학교 역사 선생으로 돌아왔다. 그는 자신도 잘 알지 못하는 유물사관에 입각한 역사를 가르치면서 무조건 외울 것을 강요했다.

중학교에서 처음으로 영어를 배우는 즐거움은 대단히 컸다. 영어를 한 학기쯤 배웠을 때 소련군 하사관이 러시아어 선생으로 들어왔고 우리는 영어 대신 러시아어를 배우게 되었다. 그는 조선어를 배우고 통역으로 배치된 교사 출신 군인으로, 해방 직후에 주둔했던 난폭한 군인들과는 다른 부류의 러시아인이었다. 그는 〈카츄샤〉를 비롯한 여러 곡의 러시아 노래를 가르쳐 주었다.

이해 겨울, 나는 친구들과 함께 농촌에 가서 한 달 동안 문맹퇴치운동에 참여했다. 밤에는 농민들에게 한글을 가르쳤고 낮에는 농민들을 따라 눈 덮인 산골짜기를 오르내리면서 멧돼지와 토끼 사냥을 하며 즐거운 날들을 보냈다. 멧돼지를 잡아 며칠 동안 잔치를 벌인 일이 아직도 내 기억에 남아 있다. 순박한 농민들과 생활하면서 많은 것을 배웠다.

겨울 하면 생각나는 것이 많다. 내 고향의 겨울은 무척 길고 추우며 눈이 많이 내렸다. 10월 하순에 첫눈이 내리기 시작하여 4월 초가 되어야 쌓인 눈이 녹는다. 가장 추운 달의 평균 기온이 영하 20도 정도이며 최저 영하 35도까지 내려간 적도 있었던 걸로 기억한다. 길에는 겨우내 눈이 쌓여 있어 교통수단으로 흔히 썰매를 이용하였다. 우리는 토끼털로 만든 모자로 귀를 덮어쓰고, 두꺼운 솜옷을 입고, 버선에 짚신을 신고, 대나무로 만든 1미터가량 되는 스키를 타고 학교에 다녔다. 책보를 어깨에 둘러메고 양손의 지팡이로 밀며 달리는 것은 걸어서 다니는 것보다 훨씬 쉬웠고 또한 즐거웠다.

음력 정월 대보름의 달맞이 행사는 잊을 수 없는 아름다운 추억으로 남아 있다. 6명쯤 탈 수 있는 썰매 몇 대를 소에 메워 각각 나누어 탄 뒤 이불을 덮고 머리만 내놓은 채 달을 바라보며 소리 높여 노래 부르면서 경쟁적으로 달린다. 이렇게 한두 시간가량 달리면 면 소재지 마을에 이른다. 선착순으로 냉면집에 들어가 따뜻한 아랫목을 차지한 뒤 꿩고기가 든 차가운 냉면을 먹고는 다시 썰매를 타고 돌아오는 즐거움을 말로 표현하기 어렵다.

나는 중학교 1학년을 마치자 학제 변경으로 3학년으로 진학했다. 초등학교가 5년제로 개편되면서 1년씩 월반하게 된 것이다. 이해 겨울 나는 '최초의 시련'에 직면하였다. 민주청년동맹(민청)이 내 신앙생활에 시비를 걸기 시작한 것이다. 민청은 나를 민청회의 상호비판에 세웠다. "비과학적이며 아편 같은 종교를 버리고 과학적인 민청 대열에 설 것을 약속하라!" 이때 아버님이 항상 몸소 실천을 통해 강조하시는 말씀이 떠올랐다. "하나님을 경외하며 범사에 감사하고 매사에 충실하라." 하나님을 배신한다는 것은 있을 수 없는 일이지만, 그렇다고 민청에서 출맹 처분을 당하면 학교에서도 퇴학당할 수 있다니 그야말로 진퇴양난이었다. 아버님은 이것이 당신에 대한 정치적 압력임을 감지하시고 고민 속에서도 열심히 기도하셨다.

아버님은 "하나님께서 견디기 어려운 시련을 주시는 것은 큰 축복을 주시기 위한 것"이라며 나를 위로하셨지만 나는 그 말씀이 무슨 뜻인지 이해할 수 없었다. 아버님은 나를 선천(宣川)으로 보낼 계획을 은밀히 추진하고 있었다. 한국 기독교의 발상지로 알려질 정도로 이름난 선천에서는 내 누님 동숙이 선천사범전문학교에 재학 중이었고, 김일섭 선생이라는 외가 친척 한 분도 그곳에서 음악 교사로 재직하고 있었다.

더구나 공산당은 이곳을 아직 마음대로 통제하지 못하고 있는 상황인 듯했다. 나는 겨울방학을 마치고 새 학기부터 선천고급중학교 1학년에 편입하게 되었다. 정말이지 기적 같은 일이었다. 복잡한 수속 절차도 밟지 않고 위원에서 선천으로 옮길 수 있었을 뿐만 아니라 중3에서 고1로 월반 편입하게 된 것이다. 내가 과연 제대로 공부를 따라갈 수 있겠는가 하는 것만이 문제였다.

이 사건이 내 운명을 바꾸는 하나님의 특별하신 은총임을 깨달은 것은 그로부터 수년이 흐른 한국전쟁(6·25전쟁) 때다. 선천으로 갈 수 있었기에 한국전쟁 때 월남할 수 있었고, 고1로 편입하여 고3을 마칠 수 있었기에 육사 입학이 가능했으며 오늘의 내가 있을 수 있게 된 것이라고 믿는다.

신의주에서 경의선을 따라 60킬로미터 정도 남쪽에 위치한 선천읍은 조선 기독교의 발상지요 관서 지방의 교육 문화 중심지로 유명하다. 인구는 많지 않지만 일제강점기부터 4개의 큰 교회와 중등학교들이 있었는데, 해방 후에는 학교 이름이나 성격이 바뀌어 남녀 고급중학교와 사범전문학교, 상업전문학교 등으로 운영되었다. 선천고급중학교는 1906년에 개교한 이래 성직자와 의사, 교육자 등 많은 인재를 배출한 역사와 전통을 자랑하는 미션스쿨인 신성(神聖)중학교의 후신으로 초급중학교와 함께 대목산 기슭에 자리 잡고 있었다.

1948년 3월 이 학교에 편입했을 때 고1에는 3개 학급 200명 가까운 학생들이 재학하고 있었다. 또한 학교 동쪽 끝 냇가에 자리 잡은 유서 깊은 붉은 벽돌 3층 건물과 부속 건물 기숙사에는 6개 학년 학생 200명가량이 생활하고 있었다. 나도 이 기숙사에 머물며 학교를 다녔는데 모두 화기애애한 분위기에서 친절하게 서로 도우며 생활하니 아무런 불편이 없었다. 특히 상급생들이 각별한 관심을 갖고 잘 돌보아 주었다. 나는 1년 월반했기 때문에 수업을 따라잡기 위해 열심히 공부했다. 다행히 걱정했던 것과는 달리 별 어려움은 없었다. 좋은 친구들도 사귀어 일요일에는 함께 교회에 다녔다.

국토 분단의 비극 속에서

1948년은 분단이 고착화된 민족 비극의 해다. 1945년 12월 하순 모스크바에서 열린 미·영·소 3외상회담에서 한반도 독립 문제를 논의하고 신탁통치를 결정했다. 미-소공동위원회를 설치하고 조선인 임시정부를 세우되 4개 연합국의 감독과 지원을 받는 5년간의 신탁통치를 거쳐 독립시킨다는 내용이었다. 하지만 신탁통치 반대운동이 벌어져 미-소공동위원회는 결렬되고 한반도 문제는 유엔에 상정되었다. 유엔에서는 미국 주도하에 한반도 전 지역의 총선거 실시안이 의결되었으나, 소련과 북측의 반대로 결국 남측에서만 1948년 5월 10일에 단독선거를 실시하고 8월에 대한민국 정부가 수립되어 이승만 박사가 대통령으로 취임하였다.

이에 앞서 4월 평양에서는 분단을 막아보자는 남북협상회의가 개최되었다. 남쪽에서는 이승만을 중심으로 한 단독정부 수립 주장과 이에 반대하는 단독선거 반대 투쟁이 전개되는 가운데 "단독선거는 조국의 영구 분단과 동족상잔의 비극을 초래한다. 남북협상을 통해 이를 막아야 한다"는 주장이 제기되었다. 3개월여의 남북 간 조정 기간을 거쳐 열리게 된 평양 남북협상회의에 남쪽에서는 김구, 김규식 등이 참석하여 북쪽의 김일성, 김두봉 등과 5일간 마주 앉았으나 이미 단독선거를 막기에는 늦었고 역부족이었다.

북에서는 남북협상회의 후 5월 초부터 태극기 대신 인공기를 게양하고 "동해물과 백두산이…"로 시작되는 애국가 대신 "아침은 빛나리…"

로 시작되는 새 국가를 부르기 시작했으며 헌법을 제정하는 등 '인민 공화국' 수립 계획을 착착 추진하였다. 그리고 대한민국 정부 출범 후인 9월에 이른바 '조선민주주의인민공화국'을 선포하고 김일성이 정부 수반으로 취임하였다.

결국 통일신라 이후 1,300년 동안 한 국가 한 체제를 유지해 왔던 한반도는 이념과 체제를 달리하는 2개의 국가로 나뉘었고, 무력통일의 야욕이 잉태되기 시작하였다. 북측에 진주하여 공산당 지배 체제를 확립하고 인민군대를 창설·훈련하였으며 훈련 장비를 제공한 소련군은 연말에 철수를 완료하고, 6개월 후에는 남측에 진주했던 미군도 철수하였다.

이해 가을 어느 날, 아침 체조 시간에 학교 기숙사에는 정치보위부 원들이 들이닥쳐 민청 위원장 최일원 등 민청 간부들을 체포해 가는 놀라운 사건이 발생했다. 나중에 '신성당사건'으로 알려진 이 사건은 학생 비밀 조직이 학교 민청을 장악하고 서울의 조직과 연계되어 반공 활동을 해온 게 발각되어 일어난 일이라고 했다. 소문에 의하면 이들은 재판도 받지 않은 채 아오지탄광으로 끌려갔다고 한다. 이렇게 반공 성향의 학생 지도자들이 하나둘 제거되기 시작했다.

이 무렵부터 선천에 대한 집중 통제가 강화되었다. 함경도 말투를 쓰는 사람들이 당과 행정기관을 장악하고 주민 통제를 강화하기 시작했다. 우리 학교에는 외부에서 전입된 학생 같지 않은 학생들이 민청 간부가 되어 감시와 교양 사업을 강화하기 시작했다. 주말에는 의무적으로 사상성이 강한 영화나 연극 관람 등에 단체로 동원되었다. 한때는 매주 일요일마다 원자탄의 원료인 '모나즈'라는 방사성물질 채취에 동원되기도 했다. 선천읍에서 동쪽으로 가면 강줄기가 있는데 이 시냇가에서 모래 속에 함유된 모래보다 다소 무거운 검은색 물질을 걸러내는 작업이었다. 채취한 모나즈는 소련에 수출한다고 했다.

1949년부터는 인민군 배속장교가 고등학교에 배치되고 군사훈련이 시작되었다. 우리 학교에도 2명의 인민군 소위가 배속되어 우리 반은 매주 수요일 오후 4시간씩 군사 훈련을 받았다. 처음부터 목총을 갖고 분대 공격, 소대 공격 등 공격 훈련만 받았다. 중대 공격 훈련을 할 때는 전 학년이 합반으로 야산 지역에 나가 실시했다. 야산 지역을 오갈 때는 구슬땀을 뻘뻘 흘리면서 스탈린 대원수의 노래, 김일성 장군의 노래, 인민군의 노래 등을 부르며 구보로 이동했다. 한편 민청 독보회와 교양 사업 시간에는 태백산맥과 소백산맥 일대의 인민유격대 활동 등 "남조선 인민들의 조국 통일을 위한 영웅적인 무장투쟁"을 집중적으로 주입시키면서 남조선 인민에 대한 지원과 조국 통일에 대한 결의를 다짐하게 했다.

고교 시절에 서로 믿고 의지하며 민족문제와 이념 문제에 관한 의견을 나누던 나의 가장 가까운 친구, 계영조와 김덕기를 잊을 수 없다. 여관을 경영하던 영조네 집은 우리가 은밀한 이야기를 나누는 장소가 되었다. 영조는 남조선에 관한 정보를 많이 갖고 있었으며 조선반도 정세에 관한 예리한 분석력과 탁월한 판단력을 갖고 있었다. 그는 우리 민족의 위대한 지도자 이승만 대통령이 막강한 미국의 지지와 지원을 받아 오래지 않아 민주 통일을 이룩할 것이라는 확신을 품고 있었다. 그리고 남조선의 국방군이 인민군보다 훨씬 강하다는 것이 얼마 전 개성 지구 충돌 사건에서도 입증되었다며, 국방군은 북진 명령만 내리면 평양에서 점심을 먹고 신의주에서 저녁을 먹을 수 있을 정도로 막강하다고 주장했다. 우리는 그의 주장이 틀림없을 것이라고 믿었다.

그러나 중국 공산군이 1949년 10월 1일 중화인민공화국을 수립하고, 1950년 초에 미국이 "한반도는 미국의 방위선 밖에 있다"고 발표한 보도를 접하면서 우리는 무언가 잘못 돌아가는 것 같다고 생각하게 되었다. 또한 이승만 정부가 친일파를 중용하고 있고, 부패하여 인민의 지지를 받지 못하고 있으며, 인민유격대가 전국 곳곳에서 궐기하고 있다는 선전도 거짓 선전만은 아닌 것 같다는 생각이 들었다. 그러나 영조는 미국이 소련의 팽창정책을 보고만 있지는 않을 거라며 기다려 보면 알게 될 거라는 희망적인 관측을 제시했다. 내가 사귀던 친구들은 대부분 한국전쟁 때 월남하는 데 성공했으나, 영조는 부친과 함께 해주 근처까지 나왔지만 나누어서 행동한 가족들과는 달리 월남에 실패했다.

방학 때는 고향에 가서 가족들과 함께 지내는 기쁨이 컸다. 그러나 이틀이나 걸리는 여행길은 고통스러웠다. 경의선 철도로 달릴 때는 상쾌했으나 신안주에서 만포선으로 갈아타고 밤새 달릴 때는 고역이었다. 수많은 터널을 통과하면서 깨진 유리창으로 새어드는 검은 연기 때문에 숨을 쉬기 어려웠다. 적유령산맥의 고갯길을 오르면서 증기기관차는 힘이 달려 점점 속도가 떨어지다가 뒷걸음질하여 비상 대피선으로 후진하곤 했다. 여기서 한참 동안 힘을 키워 다시 달리고 또다시 비상 대피하기를 몇 번 반복하다 아침나절에 강계(江界)에 도착했을 때는 온몸에 검은 재를 뒤집어 쓴 채 완전히 녹초가 돼버린다. 여기서 다시 짐을 가득 실은 트럭에 올라타고 강남산맥 고갯길 80킬로미터를 넘어 밤늦게 집에 도착하였다.

1948년 겨울방학 때는 평양을 처음으로 방문했다. 초산의 외가가 평양으로 이사와 있었다. 나는 내 보호자가 되어준 외삼촌 김명덕 씨에게 감사의 인사를 드렸다. 선천으로 학교를 옮기면서 대학 진학에 대비하여, 독립운동을 하시고 출신 성분이 좋으신 외삼촌이 보호자가 되어준 것이다. 외사촌 누이의 안내로 이곳저곳을 구경하고 여러 친척들도 방문했다.

1949년 겨울방학 때의 귀향이 부모님과의 마지막 만남이 될 줄은 꿈에도 몰랐다. 방학이 끝나 집을 떠나기 전날 저녁 어머님은 아껴두었던 카레 통을 뜯어 닭고기 카레라이스로 저녁을 해주셨다. 물자가 귀한 북한에서 이런 성찬을 든다는 것은 기대하기 어려운 일이었다. 이 저녁 식사가 온 가족이 한자리에서 가진 마지막 만찬이 된 것이다. 나는 그 후로 카레라이스를 먹을 때는 어머님을 생각하며 흐르는 눈물을 금할 수 없었다.

북한에서는 당시 고교 졸업시험을 약 한 달에 걸쳐 국가시험으로 실시했다. 고교 전 학년에서 배운 중요한 문제들을 과목마다 시험 전에 백여 개씩 제시해 주고 시험 준비를 하게 했다. 시험은 구두시험으로 실시되는데, 책상 위에 놓인 많은 카드 중 하나를 집어 그 카드에 적힌 문제들을 다른 학교에서 온 3명의 선생님 앞에서 구두로 발표하는 방식이었다. 한 과목을 치르고 나면 통상 하루 이틀 쉬고 다음 과목 시험을 치르게 된다.

6월 마지막 토요일에 한 과목을 치르고 나니 앞으로 남은 두 과목은 수학 과목들이라 별로 신경 쓰지 않아도 되겠다는 생각이 들어 잠이나 실컷 자기로 했다. 룸메이트인 박구연(월남에 성공하여 감리교 목사 역임)은 모처럼의 기회를 이용해 시골의 자기 집에 다니러 갔다. 내주 말이면 졸업시험도 모두 끝나고 졸업한다고 생각하니 감개무량했다.

1950년 6월 25일 일요일 아침, 눈을 떠보니 바깥에서 들려오는 확성기 방송 소리가 심상치 않았다. 내 귀를 의심하며 서둘러 바깥에 나가 들어보니 같은 내용이 반복적으로 방송되고 있었다.

> "오늘 새벽 남조선 국방군이 공화국에 대한 전면적인 무력 침공을 감행했다. 이에 인민군 최고사령관이 '이를 격퇴하라'고 명령을 하달했다."

기숙사 여기저기서 전쟁이 일어난 게 아니냐고 수군거리는 소리가 들렸다. 나는 서둘러 식당으로 달려갔다. 화제는 전쟁이 일어난 것 같다는 이야기로 모아졌다.

> "며칠 전에 담요로 유리 창문을 가리고 군인들과 대포를 실은 열차들이 연속하여 대거 남쪽으로 이동했는데, 그것이 오늘 새벽 사태와 관련이 있을 것 같다."
> "최근에 인민군 배속장교가 갑자기 사라져버린 것도 오늘 아침 일과 관련이 있는 것 같다."
> "여러 가지 정황으로 보아 이건 종전의 38선 충돌사건과는 다른 대규모 전쟁인 것 같다."

나흘 후 서울이 점령됐을 때, 국방군이 인민군보다 강할 것이라던 우리 생각이 틀렸다는 게 명백해졌으나 영조는 이 사실을 믿을 수 없다며 분통을 터뜨렸다. 그는 곧 미군이 개입할 것이며 그러면 상황은 달라질 것이라고 주장하며 희망을 갖고 기다려 보자고 했다. 곧 동원령이 선포되었다. 인민군에 징집되는 학생들이 늘고, 몰래 피신하는 학생들도 늘고 있었다. 졸업식에는 나갈 엄두가 나지 않았다. 나는 영조와 행동을 함께하기로 하고 한동안 그의 집에서 기거하다기 이수선한 틈을 타 기차 편으로 평양 선교리의 외가로 갔다. 여기서 상황을 지켜보기로 했다.

월남과 국민방위군 생활

기습 남침하여 나흘 만에 서울을 점령한 북한군은 남진을 계속했으나, 미국이 주도한 유엔군의 개입으로 8월 초 낙동강 방위선에서 공세가 좌절되고 9월 중순에는 유엔군의 인천 상륙작전으로 패퇴하기 시작했다. 한국군과 유엔군은 10월 초에 38선을 돌파, 북진을 개시하여 10월 20일에 평양을 석권하고 파죽지세로 몰아 10월 말 서부전선에서는 청천강 선을, 동부전선에서는 청진 이남에 있는 대부분의 함경도 지역을 해방시켰다. 그러나 38선을 넘을 경우 이를 좌시하지 않겠다고 경고한 중공군의 개입으로 유엔군의 진격은 여기서 좌절되고 11월 초부터 철수작전이 시작되었다. 중공군의 총공세로 12월 5일부터는 평양에서도 철수하기 시작했고, 12월 말에는 서울이 다시 위협받기 시작했다.

평양 철수가 시작되자 나는 외사촌 형과 함께 피난민 대열에 끼어 월남 길에 올랐다. 화물열차 편으로 사리원을 거쳐 때로는 걷기도 하며 사선을 넘어 서울 노량진에 도착하였다. 이때가 12월 중순이었다. 며칠 후 나는 다시 남하하는 화물열차에 몸을 실었다. 어느 시골 역에 도착하자 경찰이 많은 사람들을 하차시켰고, 이때 나도 하차했다. 그런데 외사촌 형은 보이지 않았다. 여기서 걸어서 도착한 곳은 경상북도 경산군 자인면의 과수원에 자리 잡은 수용 시설이었다.

사과를 저장하던 창고 바닥에는 가마니가 깔려 있었는데, 여기에 수십 명씩 수용되었다. 지급 받은 군용 작업복으로 갈아입고 증명사진을 촬영했다. 엄동설한에 하루 세 번 주먹밥을 받아먹고 작업복을 입은 채 담요 두 장 덮고는 가마니를 깐 땅바닥 위에서 잠자는 생활이 계속되었다. 낮에는 하는 일 없이 양지바른 곳에 앉아 몸을 녹이는 일이 고작이었다.

나는 처음에는 국군에 입대한 줄로만 알았는데 이건 아무리 봐도 군대가 아닌 것 같았다. 북한군의 기습 남침으로 수많은 인력을 빼앗긴 쓰라린 경험을 되풀이하지 않고, 인력 보존을 위해 서둘러 만든 국민방위군 교육대라는 것을 알게 된 것은 며칠 후였다.

날이 갈수록 대우는 점점 더 나빠져, 주먹밥 배급도 하루 두 번으로 줄었다. 환자가 생겨도 속수무책이다. 영양실조와 질병으로 사망자가 생길 때마다 언제 우리도 저 꼴이 될지 모른다는 한탄의 소리가 여기저기서 터져나왔다. 나도 점점 몸이 쇠약해지고 정신적으로도 감내하기 어려워짐을 느끼기 시작했다. 나는 마음속으로 시편 23편을 외우며 열심히 기도하고 하나님이 항상 나와 함께하시니 두려워하지 않고 이겨내려고 애썼다.

내가 사망의 음침한 골짜기로 다닐지라도 해(害)를 두려워하지
않을 것은 주께서 나와 함께 하심이라

그러던 어느 날 나는 대대 행정병으로 선발되었다. 대대본부는 초등학교 건물에 있었다. 석탄 난로가 있는 따뜻한 교실 안에서 일하고 먹고 자게 된 것이다. 식사도 보리가 약간 섞인 쌀밥에 따뜻한 국과 반찬이 딸린 것으로, 한 덩어리 주먹밥에 비하면 너무나도 고급이었다. 물을 데워 세수하고 몸도 씻을 수 있으니 여기가 낙원이 아니면 무엇이겠느냐는 생각이 들었다. 이것은 부모님의 강건하신 신앙심과 간절한 기도에 응답하신 하나님의 특별한 은총임에 틀림없다고 믿으며 감사의 기도를 드렸다. 그리고 부모님이 그리워 쏟아져 나오는 눈물을 멈출 수가 없었다.

나는 곧 건강을 회복했다. 일하는 보람을 느끼니 생활이 즐거워졌다. 장교들도 친절히 대해 주었다. 몸이 가늘고 키가 큰 박창근이라는 친절한 방위군 소위 한 분이 있었는데 2년 후 육사에서 2년 선배인 그를 다시 만나게 될 줄은 꿈에도 몰랐다.

국민방위군 사령관과 간부들이 장병들의 주·부식비를 횡령하는 등 부정행위로 총살형을 받은 사건이 일어난 후 5월 중순의 어느 날 갑자기 국민방위군이 해산되었다. 나는 이제 어디로 가서 무엇을 해야 할지 막막했다. 내 딱한 사정을 안 대대장은 내가 아직 군대에 갈 나이는

아니니, 우선 자기와 함께 행동하자고 제의했다. 그는 고향에 돌아가려 하나 아직은 전황이 좋지 않아 당분간 영천에 가서 기다릴 생각이라고 했다. 나는 그저 감지덕지하는 마음으로 그를 따르기로 했다.

우리는 영천읍 변두리 금호강 가의 몇 채 안 되는 마을에 자리 잡았다. 나는 대대장이 세든 방에 함께 기거하며 그를 모셨다. 이 마을에는 우리 일행 말고도 피난민 여러 가구가 자리를 잡고 있었다. 나는 이들과 함께 읍내에 가서 피난민에게 주는 배급 쌀을 타오고, 산기슭에 가서 나무를 해오고, 금호강에서 물고기를 잡아 오는 일로 하루하루를 지냈다. 서로 돕고 나누면서 화목하게 지내니 어려운 피란 생활이지만 웃음이 끊이지 않았다.

행운의 미군 부대 종업원

영천읍에는 미군 부대가 주둔해 있었다. 미군들이 깡통 음식이며 과자 같은 것을 나눠 준다는 소문이 들려 우리도 얻으려고 나섰다. 미군 부대 철조망 밖에는 아이들로 바글바글했다. 미군들이 초콜릿이나 껌 같은 것을 나누어 줄 때마다 서로 자기가 받으려는 통에 그 일대는 아수라장이 되곤 했다. 그로부터 며칠이 지난 6월 초의 어느 날, 나는 다시 미군 부대 앞에서 서성거리고 있었다. 그런데 한 미군 하사관이 한 사람 한 사람 살펴보며 다니더니 내 앞에 와서 서는 것이었다. 어질게 생긴 인상이라 대뜸 좋은 분이라는 생각이 들었다. 그가 "하우 올드아 유?" 하길래 직감적으로 나이를 묻나 보다 하고 "에이틴"이라고 대답했더니, 뭐라고 한참 말하고는 자기를 따라오라고 손짓했다.

그를 따라 부대 안으로 들어갔다. 천막들 사이를 지나 한쪽 끝에 가서 다시 철조망으로 둘러싸인 천막 안으로 들어갔다. 그곳은 공용화기 병기고로, 나중에야 그 명칭을 알게 되었지만 자동소총^{AR}, 경기관총 ^{LMG} 등이 보관되어 있었다. 그는 자기를 써전^{sergeant} 브라운이라고 부르라며 내 이름을 물었다. 그러고는 걸레와 총기름을 주며 병기 손질하는 방법을 가르쳐 주었다. 내가 가르쳐 주는 대로 열심히 병기 손질을 했더니 그는 아주 만족스러워했다. 저녁에 일을 마치자 그는 내일부터 매일 나와서 일하자며 부대 출입 증명서를 주고 시레이션$^{C\ ration}$이며 초콜릿 등을 푸짐하게 건네주었다.

이렇게 해서 나는 미육군 제772헌병대대 B중대 병기계의 비공식 종업원으로 일하게 되었다. 이 부대는 중앙선 철도 호송 임무를 수행하는 부대인데, 병사들이 호송 임무에서 돌아오면 공용화기를 깨끗이 손질하여 반납해야 했다. 그런데 병기 손질이 제대로 되지 않자 병기 관리 책임자인 써전 브라운이 묘안을 낸 것이다. 병사들에게 병기 손질을 대신 해줄 테니 돈을 내라고 한 것이다. 나는 병기 분해 결합 방법을 배워 열심히 일했다. 일거리는 많고 수입도 좋았다. 게다가 써전 브라운의 천막에서 함께 자고 미군 식당에서 식사하게 되니 돈이 들어갈 일도 없었다. 의식주 문제가 단번에 해결된 셈이다.

부대는 얼마 후 경북 안동으로 이동하여 파괴된 농업학교 운동장에 한동안 주둔했다. 이 부대에는 지미 리라는 스무 살쯤 된 젊은 한국인 통역관이 있었다. 그는 인천에서 중학교 시절부터 미국 선교사한테 영어를 배웠다는데 미군 병사들보다도 영어를 더 잘한다고 소문나 있었다. 실제로 미군 병사들의 편지를 대신 써주기도 했다. 지미 리는 나를 친절히 대해 주었고 틈나는 대로 영어를 가르쳐 주었다. 그는 나에게 동경의 대상이었다. 나는 그를 본받아 열심히 영어를 배우기로 결심했다. 그로부터 2년 후 내가 육사에 입학했을 때 나는 1년 선배인 이재호 생도가 바로 지미 리임을 발견하고는 무척 놀라는 한편 너무나도 반가웠다. 그는 나중에 영문학 박사가 되어 일생을 육사에서 영어 교수로서 사관생도들을 가르치는 데 헌신했다.

더위가 물러가고 높푸른 하늘 아래 여기저기 전쟁의 상흔이 앙상한 모습을 드러내고 있었다. 코스모스가 산들바람에 흔들리고 잠자리가 낮게 날던 어느 가을날, 부대는 다시 이동 준비를 하고 있었다. 써전 브라운은 부대원들이 이번에도 나를 데리고 가자는데 함께 가겠느냐고 내 의향을 물었다. 나는 어디로 가는지 물어보지도 않고 주저 없이 함께 가겠다고 대답했다. 며칠 후 이른 아침, 부대 이동 차량 행군 대열은 먼지를 날리며 북쪽이 아닌 남쪽으로 이동하고 있었다. 나 역시 미군 병사들과 함께 스리쿼터(3/4톤) 차에 몸을 싣고 남쪽 어딘가를 향해 가고 있었다.

1951년 10월 초, 부대가 도착한 곳은 임시 수도인 부산이었다. 부대는 부산역에서 가까운 영주초등학교에 자리를 잡았다. 다른 미군 부대와 교대한 듯, 시설이 잘 갖추어져 있었고 일부 다른 부대도 함께 주둔하고 있었다. 나는 2층 한쪽 끝 교실에서 미군들과 함께 기거하게 되었다. 전쟁터 가까운 곳에서 긴장된 나날을 지내다가 부산에 오니 딴 세상 같았다. 차츰 긴장이 풀리고 안정감이 들기 시작했다.

부산에서 첫 일요일을 맞아 나는 미군들과 함께 부산역 옆 건물에 위치한 미군 교회에 나가 감사 예배를 드렸다. 월남한 후 교회에서 드리는 첫 예배였다. 음침한 죽음의 골짜기에서 항상 함께해 주시고 의로운 오른손으로 붙들어 주시고 도와주시고 인도해 주신 고마우신 하나님의 특별하신 은총에 머리 숙여 감사드렸다. 그리고 부모님의 강건한 믿음과 간절하신 기도에 하나님이 응답해 주신 것임을 확신하며 부모님께 감사드렸다. 하염없이 흘러나오는 눈물을 멈출 수가 없었다. 목사님의 영어 설교는 하나도 알아들을 수 없었으나 함께 찬송가를 부르고 기도드리는 것만으로도 내 마음은 편안하고 행복했다. 그 후로 매주 이 교회에 다녔다.

부산에 오고 나서 며칠 후 나는 식당 식품 창고 관리직으로 자리를 옮기면서 정식 종업원으로 채용되었다. 일주일에 한 번씩 부산 제3부두에 가서 식료품을 수령하여, 메뉴를 보고 식수 인원에 맞추어 끼니별로 진열해 두었다가 그때그때 요리병에게 지급하는 것이 내 임무였다. 처음에는 식료품의 명칭이나 용량 등이 낯설어 어려움이 있었으나 얼마 지나지 않아 익숙해졌다.

식당 책임자는 루이스 중사인데 그는 제2차 세계대전 때 소령까지 승진한 후 예편한 장교이나 연금 수령에 필요한 연수를 채우기 위해 하사관으로 다시 입대한 분이었다. 그는 말수가 적었으나 치밀하고 관리능력이 탁월했다. 그는 내가 하는 일을 항상 주의 깊게 관찰했고 조그마한 차질도 없이 일을 잘 수행하는 데 만족해했다. 특히 물건을 훔쳐내지 않는가, 의심스러운 사람들과 어울리지 않는가 등을 유심히 관찰하였고, 내가 정직하고 성실하며 완전히 신뢰할 수 있는 소년이라는

부산에서 미군 부대 식품 창고 관리자로 일하던 소년 시절. 1951년 12월.

확신이 들자 안심하는 것 같았다. 어느새 내 별명은 '오네스트 보이(정직한 소년)'가 되어 있었다.

부산에 와서 부대에서 사귄 친우로는 평양에서 온 안창훈이 있다. 그의 누님네 가족과도 가깝게 지냈다. 누님 안창신 여사는 나를 친동생처럼 대하며 외로움을 달래 주었다. 식당 주방 식기 닦이(KP)로 일하는 부산 동래 출신의 나이 지긋한 변기수라는 분도 잊을 수 없다. 그는 '불쌍한 이북 따라지'라며 나를 친동생처럼 대해 주었다. 명절 때면 자기 집에 초청하여 가족과 어울리게 하고 푸짐한 음식을 대접해 주었다. 한편, 부대에는 미군들의 사랑과 귀여움을 담뿍 받는 세 아이들이 있었다. 나는 그 아이들 중에서도 영천에서부터 함께 온 마이크(지석환)라는 소년을 동생처럼 생각하고 교회에도 함께 데리고 다녔는데, 그로부터 30년 후 서울 광림교회에서 기쁘게도 그를 다시 만나게 되었다.

부산에서 첫 크리스마스를 지내고 며칠 후 한 장교가 날 찾아왔다. 전기보 육군 소위다. 전기보는 나보다 하루 먼저 한 지붕 아래서 태어난 이종사촌 간이다. 전선에서 소대장으로 참전 중 어느 장군의 전속부관으로 발탁되어 얼마 전 대구 육군본부에 부임한 그는 내 소식을 알게 되자 서둘러 나를 찾아온 것이다. 우리는 얼싸안고 죽음을 이겨낸 기쁨을 나누었다. 식사를 함께하며 많은 이야기를 나눈 우리는 사진관을 찾아 생존을 인증하는 기념사진을 찍었다. 누구든지 살아남아 이 사진을 부모님들께 전해 드리자고 약속했다. 외사촌 형인 김철이 육군 대위로, 전방 제2사단에서 중대장으로 참전하고 있다는 소식도 알게 되었다. 전쟁 중에 가까운 친척을 처음 만나고 다른 친척 소식을 듣는 기쁨은 이루 헤아릴 수 없었다.

두드려라 그러면 열릴 것이다

부산에 온 후 낯선 현실을 목격하면서 나에게는 새로운 고민이 생겼다. '죽음의 공포'에서 벗어났다는 생각이 들자 이번에는 '불확실한 미래에 대한 공포'가 엄습해 온 것이다. 휴전 협상을 하고 있다는데 그것이 과연 성공할까? 휴전되면 고향에 돌아가기는 다 틀린 게 아닐까? 내년이면 열아홉 살인데 군대에 가야 할 것이 아닌가? 군대에 간다면 장교로 가고 싶은데 과연 가능할까? 아무것도 가진 게 없으니 나는 결국 대학에는 갈 수 없는 것일까? 새로운 고민들이 꼬리에 꼬리를 물고 이어졌다.

나는 열심히 기도하는 가운데 모든 일을 하나님께 맡기고 지금은 실력 배양을 위해 최선의 노력을 다하기로 마음먹었다. 대학에 가든 군 장교로 가든, 시험에 합격하려면 실력이 있어야 한다는 것을 깨달았기 때문이다.

나는 대학 입학시험을 목표로 공부하기 시작했다. 우선 영어는 중고등학교 교재 6권을 모두 학습하는 한편 야간 영어 강습소에서 초·중·고등반을 거쳐 시사주간지반까지 다녔다. 또한 북한에서 배운 것과 많은 차이가 있는 국어, 국사, 사회생활 등을 중점적으로 자습했다. 수학이나 자연과학은 오히려 북한에서 배운 것이 더 수준이 높다고 느꼈다. 더구나 선천고급중학교 선생님들은 일제강점기부터 중등학교에서 가르친 탁월한 교사들이었기에 이분들의 가르침을 받은 것이 큰 도움이 되었다. 낮에는 식품 창고에서 일하면서 시간 나는 대로 공부했다. 다행히 시간 여유가 많았다. 자기 부인이 백 켤레의 구두를 갖고 있다고 자랑하길 좋아하는 뉴욕 출신 요리병 스탠리 상등병과 호리호리한 몸매에 항상 상냥하고 친절한 보스턴 출신 앤더슨 상등병 등이 내 영어 발음을 교정해 주며 따뜻하게 격려해 주었다.

1952년 초겨울의 어느 일요일, 교회에 다녀오는 길에 '육군사관학교 제3기 사관생도 모집' 포스터가 눈에 띄었다. 모집 요강을 읽어보니 4년간 전액 국비로 군사학과 이공계 대학 교육과정을 이수하고 나면 이학사 학위를 수여하고 육군 소위로 임관한다는 것이다. '돈이 없어도 대학 교육을 받을 수 있고 장교로 임관된다니 이거야말로 안성맞춤이 아니겠나' 하는 생각이 번뜩 들었다. 어차피 군 복무는 해야 할 형편이었다. 나는 응시해 보기로 결심했다.

그런데 구비 서류 중 고등학교 졸업증명서를 어떻게 확보하느냐가 문제였다. 평안북도 도민회를 찾아갔더니 고졸을 보증하는 교사의 확인서가 있으면 도지사가 졸업확인서를 발급해 준다는 것이다. 월남한 선생님이 계시겠지만 어디서 어떻게 찾아낼 수 있을지 막연하기만 했다. 도민회에서 들려준 바에 의하면, 전쟁 전에 월남하신 음악 교사 이성삼 선생님이 서울고등학교에 재직 중이라는 것이다. 며칠 후 송도 피란민 천막촌에서 이 선생님을 찾아내는 데 성공했다. 이성삼 선생님은 선천고급중학교 선생님들에 관해 질문하며 확인하고 난 후 흔쾌히 고졸 보증서를 써주며 육사 합격을 기원해 주셨다.

육사 응시 계획을 아무한테도 발설하지 않은 채 응시 준비에 전력을 다했다. 부대에서는 미군들이 나를 "정직한 소년", "부지런히 일하며 열심히 공부하는 소년", "품행이 바르고 성실한 모범 종업원"이라며 1952년 크리스마스를 기해 푸짐한 선물을 주었다. 장병들이 돈을 모아, 그당시 최고급품으로 명성을 날린 큼직한 진공관 '제니스' 라디오를 선물로 준 것이다. 나는 이날의 기쁨과 감격을 잊을 수가 없다.

육사 입학시험은 제1차로 각 지구에서 학과시험을 실시하고, 여기서 합격한 자는 두 달 후 제2차로 대구에서 신체검사와 면접시험 등 선발시험을 거치도록 되어 있었다. 부산 남성여고에서 학과시험을 치르고 난 후 나는 합격할 수 없을 것 같다는 생각이 들었다. 응시자들이 모두 검은 교복을 입은 재학생들인 데다 시험을 치르고 나와서 속삭이는 소리를 엿들어 보니 문제가 일반적으로 쉬웠다는 데에 기가 죽을 수밖에 없었다. 나는 영어와 수학은 잘 치른 것 같고 자연과학도 괜찮을 것 같았으나 국어와 사회생활은 신통치 않을 것으로 판단했다. 월남하여 처음 시도하는 시험인데 첫 번부터 합격하기가 어디 쉬운 일이겠나! 이번에 실패하면 이를 경험 삼아 다음에 다시 도전하는 수밖에 별 도리가 없다고 생각하니 마음이 편해졌다.

합격자 발표는 병사구사령부 게시판에 공시하게 되어 있었으나 나는 아예 가볼 용기가 나지 않았다. 발표 일자가 10여 일 지난 어느 일요일, 교회 예배를 마치고 책을 사러 광복동 거리에 들렀다. 여기까지 왔는데 병사구사령부 앞을 그냥 지나칠 수는 없었다. 게시판에는 아직도 합격자 수험번호가 게시되어 있었다. 그런데… 이게 웬일인가! 내 수험번호도 적혀 있었다! 나도 합격한 것이다. 나는 "오 주여! 감사합니다!"라고 외쳤다. 하나님의 특별하신 은총에 감사하다는 말밖에 달리 할 말이 없었다. 기쁨을 감출 수가 없었다.

이듬해(1953년) 3월, 학과시험 합격자들은 대구 육군보충대에 집결하여 먼저 육군병원에서 신체검사와 체력검정을 받았다. 여기서 합격해야 육군본부에서 면접시험을 치를 수 있었다. 신체검사에 합격한 나는 주로 인물고사와 영어 테스트에 치중한 면접시험을 보았다. 시험관이 두툼한 영어 원서를 펼치며 소리 내어 읽고 무슨 뜻인지 말하라고 했다. 내가 한 문장을 소리 내어 읽고, 이것은 영국 산업혁명에 관한 내용이라고 번역했더니 그는 "원더풀!"이라며 칭찬했다. 모든 시험이 끝나자 종합판정관은 내 합격을 판정하고 축하해 주었다.

나중에 알게 된 사실이지만 250명 모집에 무려 4,100명이 학과시험에 응시하여 16:1의 경쟁률을 나타냈다는 것이다. 1기생의 경우 1,400명이 응시하여 7:1, 2기생의 경우 2,200명이 응시하여 11:1의 경쟁률을 나타냈으며, 이처럼 점점 응시생이 많아져 6기생의 경우 27:1의 경쟁률을 나타낸 것으로 기록되었다.

내가 육사 시험에 합격했다는 소문이 알려지자 큰 화젯거리가 되었다. 미군들은 "정직한 소년이 한국의 웨스트포인트[†]에 합격했다"며 마치 자기가 합격한 것처럼 좋아하고 앞다투어 찾아와 축하해 주었다. 부대장도 나를 불러 축하해 주며 우리 부대의 경사라고 기뻐했다. 한국 종업원들도 만나는 사람마다 축하해 주며 자랑스럽게 여겼다.

2년 동안 정든 미군 제772헌병부대를 떠난다고 생각하니 만감이 교차했다. 나는 미국 군인들에 대한 고마운 마음으로 가득 찼다. 이들의 사랑과 도움이 없었다면 내가 어떻게 육사에 합격할 수 있었겠는가. 나는 하나님의 특별하신 은총에 머리 숙여 감사드렸다. 전쟁 중에서도 안전하고 편안하게 의식주에 대한 걱정 없이 지낼 수 있도록 미군 부대 안에서 보호해 주셨고 미래에 대비하여 실력을 배양할 수 있도록 인도해 주셨다. 만일 미군 부대에 있지 않았다면 나는 이미 군대에 입대하여 어느 고지에서 전사했을지도 모를 일이다. 그렇지 않았다 해도 거친 세파에 휩쓸려 내 인생이 좌초되었을지도 모를 일이다. 지난 3년간의 내 인생은 하나님께서 베푸신 기적이요, 축복이라고밖에 달리 말할 수 없다.

육사 입교를 위해 부산 동래 육군보충대에 집결하던 날, 미군이 나를 헌병 순찰 지프차에 태워 데려다 주었다. 요리병 스탠리 상등병이

[†] 미국의 육군사관학교가 뉴욕주 웨스트포인트에 있어 미국에서는 육군사관학교를 보통 웨스트포인트라고 부른다.

자청해 동행했다. 그는 차에서 내리자 나에게 책 두 권을 내밀면서 "이 건 미국에서 주문한《This is America, My Country》라는 미국 역사 책이야. 미국을 공부하는 데 도움이 되길 바란다"라며 육사 입학 기념 선물로 주었다. 그러고는 "Good luck, Cadet Lim, Sir!(임 생도님, 행운을 빕니다!)" 하고 거수경례로 작별 인사를 하고 떠났다. 나는 그가 시계에 서 사라질 때까지 손을 흔들며 감사의 눈물을 흘렸다.

전쟁은 평택-원주-삼척 방어선에서 반격에 나선 유엔군이 서울을 수복하며 38선 일대에서 전선이 고착되었다. 이해 여름부터 한편으로 는 휴전 회담을 하고 다른 한편으로는 휴전을 앞두고 38선에 연한 지 역에서 치열한 고지 쟁탈전이 계속되고 있었다.

────────

육사 4년

1953년 6월 나는 진해 육군사관학교에 입학했다. 내 나이 20세, 교 번은 444번. 장군이 되겠다는 야망을 가진 것은 아니었다. 장교가 되 어 부대원을 지휘해서 내 고향을 내가 해방시켜야겠다는 것이 당시 나 의 꿈이라면 꿈이었다고 할 수 있다.

4년제 육사가 발족한 것은 전쟁이 한창 진행 중이던 1952년 1월이었 다. 전쟁 전에는 1개월에서 3개월 또는 6개월간의 단기 군사훈련을 통 해 정규 장교를 양성해 왔으며 가장 긴 교육 기간은 1년이었다. 전쟁으 로 육사는 문을 닫게 되고 육군종합행정학교에서 단기 훈련으로 전시

수요를 충족하기 위한 갑종 장교를 대량으로 배출해 왔다. 치열한 전쟁 중에 4년제 육사를 창설한다는 것은 파격적이며 혁명적인 발상이 아닐 수 없었다. 미 8군사령관 밴플리트 장군의 적극적인 추진과 지원으로 창설에 성공했다는 것이다. 이 같은 밴플리트 장군의 업적을 기리기 위해 나중에 서울 화랑대의 연병장이 내려다보이는 도서관 앞에 그의 동상이 세워졌다. 4년제 육사는 진해의 한 중학교에 자리 잡고, 육사 초대 미 고문단장인 맥키니 대령의 헌신적인 노력으로 웨스트포인트 미 육군사관학교의 교육제도를 거의 그대로 본받아 교육을 실시하게 되었다. 교실은 중학교 건물을 그대로 사용하고, 숙소인 내무반에는 양철 콘셋트(창고)에 야전용 침대를 펴서 기거했다.

4년제 육사의 초대 교장은 이토 히로부미(伊藤博文)를 사살한 안중근 의사의 종질이며, 중국 황포군관학교 출신으로 조국이 해방될 때까지 항일 독립투쟁에 헌신해 오신 애국 투사 안춘생 장군이다. 그는 육사의 교육제도는 선진 미국제도를 수용하지만 육사의 교육 이념은 우리의 자주적인 전통을 계승하고자 했다. 안춘생 교장은 간결하고 추상적이며 형이상학적인 수양의 덕목이라 할 수 있는 '智 仁 勇'으로 육사 교훈을 결정했다. 이 교훈은 '장교는 정확한 판단력과 올바른 결단력이 있어야 하는데 그것은 지력에 달려 있다. 또한 전쟁의 승리는 인화에서 비롯된다. 뿐만 아니라 장교에게 요구되는 특성은 위험과 책임에 대한 용기다'라는 그의 신념이 반영된 것이라 할 수 있다.

입교한 후 무더운 여름철 두 달 동안 '짐승훈련'이라고 불리는 모진 기초군사훈련부터 이겨내야 했다. "사자는 새끼를 낳으면 높은 벼랑 위에서 떨어트려 살아남는 새끼만 키운다"며 무자비한 훈련을 강요했다.

우리 3기생들이 기초군사훈련을 마치자 때마침 1기와 2기생들도 하기군사훈련을 마치고 돌아와 학교는 활기를 띠기 시작했다. 3개 학년 600명의 생도대가 4개 중대로 편성되어 생도자치 근무제도에 의해 한 치의 어긋남도 없는 기계적인 생활이 시작되었다. 직각 보행을 하고 식사할 때 수저의 움직임도 직각이어야 했으며 어디를 가나 상급생들이 매서운 눈초리로 감시하고 있었다. 2개 분대 20명 기준으로 편성된 내무반에서도 상급생들의 감시 감독은 빈틈이 없었다. 다만 일반학 교육을 받기 위해 교실 지역으로 가 있는 동안만큼은 이 모든 감시와 속박에서 해방되는 기분을 느낄 수 있었다.

당시 육사 생도의 하루의 일과는 다음과 같았다. 5시 40분 기상 나팔소리와 함께 일어나 연병장으로 달려가 정해진 제자리에 정렬하여 일조점호를 받는다. 6시 정각이 되면 애국가를 제창하며 국기를 게양한다. 이어서 육군 도수체조를 하고 연대장 생도의 간단한 정신 훈화나 지시 사항이 뒤따른다. 세면과 청소에 이어 아침 식사를 마치면 7시 반에 교실로 이동한다. 이것을 '학과출장'이라고 불렀다. 8시부터 17시까지는 일반학 교육을 받는다. 저녁 식사 후에는 한 시간 동안 자유시간이 주어지는데 1학년생들은 이때 상급생들에게 불려가 주의와 얼차려(당시에는 '기합'이라 했다)를 받기 일쑤였다. 그렇지 않을 때는 매점으로 달려가 빵과 미제 쇠고기 통조림으로 허기진 배를 채우기 바빴다. 19시부터는 다시 교실로 가서 두 시간의 자습 시간을 갖는다. 내일의 학과수업과 일일시험에 대비하여 철저히 예습해야 한다. 또한 매일 그날의 언행을 반성하고 이를 수양록에 기록해야 한다. 그러고는 일석점호를 받고 22시에 침대에 든다. 더 이상 공부하거나 책을 보고 싶어도 허용되지 않는다. 매일 똑같은 일과가 반복되었다.

수요일 학과 후에는 국기강하식이 있고, 금요일 저녁 자유시간에는 내무사열 준비를 위한 대청소를 하고, 토요일에는 오전 학과를 마치면 오후에는 연병장에서 생도대장이 부대사열을 실시한다. 이 행사를 무사히 마치면 상급생들은 외출을 나가고 1학년생들은 교내에서 모처럼 주말 휴식을 즐기게 된다. 세탁도 하고 편지도 쓰고 책도 읽고 운동도 하고 낮잠도 잔다. 나는 일요일에는 교회에 니기 예배를 드렸다. 나는 이때 커다란 콘셋트 육사 교회에서 한경직 목사님에게 세례를 받았다.

학과 수업은 한 교반(학급)이 20~25명으로 편성되어 토론식으로 진행되고 매 시간마다 시험이 실시된다. 이 일일시험 제도는 웨스트포인트 제도에서 가져온 것으로 예습이 생명이었다. 예습해 오지 않으면 수업을 따라갈 수 없었다. 매 시간 실시한 시험 성적을 종합하여 과목별 성적순으로 매달 교반이 재편성된다. 매 과목마다 10개 교반으로 편성되었는데 1교반이 가장 성적이 좋은 학생들이 모인 반으로 비교적 수준 높은 수업이 이루어지고, 10교반이 가장 성적이 뒤진 학생들이 모인 교반으로 특별지도를 받게 되어 있다. 10교반 생도들은 스스로 '장군 교반'이라고 부르며 자위하곤 했다.

나는 수학과 영어는 항상 1교반, 다른 과목들은 1교반 또는 2교반에서 공부했다. 성적순으로 정해진 자리에 앉았고 책상 위에는 교관이 식별하기 쉽도록 각자의 명패를 놓아두었다. 어느 날 국어 시간에, 훗날 우리나라의 유명한 시인이자 대학교수가 된 신동집 교관이 내 명패를 보고 "林東源이라, 이름 참 좋소!"하며 내 이름을 풀어 시를

육사 생도 시절 명예위원회의를 마치고. 앞줄 오른쪽 첫 번째가 저자. 1956년 9월.

―――

읊었다. 그러면서 "앞으로 크게 성공할 사람의 이름"이라고 했다. 나는 그 말을 믿고 싶었다. 그래서인지 지금까지도 그분의 말을 또렷이 기억한다.

당시 육사의 또 다른 특성 중 하나는 역시 웨스트포인트 제도에서 모방한 명예제도다. 첫째, 거짓말하지 말 것. 둘째, 커닝하지 말 것. 셋째, 도둑질하지 말 것. 넷째, 다른 생도가 이 원칙을 위반하면 보고할 것. 이 명예제도에 의해 생도의 모든 언행은 항상 거짓이 없는 진실로 받아들여진다. 생도들이 선출한 명예위원들이, 고발된 사안을 심의하여 생도대장에게 보고하면 생도대장은 확인 조사하여 위반 생도를 퇴교 조치한다. 실제로 가끔 시험 커닝 사건이 발생했는데 고발된 생도는 예외 없이 퇴교 조치되었다. 나는 4학년 때 명예위원으로 활동했다. 또한 '3금제도'라는 것이 있었다. 결혼, 음주, 흡연이 금지되었고 이를 위반했을 때도 퇴교된다.

육사 입교 두 달 후인 1953년 7월 27일 군사정전협정이 체결되고 총성이 멎었다. 국제전쟁으로 변질되어 3년간 지속된 비참한 한국전쟁은 당시 남북 인구의 1/6인 5백만 명의 사상자를 내고 전 국토를 초토화했다. 생존자에게도 엄청난 고통과 트라우마를 안겨 주었다. 하지만 전쟁은 통일도 평화도 가져오지 못했다. 전쟁은 분단을 고착화하고 냉전과 정전체제하에서 적대관계의 심화를 초래했다. 이승만 정부는 휴전에 반대하는 캠페인을 전개했다. 국군이 증강 재편성되었고, 우리는 '북진통일'을 외치며 전시와 다름없는 긴장된 생활을 이어갔다. 우리는 이 휴전 상태가 장기간 지속되리라고는 전혀 생각하지 못했다.

1954년 6월, 육사는 서울 근교 태릉으로 이전했다. 해방 직후인 1946년 5월 1일 국방경비사관학교라는 이름으로 창설된 육사가 한국전쟁이 발발하기 전까지 있었던 곳으로 4년 만에 복귀하게 된 것이다. 전쟁으로 파괴된 붉은 벽돌 건물들을 학교 본부와 교실 건물로 쓰기 위해 육군공병단이 서둘러 보수했고 생도 내무반으로는 양철 콘셋트 40개를 마련했다. 편의 시설이나 식당 시설 등은 변변치 못했지만 아무도 불평하지 않았다. 내가 졸업할 때까지도 시설 면에서는 이렇다 할 개선이 없었다. 태릉 육사로 불리던 이름이 화랑대로 변경되었을 뿐이다. 육사 생도 고유의 교복도 없었다. 아이크 재킷이라 부르는 미군복을 고쳐 교복으로 입고, 교내에서는 미군의 개리슨 모자를 쓰고 다녔다.

교통 사정도 좋지 않았다. 주말에 서울 시내로 외출하려면 오후 4시경에 있는 춘천발 청량리행 열차를 이용하거나 청량리까지 약 한 시간을 걸어가야 했다. 몇 시간에 한 대씩 시외버스가 다녔으나 그 버스를 탄다는 것은 요행이 아닐 수 없었다.

3학년과 4학년에 진학하면서 교과목은 전기공학, 기계공학, 토목공학, 병기공학 등 이공학 분야가 큰 비중을 차지했는데 나는 공학 분야에는 흥미를 느끼지 못했다. 왜 이런 과목을 공부해야 하는지, 앞으로 과연 도움이 될 수 있을지 의문스러웠다. 원리는 이해하지 못한 채 문제나 푸는 식의 학습은 시간 낭비라고 생각했다. 오히려 정치학, 경제학, 법학, 전사학 등 사회과학 분야에 관심이 쏠렸으며 원론 수준을 넘어 좀 더 깊이 있게 공부하고 싶었다. 제2외국어는 로어(러시아어)가 배정되어 이북에서 배운 것을 반복하게 되었다. 과외활동도 정치·경제 문제를 다루는 정경부에서 열심히 활동했으며 4학년 때에는 정경부장을 맡았다.

육사의 군사학 교육은 매년 8주간 실시되는 하기군사훈련에 집중되어 있었다. 2학년 때는 광주 상무대 보병학교와 포병학교에서 보병과 포병 전술을 배우고, 3학년 때는 기갑·통신·공병학교 등에서 훈련을 받았다. 4학년 때에는 병기, 병참, 수송 등을 다루는 지원병과학교를 거쳐 해군사관학교와 사천에 있는 공군교육훈련단에서 해군·공군 소개와 합동작전에 관해 배웠다. 해군에서는 상륙함정 LST를 타고 거친 파도에 밀려 롤링과 피칭에 시달려야 했고, 공군에서는 훈련기에 태워져 곡예비행으로 정신을 잃어 착륙하자마자 구토하고 쓰러지는 바람에 모처럼 차려놓은 오찬에 참석하지 못했다. 우리는 모두 해군이나 공군에 가지 않고 육군에 간 것이 얼마나 잘한 일인가를 깨달았다. 그리고 3주간 일선 부대에서 견습 소대장 근무를 했다.

일선 부대 견습 소대장 실습은 여러 팀으로 나뉘어 실시되었는데 나는 강원도 양구 지역의 최전방 부대에 배속되었다. 병사들과 함께 침식하고 소대 교육 훈련을 실시하는 동안 많은 것을 배우고 깨달을 수 있었다. 나는 일선 부대 실습을 마치고 〈우리의 과제-일선부대 실습을 마치고〉라는 소감을 《육사신문》(1956. 9. 30.)에 실었는데 이것이 언론에 공개된 나의 최초의 글이다.

실습 기간 중 제3군단장 송요찬 장군이 우리 견습 소대장들을 동해안 속초 북방의 '김일성 별장'에 초대하여 성대한 회식을 차려 주고 극진히 환대해 준 것을 잊을 수 없다. 우리를 놀라게 한 것은 한 사람씩 각각 지프차로 태백산맥을 넘어 목적지까지 왕복 수송해 줬다는 점이다. 그 이유인즉, 트럭으로 수송하다 사고라도 나면 한꺼번에 많은 인재를 잃게 될 우려가 있기 때문이라는 것이었다. 우리는 미군이 '타이거 송'이라는 별명을 붙여 준 송요찬 장군[†]의 사고방식과 스케일에 탄복했다.

당시 교수부 교관들은 대학을 졸업한 후 혹은 재학 중에 전쟁이 나서 군에 입대한, 애국심이 강한 젊은 장교들이었다. 그리고 대부분 앵무새 모양의 병과 배지를 단 통역 장교들이었다. 특히 탁월한 교관으

[†] 송요찬(1918~1980) 장군은 한국전쟁 시 수도사단장으로 용맹을 떨쳐 미군으로부터 '제너럴 타이거'(호랑이 장군)라는 별명을 얻었다. 후에 육군참모총장으로 4·19혁명을 맞아 계엄사령관이 되었으나 군의 정치적 중립을 견지하여 제2공화국의 산파역을 수행, 국민의 칭송을 받았다.

로 기억에 남는 분들 중에는 나중에 사회 여러 분야에서 국가와 사회를 위해 크게 기여한 인사들이 많다. 영어과의 조순 대위(서울대 교수, 경제 부총리, 서울시장), 김종운 대위(서울대 교수, 서울대 총장), 윤하정 대위(주오스트레일리아 대사, 외무부 차관), 사학과의 이기백 대위(서울대 교수), 김용덕 대위(단국대 교수), 국어과의 신동집 중위(대구 계명대 교수), 철학과의 정하은 대위(건국대 총장), 지형도학과의 이춘림 대위(현대건설 사장) 등을 들수 있다. 특히 이기백 선생이 눈물을 흘려가며 조선 시대의 망국적 당파싸움에 분개하던 열강이 아직도 눈에 선하다. 진해 시절에도 그랬지만 서울에서도 저명한 교수들을 초빙하여 특강을 듣는 경우가 적지 않았다.

육사 재학 중 내가 가장 감동과 자극을 받은 강연은 미 군사고문단 육사 수석고문관의 수양강연(1955. 4.)이었다. 우리 사관생도들에게 깊은 감명을 주었으며, 나는 군대 생활 내내 이 강연 내용을 항상 마음속에 간직하였다. 그는 4년제 육사 출신들에 대한 상관들의 기대가 얼마나 큰지, 시기와 질투가 얼마나 많을 것인지를 예리하게 지적하면서 앞으로 험난한 길과 수많은 장애에 부닥치게 될 것이라며, 육사에서 터득한 이상을 견지하려면 용기가 필요할 것이라고 강조했다.

"이 용기는 육체적인 용기보다도 더 강한 용기로서, 욕을 먹어가면서도 옳다고 생각하는 바를 행하는 용기, 양심만이 그 행동의 증거가 될 수 있는 일을 행할 수 있는 용기, 승리와 더불어 패배의 책임도 질 수 있는 용기, 즉 도덕적·양심적·정신적 용기를 말한다. 이 용기야말로 명예로운 용기이며, 외적에 대항하는 육체적 용기와 더불어 내부의 부패에서 대한민국을 존속시키는 힘이 될 것이다."

그는 또한 상관에 대해서만이 아니라 부하에 대한 충성도 강조하였다.

"여러분은 상관에 대해 충성을 다하고 병사들로 하여금 여러분에게 충성할 것을 기대하시오. 그러나 충성은 위로뿐만 아니라 아래로도 내려가야 한다는 것을 잊어서는 안 된다. 부하들에 대해 충성하지 않는 한 부하들도 여러분에게 충성하지 않을 것이다. 병사들을 잘 돌봐 주고 복리를 도모하고 공정하게 대우해 주어야 한다."

나는 '대한민국 육군 장교의 특성과 책무'라는 제목의 그의 강연문을 군대 생활 내내 소중히 간직하고 자주 읽어보며 실천하려고 노력했다.

나는 육사 생도 시절 인생을 어떻게 살아야 하고 국가와 민족을 위해 무엇을 어떻게 해야 할지를 모색하느라 나름대로 고민했다. 이런 고민을 함께하며 뜻이 맞는 친구들이 모여 대화를 나누면서 많은 것을 터득했고 우정도 깊어졌다. 이때 사귄 친구들로는 충청도 출신으로 한국전쟁 참전 용사이며 독실한 크리스천인 홍은표(소장, 육군대학 총장 역임), 평북에서 해방 직후 월남하여 서울고를 나온 럭비선수 심기철(소장, 대사 역임) 학도병으로 살아남은 서울 출신의 학구파 유갑수(교수, 경제학 박사), 암벽 타기를 자랑하며 등산할 때면 리더로 나서는 서울 출신의 수재 김덕현(교수, 육사 출신 최초의 공학박사), 한국전쟁 때 황해도에서 월남한 권용수(대령, 통일전망대 사장 역임) 등이 있다. 우리는 가끔 주말 등산을 함께 하고, 때로는 산가에서 밤을 새워 가며 인생을 논하고 국가와 민족의 장래를 걱정하면서 우리의 인생관과 국가관을 확립해 나갔다.

홍은표는 내가 가장 존경하는 나의 스승이요 평생 친구다. 나는 그의 강건한 신앙심과 성실한 생활방식을 본받고자 했다. 부친이 교회 장로이고 모태 신앙으로 자랐다는 공통점을 지닌 나와 홍은표는 일요일이면 유명한 설교가를 찾아 진리를 탐구하려 애쓰기도 했다. 홍은표 부친이 섬기는 교회인 동대문 복음교회의 지동식 목사님이나 영락교회의 한경직 목사님의 설교를 듣는 한편 명동에 있는 천주교 성당에도 나가 보았다. 무교회주의자인 함석헌 선생이 인도하는 서울역 앞 세브란스병원 구내 입센관에서의 모임에도 나가 비교 연구하느라 애쓰기도 했다. 홍은표는 임관 후 주로 야전부대와 특수전부대에서 지휘관과 참모로 근무하며 모범적인 군인으로서 정평이 났으며, 육군본부 관리참모부장과 많은 장교들의 존경을 받으며 육군대학 총장을 끝으로 소장으로 예편했다. 그 후 전쟁기념관장 등을 역임했다.

대한민국 육군 소위

나의 육사 생도 시절(1953~1957)은 미국이 주도하는 자유 진영과 소련을 맹주로 한 공산 진영 간 냉전이 구조화되던 시기로서 소련의 팽창주의에 미국이 '봉쇄정책'으로 맞선 시기였다. 미국은 공산 세력의 확산을 저지하기 위해 지리적으로 소련에 근접한 국가들과 안보동맹을 맺고 군사원조를 제공하는 한편 군사 기지를 확보하여 미군을 배치하는 '전방전개전략'을 추진했다. 한국에서는 휴전 성립과 함께 한미상호방위조약이 체결되었으며, 미국의 원조를 받아 국군의 확대 개편이 진행되었다. 이 조약에 따라 미국은 2개 육군사단과 지원부대, 1개 공군사단 등 6만 명이 한국에 주둔하기 시작했다. 미국의 지원으로 한국군은 육군 20개 보병사단과 10개 예비사단 구조가 확립된다. 또한 한국 방위의 책임을 진 유엔군사령관이 국군에 대한 작전통제권을 계속 행사할 수 있게 하고, 미국은 군사원조를 제공하기로 하였다.

국내에서는 이승만 대통령의 장기 집권 체제가 굳어가던 시기였다. 이른바 4사5입 헌법 개정으로 이승만 대통령의 3선이 실현되었다. 국군은 매년 3월 24일 이승만 대통령 생신일에 시가행진으로 축하와 충성을 표시했으며, 3군 사관생도들이 그 선두를 장식하곤 했다. 나도 매년 엠 원$^{M-1}$ 소총을 메고 이 퍼레이드 대열에 섰다. 그러나 자유당 정권의 거듭되는 실정과 부정부패로 민심이 이반하고 있었다. 1인당 국민소득은 70달러 수준에 불과한 세계에서 가장 가난한 나라였다.

1957년 6월, 나는 4년간의 육사 교육과 훈련을 마치고 이학사 학위를 받은 뒤 육군 소위로 임관했다. 군번은 17375. 입교할 때는 250명이던 동기생 중 30퍼센트가 도태되고, 175명이 보병, 포병, 기갑, 공병, 통신 등 5개 기본 전투병과 장교로 임관하였다. 나는 내가 희망한 대로 보병 병과로 가게 되었고, 졸업 성적은 상위 4분의 1권에 속했다. 4반세기 후에 이 중 44명이 장성으로 진급하는 영예를 누리게 된다.

1957년 11월, 보병학교 초등군사반을 마치고 나는 강원도 양구 대암산 근처에 위치한 보병 제12사단 37연대 1중대 1소대장으로 부임했다. 이미 1년 전 실습소대장으로 근무한 경험을 통해 짐작할 수 있었으나 우리 육군의 현실은 너무 비참했다. 정부의 지원 능력이 부족하니 군 간부들은 벌목을 하고 숯을 구어 민간에 내다 파는 등 병사와 군 장비를 동원하여 공공연하게 이른바 '후생사업'을 하는 데 열을 올리고 있었다.

나는 부임하고 얼마 안 되어 대암산(1300고지)에서 전술공사를 하는 한편으로 병력을 차출하여 벌목하고 숯 굽는 일을 지원하는 일과에 시달려야 했다. 당시에는 병사들 대다수가 문맹자였기 때문에 밤에는 한글을 가르치며 문맹퇴치사업도 전개해야 했다. 소대장은 병사들과 함께 흙벽돌을 만들어 지은 구조물에 온돌을 깐 막사에서 추운 겨울을 지내야 했다. 휴전한 지 4~5년밖에 안 되었고 전쟁에서 완전히 궤멸된 북한군은 위협이 되지 않는 상황이었다. 교육 훈련 계획은 있었으나 어쩌다 한 번씩 교육 감독 나온다고 할 때만 형식적으로 하는 척하는 것으로 족했다.

박봉에 허덕이는 부대장과 간부들은 병사들의 쌀과 부식, 보급품을 빼내갔으며 병사들은 굶주림에 허덕이고 있었다. 병사들은 부대 주변 가게에서 군용 건빵을 사먹기 위해 모포 등의 보급품을 훔쳐 내다 파는 일이 비일비재했다. 그리고 남의 부대 보급품을 훔쳐다 채우는 나쁜 관습이 유행하고 있었다. 나는 얼마 되지도 않는 내 봉급을 털어 소대원의 사기를 올려야 하고 막사를 운영·유지해야 했다. 심지어 연대장 지프차 휘발윳값으로 매달 일정액을 헌납해야 했다. 이것이 내가 임관하여 부임한 1957년 일선 부대의 현실이었다.

1958년 봄으로 접어들면서 놀라운 변화가 시작되었다. 얼마 전 야전군사령관으로 부임한 송요찬 중장이 대대적인 개혁작업을 시작한 것이다. 그는 전 군의 보급품 현황을 정확히 파악하고, 손실을 불문에 붙이는 조치를 취했다. 후생사업을 중단시키고 부대 보급품을 빼내는 부정행위를 엄단하는 조치도 취했다. 우리 사단에 새로 부임한 사단장 이용 장군은 군사령관의 개혁운동에 적극 호응하여 많은 성과를 올렸다. 이용 장군은 내가 3학년때 육사 생도대장을 역임하신 분이다. 이같은 개혁 조치들이 진행되자 우선 병사들의 급식이 개선되기 시작했다. 벌목하고 숯 굽는 작업도 중단되었다.

내 소대장 생활도 활기를 띠기 시작했다. 교육 훈련도 실시하고 문맹퇴치사업에도 열을 올렸다. 나는 사단에서 모범소대장으로 인정받게 되었다. 사단장은 내 소대를 서울 동작동 국립묘지 조성 작업에 파견하기로 결정했다. 동작동 국립묘지는 육군의 20개 사단이 각각 일정한 구역을 맡아 각 사단에서 채취해 온 잔디를 까는 등 필요한 작업을 통해 조성되었고 묘지 상단에는 사단 마크들을 장식했다. 나는 2.5톤 트럭 두 대를 지원받아 신바람이 난 40명의 소대원과 함께 두 달 동안 이 임무를 성공적으로 수행했다.

1958년 연말, 나는 내 앞날을 좌우할지도 모를 중요한 선택을 해야만 했다. 1952년 가을 육사 시험을 볼 것인가, 일반 대학 시험을 볼 것인가의 기로에 선 이후로 다시 선택의 기로에 직면한 것이다. 이미 미국 군사유학 시험에 합격하여 다음 해 봄에 미 육군보병학교로 군사유학을 가게 될 예정이었는데, 육군사관학교에서 교수 요원 양성을 위해 서울대학교 문리대 철학과 위탁교육 대상자로 내가 선발되었다는 통보를 받은 것이다. 야전 군인의 길을 택할 것인가 아니면 교수의 길을 선택할 것인가의 기로에 선 것이다. 고민의 날들이 계속되었다. 사단 포병부대에 근무하는 동기생 유갑수도 서울대 경제학과 위탁교육 대상자로 선발되었다며 "우리는 좀 더 배워야 한다. 함께 공부하러 가자"고 강권했다.

나는 민간 대학에서 공부하는 길을 택했다. 나에게 항상 관심을 갖고 따뜻하게 대해 주던 사단장 이용 장군은 내 선택에 대해 실망이 컸던 것 같다. 그는 내가 직업군인으로 성공하길 기대했는데 잘못된 길을 택한다고 아쉬워하며 몇 번이나 마음을 바꿀 것을 권했다. 그러나 나는 결심을 꺾지 않았다.

2장

연구하며 실력을 배양하다

서울대학교에서 맞은 4·19혁명

1959년 봄, 나는 서울대학교 문리대 철학과에 편입했다. 2년간 수학하면서 유익하고 보람찬 대학 생활을 즐길 수 있었다. 자유로운 분위기에서 칸트와 헤겔의 철학을 비롯하여 당시 유행하던 실존주의 철학에 관심을 갖고 청강했다. 특히 박종홍† 교수의 철학 강의 중 '변증법론'에 심취하기도 했다. 정-반-합(正-反-合)의 3단 논법은 사고방식뿐 아니라 사회현상이나 역사 발전과 연계된 것이며, 그에 따른 양적 변화가 축적되어 질적 변화를 초래한다고 했다. 그리고 역사는 정반합의 변증법에 따라 발전한다고 했다. 정these에서 반anti-these으로 가는 과정을 거쳐, 버

† 박종홍(1903~1976) 교수는 해방 후에 서울대 철학과 교수를 지내며 후진 교육과 저술 활동을 한 철학계의 대가다. 칸트와 헤겔 등으로 대표되는 독일철학과 한국사상사 분야에서 명성을 날렸다.

서울대 문리대 철학과 야유회에서. 서 있는 첫 줄 오른쪽부터 다섯 번째가 박종홍 교수, 앞줄 오른쪽부터 두 번째가 저자. 1959년 5월.

———

릴 것은 버리고 취할 것은 취하며 합synthese을 지양(止揚)aufheben 해 나간다는 이론에 빠져들었다. 박종홍 교수의 '한국철학사' 강의도 대단히 흥미로웠다. 나중에 박종홍 교수는 내 결혼의 주례를 맡아주셨다. 조가경 교수의 '실존주의철학' 강의를 포함하여 여러 교수의 강의도 고루 청강했다.

또한 대학생들과 어울려 대화도 나누고 친교의 기회도 가졌다. 문리대 캠퍼스에서 사귄 친구들 중에서 건국대 교수가 된 박택규와 한림대 교수가 된 송상용은 반세기가 넘도록 온 가족이 가깝게 지내는 평생 친구가 되었다.

당시 우리 사회는 휴전 이후 막대한 외국 원조에도 불구하고 무절제한 소비재 도입으로 경제 건설에 힘을 쏟기보다는 사치와 낭비 풍조가 조성되었고, 일부 부유층의 부정부패가 심화되고 있었다. 농촌에서는 절량농가가 속출하고 초근목피로 연명하는 보릿고개 현상이 매년 되풀이되고 있었으나 개선될 전망이 보이지 않았다. 경제 침체와 고용 기회의 절대 부족은 대학을 졸업한 젊은 지식층을 좌절감으로 몰아넣었다. 자유당 정권의 무능과 부정부패, 장기집권 야욕이 끓어 넘치자 대학생들의 저항의식은 3·15 부정선거를 계기로 폭발하면서 4·19혁명으로 이어졌다.

12년 장기 집권 후 다시 4선을 노린 이승만 대통령과 그 일당이 3·15 부정선거를 자행했다. 선거 무효를 주장하고 독재에 반대하는 대학생과 고등학생 등의 젊은 지성과 시민들의 시위가 전국 각지로 번져 나갔고, 경찰의 무리한 진압작전으로 사태는 악화되어 갔다. 4월 11일에는 마산에서 최루탄에 맞고 바다에 버려진 고등학생의 시신이 발견되면서 마산 시민의 의거가 일어났고, 4월 18일에는 고려대 학생들의 서울 시내 시위가 조직폭력배들의 습격으로 무참히 짓밟히는 사건이 벌어졌다. 4월 19일, 서울대 학생들을 비롯한 대학생과 고등학생 시위에 경찰이 실탄사격하여 사상자가 발생하자 시위는 전국적으로 확산되었다. 나는 4월 19일 아침 문리대 도서관 앞뜰에서 자유와 민주주의를 외치는 대학생들의 집회를 목격했다. '4·19혁명 선언문'에도 귀를 기울였다. 이어서 거리로 나와 종로5가를 거쳐 광화문 쪽으로 진출하는 질풍노도와도 같은 시위 대열을 옆에서 보도를 따라가며 보았다. 군인 신분으로 시위 대열에 합류할 생각은 없었으나 이 역사적인 사건을 내 눈으로 직접 보며 마음으로 동참했다. 며칠 후에는 대학교수들의 시위로 이어지며 시위는 절정에 이르렀다.

결국 이승만 대통령은 하야하고 자유당 정권은 무너졌다. 야당인 민주당이 집권했으나 분출하는 국민의 욕구와 사회적 혼란을 통제하고 민생 안정을 기하기에는 힘겨워 보였다. 대북 열등의식이 팽배한 가운데 남북관계 개선, 대북 접촉과 자유 왕래, 남북 물자 교류, 주한미군 철수, 한반도 중립화 등 갖가지 통일 논의와 주장이 봇물 터지듯 쏟아져 나와 국민들 사이에는 불안의식이 번져나갔다.

서울대에서 공부하고 생활하는 동안 내가 터득한 가장 큰 소득 중 하나는 우리나라가 처한 냉엄한 현실을 냉철하게 인식하게 되었다는 점이다. 그리고 우리가 소중히 해야 할 가치가 자유와 민주주의에 대한 확고한 신념임을 깨달았다.

서울대 재학 중 여름방학을 맞은 나는 내게 따뜻한 애정을 베풀어주는 12기 송한호(정치학과) 선배의 초청으로 김인선(법학과) 선배와 함께 제주도 여행에 나섰다. 정기 노선을 운영하는 공군 수송기 편으로 왕복하며 서귀포에 일주일간 머물렀다. 서귀포에는 한국전쟁 때 월남한 그의 형님네가 정착하고 있었다. 1960년 여름의 서귀포는 여느 시골과 다름없는 미개발의 시골이었고, 육지와 소통하기 쉽지 않은 시대라 진한 제주도 사투리가 흔해 알아들을 수가 없어 통역이 필요했다.

제주도의 아름다운 경치를 여기저기 돌아보았고, 남한에서 가장 높은 산인 한라산(해발 1,947미터) 정상까지 등반하여 백록담에서 하룻밤을 지낸 아름다운 추억을 오랫동안 간직하고 있다. 40년이 훌쩍 지나 2003년에 가족들과 함께 방문한 제주도는 국제적 관광단지로 몰라보게 변모해 있었다.

5·16 군사정변과 육사생의 지지 시가행진

1961년 봄에 서울대학교를 졸업하고 육사 교수부로 보직받은 지 얼마 안 되어 5·16 군사정변이 일어났다. 육사 캠퍼스 안의 BOQ(독신 장교 숙소)에 기거하던 나는 5월 15일 저녁에 이상한 소문을 전해 듣고 반신반의하며 잠자리에 들었다. 내일 새벽 쿠데타가 일어난다는 것이었다. 새벽에 눈을 떠 라디오를 켜니 '혁명공약'을 방송하고 있었다. 전날 밤 김영건 대위가 말해 준 것이 정확한 정보였던 것이다.

이날 아침 나는 교수부와 생도대의 몇몇 동창생들이 어느 한 교실에 모여 정보를 종합하며 대책을 논의하는 자리에 참석했다. 강재륜, 서우인, 김광욱, 송한호, 정민희 대위 등을 비롯하여 10여 명이 모였다. 우선 쿠데타의 주체가 누구이며 어떤 부대가 가담했고 어떤 성격을 띤 것인지, 그리고 과연 성공할 수 있을 것인지, 야전군이 진압에 나설 것인지 등을 논의했지만 사태를 정확히 판단할 수 있는 정보가 없었다. 육사교장실(교장 강영훈 중장)은 물론 야전군사령부(사령관 이한림 중장)와 수도권에서 근무하는 동창생들과도 연락을 취하고 있었으나 상황은 불투명하고 유동적인 것으로 보였다. 방송을 통해 '군사혁명위원회' 의장 육군참모총장 장도영 중장 명의로 발표된 '혁명공약'이 유일한 정보였다.

"친애하는 애국 동포 여러분, 은인자중하던 군부는 드디어 금조(今朝) 미명을 기해서 일제히 행동을 개시하여 국가의 행정·입법·사법의 삼권을 완전히 장악하고 이어 '군사혁명위원회'를 조직하였습니다. 군부가 궐기한 것은 부패하고 무능한 현 정권과 기성 정치인들에게 이 이상 더는 국가와 민족의 운명을 맡겨둘 수 없다고 단정하고 백척간두에서 방황하는 조국의 위기를 극복하기 위한 것입니다."

이를 위해 여섯 항목의 혁명공약을 밝혔다.

"첫째, 반공을 국시의 제일의로 삼고 지금까지 형식적이고 구호에만 그친 반공 태세를 재정비 강화한다.

둘째, 유엔헌장을 준수하고 국제협약을 충실히 이행할 것이며 미국을 위시한 자유 우방과의 유대를 더욱 공고히 한다.

셋째, 이 나라 사회의 모든 부패와 구악을 일소하고 퇴폐한 국민 도의와 민족정기를 바로잡기 위해 청신한 기풍을 진작시킨다.

넷째, 절망과 기아선상에서 허덕이는 민생고를 시급히 해결하고 국가 자주경제 재건에 총력을 경주한다.

다섯째, 민족의 숙원인 국토 통일을 위해 공산주의와 대결할 수 있는 실력 배양에 전력을 집중한다.

여섯째, 이와 같은 우리의 과업이 성취되면 참신하고도 양심적인 정치인들에게 언제든지 정권을 이양하고 우리들은 본연의 임무에 복귀할 준비를 갖춘다."

육군참모총장 장도영 중장이 주동 인물로 밝혀졌지만 이는 믿기 어려웠다. 설사 그가 가담했다 하더라도 이집트의 나기브 같은 존재에 불과할 것이다. 진짜 주동자인 나세르†는 과연 누구인가? 누군가 박정희 소장일 것이라고 했다. 그러나 박정희 소장은 우리에게 너무나도 생소하여 그가 어떤 생각을 품고 있고 어떤 능력을 가진 사람이기에 쿠데타를 주도할 수 있다는 것인지 알 수가 없었다. 누군가는 그가 남로당 당원이었다며 전력이 수상하고 지금도 군내에서 불평불만이 많은 장군이라고 하는데 이런 사람이 거사를 주도할 수 있겠느냐고 반문했다.

거사에 부정적인 시각을 갖고 있는 이한림 야전군사령관도 사태 추이를 파악 중이며 진압할 것이냐 아니면 지지할 것이냐에 대한 결단을 내리지 못한 상태라는 정보도 들어왔다. 강영훈 교장은 지휘관인 자기의 명령 없이는 사관생도나 육사 장병들은 어떠한 언동도 해서는 안 된다는 엄명을 내리고 자리를 비웠다. 오전에 이어 오후에도 사태 파악을 위한 논의가 계속되었으나, 결론은 사태가 유동적이니 좀 더 지켜보며 신중하게 대처해야 한다는 것이었다.

바로 이때 쿠데타군의 박창암 대령과 오치성 대령이 3대의 트럭에 병력을 이끌고 육사 정문 앞에 도착했다. 두 대령이 생도대 막사로 와서 육사 출신 장교와 사관생도들이 군사혁명을 지지할 것을 요구하고 있다는 급보가 들어왔다. 우리는 서둘러 이동하여 당시 생도대 부(副)대장이던 박창암 대령의 일장 연설을 듣고 질문을 던지기도 했다. 박 대령의 혁명 지지 요구에 강재륜과 정민희 대위 등이 "아직 확실한 상황을

† 1952년 이집트에서는 나세르 중령을 중심으로 친영 왕정을 타도하고 나기브를 명목상의 국가 원수로 삼았다. 이때 일어난 정변을 '이집트 혁명'이라 한다. 이집트 혁명은 제3세계 국가들에게 민족주의/사회주의 성향의 군사정변에 대한 기대를 품게 하는 데 영향을 미쳤다.

모르니 신중을 기해 결정하겠다는 것이 우리의 입장이다"라고 밝히자 박 대령은 "이것은 혁명이다!"라고 소리 지르며 노기를 드러냈다. 이날 밤 쿠데타군은 강재륜, 정민희 대위 등 몇 사람을 육사 헌병대 영창에 감금했다. 그리고 혁명에 반대하는 사람은 모두 감금할 것이라는 소문이 퍼져나갔다. 나도 감금당할 데 대비하여 마음의 준비를 해야 했다.

이튿날 오후가 되자 상황이 변하기 시작했다. 이동남, 이상훈, 전두환 대위가 나타나 "이번 거사의 지도자는 11기 손영길 대위가 전속부관으로 모시는 박정희 장군임이 확인되었는 바 그는 강직하고 정의감에 불타는 유능한 장군"이라는 것이다. 그리고 자기들은 혁명군에 가담하기로 결정하고 오전에 혁명군 지도부를 만나고 왔다며, 우리 군의 유혈 충돌을 막고 국민에게 피해가 가지 않도록 군사혁명위원회가 원하는 대로 육사 출신 장교와 사관생도의 군사혁명 지지 데모를 전개하여 혁명이 거군적으로 성공했다는 것을 보여줘야 한다고 주장했다. 아무리 기다려 보아도 이 사태에 결정적 영향을 미칠 야전군사령관 이한림 장군 측에서는 아무런 소식이 없었다. 교수부 출신 박준병 대위가 이한림 사령관의 부관으로 근무하고 있었다. 그는 진압에 나설 생각이 없는 것 같았으며, 그렇다면 쿠데타는 성공하는 것이 아니냐는 분석이 고개를 들기 시작했다.

이날 저녁 서우인 대위는 나를 대동하고 BOQ에서 이한림† 사령관

---

† 이한림(1921~2012) 장군은 함남 출신으로 만주 군관학교와 일본 육사를 박정희와 함께 최우등으로 졸업했다. 해방 후 국군 창설에 참여, 한국전쟁 때는 사단장으로 참전했다. 그 후 육사 교장, 6군단장을 거쳐 야전군사령관으로 5·16 군사정변을 맞게 된다. 군의 정치 개입 반대 입장을 견지했으나 결국 체포되어 강제 전역, 미국으로 추방되었다. 1969년

에게 전화를 걸어 육사에서 군사혁명 지지 시가행진이 논의되고 있는 상황을 알려드리면서 이 사령관의 의향을 알아보고자 했다. 이 사령관은 한참 동안 아무런 말이 없었으나 결국 군대가 서로 대결하여 피를 흘리기보다는 현 사태를 받아들이는 쪽으로 결단을 내리는 것으로 감지되었다.

서우인 대위는 BOQ 정원에 모여든 동창생들에게 이 사실을 알렸다. 그리고 이들과 토론을 거쳐 야전군사령관의 의사를 존중하여 군대의 충돌이라는 비극을 방지하는 것이 급선무라는 데 의견을 모으고, 내일 아침에 혁명 지지 시가행진을 하기로 의견을 모았다. 이어서 행진 코스를 정하고 외칠 구호, 방송할 메시지와 결의문 등을 논의한 뒤 분담하여 작성케 했다. 이렇게 하여 5·18 육사생도의 군사혁명 지지 시가행진이 아침 9시 동대문에서 출발하여 광화문, 남대문을 거쳐 시청 앞 광장으로 이어졌다. 시청 앞에는 장도영, 박정희 장군 등이 나와서 김광욱 대위와 연대장 생도의 결의문 낭독을 듣고 안도의 한숨을 쉬는 것 같았다. 이날 시가행진에는 생도 800명과 육사 출신 장교 200명 등 약 1,000명이 참가했다.

육사생의 군사혁명 지지 5·18 시가행진으로 군의 진압작전 가능성은 사라지고 거사는 성공하였다. 이틀 후부터 육사 출신 장교들이 혁명정부의 여러 기관에 차출되었다. 이동남, 전두환, 김종하 대위는 최고회의 박정희 부의장 의전실에 진출했다. 육사 교수부에서도 서우인,

에 귀국하여 건설부장관으로 경부고속도로 건설을 지휘했고, 1971년부터는 터키, 오스트레일리아의 주재 대사를 역임했다. 회고록으로 《세기의 격랑》(1995)을 남겼다.

김광욱, 송한호, 김정삼, 심기철, 김을권, 홍진표와 함께 나도 차출되어 최고회의 특별기동대의 구성원이 되었다. 그리고 계급장 없는 군복을 입고 선글라스를 낀 허스키한 목소리의 김종필에게 훈시를 들었다. 그는 정군운동을 주도하다 얼마 전 군에서 예편된 육사 8기 출신의 예비역 중령으로 혁명 주체임을 알게 되었다.

며칠 동안 정보 업무 교육을 받은 우리는 처음에는 각 군단에 일정 기간 파견되었으나 나중에는 새로 창설된 중앙정보부에서 근무하게 되었다. 나는 처음부터 서울에 남아 중앙정보부 서울지부 창설 요원이 되어 정보 분석평가 업무를 수행하였다. 수집된 다양한 첩보들 중에서 허위, 왜곡, 과장된 첩보와 역정보 등을 가려내고 첩보의 신뢰도나 정확도 등을 평가하는 것이 내 임무였다. 나는 이 업무를 1963년 3월 민정 이양 추진 시기에 맞추어 끝내고 육군에 복귀했다.

7월 초, 장도영 장군을 비롯한 혁명 주체 세력 내부의 반대파 40여 명을 반혁명분자로 제거하고 박정희 장군이 최고회의 의장으로 취임, 실권을 장악하여 혁명 과업 수행에 박차를 가한다. 군사정권은 최초 1년 반 동안 부패 및 구악 일소 노력과 함께 법질서를 확립하고 국가기구를 재정비하여 강력한 권위주의적 정치 질서를 통해 자립 경제 건설을 추진하였다. 그와 함께 4·19혁명 이후 만발했던 통일 논의는 사라져 버리고 이승만 대통령 시대의 적대적 대북정책으로 회귀하였다.

1962년 12월에는 개헌안 국민투표가 실시되고 이듬해 1월 1일을 기해 5·16 군사정변 이후 중단된 정치 활동이 재개되었다. 그동안 치밀하게 준비해 온, 혁명 주체 세력이 주도한 민주공화당이 창당되면서 증권 파동, 새나라 자동차 비리 의혹 등 이른바 '4대 의혹사건'과 설탕, 밀가루, 시멘트 등 이른바 '3분 폭리사건'이 터져 새로운 부정부패로 큰 충격을 주며 정치·사회적 혼란이 야기되었다. 한편, 민정 이양을 약속했던 박정희 장군이 민정에 불참하겠다고 선언하고 '4년간 군정 연장안'(3. 16.)을 발표하자 군정 반대 시위가 요원의 불길처럼 번져갔다. 결국 박정희 장군은 다시 민정 이양을 결심하고, 8월 말에 군복을 벗은 후 민주공화당의 대통령 후보가 되어 대통령에 당선되었다. 이로써 1963년 12월에 제3공화국이 탄생하였다.

　1960년의 4·19혁명과 1961년의 5·16 군사정변 그리고 1963년에 이르는 사태 진전은 일부 육사 출신 장교들에게 커다란 영향을 미쳤다. 5·16 군사정변 직후인 1961년 가을에 전두환을 비롯한 7명의 영남 출신 11기생들이 친목회 형식으로 '칠성회'라는 비밀조직을 만들고 후배들을 포섭하여 조직 확대를 시도하는 것으로 알려졌다. '4대 의혹사건'과 '3분 폭리사건' 등의 정치·사회적 혼란은 이들에게 새로운 부정부패 척결이라는 명분을 주어 쿠데타를 일으키고자 하는 충동을 야기했다. 이들이 쿠데타 감행 계획을 세우고 있다는 정보를 입수한 나는 여러 동창생에게 급히 알리고 이를 사전에 저지하자고 호소했다. 내가 군에 복귀하여 육군본부 인사참모부에 근무하고 있을 때다.

　이 쿠데타 음모는 재경 동창생들에게 널리 퍼졌고, 반대 여론에 부닥쳐 사전에 저지되었다. 보안사가 조사에 나섰다. 민주공화당 대통령 후보로 추대된 박정희 장군은 정의감이 강한 젊은 장교들의 충정을 이해한다며 이 사건을 불문에 붙이도록 지시했다고 한다. 아마도 친위 쿠데타로 간주한 것 같다. 그는 오히려 칠성회를 자신의 권력 기반을 굳히는 친위대로 활용하였다. 이 조직은 박정희 대통령과 권력의 비호 아래 조직을 확대하면서 그 명칭을 '하나회'로 바꾸었고, 권력을 수호하면서 회원들의 이익을 도모하는 군대 내의 비밀 사조직으로 성장하였다. 하나회는 1972년 윤필용 장군 사건을 계기로 한때 해체 위기에 처했으나 1979년에 12·12 군사반란을 주도하여 정권을 장악하게 된다.

한편, 비밀조직인 하나회와는 전혀 다른 순수한 연구 모임이 발족되어 육사 교수부에서 활동하기도 했다. 민간 대학 위탁교육을 마치고 육사 교수부에 부임한 학구파들이 중심이 되어 육사 출신 초급장교들의 야전부대 적응 실태를 파악하고 격려·지원하는 문제에 관심을 기울이는 연구 모임이었다. 나중에 '청죽회'라고 명명한 이 연구 모임은 민주국가에서 군대의 역할, 군민 관계 등에 관한 연구 발표와 토론도 전개하였다. 이 모임은 11기 서우인(전사학), 강재륜(철학)과 12기 송한호(정치학), 정민희(국사학) 대위 등이 주축이 되어 5~6년간 지속되었다. 나도 이 모임에 적극 참여하여 '개발도상국가에서 군대의 역할'을 비롯해 여러 건의 발표를 했다.

청죽회 회원들은 육사 졸업생들의 친목과 단결을 공고히 하기 위한 육사총동창회 창설 요청과 필요성에 부응하여 육사에 본부를 둔 '북극성동창회' 창립을 주도했다. 강재륜 대위를 초대 회장으로 선출하고 나도 동창회 운영에 적극적으로 참여했다. 청죽회는 1972년에 해체될 때까지 10여 년간 존속했다. 나는 《아사달》이라는 동창회 월간지의 편집위원으로서 동창생들에게 소식을 전하고 관심을 끌 여러 편의 글을 게재하는 역할을 담당했다.

《아사달》은 '원칙장교'로 소문난 육사 출신 초급장교들이 열악한 근무 환경에서도 개척자적 소명의식을 견지하도록 고취하고, 상호 의사소통의 창구로서 훌륭한 역할을 수행했다. 또한 베트남전에 참전한 동창들의 체험기를 담은 《화랑의 십자군》이라는 책자를 발행하기도 했다. 나는 이 책자에 '베트남전쟁의 성격'이라는 제목의 논문을 발표하기도 했다.

ROTC 제도는 폐지할 게 아니라 유지·발전시켜야 한다

나는 가능한 빨리 군에 복귀하고 싶었는데 이 꿈은 1963년 3월에 실현되었다. 군에 복귀한 나는 서울대학교 행정대학원(야간부)에 재학 중이라는 점이 고려되어 육군본부 인사참모부 인사관리처 조사연구실에서 근무하게 되었다. 행정대학원 동문인 이인건 준장(장교보직처장)이 특별히 배려해 준 것이다. 나는 인사관리 제도를 연구하는 업무를 수행하는 한편 군무의 틈을 이용하여 행정대학원 학위논문을 완성하고 이듬해 2월에 행정학 석사학위를 받았다.

이해에 창군 이래 처음으로 ROTC(학도군사훈련단) 출신 장교가 임관되어 전·후방 부대에 배치되었다. 그런데 이들에 대한 각급 부대장의 평가는 좋지 않았다. 전술 지식이며 업무 수행 능력뿐만 아니라 정신 상태며 근무 자세가 모두 다 수준 이하라는 것이었다. 야전군사령부에서는 군단장회의를 거쳐 ROTC 제도 폐지를 건의해 왔다. 그런가 하면 미 군사고문단 측에서는 이에 정면으로 반대하고 나섰다.

난처해진 육군본부 유근창 인사참모부장이 어느 날 나를 불렀다. 그는 ROTC 제도 폐지 여부를 결정해야 하겠는데, 행정대학원에서 배운 최신 지식을 활용하여 이 문제 해결을 위한 기초 자료를 작성해 줄 것을 요청하며 필요한 모든 지원을 해주겠다고 약속했다. 이렇게 하여 '제1차년도 학도군사훈련단출신장교(ROTC)의 능력평가 및 여론분석' 사업을 시작하게 되었다. 나는 행정대학원을 졸업했거나 재학생으로 군에 복무 중인 병사 7~8명을 지명 차출하여 내 통제하에 둘 수 있게 되었으며, 육군본부가 새로 도입한 대형 컴퓨터를 사용할 수 있는 특별 조치를 받았다.

나는 서울대 행정대학원에 가서 군에 입대 중인 졸업생들의 명단을 확보하여 교수들의 추천을 받아 여러 부대에서 근무 중인 이들을 서울 육군본부로 불러 모아 연구팀을 구성하고 조사·연구에 착수했다. 나중에 법제처 차장을 지낸 박송규, 노동부차관을 지낸 최병훈, 경기도 지사를 지낸 이해재, 감정원 고위 간부를 지낸 조화연, 아주대 교수인 김공열, 외무부 대사를 지낸 김재규를 비롯하여 박인식, 오두현, 김규선 등이 연구팀의 멤버가 되었다.

우리는 진지한 토론을 통해 세 대상, 즉 ROTC 교육을 담당했던 교관, 학군 출신 장교, 이들의 직속상관인 중대장급 장교를 대상으로 각기 다른 문항으로 된 세 가지 종류의 설문서를 만들어 조사해서 비교 분석 평가하는 접근 방법을 채택했다. 또한 이 조사의 성공 여부는 사회심리학적으로 분석 평가할 수 있는 효율적인 설문서 문항을 작성하는 데 있다고 판단했다. 효과적인 설문서 문항을 작성하기 위해 대상별로 몇 명씩을 표본으로 삼고 이들을 찾아다니며 예비조사pilot study를 실시하여 설문서 초안을 마련했다. 그리고 조사방법론과 사회심리학

교수들의 자문을 받아 설문서를 완성하는 등 온갖 정성을 다했다.

이해 겨울에 실시한 설문조사 결과를 분석하여, ROTC 교육이 너무도 허실했기 때문에 4년제 육사 출신 장교나 일반 장교 후보생OCS 출신 장교에 준하는 기대를 건다는 것은 큰 잘못이라는 결론을 내렸다. 교실에서 이론 위주의 교육을 받았는데, 그조차 제대로 된 보조 자료도 없이 진행되었다. 전술지도 구경도 제대로 하지 못한 채 독도법을 배웠으니 야전에서 지도를 판독할 수도 없었다. 자동소총이나 기관총 등 공용화기를 제대로 조작하지 못하는 것도 탓할 수 없는 일이었다. 교육 투자 면에서 보아도 육사나 OCS 교육에 비해 너무도 영세하니 효율을 기대할 수 없다는 판단이었다.

한 가지 주목할 만한 조사 결과는 학군 출신 장교들의 직속상관인 중대장급 장교들이 육사 출신이나 고학력 장교인 경우에는 이들을 이해하고 능력을 평가하는 편이나, 직속상관의 학력이 낮을수록 이들에 대한 평가가 낮게 나타나는 현상이었다. 이 당시에는 중대장급 장교들이 초등학교 졸업이나 중학교 중퇴 학력 소지자가 많았다. 학군 출신 장교들의 가장 큰 불만 중에는 직속상관들이 "대학 나왔으면 다냐! 대학 출신이 그것도 모르냐!"라며 윽박지르고 모욕감을 느끼게 하여 근무의욕을 잃게 한다는 주장이 많았다. 저학력 중대장들의 열등의식이 학군 장교들을 심리적으로 괴롭히고 있다는 분석이었다.

나는 조사 분석 결과 보고서를 통해, ROTC 제도는 폐지할 것이 아니라 계속 유지·발전시켜야 한다는 결론과 함께 9개항의 개선책을 건의했다. ROTC 교육제도를 대대적으로 개선해야 한다는 것이 골자로, 우수한 교관을 배치하고, 충분한 교육 보조 자료를 보급하고, 교육 투자를 대폭 늘려야 한다는 내용 등이 포함돼 있었다. 또한 당장 이 연구 조사 결과를 각급 부대에 널리 알려, 학군 출신 장교들에 대한 특별지도 교육을 강화하고 올바르게 활용할 것을 건의했다. 학군 장교들의 잘못이라기보다 우리 육군의 잘못이 더 컸다는 사실을 반성하고, 우수한 잠재능력을 지닌 대학 출신 장교들을 대폭 확보하여 육군의 발전을 기해야 할 것이라고 건의한 것이다.

1964년 2월, 인사참모부장이 주재한 전국 16개 ROTC단장회의에서 연구 조사 결과를 보고하여 검토받았다. 참석자들은 전폭적인 찬동을 표하였다. 이 조사가 과학적이고 분석 평가가 합리적이라는 평가가 많았으며, 육군의 실책을 적나라하게 파헤쳐 올바른 건의를 도출해 낸 용기를 높이 평가하고 아낌없이 칭찬해 주었다. 뒤이은 육군정책회의 심의 과정에서도 큰 센세이션이 일어났다. 이 자리에 참석했던 채명신[†] 소장을 비롯한 여러 장성이 "이 브리핑은 처음으로 들어보는 가장 과학적이고 고차원적인 정책 평가 보고"라며 정책 수립에 결정적으로 기여할 것이라고 극찬하면서 나에게 악수를 청했다.

소령 이상이 근무하는 육군본부에서 대위가 장성급이 모인 육군정책회의에 들어가 보고한다는 것 자체가 처음 있는 일인데, 파격적인데다 큰 성공을 거두었다는 소문이 삽시간에 퍼져나갔다. 나는 초급 장교로서 육군 정책 수립에 기여한 것을 큰 영광이자 기쁨과 보람으로 간직하였다.

[†] 채명신(1926~2013) 소장은 육사 5기 출신이며, 파월 한국군사령관으로 명성을 날린 지장이다. 중장 예편 후 10년간 스웨덴, 브라질 주재 대사를 역임하였다.

육군참모총장에게 이 조사 결과를 누가 보고할 것인가가 문제되었다. 통상 장성급이나 대령급이 보고하는 것이 관행인데 나를 대행할 적임자가 없다고 판단한 인사참모부장은 '대위'가 '대장'에게 보고하는 전례 없는 파격적인 결단을 내리고 사전에 참모총장의 양해를 구했다. 참모총장 민기식 대장에게 보고드렸을 때 그는 대단한 흥미를 갖고 여러 질문을 하면서 보고 내용에 만족해하고 건의를 그대로 받아들였다. 이렇게 하여 육군은 ROTC 제도를 계속 유지·발전시켜 나가기로 결정하였다.

얼마 후 나는 인사관리처장 나희필 준장을 모시고 약 3주 동안 사단 및 군단급 부대를 순회하였다. 이때 군 간부를 대상으로 설명회를 갖는 한편 2,600여 명의 학군 출신 1기 장교들을 대상으로 ROTC 제도 개선 방향과 육군 인사제도에 대한 교육을 진행하면서 이들을 격려하고 분발할 것을 당부하였다.

이해 봄에 나는 또 하나의 과제를 부여받았다. 첫 번째 학군 장교의 장기 복무 희망자가 얼마나 될 것인지를 예측하는 과제였다. 육군본부 인력관리 부서의 판단으로는 3분의 2 이상이 장기 복무를 희망할 것으로 보고 이 중 절반 정도를 엄선할 계획을 갖고 있었다.

나와 연구팀은 다시 전 학군 출신 장교를 대상으로 설문조사를 실시했다. 그 결과, 장기 복무 희망자는 5퍼센트 수준으로 오차 범위를 고려하면 3~7퍼센트 수준에 불과할 것으로 판단했다. 그러나 이 조사 결과는 참모총장을 비롯한 모든 고급 장교들의 비웃음거리가 되었다. 한마디로 엉터리라는 것이다. 당시 우리나라의 경제·사회적 현실로 볼 때 대학을 나와도 취직 자리가 없고 실업자 신세를 면할 수 없는데 장교라는 안정된 직업은 선호 대상이 될 수밖에 없다는 것이 일반적인 통념이었다. 몇 달 후에 실제로 장기복무지원서를 접수해 보는 수밖에 없었다.

실제 장기 복무 지원률이 6퍼센트 수준으로 판명되었을 때 육군본부에서 소동이 벌어졌다. 도대체 이해할 수 없고 믿을 수 없는 현상이라는 것이다. 장교 인력관리 계획에 큰 차질이 생겼다. 내가 정확한 예측을 했다고 또 한 번 화젯거리가 되었다. 민기식 참모총장은 나를 불러 직접 공로표창장을 수여하며 칭찬을 아끼지 않았다. 그동안의 공적 내용이 작은 글씨로 가득 기록된 이 공로표창장은 내 군인 생활을 통해 가장 자랑스러운 결과물로 소중하게 간직하고 있다.

미국 군사 유학: 게릴라전 연구

북한은 소련 및 중국과 각각 우호협력 상호원조조약을 체결하고, 남한의 4·19혁명과 5·16 군사정변이라는 정치적 격동과 베트남 사태를 배경으로 남한에서 이른바 '민족해방민주주의혁명'을 전개하기로 결정한다. 베트남식의 혁명전쟁을 전개하겠다는 노골적인 도전이다.

내 관심은 베트남의 '민족해방전쟁'과 북한의 대남전략에 쏠렸다. 나는 이에 대처하는 전략을 연구하기로 작심하고 미 육군특수전학교에 설치된 '분란대책' 과정에 응시하여 합격했다. 1964년 7월, 나는 도미 군사 유학길에 올랐다.

1960년대 들어 미-소 대결이 극렬해졌다. 핵무기를 독점한 미국에 도전하여 소련의 핵폭탄과 장거리 운반 수단 개발 노력이 가속화되고, 서로 핵공격을 할 수 있는 핵전력의 양극화 시대로 접어들면서 '공포의 균형'이 이루어지기 시작했다. 세계는 자유 진영과 공산 진영으로 갈라진 가운데 제3세계 지역에 대한 미국과 소련의 군사 개입 경쟁도 치열해졌다. 유럽에서는 베를린장벽이 설치되었고, 쿠바에서는 미사일 기지를 건설하려는 소련의 기도를 저지하기 위한 미국의 쿠바 봉쇄로 긴장이 고조되었다. 한편, 남부 베트남에서는 베트콩에 의한 '민족해방혁명전쟁'이 게릴라전으로 확전되고 있었다.

미국의 케네디 대통령은 그때까지 기조로 삼아왔던 핵무기에 의한 '대량보복전략' 대신 '신축대응전략'을 채택한다. 핵전쟁에는 핵무기로, 제한전쟁에는 재래식 무기로, 제3의 전쟁 형태인 민족해방전쟁에는 분란대책Counterinsurgency으로 신축성 있게 대처한다는 전략이다. 그리고 군사고문단과 특수전부대를 남부 베트남에 보내 막대한 군사·경제 원조를 제공하기 시작했다.

제2차 세계대전 후 베트남은 베트남민주공화국을 수립하고 호찌민을 대통령으로 선출했다. 일본군이 철수한 인도차이나에서 종전과 같이 식민지 지배를 계속하기 위해 되돌아온 프랑스군은 베트남 인민의 저항에 시달리기 시작했다. 8년간 이어진 민족해방전쟁에서 프랑스는 결국 패배하고, 휴전협정(1954. 7.)을 통해 베트남을 남북으로 분할(17도선)한 뒤 철수하였다. 남부 베트남에는 응오딘지엠(고딘디엠)의 반공정권이 수립되었으나 얼마 안 가 붕괴되고 군사쿠데타가 빈발(10차례)하는 등 정치적 혼란이 계속되었다. 한편 남부 베트남에서 베트콩이 주도하는 반정부투쟁이 게릴라전 단계에 접어들자 미국은 1962년부터 남베트남 정부를 지원하며 특수전부대(그린베레)를 투입하여 전략촌 건설(8,000여 개)을 추진하는 등 주민 통제와 평정작전을 전개하였다.

미국 군사 유학은 내 일생에서 첫 미국 방문이자 첫 해외여행이었다. 미군 전용 전세기인 노스웨스트항공 보잉 707편으로 김포공항을 출발하여 일본 요코다 미공군기지에서 1박한 후, 하와이 호놀룰루에서 3시간 동안 시내 관광도 하고, 시애틀 트라비스 공군기지에 도착했다. 다시 민간 여객기를 몇 번 갈아타며 샌프란시스코와 애틀랜타를 경유하여 목적지인 노스캐롤라이나주 롤리에 도착하였다. 서울을 출발한 지 나흘 만이었다.

롤리에 인접한 포트 브랙Ft. Bragg에 있는 미 육군특수전학교는 적 지역에 침투하여 게릴라전을 조직 및 지원하는 '비정규전' 과정과 게릴라전에 대처하는 '분란대책' 과정, '심리전' 과정 등의 교육을 실시하고 있었다. 분란대책 과정에는 12개국에서 온 47명의 장교들이 등록했다. 베트남, 필리핀, 태국, 대만, 라오스, 파키스탄, 터키, 이란 등 아시아 저개발국 장교들이 다수였고 멕시코와 아르헨티나 장교들도 있었다. 한국에서는 대위인 나와 2명의 영관급 장교 등 3명이 등록했다.

숙소에 들어서니 교재와 참고 서적들이 잔뜩 쌓여 있었다. 30여 권의 영문 참고 서적 중에는 《공산주의 혁명론》, 《중국 공산당사 요약》, 《마오쩌둥 선집》, 《부유한 나라와 가난한 나라》, 《저개발국의 장래》, 《베트남》과 로스토우의 《경제성장의 제단계》 등 저개발국의 문제와 공산혁명 전략에 관한 서적들이 주류를 이루고 있었다. 나는 첫눈에 대단한 흥미를 느꼈으나 어떻게 이 많은 책을 다 읽을 수 있을지 걱정

육군 대위인 저자가 포트 브랙 미 육군특수전학교에서 분란대책 과정을 수학할 때. 1964년 9월.

이 앞섰다.

교육 내용은 주로 후진국에서 공산주의자들이 노리는 목표와 전략 전술은 무엇이며 이에 어떻게 대처할 것인가에 대한 강의를 듣고 토론하는 것이었다. 나는 이 교육과정에서 많은 것을 배웠고, 북한의 대남전략과 관련하여 이 분야를 더 깊이 연구해야겠다는 새로운 동기를 부여받았다. 또한 군사적 대응책과 관련한 야외기동연습에도 참가했다. 10일간의 야외훈련은 학교에서 120킬로미터 남쪽에 위치한 정글지대에서 게릴라부대 역할을 하는 제101공수사단 병력에 대항하여 정부군인 제2보병사단 23연대의 한 중대 고문관으로 임무를 수행하는 것이었다. 게릴라를 쫓아 매일 밤 수색작전을 벌여 가끔 게릴라를 생포하기도 하고 때로는 게릴라의 기습을 받기도 하는 상황이 이어졌다.

개인용 천막, 야전용 깡통 음식, 며칠씩 세수도 못 하고 계속 기동해야 하는 실전과 비슷한 어려운 상황 속에서도 낙천적인 미군 장병들의 기질과 언행이 인상적이었다.

재학 중에 우리는 북베트남군이 미 해군 구축함을 공격한 통킹만 사건(1964. 8.)을 계기로 북부 베트남에 대한 미군의 공습이 시작되었다는 뉴스를 접했다. 지상군이 곧 투입될 거라는 소문도 돌았다. 새해 들어 미 지상군이 남부 베트남에 본격적으로 투입되면서 미국의 '군사적 승리 우선 전략Military Victory First Srategy'에 의한 10년 베트남전쟁이 시작되었다. 한국도 이동 외과병원 설치, 태권도 교관단 파견(1964. 9. 봉따우)에 이어 1965년 10월에는 맹호사단과 청룡부대 등의 전투부대를 파병하여 미군을 지원하였다.

하지만 5만 8천 명의 전사자를 낸 미군은 1973년 1월 베트남전쟁에서 패퇴하고 평화협정을 체결하였다. 그해 3월에는 한국군도 전원 철수하였다. 결국 국민의 지지를 받지 못한 남베트남 정부는 1975년 4월 패망하였다. 베트남인 3백만 명의 사망자를 낸 베트남 전쟁은 이렇게 끝이 났다. 한국은 4차에 거쳐 총 32만 5천 명을 파병하고, 베트남전 특수로 경제적 혜택을 받았으나 5,000명의 전사자를 냈다. 부상자 2만 명에, 고엽제 환자로 판정된 인원도 12만 명에 이른다.

베트남전쟁 당시 미 국방장관이던 로버트 맥나마라Robert McNamara는 30여 년이 지난 후 그의 회고록에서, 미군이 베트남전쟁에 개입하게 된 직접적인 계기가 된 통킹만 사건은 "조작된 것이었다"라고 고백했다. 구축함 함장도 공격받지 않았다고 증언했다. 이 증언들은 전 세계에 큰 충격을 주었다. 맥나마라는 회고록에서 베트남전쟁에서 얻은 11가지 교훈을 제시하고 있는데, 이 중 "우리는 사람으로 하여금 그들의 신념과 가치를 위해 싸우고 죽게끔 동기를 부여하는 민족주의의 힘을 과소평가했다", "우리는 당시 현대의 하이테크 군사 장비와 군사력, 군사 교리의 한계를 이해하는 데 실패했다"는 교훈은 핵심을 짚은 것이라 하겠다.

교육 기간 중에 미국을 알게 하려는 목적으로 두 번의 여행 프로그램이 진행되었다. 한 번은 학교에서 멀지 않은 농촌과 도시, 명승지와 관광지를 둘러보는 것이었다. 노스캐롤라이나주의 해안과 키티호크, 그레이트스모키산맥의 아파치 인디언 거주 지역 등을 방문했다. 미국의 최대 해군기지이며 미 대서양함대사령부가 있는 노포크Norfork도 방문하여 엔터프라이즈 핵추진 항공모함과 구축함 및 잠수함 등을 견학하기도 했다. 다른 하나는 뉴욕과 수도 워싱턴을 방문하는 프로그램이었다. 뉴욕에서는 유엔본부와 때마침 열리고 있던 세계박람회장을 비롯한 명소들을 둘러보고, 허드슨강의 유람선 편으로 웨스트포인트 육군사관학교도 방문했다. 워싱턴에서는 백악관과 연방의회 의사당을 비롯하여 링컨기념관과 박물관들을 견학했다.

이 모든 프로그램은 위대한 미국의 모습에 경탄할 수밖에 없도록 세심하게 계획된 것이었다. 교육 참가자들은 모두 1인당 국민소득이 100달러 안팎의 가난한 나라에서 온 사람들이었다. 당시 미국의 1인당 국민소득이 3,300달러 수준이었으니 그 격차는 엄청날 수밖에 없었다.

피교육자들은 미국의 군사원조에 의한 미국 정부 부담으로 교육을 받았는데 일당(퍼디엄) 8달러를 받아 숙식비와 교통비 등의 생활비로 쓰고 있었다. 그러나 베트남을 포함하여 다른 나라에서 온 이들은 본국 정부가 별도로 매월 100달러 이상을 추가 지원하고 있었다. 하지만 우리나라에서는 지원이 전무한 상태였다. 나는 4개월분의 봉급을 선불로 받아 교환한 100달러와 정부가 지급한 여비 100달러를 갖고 미국에 왔다. 이 당시 대위 월급은 7,000원으로 27달러에 불과했다. 환율이 255:1이었다. 베트남이나 필리핀 장교들은 새로 유행하기 시작한 천연색 사진을 찍어 나눠 주곤 했지만 나는 비싼 천연색 필름을 사기에는 힘에 겨워 항상 흑백사진을 찍어 나눠 주곤 했다.

졸업한 후에는 2주간의 휴가 기간이 주어졌다. 지정된 날짜에 샌프란시스코에 도착하여 그다음 날 도쿄로 가는, 지정된 군 전용 항공기를 타게 되어 있었다. 나는 그레이하운드 버스를 타고 약 70시간을 달리며 이곳저곳을 둘러보면서 대륙횡단 여행을 즐겼다. 버스는 한 번에 약 8시간을 달렸는데, 나는 한 도시에 도착하면 한 시간가량 기다렸다가 다른 버스로 갈아타며 여행을 했다.

여행 중에 어떤 도시의 정거장에서 다음 버스를 기다리고 있을 때였다. 미국 노인과 이야기를 나누다가 버스 타는 줄의 말미에 서게 되었는데, 만원이 되어 두 사람이 버스를 탈 수 없는 상황이 됐다. 운행 계획표를 보니 다음 버스는 8시간을 기다려야 했다. 이렇게 되면 여행 계획에 차질이 생길 수밖에 없어 당황스러웠다. 다행히 조금만 기다려 달라는 통보를 받은 후 약 30분 안에 새 버스가 추가로 투입되었다. 단 두 사람을 태운 버스 운전기사는 여느 버스와 다름없이 친절하게 안내방송을 하며 약 8시간을 달려 예정된 시간에 무사히 목적지에 도착했다. 이 일로 나는 '미국이 과연 대국이구나' 하며 깊은 인상을 받았다.

여행하면서 한국전쟁에 참전했던 미국인들을 많이 만났는데 이들의 한국에 대한 인상은 "대단히 추운 나라", "도로망이 엉망인 나라", "고

아와 거지들이 우글거리는 가난한 나라" 등으로 대동소이했다. 또한 당시 인기 절정의 한국 가수인 '김시스터즈'와 '김치캣'의 노래를 좋아한다는 것이 인상적이었다.

인디애나폴리스 퍼듀대학에 유학 중인 육사 동기생이자 친구인 김덕현을 만나 근 일주일 동안 시카고와 그 주변을 관광하기도 했다. 그는 훗날 육사 출신 공학박사 제1호가 된다. 솔트레이크시티 등을 거쳐 샌프란시스코에 도착하여 군사기지Presidio BOQ에 며칠 동안 체류하며 샌프란시스코 이곳저곳을 구경한 뒤, 일본 도쿄를 경유하여 귀국 길에 올랐다. 내 인생 최초의 해외여행이기도 한 4개월간의 미국 군사 유학을 통해 나는 새로운 세계를 보며 시야를 넓히고 많은 것을 느끼고 배울 수 있었다. 우리도 미국처럼 선진화되고 잘살 수 있어야 하겠는데, 그러기 위해서는 빨리 통일을 이룩해야 한다는 생각이 들었다. 통일 없이 분단 상태로는 앞날이 밝을 수 없을 거라는 생각으로 머릿속이 가득 찼다. 한편으로는 북한이 베트남식의 혁명전쟁을 통해 적화통일을 기도하는데 서둘러 이를 저지하기 위한 대책을 강구해야겠다는 결심을 하게 되었다.

첫 책《혁명전쟁과 대공전략》출간과 결혼

내가 미국에 있는 동안 육군사관학교에서는 새해부터 4학년 교과 과목으로 '공산주의 비판'을 채택하기로 하고 이를 담당할 '비교사회과학과'를 신설하여 교육 준비를 하고 있다는 소식을 들었다. 그리고 나를 전입 신청하기로 했다며 내 의사를 타진해 왔다. 나는 즉각 동의했고, 귀국하자 곧 육사로 부임했다.

1964년 11월 말에 육사 교수부에 부임했을 때 신설된 비교사회과학과에는 과장 이대호(경제학)와 박인양(철학), 박창희(정치학)와 신승철(경제학) 넷이서 창설 업무를 담당하고 있었다. 나중에 조정현(경제학), 황병무(정치학), 유갑수(경제학), 임병수(철학) 등이 합류했다.

우리나라에서 대학 교과목으로는 처음으로 시도하는 '공산주의 비판'의 교육 내용을 어떻게 구성할 것인가는 우리들의 큰 고민거리였다. 교육을 진행해 가면서 계속 연구·발전시키는 수밖에 딴 도리가 없었다.

처음에는 단순히 마르크스-엥겔스의 이론을 소개하고 이를 비판하는 내용에 치중했으나, 점차 러시아의 10월 사회주의혁명을 전후한 레닌과 스탈린의 혁명전략과 국제공산주의운동의 전개 과정 등 이론과 실제를 비교하는 접근 방법을 포함하게 되었다. 이에 더하여 마르크스-레닌주의를 후진국인 중국 상황에 적용한 마오쩌둥사상과 전략, 그리고 북한 연구와 북한의 대남전략을 추가하고 이에 대처할 '대공전략론'도 포함하자는 내 주장이 채택되었다. 이 분야의 교재는 내가 준비하여 동료 교수들과 토의를 거쳐 확정했다. 이 과목에 대한 생도들의 관심과 인기는 날로 높아갔다. 현실성이 높고 장교로서 당장 활용할 수 있다는 필요성 때문이었을 것이다.

나는 연구하며 강의하는 한편 교재로 사용할 수 있는 책을 쓰는 데 힘을 쏟았다. 근 3년간의 피땀 어린 노력을 통해 드디어 1967년 10월

《혁명전쟁과 대공전략-게릴라전을 중심으로》(333쪽)를 출간하였다. 육사 출신 장교가 펴낸 최초의 학술 서적이라는 점에서 화제가 되었다.

이 책은 세 편으로 구성되어 있는데, '혁명전쟁의 이론'을 다룬 제1편에서는 마르크스-엥겔스의 사회혁명론과 레닌의 볼셰비키 혁명론을 비롯하여 마오쩌둥의 혁명전쟁 전략과 게릴라전술 등을 다루었다. 제2편 '혁명전쟁의 실제'에서는 사례 연구로 중국, 필리핀, 말라야, 베트남, 한국전쟁 이전의 남한 등에서 이른바 '민족해방전쟁'이라 일컫는 혁명전쟁의 전개 과정을 살펴보았다. 제3편에서는 혁명전쟁을 예방하거나 대처하여 승리하기 위한 '대공전략'의 도출을 시도하였다. 여기서는 세 가지 전략, 즉 '대중의 지지 획득전략'(정치·경제적 접근), '주민통제와 반도의 고립화 전략'(경찰적 대책), '대게릴라전'(군사적 조치)을 제시했다. 그리고 결론으로 북한의 대남 적화전략과 이에 대처해야 할 우리나라 대공전략상의 문제점을 열거하고 대책을 제시했다.

나는 이 책을 출판하기 위해 몇몇 유명 출판사를 찾아다녔지만 이런 책은 팔리지 않는다며 거절당했다. 근 3년 동안 모든 개인 생활을 희생하며 밤낮을 가리지 않고 정성을 다해 집필했는데 포기할 수는 없었다. 전 비용을 자기 부담으로 하여 출판하는 수밖에 없었다. 아내가 친구한테 차용하여 출판 비용을 마련해 주었다. 1,000권을 인쇄하여 교재로 채택하기로 한 육·해·공군사관학교와 주월군사령부 등에 약 600권을 납부했다. 그리고 약 200권은 합참, 중앙정보부와 치안국 등 관심을 가져야 할 주요 기관과 인사들에게 우편으로 기증했다.

이 책이 나온 지 얼마 안 되어 나는 중앙정보부의 호출을 받았다. 내 책에는 마오쩌둥이나 레닌의 저서를 그대로 인용한 대목이 많은데

저자의 첫 책 《혁명전쟁과 대공전략》, 1967년 10월.

———

아마도 이것이 문제된 모양이라고 생각되어 여간 마음이 불편하지 않았다. 육군본부 정훈감실의 발간 허가를 받아둔 것이지만 무슨 시비가 나올지 알 수 없는 노릇이었다. 그런데 뜻밖에도 중앙정보학교의 김영민 교장은 나를 반가이 맞아주었다. 내 책에서 예측한 대로 북한이 남한에서 이른바 민족해방전쟁을 전개하기 위해 침투, 파괴, 테러 활동을 통해 게릴라전을 시도하고 있다는 것이 중앙정보부의 판단이라는 것이다. 이에 대처하기 위해 내가 제시한 대공전략에 전폭적인 찬동을 표하며 나의 연구 결과를 높이 평가한다고 칭찬하는 것이었다. 나는 긴장이 풀리면서 안도의 한숨을 내쉬었다.

그는 이어서 사태가 긴박하며, 이러한 위급 사태에 대비하기 위하여 경찰 간부에 대한 특별교육을 곧 시작할 계획인데 마땅한 교재가 없어 고민하고 있었다고 말했다. 내 책을 검토해 본 결과 이것이 바로 교육해야 할 내용이라는 결론을 내리게 되었다며 이 책을 교재로 쓰기로 결정했다는 것이다. 그리고 나를 강사로 초빙하겠다고 했다. 그는 이 책을 서둘러 인쇄하여 우선 5,000부를 납입해 달라며 그 자리에서 수표로 대금을 지불해 주었다. 나는 어안이 벙벙했으나 기쁨을 감출 수 없었다. 이해 11월 하순부터 나는 중앙정보학교 초빙강사로 경찰 간부를 대상으로 한 대공전략론을 강의하기 시작하여 육사 교수부를 떠날 때까지 약 1년 동안 강의했다.

책이 출판되고 석 달 후인 1968년 1월 21일, 북한 124군부대의 김신조를 포함한 31명의 특공대가 청와대를 기습 공격하려고 서울에 침입한 충격적인 사건이 발생했다. 1월 23일에는 북한군이 원산만 근해에서 미 해군 정보함 푸에블로호를 나포하고 승무원 82명을 생포한 사건이 발생하여 긴장이 고조되었다. 이해 11월에는 태백산맥에 게릴라 기지를 확보하려고 8개 조 120명의 북한군 특공대가 삼척·울진 지구에 침투하여 우리 군경과 격전을 벌이기도 했다. 내가 책을 통해 경고했던 사태들이 벌어진 것이다.

이러한 상황을 배경으로 나는 대간첩대책본부(합참)와 치안국에 불려 다니며 자문하느라 바빴다. 책에서 제시한 향토예비군 창설, 게릴라 근거지 확보를 거부하기 위한 특수전여단의 증설, 지방단체별로 발급하는 시민증이나 도민증이 아닌 전국적으로 즉각 확인 가능한 통일된 '주민등록증'의 발급, 신고제도의 확립 등을 실현하기 위한 구체적인 방책들을 자문한 것이다. 이 때문에 나는 주민등록증을 사용할 때마다 흐뭇한 마음이 든다.

한편으로는 텔레비전과 신문의 인터뷰에도 응하고 월간지에 기고하면서 '대공전략가 육군 소령 임동원'으로 알려지기 시작했다. 특히 오랫동안 내가 애독해 온 지성인의 월간지 《사상계》의 요청을 받아 '제3의 도전 인민해방전쟁'(1968년 3월호)과 '혁명수출과 인민전쟁'(1968년 11월호)이라는 제목으로 두 번이나 글을 게재하게 된 것을 무척 보람 있게 생각했다. 또한 '핵무기시대의 게릴라전'이라는 제목으로 월간지 《신동아》(1969년 6월호)에 글을 실었고 그 밖의 여러 매체에서도 경쟁적으로 내 글을 실었다. 경찰에서는 내 책을 경찰대학 교재로 채택하는 한편 경찰관들의 필독서로 지정하고 승진시험에도 활용했다고 한다.

《혁명전쟁과 대공전략》에 대한 수요도 급증하여 최초 2년간 3만 권이 출판되었다. 이로 인해 예상치 못한 큰 수입이 생겨, 내 집 마련의 소중한 밑천이 되었다. 이 책은 내 신혼생활 시기에 저술한 것으로 아내의 도움이 컸다. 아내가 원고의 초기 교정을 맡아주었을 뿐만 아니라 앞에서도 언급했지만 친구에게서 출판 비용도 차용해 온 것이다. 서울대학교 친구 박택규 교수가 자진하여 원고 최종 교정을 위해 노고를 아끼지 않은 것을 감사하게 생각한다.

나는 미국 군사 유학에서 돌아온 직후, 이화여대 약학과 출신으로 약제사로 근무 중인 양창균과 약혼하고 곧이어 1965년 4월에 결혼했다. 우리는 육사 후배인 이종찬-윤장순 부부의 소개로 도미 유학 직전에 처음 만나 사귀었다. 도미 유학 중 사랑의 편지를 많이 주고받으며 정들어갔다.

이종찬은 독립운동사에 획기적인 업적을 남긴 우당 이회영(友堂 李會榮)의 손자로서 중국에서 출생하여 해방 후 김구 선생 일행과 함께 귀국했다. 조부이신 이회영과 6명의 형제에 딸린 50여 가족은 1910년에 국치를 당하자 전 재산을 팔아 모두 만주로 가 항일투쟁의 역군을 양성하기 위해 신흥무관학교를 설립하고 독립군을 양성하는 등 독립운동을 전개한 애국자들이다. 이종찬은 경기고를 졸업하고 육사(16기)를 졸업한 장교다. 우리는 1960년대 초의 정치적 격변기에 학구파 장교들의 연구 모임인 청죽회에서 뜻을 같이한 동지다. 그는 초등학교 시절부터 서로 좋아한 윤장순과 육사 졸업 직후 결혼했는데, 윤장순이 경기여고와 이화여대 동창이며 가장 가까운 친구인 양창균을 나에게 소개한 것이었다.

결혼 당시 나는 완전히 빈털터리였다. 내 봉급은 대학원 학비를 충당하기에도 힘겨웠다. 내가 가진 것이라곤 100여 권의 책, 도시바 14인치 텔레비전, 소니 라디오 한 대뿐이었다. 혼숫감은 미국에서 남겨온 약간의 외화와 전화기를 판 돈으로 간신히 장만했다. 당시에는 확보하기 어려운 전화기가 고가품이었다. 신혼여행 비용은 결혼 축의금으로 충당해야 하는 형편이었다. 우리는 맞벌이하며 신혼생활을 하고 있었는데 책 출판으로 예상치 못한 수입이 생긴 것이다.

육사 교수부에서 근무하는 동안 하나님은 우리에게 세 아들을 주셨고, 아내는 아이들을 키우느라 직장 생활을 그만두고 집안일에만 전념하였다. 한편, 우리는 원효로에 새집을 마련하여 이사했다(1973년). 재래식 건물이었지만 내 집을 갖게 된 기쁨은 이루 헤아릴 수 없었다.

육사에서 공산주의 이론과 북한 연구뿐 아니라 공산혁명전략과 대공전략을 연구하고 책을 펴낸 것은 나에게 큰 지적 자산이 되어 그 후 내 일생을 좌우하였다. 이러한 지적 기반을 토대로 1970년대에는 군사전략과 자주국방 등 안보 분야에, 1980년대에는 외교 분야에, 1990년부터는 통일 분야에 종사하게 된 것이다.

임진왜란을 10여 년 앞두고 율곡 이이는 '10만 양병론'을 주창하며
유비무환을 호소했다. 그는 국방의 의지를 힘으로 뒷받침해야 한다고
주창한 위대한 선각자였다. 국방력 건설계획은 바로 유비무환의 정신에 토대를
둔 것이다. 나는 율곡 선생의 숭고한 정신을 기리기 위해 '율곡계획'이라
명명하는 것이 좋겠다는 생각을 굳혔다.

2부

안보 일선에서: 자주국방의 길

3장

이스라엘에서 배우다

이스라엘 군사제도 연구 시찰

나는 육사 교수부에서 근무하는 동안 서울대학교 정치학 교수의 권고를 받아 박사학위 과정을 이수할 생각을 갖고 있었다. 내 책에서 다룬 '6·25 이전의 남한에서의 공산주의 운동'은 내가 처음으로 자료를 발굴하여 체계화한 것이라며, 이를 보완하여 박사학위 논문을 써보라는 권고를 받았던 것이다. 그러나 이 무렵 나는 선택의 여지도 없이, 육군 인사명령에 따라 제1공수특전단 대대장으로 보직을 옮기게 되었다. 특수전 교리를 개발하고 교육훈련제도를 개선·발전시키라는 임무가 부여되었다. 갑자기 내 운명이 바뀐 것이다. 나는 36세라는 나이에 공수훈련을 받고, 교수 생활과는 거리가 먼 새로운 군대 생활을 다시 시작하게 되었다. 얼마 후인 1969년 봄 육군특수전사령부가 창설되면서, 나는 사령부 직속 특수전교육대의 초대 대장으로 임명되어 교육대를 창설하였다. 특수전 교육훈련제도의 기초를 마련하고 우리나라의 현실에 맞는 특수전 교리를 개발하는 임무를 수행하였다. 또한 내가 창설을 주장했던 유격여단의 기간요원 교육 훈련을 비롯한 특수전부대의 교육 훈련을 담당하였다.

1970년 2월, 갑자기 나는 이스라엘에 가서 자주국방제도를 연구하여 오라는 명령을 받았다. 박정희 대통령의 특명에 따라 육군본부 정책기획참모부장 장우주 소장이 이스라엘 국방제도 연구시찰단을 구성했다. 나를 연구시찰단원으로 지명 차출한 장우주 장군을 처음 만났을 때 그는 내 책《혁명전쟁과 대공전략》을 정독하고 큰 감명을 받았다며, 나에게 거는 기대가 크니 주도적 역할을 해달라고 당부했다. 3년 전 세계를 놀라게 한 6일전쟁 이후 이스라엘에 관심을 기울여온 나에게는 예상치 못한 행운이었다. 이제 나는 특수전 분야를 넘어, 시야를 넓혀 우리나라 국방 문제 전반을 탐구할 기회를 얻게 된 것이다. 나는 이러한 기회를 마련해 준 장우주 장군에게 진심으로 감사드리며 최선을 다하겠다고 다짐했다.

6년 전에 이스라엘을 방문한 바 있는 장우주 장군은 육군본부 정책기획참모부장으로 부임하자 자주국방을 위해 이스라엘에서 배워야 한다는 소신을 갖고 벤 요하나 주한 이스라엘 대사를 통해 한국군 장교의 이스라엘 연구시찰단 파견을 교섭해 왔다고 한다. 예편을 앞둔 그는 군 발전과 후배 양성을 위한 마지막 봉사라며 대단한 열정을 기울여 이 사업을 추진하였다. 이스라엘 측의 긍정적인 반응을 얻어낸 그는 박정희 대통령에게 건의하여 승인을 받아냈다. 한반도 안보 환경의 급격한 변화로 위기의식을 느낀 박 대통령이 6일전쟁에서 대승을 거둔

이스라엘에서 배워 자주국방체제를 확립해야 한다는 장 장군의 건의를 전폭적으로 수용하고 연구시찰단 파견계획을 승인한 것이다.

박 대통령은 작은 나라인 이스라엘이 1967년 6월, 인구가 40배나 되는 아랍 연맹 14개국과 적대하여 자기 영토의 3.5배나 되는 지역을 점령하며 대승을 거둔 6일전쟁에 큰 감명을 받고, 이스라엘의 국방태세를 연구하여 자주국방체제 확립에 참고하고자 하였다. 6일전쟁에서 양측의 피해 비율은 전쟁 역사상 보기 드문 기록을 남겨, 온 세계를 놀라게 하기에 충분했다. 이스라엘군은 아랍 연맹군에 비해 인명 피해는 1/17(3,300:56,500명), 항공기 피해는 1/21(21:451기), 전차 피해는 1/11(86:990대)이라는 놀라운 비율로 압승을 거두었다. 박 대통령은 어떻게 이런 승리가 가능했고, 이런 승리를 가능케 한 이스라엘 힘의 원천은 무엇인가에 대한 해답을 알고 싶어 했다.

장우주[†] 장군은 일찍이 미국 육군보병학교와 미군 군지휘참모대학을 수료하고 사단장을 거쳐 군사정전위원회 한국 측 수석대표와 국방부 관리차관보를 역임하였다. 보기 드문 지장(智將)으로 많은 장병의 존경을 받으며 명성을 날린 분이다. 장 장군은 우리 일행을 먼저 베트남을 시찰 방문케 하는 한편 주월사령부의 지원을 받도록 배려해 주었다. 이스라엘 시찰을 마치고 귀국하는 길에는 런던, 파리, 로마를 둘러보며 견문을 넓힐 수 있도록 세심한 배려를 아끼지 않았다. 이러한 배려

---

† 장우주 장군(1927~2014)은 함남 영흥 태생의 육사 3기 출신이며, 육군 소장으로 예편한 후 미국 하버드대학교 경영대학원을 수료하고 1970년대에는 남북적십자회담 사무총장을 역임하였다. 그 후에는 한미경영원 이사장으로 활약했다. 제1회(2004) '자랑스러운 육사인 상'을 수상하였으며, 훌륭한 자서전인《국격의 그림들》(글마당, 2014)을 남겼다.

에 대해 우리 일행은 감사한 마음으로 가득 찼다.

이스라엘국방제도시찰단은 이종열 준장을 단장으로 영관급 장교 14명으로 구성되었다. 육군본부 각 참모부에서 분야별로 1~2명씩 선발되었는데, 단원 중에는 육군 중령이었던 나와 함께 훗날 소장으로 예편한 최찬욱 중령(육사 11기)과 국방부장관을 역임하게 되는 천용택 소령(육사 16기)도 포함되어 있었다. 연구단은 서울에서 2개월간 사전 연구조사를 마치고, 공군 수송기 편으로 먼저 사이공(현 호찌민시)을 방문했다. 이세호 사령관을 비롯한 주월사령부의 환대를 받으며 한국군 부대를 시찰하는 기회를 가졌다. 나는 이 기회를 이용하여 헬리콥터 편으로 가장 가까운 벗인 맹호부대의 홍은표 대대장 부대를 방문하여 기쁨의 상봉을 했다.

우리 시찰단은 4월 초에 이스라엘에 도착하여, 이스라엘군 지휘참모대학 특설 과정에 적을 두고 이스라엘 군사제도와 전략 개념 등에 관한 특별 강의를 들었으며 군사 시설과 전적지를 시찰했다. 다른 한편으로는 이스라엘 안보의 사회적 배경을 알아내고자, 우리의 요구를 수용한 이스라엘군의 배려로 유치원에서 대학에 이르기까지의 교육기관과 키부츠(집단농장), 모샤브(협동농장), 역사적 유적지 등을 방문했다.

최초의 키부츠 '데가니아'

유대인의 역사를 이해하지 않고는 이스라엘의 국방제도를 제대로 알

수 없다. 이스라엘은 지정학적으로 유럽, 아시아 및 아프리카 3대륙이 접한 전략적 교차로에 위치한다. 6일전쟁 전에는 경상북도 크기(21,000 제곱킬로미터)에 인구 270만 명의 작은 국가였다. 유대교 신앙을 토대로 하는 유대인의 역사는 4000년에 이른다고 하나 오늘날의 팔레스타인 땅에 이스엘 왕국을 세워 번영을 누렸던 것은 기원전 10세기 중엽의 일이다. 그러나 주변 강대국의 발흥과 함께 외세의 침략을 받아 점차 쇠락의 길을 걸었다. 결국 이 지역을 침략한 로마제국이 135년경 유대인들을 모조리 팔레스타인 땅에서 추방해 버림으로써 나라 없는 망국 유랑민, 즉 '디아스포라'로 세계 각지에 흩어지는 비극이 시작되었다.

디아스포라의 생활 속에서도 유대인들은 여호와 하나님의 선택을 받은 '선민' 의식을 고수하였다. 이들은 유대교의 율법과 제례를 지키며 언젠가는 다시 예루살렘으로 돌아가리라는 굳은 신앙 속에 민족보존에 각별한 노력을 경주하면서 생존을 유지해 나갔다. 그러나 11세기경부터 유럽 각국에서 벌어진 유대인에 대한 종교적 박해는 경제적·정치적 박해로 번져나갔다. 20세기 초 러시아와 우크라이나에서는 30만 명에 이르는 유대인 학살사건이 벌어졌으며, 1933년 이후에는 히틀러의 나치가 6백만 명의 유대인을 학살하기에 이르렀다.

이렇듯 끔찍한 박해에 당면하여 19세기 말에 50만 명의 유대인이 신대륙인 미국으로 이민했다. 그러나 일부 이상주의자들은 1880년경부터 조상의 땅 팔레스타인으로 돌아가 토지를 사들여 개간하여 삶터를 마련하고, 동족들을 불러들여 잃어버린 '유대인 국가'를 다시 건설하자는 '시온주의 운동'을 전개해 나갔다. 이러한 귀향운동을 통해 팔레스타인 땅에 2만여 명(전 인구의 3퍼센트)에 불과하던 유대인 인구가

1948년 독립 당시에는 233개의 유대인 부락(주로 키부츠와 모샤브)에 88만 명으로 늘어났다.

갈릴리호수의 남단에 위치한 '데가니아'(갈릴리의 들국화)라는 이스라엘 최초의 키부츠를 방문한 적이 있다. 20명의 젊은 개척자들이 개인적인 욕심을 버리고 허술한 판잣집에서 말라리아와 싸우며 공동노동, 공동생활을 통해 이룩한 집단농장이다. 시온주의 이민협회가 마련해 준 소택지와 습지를 한 치씩 메워 가며 마른 땅으로 만들고, 배수 도랑을 파고 강물을 끌어들여 나무를 심고 곡식을 심으면서 개척한 것이다. 노동을 통해 인간 개조를 하고 이상적인 국가를 건설하겠다는 굳은 결의로 최초의 키부츠를 건설한 젊은 개척자들 중에는 후일 이스라엘 초대 총리가 된 벤구리온과 국방상 다얀 장군의 아버지 슈므엘 다얀도 있었다. 데가니아가 성공하면서 그 후로 많은 키부츠가 생겨났다.

데가니아를 비롯한 모든 키부츠에는 전 인원을 동시에 수용할 수 있는 대규모의 공동식당이 있고, 현대식의 아담한 도서관과 각종 써클 활동을 할 수 있는 문화회관이 있다. 또한 이들이 가장 많이 투자한다는 유치원과 탁아소가 있고, 가정집들 사이사이에는 우거진 숲과 아름다운 꽃밭과 푸른 잔디가 조화를 이루고 있었다. 이런 평화로운 풍경과 대조적으로 군데군데 대피호가 있고 이를 연결하는 교통호가 있었다. 대피호 속에는 궁전 같은 어린이 침실이 마련되어 있었는데, 아랍인들의 빈번한 포격에 대비하여 어린이들을 이 지하 대피호 속에서 안전하게 양육하고 있는 것이다. 이날 저녁 만찬에 초대받은 나는 공동식당에 모인 집단농장원들에게 인사말을 할 기회를 얻었다. 히브리어로 "샬롬 알레쿰!(당신에게 평화를!)"이라는 인사말로 말문을 연 나는

"하루속히 평화의 날이 오기를 기원하며, 다음에 이곳을 다시 방문하면 대피호가 감자 창고로 이용되는 것을 보고 싶다"며 인사말을 끝냈다. 이때 농장원들 전원이 기립하여 "샬롬! 샬롬!" 하며 열광적인 박수를 보내 주던 광경을 잊을 수가 없다.

유엔은 팔레스타인 땅을 두 지역으로 분할하여 유대인 나라와 아랍인 나라를 세우도록 결의하였다. 그리고 1948년 5월 14일 마침내 이스라엘은 독립을 선포하였다. 이에 반대한 아랍 측이 대대적인 무력 공격을 개시함으로써 근 1년에 걸친 제1차 중동전쟁이 벌어졌으나 아랍 측의 패배로 휴전이 성립되었다. 이스라엘은 유엔이 분할했던 면적보다 더 넓은 땅을 차지하며 독립국가를 세우는 데 성공하였다.

이스라엘군은 독립 이전에 활동하던 이민개척운동체의 자위조직에 그 연원을 두고 있다. 키부츠와 모샤브 등의 경비반에서 시작하여, 지역별로 직업에 종사하면서 동시에 아랍인들의 적대 행위에 대처하여 자체 방위를 담당하는 '하가나'라는 통합된 민병 형식의 조직과 대대 단위의 '팔막흐'라는 특공대가 모태가 되었다. 두 조직이 각각 이스라엘군의 예비군과 상비군으로 발전하여 그 전통을 계승하고 있다.

이스라엘에서는 남녀노소가 모두 군인이며 전투원이라 할 수 있다. 14~18세의 소년소녀는 모두 가드나(소년소녀단)에 소속되어 준군사훈련을 받고, 18세부터 남자는 3년간, 여자는 20개월간 의무적으로 현역군 복무를 하게 된다. 제대 후에는 24년간 예비군으로 활동하고, 그 후 54세까지는 민방위 요원으로 활동한다. 우리나라에서는 "국민을 위한 국민의 군대"라는 표현을 곧잘 사용하지만 이스라엘에서는 "국민이 곧 군대"라는 시민군 제도를 유지하고 있는 것이다.

경비와 인력의 부족 때문에 군대는 최소한의 상비군과 최대한의 예비군 위주로 편성되어 있다. 상비군은 7만 명 내외로 유지하지만 최대 동원 시의 병력은 28만 명 수준이다. 또한 평시에는 민방위 조직과 일부 상비군이 국경 경비를 담당하지만 전시에는 예비군이 즉각 동원되어 공격의 주력부대가 된다.

이스라엘의 군사전략

이스라엘은 이러한 역사적 배경과 협소한 국토, 강대한 적에 의해 포위되어 있는 지정학적 여건 등으로 말미암아 특유의 군사전략 개념과 국방체제를 발전시켰다. 적의 공격을 받기 전에 먼저 '선제공격'을 통해 국토의 안전을 보장하는 '공세적 방어전략' 개념이 가장 대표적이다. 협소한 국토 안에서 전쟁을 치르면 치명적인 타격을 피할 수 없기에 이는 결코 용납될 수 없었다. 속전속결을 특징으로 하는 '전격전 전략'도 중요한 전략 개념이다. 장기전은 경제적으로 감내하기 어려울 뿐더러 외세 개입을 초래하여 강대국의 간섭에 희생될 우려가 있다고 보기 때문이다. 이스라엘은 모든 분야에서 '경제성과 효율성, 양보다 질 우위, 형식보다 실질 위주'의 정책을 강조한다. 군대는 최소의 상비군과 최대의 예비군 위주로 편성·유지하고, 기술 우위의 효율적인 무기와 장비를 갖추어 정신력으로 적의 막대한 물량전에 대처한다는 것이다.

전투기의 수적·상대적 열세를 만회하기 위하여 이스라엘은 조종사수를 전투기 수의 4배^{seat ratio}로 유지하고 있었다. 인상적인 것은 6일전쟁 때 이스라엘군 젊은 조종사들은 착륙하여 연료와 탄약을 재보급 받고 다시 출격하는 데 소요되는 시간^{turnaround time}을 7~9분으로 엄청나게 단축했다는 것이다. 반면 아랍 연맹군 측은 통상 2시간 정도 소요되었다고 한다. 즉, 이스라엘군 전투기는 하루에 7~8회씩 출격하여 아랍 연맹군 측 항공기의 양적 우세를 질로 커버했다는 것이다.

시민군 제도를 유지하고 있는 이스라엘군은 "자유와 책임의 조화, 방임과 규율의 조화"라는 표어 아래 평상시에는 병사들에게 최대한의 자유를 허용하고 마음대로 행동할 수 있도록 방임하지만, 전투 시에는 엄격한 책임 관념과 엄정한 군기를 강조하고 영웅적인 행동을 기대한다. 활을 사용하지 않을 때는 시위를 풀어놓아야 '필요시' 화살을 멀리 쏘아 날릴 수 있다는 것이다. 이스라엘군의 뛰어난 정보 능력이 '필요시'를 조기 경보해 주고 있었다. 평시 국경 경비는 키부츠나 '나할'이라는 청년전투개척단 등 주민들의 민방위 조직에 의한 자체 방위체제로 유지되고 있다. 상비군은 불가피한 경우에 한하여 극소수의 인원을 국경 지대에 배치하나 대다수 인원은 후방에 집결 보유하여 결정적인 공격작전에 대비하고 있다.

이스라엘은 외국과 긴밀한 관계를 유지하고 외국 원조를 받아들이지만 외세에 의존하지 않고, 외세 개입의 기회를 허용하지 않는 자주 자력 국방체제를 견지하고 있었다. 독자적인 국방체제, 독자적인 전략 개념, 독자적인 군대 편성과 군사 교리, 외국의 무기를 받아들이되 자국의 여건에 맞도록 개량 개조한 독자적인 무기체계를 유지하고 있는 것이다. 연구개발을 독려하고 방위산업을 발전시켜 무기와 장비의 개

네게브사막에서 이스라엘군 낙하 훈련에 참가한 저자에게 여단장이 이스라엘 국기를 수여하고 있다. 1970년 4월.

량 개조는 물론 독자적인 장비를 생산하고 있다. 우리나라의 경우와는 너무도 대조적이었다.

우리는 이스라엘군의 구조와 편성, 전술 교리, 교육 훈련, 예비군과 동원제도, 정보와 군수 및 방위산업에 이르기까지 여러 분야를 자세히 살펴보기 위해 새벽 6시부터 밤 10시까지 꽉 짜인 일정을 소화해 내야 했다. 하이파에서 에일라트까지, 그리고 골란고원에서 북부 시나이까지 골고루 방문했다. 6일전쟁 전적지도 많이 찾아다니며 당시의 작전부대 지휘관들에게서 직접 실감 나는 전투 상황을 들을 수 있었다. 사찰단 체재 기간 중 여행 거리가 1만 킬로미터에 달했는데, 듣고 보는 것마다 놀라움과 감동의 연속이었다.

이스라엘 남부 지역의 한 공수보병여단을 방문했을 때 이 부대의 공수 낙하 훈련 상황을 직접 보기로 했는데, 이때 나도 함께 점프하기를 원하자 여단장이 흔쾌히 승낙하였다. 나는 여단장과 함께 수송기에 타고 낙하하여, 우리 동료들이 지켜보는 가운데 네게브사막에 착륙하였다. 여단장은 내 가슴에 이스라엘군 낙하산 휘장을 달아주고 기념으로 이스라엘 국기도 선사해 주었다.

이스라엘군 총참모장 하임 바를레브 중장, 총참모부 훈련처장 이자크 호피 소장과 지휘참모대학 총장 모셰 펠레드 준장의 적극적인 협조와 호의로 우리는 연구 시찰을 성공적으로 수행할 수 있었다. 우리 일행의 안내장교로 혼자서 모든 여행 일정을 안내하고 편의를 제공해 준 일당백의 여군 소위 네티바는 이스라엘이 그토록 강조하는 양보다 질, 형식보다 실질을 실증적으로 보여줌으로써 우리의 존경과 신뢰를 받았다.

기독교인인 나로서는 휴일을 이용하여 성지순례하는 것 또한 큰 기쁨이었다. 예루살렘을 비롯하여 예수님이 태어나신 베들레헴, 많은 기적을 행하신 갈릴리 지방, 십자가에 못 박혀 돌아가신 골고다에 이르기까지 여러 성지를 순례하였다. 이스라엘 시찰 방문은 내 인생관에 큰 영향을 주었으며 내 시야를 넓혀 주었고, 새로운 생각으로 우리가 당면하는 문제에 도전할 수 있게 해주었다.

이스라엘 힘의 원천

이스라엘이 지닌 힘의 원천은 과연 무엇일까? 우리가 배워야 할 것은 무엇일까? 우리 일행의 일치된 견해는 세 가지로 요약되었다.

예루살렘에 있는 통곡의 벽에서 유대인들이 기도하고 있다. 1970년 4월.

———

첫째, 정신력이다. 이스라엘 힘의 원천은 다른 무엇보다도 국방은 곧 생존 투쟁이요, 나와 내 가족이 생존하려면 내가 싸워 이기지 않으면 안 된다는 고도의 정신력에 있다고 판단했다. 전쟁 위기가 감돌면 해외 유학 중인 유대인 학생들은 앞다투어 자진 귀국해서 참전한다. 이스라엘에는 병역 기피자나 전쟁터에서 비겁하게 물러나는 자가 있을 수 없다고 한다. 만일 이러한 자가 있다면 부모는 그를 자식으로 여기지 않고, 직장이나 동네에서는 멸시와 압력을 받기 때문에 배겨날 수가 없다고 한다.

이러한 정신력은 쓰라린 역사를 되풀이하지 않기 위한 반복적인 사회교육의 소산인 동시에 '여호와 하나님이 항상 나와 함께 하신다', '두려울 것이 없으며 승리는 우리의 것'이라는 종교적 신앙심에서 생성된 것으로 판단하였다. 우리의 경우, 외세 의존과 한미 동맹에 기대어 미국이 싸워줄 것이라는 의타적 정신을 극복하지 않으면 안 될 것이다.

둘째, 솔선수범이다. 지도자들의 솔선수범이 이스라엘을 움직이는 힘이 되고 있다는 데 이의를 제기하는 사람이 없었다. 이스라엘이 자랑하는 것 중 하나는 "돌격 앞으로!"라는 구령이 없고 "나를 따르라!"며 앞장서는 지휘관들의 솔선수범이 있을 뿐이라는 것이다. 6일전쟁 때 전사자 중 25퍼센트가 장교였다는 통계는 이 주장을 뒷받침하고 있는데, 전쟁 역사상 이런 비율은 그 유례를 찾아볼 수 없다. 군의 각급 사령관실은 물론 국방장관실에도 소파 하나 없고 딱딱한 나무의자만 나란히 놓여 있었으나, 공군 조종사들의 대기실이나 장병들의 휴게실에는 좋은 소파들이 놓여 있었다. 초대 총리를 13년간 지낸 벤구리온이 총리직에서 물러나자 다시 사유재산제가 없는 키부츠로 돌아가 노동에 종사했다는 이야기는 널리 알려진 사실이다. 모든 분야에서 지도자들과 상관들이 항상 "나를 따르라!"는 식으로 모범을 보임으로써 국민과 부하들의 존경과 신뢰를 받고 있다. 이것이 곧 충성심과 애국심을 유발하는 요인이 되고 있고 자주국방체제의 튼튼한 바탕을 이루고 있었다.

셋째, '양보다 질 위주' 원칙이다. 이스라엘군은 경제적이고 효율적인 자주국방체제를 구축하였다. 모든 제도는 최소의 비용으로 최대의 효율을 발휘하도록 장기적인 안목과 현실적인 필요를 감안하여 발전시켜 왔으며, 양보다 질 우위, 형식보다 실질 위주의 원칙에 따라 운용되고 있다. 그 대표적인 제도로서 예비군의 편성 훈련 동원제도, 육·해·공군이 통합 운용되는 총참모부제도, 정보병과와 정보기구의 통합운영제도, 교육훈련제도, 무기 체계의 연구개발과 방위산업 육성제도 등을 들 수 있다.

서울에 돌아온 우리는 시찰결과보고서를 담당 분야별로 작성하는 작업에 착수하여, 420쪽에 이르는 〈이스라엘 군사제도 시찰결과보고서〉를 발간·배포했다. 보고서 작성에 앞서, 나는 브리핑용 총괄 보고를 준비하는 책임을 맡았다. 나는 슬라이드 사진을 활용하는 브리핑을 준비하기로 했다. 우리가 직접 본 것을 내가 촬영한 슬라이드 사진을 통해 보여줌으로써 실감 나게 이해할 수 있게 해보려는 것이 나의 구상이었다. 나는 이에 대비하여 약 300장의 슬라이드 사진을 촬영해 왔는데 이 중 약 100장의 슬라이드를 골라 활용하기로 하고, 그동안 구상해 온 시나리오에 따라 브리핑 초안을 만들어 시사회를 했다.

단장을 비롯한 단원 모두가 쾌재를 불렀다. 보완 작업을 거쳐 육군 본부 전체참모회의에서 첫 보고회를 가졌고, 큰 감동을 불러일으켰다. 대성공이었다.

국방부장관께 보고드리고 나서 며칠 후 육군중령인 내가 청와대에서 박정희 대통령께 보고드리는 특전을 누리게 되었다. 농민들이 그토록 고대하던 비가 내리는 저녁이었다. 약 한 시간 동안 슬라이드 사진을 이용해 보고를 드렸고, 이를 진지하게 시청한 박 대통령은 큰 감명을 받았다며 이스라엘을 본받아야 한다고 역설했다. 그는 많은 질문을 했고 자기 의견을 제시하기도 했다. 약 2시간이 걸렸다. 그는 국무회의에서 국무총리 이하 전 장관들에게도 설명해 주고, 군의 전 장교들에게도 교육하여 '이스라엘 본받기운동'을 전개하는 것이 좋겠다고 지시했다. 이때가 박정희 대통령과 처음으로 만난 자리이자 직접 보고드린 유일한 기회가 되었다. 나는 그의 진지한 태도와 자주국방에 대한 지대한 관심에 큰 감명을 받았다.

군 사령부와 군단급 부대 및 주요 교유 기관 등을 순회하며 설명회를 실시했다. 대부대 단위별로 선발된 장교가 브리핑 원고와 슬라이드를 복사하여 전 장교에 대한 전달 교육도 실시했다. 이스라엘 본받기 운동이 전개되면서 창설된 지 얼마 안 되는 향토예비군제도를 비롯하여 군의 교육훈련제도 개선 발전에도 크게 기여하였다. 특히 장병들의 정신교육 강화에 큰 영향을 미쳤다. 여담이지만 군 지도자들에게 새로운 바람을 일으키면서 고급사령부의 소파들이 장병 휴게소로 옮겨지는 진풍경이 벌어지기도 했다.

　군에서뿐만 아니라 국민들에게도 이스라엘 정신을 소개할 기회를 얻을 수 있었다. 월간지 《신동아》(1970년 10월호)에 실린 글 '가나안을 지키는 시민군'이 많은 독자의 호평을 받으면서 여러 매체에 소개할 기회를 얻었다. 나는 이해에 보국훈장 삼일장을 수여받았다.

4장
자주국방과 율곡계획

이병형 합참본부장과의 만남

1973년 2월 하순, 합동참모본부로 전보 명령을 받은 나는 불쾌감과 자괴감을 억제할 수 없었다. 고참 예편 대기자들이 바둑이나 두고 잡담이나 하면서 소일하는 '양로원'으로 알려진 곳에 왜 내가 가야 하는 가. 작전통제권이 없다 보니 아무런 권한이나 책임도 없고, 따라서 별로 할 일도 없는 기구가 합참이라는데 거기 가서 내가 무슨 일을 할 수 있겠는가. 내 앞날이 캄캄해지는 것 같았다.

나는 이스라엘에서 돌아온 후 1971년 초 육군대학을 졸업하고, 다시 제1공수특전단 대대장으로 근무한 후 보병 제5사단 작전참모로 복무하고 있었다. 몇 달 후면 대령으로 진급하게 될 예정자로 선발되었다. 7월에는 국방대학원 진학을 희망하고 있던 참이었다.

서울에 나가 합참 인사과에 들렀더니, 신임 합참본부장 이병형 중장이 직접 지명 차출했고 취소가 불가능하다며 본부장 보좌관 장기영 중령을 만나 보라는 권고를 받았다. 장기영 중령은 지난 수년간 만나 본 적은 없지만 내가 신뢰할 수 있는 정의감이 강한 유능한 후배(육사 14기, 예편 후에는 미국 국방언어학교 교수를 지냄)다. 나는 장기영 보좌관을 찾아갔다. 그는 나를 반갑게 맞아주며 발탁 경위를 설명해 주었다.

"이병형 장군이 자주국방체제 확립을 위하여 자주적인 군사 전략과 군사력건설계획을 수립하고자 고심하고 있습니다. 그는 본부장 취임 후 지난 3개월간, 이 분야에서 자기를 도와 함께 일할 수 있는 전략적 사고와 학문적 지식을 겸비한 대령급 장교를 전군에서 물색해 왔습니다. 많은 장성이 임 선배를 천거한 것으로 압니다. 저도 임 선배를 적극 추천했습니다."

장기영 보좌관은 대공전략론을 제시한 내 책이 널리 보급된 데다 내가 이스라엘의 자주국방체제를 전 군에 소개하여 이스라엘 본받기운동을 전개하게 한 것을 많은 장성이 높이 평가하여 나를 가장 좋은 적임자로 추천했다는 것이다. 그리고 그의 간곡한 조언이 이어졌다.

"이제 이병형 장군의 지휘하에 합참은 더 이상 '양로원'이 아니라, 자주국방을 추진하는 우리 국군의 사령탑으로 탈바꿈하게될 것입니다. 우리 군의 발전을 위해 임 선배가 할 일이 너무도많습니다. 이병형 장군을 모시고 역사적인 과업에 동참해 주십시오."

나는 그의 설명에 큰 감명을 받았다. 이것은 분명히 내가 해야 할 시대적 사명이라고 직감했다. 나는 이런 일을 하고 싶었고 준비되어 왔다. 그동안의 대공전략 연구며 이스라엘 군사제도 연구 시찰 경험 등이 모두 우리의 자주국방체제 확립에 밑받침이 되리라는 확신이 들었다. 나는 하나님이 내게 주시는 소명이라 믿고 합참에 가기로 결심했다.

그로부터 며칠 후인 3월 5일에 나는 합동참모본부 본부장 이병형 중장에게 전입신고를 했다. 그는 약 30분간에 걸쳐 나에게 애국심과 역사적 사명을 강조하고, 자주적인 군사전략과 전략기획제도 발전의 긴요성을 역설했다. 그러면서 우선 이 방면에 관한 문헌과 자료들을 모두 샅샅이 살펴보고 연구하라고 지시했다. 그리고 내게 어떤 군사전략 서적을 읽어봤는지를 물었다. 나는 클라우제비츠의 《전쟁론》, 리델 하트의 《전략론》, 앙드레 보프르의 《전략론 개론》, 소콜롭스키의 《군사전략론》, 《손자병법》 그리고 마오쩌둥과 보응-우옌잡(보젠잡)의 저서 등을 열거했다.

그는 흡족해하면서 일본 메이지 시대에 새로운 육군과 해군 건설을 위해 많은 사람이 어떻게 노력했는가를 잘 묘사한 시바 료타로(司馬遼太郎)의 역사소설 《사까(坂)노 우에(上)노 구모(雲)(언덕 위의 구름)》를 소개했다. 일본어를 읽을 수 있다니 이 책을 꼭 읽어보라고 권했다. 그는 우리도 메이지 시대 일본군 건설처럼, 독립국가의 군대다운 군대 건설을 위해 헌신할 것을 다짐하자고 역설하였다. 나는 나중에 《사까노 우에노 구모》를 읽고 큰 감명을 받았다. 그리고 그는 한 달 후부터는 자기와 단둘이서 우리나라 최초의 기본 군사전략을 작성하자며 필요한 준비를 하라고 지시했다. 이렇게 3년간의 합참 근무가 시작되었다.

내가 받은 이병형 장군의 첫 인상은 '우리 군에도 이처럼 확실한 철학과 원대한 비전을 가진 훌륭한 군사 전략가가 있다니 얼마나 다행스러운가' 하는 것이었다. 그는 군을 사랑하는 뜨거운 심장과 함께 냉철한 두뇌를 가진 분임에 틀림없다고 느꼈다. 소문대로 그는 예리한 판단력과 과감한 결단력을 갖춘 장군으로서 날카롭고 이지적이며 어떤 면에서는 차갑고 아주 무서운 분일 것이라는 인상을 받았다. 나는 이런 분을 모시고 자주국방을 구상하고 설계하게 된 것을 영광으로 생각하며 합참에 오게 된 것을 특전으로 여기게 되었다.

나는 우선 한국군의 현주소를 파악하는 일부터 시작했다. 휴전 후의 한국군은 대미 의존적인 기형적 군대였다. 미국의 군사원조를 받아 20개 보병사단 위주의 육군을 주축으로 구성되었으나 모두 기동력과 화력이 미약한, 걸어다니는 방어용 경보병사단이었다. 화력과 기동력, 정보 능력은 모두 미군에 의존해야 했다. 공군도 방어용 요격기로 편성되어 있었다. 작전통제권이 유엔군사령관인 미군사령관에 이양되어 있어 미군과의 연합작전체제하에서만 제대로 기능할 수 있는 군대였다. 무기와 장비는 물론 국방비의 대미 의존도도 초기에는 80퍼센트에 이르렀다. 미국의 군사전략에 따라, 미국이 제공한 무기로 장비를 갖추고, 미군의 작전통제를 받는 대미 의존적 국방체제를 유지해 온 것이다.

1970년대에 들어 미국의 아시아 정책이 변하면서 한국의 국방태세에 큰 변화가 일어나기 시작했다. "아시아 방위는 아시아 국가의 책임"이라는 '닉슨 독트린'에 따라 주한미군의 단계적 철수가 결정되어 1971년에는 1개 육군사단(2만 명)이 철수했다. 무상 군원도 종식되어 국방비도 2/3 정도를 자체 부담하게 되었다. 1973년에는 미군이 베트남전쟁에서 발을 빼고 철수하며 평화협정이 체결되었다. 또한 미국과 중국의 관계가 개선되어 중국이 유엔에 가입, 안보리 상임이사국이 되었다.

한편, 북한의 군사력은 증강되고 대남 도발도 증가하고 있었다. 1969년에 벌어진 1·21 청와대 기습 미수사건과 그해 가을에 벌어진 삼척·울진 지역의 특공대 침투사건 등이 계기가 되어 한국에서는 향토방위군을 편성하고 자주국방 의식이 태동하기 시작했다. 이러한 정세 변화를 배경으로 이병형 장군이 자주국방을 위한 본격적인 기초 작업을 시작하게 된 것이다.

박정희 대통령의 결단

4월에 실시될 1973 을지연습 기간 중에 박정희 대통령은 국방부에서 연습 상황을 보고받기로 했다. 이병형 합참본부장은 이 기회를 이용하여 합참이 군사력건설계획을 수립할 뜻을 보고하고 대통령의 의향을 타진하고자 했다. 나는 그를 도와 '지휘체제와 군사전략'이라는 제목의 슬라이드 보고를 준비했다. 사전에 보고를 받은 국방장관은 박 대통령이 부정적인 반응을 보일 것을 우려하며 보고를 보류하길 바랐다. 하지만 이병형 장군은 모든 책임을 자기가 지겠다며 물러서지 않았다. 마침내 1973년 4월 19일 박 대통령께 보고를 드렸고, 이날은 창군 이래 유지해 온 대미 의존적 국방에서 자주국방으로의 전환을 시작한 역사적인 날이 되었다.

이날 보고에서 이병형 장군은 한국군의 작전통제권이 유엔군사령관이라는 모자를 쓴 주한미군사령관에 이양되어 있는 현 상황에서 미국의 군사원조에 의존하는 대미 의존적 국방체제가 한국의 국방정책과 군사전략에 미친 부정적인 영향을 분석했다. 그리고 우리의 국가 이익을 위한 국방정책과 이의 시행 수단인 자주적인 군사전략 그리고 이에 따르는 군사력 사용 계획이 일관성을 유지해야 함을 지적했다. 그는 합참이 자주적인 국방 목표와 '기본군사전략'을 작성하고 우리의 경제 능력에 토대를 둔 '자주적인 군사력 건설'을 위한 장기계획을 수립·발전시켜 나가겠다며 대통령의 승인을 건의하였다.

박정희 대통령은 "대단히 감명 깊은 보고를 받았다"며 "이런 보고와 건의를 기다려 왔다"고 극찬을 아끼지 않았다. 그리고 다음과 같은 요지의 명쾌한 지침을 내렸다. 나는 대통령의 말씀을 기록하는 역할을 수행했다.

- 합참은 자주국방을 위한 '군사전략'을 수립하고 장기적 군사력 건설계획을 작성하여 보고하라.
- 유엔군사령부 해체와 주한미군 철수에 대비하여 합참이 3군을 통합하여 작전지휘권을 행사할 수 있도록 기구를 조정하고 참모훈련을 시키는 등 제반 계획을 수립 발전시켜라.
- 앞으로 중화학공업 발전에 따라 각종 무기와 장비의 국내 생산이 가능하게 될 것이니, 정부의 관계 부처와 협조하여 장기 경제 전망과 가용 재원 등을 파악하여 방위산업 육성에 중점을 두는 효율적인 '군사력 건설계획'을 수립하라.

– 합참이 방위산업 육성을 위한 군 장비 소요를 제기하고 국방
과학기술연구소가 군 장비 생산을 위한 연구개발을 적극 추
진하라.

박 대통령은 제3차 경제개발 5개년 계획(1972~1976)을 통해 6대 전
략산업, 즉 철강·조선·기계·화학·전자·비철금속 등 중화학공업 육성을
시작했다며 이를 방위산업과 연계·발전시키면 대다수 무기의 국내 생
산이 가능해진다고 설명했다. 또한 1970년대 후반기에 들어서면 고성
능 전투기와 미사일 등 특수무기를 제외한 대부분의 무기를 우리 힘
으로 생산할 수 있게 된다고 자신 있게 강조하였다. 나는 대통령의 설
명을 들으며 큰 감명을 받았고, 반드시 그렇게 되기를 바랐다.

이병형 본부장은 대통령의 전폭적인 지지와 승인을 받아 대단히 만
족스러워했다. 합참의 할 일이 명백해지자 그는 대대적인 합참 기구 개
편을 단행했다. 기존의 작전기획국은 전략기획국과 작전국으로 분할되
었고, 나는 얼마 후 전략1과장을 맡게 되었다. 인사국과 군수국이 해
체되고 동원국이 신설된 것도 이때의 조치였다.

1970년대에 접어들면서 박정희 정부의 국가전략에는 많은 변화가
생겼다. 1971년 4월 대통령선거에서 3선에 성공한 박 대통령은 '중화
학공업 건설'로 고도성장을 지속하며 국력 배양을 촉진한다는 경제전
략을 추진하였다. 그는 10년 후인 제4차 5개년 계획이 끝나는 1981년
까지 "1백억불 수출, 1천불 국민소득"을 목표로 제시했다. 1971년 당시
의 수출액은 11억 달러, 1인당 국민소득은 260달러 수준이었다.

박 대통령은 철강, 조선, 기계, 전자 등 6대 전략산업을 집중적으로

육성해 나갔다. 이는 방위산업 육성의 기반을 마련하는 것인 동시에 방위산업의 성장이 곧 중화학공업의 발전을 촉진하게 될 것임을 의미하는 것이었다. 한편, 그는 '새마을 운동'을 대대적으로 전개하였다. 근면·자조·협동으로 '하면 된다', '우리도 잘살 수 있다'는 자신감과 용기를 불러일으키는 국민의식 개혁운동을 전개하여 경제 건설에 온 국민을 총동원하였다.

대북전략 면에서는, 변화하는 새로운 전략적 환경을 활용하여 '북한의 실재성'을 인정하고, 북한과의 '선의의 경쟁'을 제의하며 '7·4 남북공동성명'을 채택하여 남북대화를 추진하였다. 군사적 긴장을 완화하고 전쟁을 방지하며 정전체제하에서 평화를 유지해 나가려면 남북대화가 절실해진 것이다.

정치적으로는, 강력한 정치체제의 필요성을 주장하며 장기집권을 위한 '유신독재'를 시작하였다. 급변하는 국제 정세에 대처하고, 국론통일에 의한 남북대화 추진과 고도 경제성장 지속을 위해 국력을 조직화해야 한다는 것이 그 이유였다.

한편, 1968년부터 주창해 온 '자주국방체제의 확립'이라는 과업도 정치적 의지만 되풀이하는 수준을 넘어 자력으로 군사력(힘)을 확보하지 않으면 안 되는 긴박한 상황을 맞았다. 주한미군 1개 사단이 철수하여 전 휴전선 방위를 한국군이 전담하게 된 것이다. 그러나 북한의 군사력은 증강되고 있어 남북 간 군사력 격차가 심화되고 있었다. 더이상 미국의 군사원조를 기대할 수도, 주한미군의 계속 주둔을 기대할 수도 없는 상황에서, 미군이 주둔하고 있는 기간을 최대로 활용하여 서둘러 자주국방 태세를 확립해야 했다.

'율곡계획'이 태어나기까지

대통령의 결단이 있은 다음 날부터 창군 이래 최초의 독자적인 '기본군사전략' 작성 작업이 본격화되었다. 나는 2~3일마다 한두 시간을 이병형 본부장과 단둘이 마주 앉아 전략 개념을 토론하며 발전시켜 나갔다. 내가 준비한 초안을 한 문장씩 검토하고 보완하는 작업을 20여 회 진행한 끝에 두 달 후에는 '기본군사전략'의 골격이 잡히고 대체적인 내용이 다듬어졌다.

참고할 만한 문서도 없고 이러한 문서를 작성해 본 경험도 없는 상황에서 순수한 창작품을 만든다는 것이 얼마나 어려운 일인가를 절실히 느꼈다. 더구나 어떤 것은 계량적으로 제시해야 하는데 그게 결코 쉬운 일이 아니었다. 고민에 고민을 거듭하는 동안 이 장군과 마주 앉는 것이 두려워졌으며 체중이 퍽퍽 줄어들었다. 그러나 많은 것을 배우고 보람을 느낄 수 있었던 기간이었다.

향후 30년을 적용 기간으로 하는 이 '기본군사전략'은 전략정세를 전망하고 우리의 군사전략 목표와 유형, 군 구조 발전 방향, 군사력 규모 형성 방향을 제시하고 있다. 또한 군사전략의 전개 과정을 자주국방체제 확립 단계, 국방력의 현대화와 재정비 단계, 전략적 적응 단계로 3단계화하였다. 그에 따라 지상군 위주의 군사력에서 해군과 공군을 강화하여 균형 잡힌 자주적 군사력으로 건설, 발전시켜 나가고자 했다. 평시에는 질 위주의 원칙에 따라 최소 규모의 상비군을 유지하고 전시에는 최대한의 예비전력을 활용하는 체제를 발전시키며, 이를 위한 단계적 군사력 건설 목표도 제시했다.

이 문서는 7월 27일 합참의장 한신 대장 주재로 열린 합동참모회의에서 정식으로 채택되었다. 영광스럽게도, 창군 이래 최초로 작성된 '기본군사전략'을 내가 보고했고, 이병형 본부장이 질문에 답변 및 보충 설명을 했다. '기본군사전략' 채택을 계기로 합참은 향후 10년간을 '자주국방체제 확립단계'로 설정하고, '장기 국방력건설계획 작성지침'을 육·해·공군에 하달하였다.

공군과 해군에서는 군 발전의 호기임을 포착하고 지체 없이 가장 유능한 고급 장교들로 특별연구위원회(태스크 포스)를 구성하여 참모총장의 진두지휘하에 연구 작성 작업을 벌였다. 해·공군 장교들은 자세한 정보를 수집하고 구체적 의견을 나누기 위해 나를 찾아왔고, 그들과의 대화는 내가 해·공군을 이해하는 데에도 큰 도움이 되었다. 창군 이래 최초의 자주적 군사력 건설 계획 작성에 직간접으로 참여하게 된 장교들은 큰 자긍심을 갖고 그야말로 신바람 나게 주야를 가리지 않고 열심히 일했다. 그러나 육군은 작전참모부장의 무관심과 비협조로 아무런 진척이 없었다. 그는 한국의 경제 형편으로는 그런 계획을 만들 수 없다면서 미국의 군사원조를 더 많이 획득하려 하지 않고 쓸데없는 고생을 시키고 있다며 합참 지시에 반발했다. 나는 본부장 지시에 따라 비상대책으로 일단 합참이 육군계획(안)을 직접 만들어 육군에 권고하기로 했다.

한편, 청와대에서는 김용환 경제제일수석비서관을 위원장으로 하는 특별위원회에서 장기 가용 국방비 판단작업을 벌였다. 나는 이 특별위원회에 여러 차례 출석하여 투자비 소요를 제기하고 토의에 응했다. 이

위원회는 장기국방력건설계획 기간을 10년으로 할 것이 아니라 경제개발 5개년 계획 주기에 맞추어 제4차 5개년 계획이 끝나는 1981년까지 8개년을 대상으로 할 것을 권고했고 합참은 이를 수용했다. 그리고 가용국방비를 GNP의 4퍼센트에서 점차 5퍼센트 선으로 증액하여 8개년 간의 가용자금을 산출해 냈다. 소요에는 훨씬 미달하는 금액이었으나 당시로서는 GNP의 5퍼센트 이상을 국방비에 배당할 수 없다고 했다.

각 군의 계획을 접수한 후 나는 기본군사전략 개념에 토대를 두고 방위산업 육성과 연관시키면서 방위전력 건설을 위한 통합 계획 시안을 마련하였다. 그리고 11월에는 합동계획위원회를 운용하여 가용 재원 범위 안에서 조정 작업을 추진했다. 이런 과정을 거쳐 12월에 통합된 계획 시안을 완성했다.

1974년 1월 16일 제79차 합동참모회의는 의결 제67호로 '국방8개년계획(1974~1981)'을 심의 의결하였다. 나는 내가 작성한 브리핑 차트에 따라 약 80분간 보고했다. 원래는 전략기획국장이 보고해야 했으나 2일 전에 교체되었기 때문에 작성자인 내가 보고하게 된 것이다.

이 보고는 해·공군 측과는 사전에 충분한 의견 교환과 조율 과정을 거쳤기 때문에 문제될 것이 없었으나 육군의 경우는 달랐다. 이 계획 작성에 참여를 거부해 온 육군은 보고 며칠 전에야 '육군계획'을 제출했으나 그 내용은 수준 이하의 것이었다. 나는 이병형 본부장의 지시에 따라 브리핑 순서를 바꾸었다. 먼저 거창하게 보일 수밖에 없는 해군과 공군 분야부터 설명하고, 육군 분야는 육군이 제출한 초라한 계획을 그대로 보고한 다음 정중하게 육군참모총장의 동의를 얻어 '합참이 마련한 육군계획(안)'을 설명했다.

한신 의장이 기본군사전략을 심의하는 합동참모회의를 주재하고 있다. 테이블 오른쪽 끝에 앉은 이가 이병형 합참본부장이고, 한신 의장 뒤에 전략1과장인 저자가 보고하기 위해 대기하고 있다. 1974년 4월.

80분간의 브리핑이 끝난 다음 약 한 시간 걸쳐 토의가 이어졌다. 이 계획에 관련된 사전 보고를 제대로 받아보지 못한 것이 분명해 보이는 노재현 육군참모총장이 먼저 발언했다. 그는 몇 가지 질문을 하고 나서 "육군에서 건의한 안 대신 합참에서 마련한 육군계획을 채택해 줄 것을 건의한다"는 입장을 밝혔다. 옥만호 공군총장은 전술항공기 증강분이 너무 적다며 F-4 팬텀기 증강을 건의했다. 이 건의는 예상하고 있었던 것이다. 또한 그는 1970년대에는 해군이 전술항공기를 별도로 운용할 수 없으며 항공전력의 분산운용은 바람직하지 않다고 주장했다.

한신 합참의장은 다양하게 나온 토론 결과를 요약하고 다음과 같은 결론을 내렸다. 첫째, '육군 건의안'을 철회하고 '합참이 마련한 육군계획

(안)'을 육군계획으로 채택한다. 둘째, 팬텀기 9개 대대 증강을 검토한다. 셋째, 해군의 항공기 보유 시기는 1980년대로 이월할 것을 검토한다.

이 계획은 정식으로 채택되었다. 대통령 보고를 앞두고 이 계획의 보안을 위해 위장 명칭을 마련하라는 지시를 받고 나는 과원들과 함께 좋은 명칭을 제안하기 위한 토론을 전개했으나 마음에 드는 명칭이 나오지 않았다. 가능하면 뜻이 깊고 역사적이며 부를 때 어감도 좋은 명칭이기를 희망했다. 며칠 후 나는 '율곡계획'과 '아사달계획'이라는 두 가지 안을 제시하고 토론에 붙였다. 모두들 '율곡계획'이 좋겠다며 이 명칭에 찬성했다.

16세기 말, 임진왜란을 10여 년 앞두고 율곡 이이(1536~1584)는 '10만 양병론'을 주창하며 유비무환(有備無患)을 호소했다. 그는 국방의 의지를 힘(군사력)으로 뒷받침해야 한다고 주창한 위대한 선각자였다. 국방력 건설계획은 바로 유비무환의 정신에 토대를 둔 것이다. 나는 율곡 선생의 숭고한 정신을 기리기 위해 '율곡계획'이라 명명하는 것이 좋겠다는 생각을 굳혔다. 이 제안은 이병형 본부장과 한신 의장의 적극적인 지지를 받으며 채택되었다. 서종철 국방부장관은 합동참모회의가 의결한 이 계획을 그대로 승인했고 대통령께 보고드릴 날짜도 잡혔다. 1974년 2월 25일, 박정희 대통령이 율곡계획을 재가하였다. 창군 이래 최초로 자주적 군사력 건설과 대대적인 방위산업을 육성할 수 있는 시발점이 된 역사적인 날이다. 이날 이재전 전략기획국장이 보고를 드렸는데, 홍릉에 있는 국방과학기술연구소에서 4시간에 걸쳐 진행되었다. 이 자리에는 서종철 국방장관, 한신 합참의장과 각 군 참모총장, 이병형 본부장과 심연택 국방과학기술연구소장이 참석했다. 또한 김종필 국무총리, 태완선 경제기획원장, 남덕우 재무부장관과 청와대 관련 수석비서관들이 배석했다.

박 대통령은 사업 내용을 하나하나 구체적으로 따지고 질문하면서 각 군 참모총장들보다 전략 개념이나 무기 체계 및 군사적 지식이 탁월함을 과시했다. 이날 박 대통령이 지시한 사항에는 다음 내용들이 포함되어 있다.

- 유도탄 개발을 촉진하도록 하라.
- 함대함 유도탄 도입을 서둘러야 한다. 미국제가 어렵다면 제3국에서 도입하라.
- 해군은 속도가 느린 구축함 같은 대형 함정보다 북한 해군 세력에 맞설 수 있는 고속정 세력부터 확보해야 한다.
- 외국과 합작해서라도 전차의 국내 개발 생산을 추진하라.
- 공업지구와 항만시설 방호를 위해 방공무기 소요를 늘려야 한다.

이렇게 하여 해군 사업과 한두 가지 사업을 조정한 것 이외에는 모두 원안대로 승인 채택되었다. 그리고 이 계획을 매년 수정·보완해 나간다는 것도 확인하였다. 마침내 자주국방을 위한 장기 군사력 건설계획인 율곡계획이 태어난 것이다.

대통령께 보고를 마치고 돌아오자 이병형 본부장과 이재전 국장이 각각 나를 불러 노고를 치하하고 기쁜 마음을 감추지 않았다. 그리고 유공자 표창을 상신하라고 지시했다. 그동안 나를 보좌하며 어려운 일을 도맡아 해결한 윤용남 육군 소령(대장 예편, 육군참모총장과 합참의장 역임)을 비롯하여 육군사업담당인 이한규 중령(준장 예편), 공군사업담당인 한형로 중령, 해군사업담당인 공영식 소령, 통합사업담당인 서영호 중령, 유병권 중령, 박영근 해병 중령(준장 예편) 등 거의 전 과원이 국방부장관과 합참의장의 표창을 받았다. 이들은 모두 나를 도와 역사적 사명의식 아래 자주국방의 개척자라는 긍지를 갖고 불철주야 최선의 노력을 다하여 창군 이래 최초의 자주적 군사력건설계획을 만들어낸 사람들이다.

모든 난관을 무릅쓰고 창의력을 발휘하여 자주적 군사력건설계획을 구상하고 계획하고 집행에 이르기까지 이를 주도한 분은 합참본부장 이병형 장군이다. 그는 우리 군 최초의 군사 전략가다. 당시는 우리 군의 간부들이 미국이 지원해 준 군사력으로 미국이 작성한 작전계획에 따라, 작전부대에서 이를 사용하기 위한 부대 작전계획과 교육훈련에만 관심 갖도록 길들여져 있던 시기였다. 독자적 군사전략은 존재하지도 않았고 관심 대상도 아니었다.

바로 이러한 시기에 이병형[†] 장군이 이 분야의 개척자로 등장한 것

[†] 함남 북천 태생인 이병형(1928~2003) 장군은 육사 4기 출신으로 한국전쟁 중 보병 대대장과 연대장으로 많은 전투에서 혁혁한 공을 세운 탁월한 전투지휘관으로 명성을 날리고 존경을 받았다. 자신의 전투 경험을 정리한 책인 《대대장》(병학사, 1980)과 《연대장》(병학사 1997)은 탁월한 전술 교본으로 인정받고 있다. 전후에는 군사령부 작전참모, 1사단장, 육군작전참모부장과 5군단장 등 요직을 역임하고 합참본부장으로 취임했다. 군에서의 마지막 보직은 제2군사령관이었다. 널리 퍼진 소문으로는, 5군단장 시절에 특정 지역 출신에 편중된 군 인사의 잘못을 사석에서 비판한 것이 빌미가 되어 대장 진급에서 밀려났다고 한다. 예편 후 그는 전쟁기념관을 건축하고 초대 전쟁기념사업회장을 지냈다. 대통령 통일고문회의 위원으로도 봉사한 그는 제2회 '자랑스러운 육사인상'을 수상했다.

통일고문회의 위원인 이병형 전 합참본부장을 국정원장인 저자가 영접하고 있다. 2000년 10월.

이 얼마나 다행한 일인지는 역사가 평가할 것이다. 그는 "우리의 현실
을 모르는 이상주의자"라느니 "박 대통령이 계획 목적상 한번 해보라
고 했다지만, 되지도 않을 허망한 꿈을 쫓는 사람"이라는 등 많은 비
웃음과 비난을 이겨냈다. 그는 미래에 대한 예리한 통찰력과 원대한
비전을 품고 자신에 찬 정확한 판단력과 결단력, 강력한 실천력으로
역사적 과업을 추진한 것이다.

이병형 장군의 의지를 뒤에서 적극적으로 성원한 분이 합참의장 한
신† 대장이다. 그의 애국심과 군에 대한 애정은 누구도 따르기 어려울

---

† 한신(1922~1996) 장군은 함남 영흥 태생으로 일본 중앙대학 법과를 졸업한 후 육
사 2기로 임관하여 한국전쟁에서는 수도사단 1연대장으로 용맹을 날리며 태극무공훈장
을 비롯한 수많은 무공훈장을 수훈했다. 그 후 수도사단장, 6군단장, 1군사령관을 역임
하고 합참의장에 취임했다. 5·16 군사정변 후에는 최고회의 의원, 내무부장관, 감사원장

정도다. 나는 계획 초안을 작성할 때부터 그에게 보고드리곤 했는데, 때로는 3시간 이상 보고 내용을 세부적으로 파악하며 지침을 줄 만큼 관심과 성의가 높았다.

내가 과장으로 있는 전략1과는 전략목표계획JSOP을 수립하고 율곡계획을 계속 수정·보완하며 발전시키는 업무와 함께 율곡사업을 집행할 수 있도록 사업별로 '집행요구서'를 발부해야 했으므로 업무량이 폭주하였다. 이뿐만 아니라 '한미 연례안보협의회의' 등 한미 안보 협력 문제도 담당하고 있었다. 업무량이나 그 중요성으로 인해 과의 인원은 계속 증원되었다. 내가 부임할 때는 6명이던 과원이 1년 후에는 14명으로, 2년 후에는 26명으로 증원되었다. 박동원 대령(소장 예편), 이재달 소령(중장 예편, 보훈처장 역임) 등이 합류했다. 전략1과는 1976년 초 내가 과장직을 떠난 직후에 4개 과로 분할 개편되었다.

율곡계획이 확정되자 나는 전군의 장성들에게 자주국방과 율곡계획에 대한 교육을 실시하라는 지시를 받았다. 그에 따라 진해 육군대학에서 6월부터 9월까지 7회에 거쳐 실시되는 1974년도 '무궁화회의'에서 강의를 진행하였다. 유감스럽게도 4성 장군을 포함한 고위장성들의 반응은 몹시 회의적이며 부정적이었다. 이런 반응도 무리는 아니었다. 사실상 이런 내용을 들어본 적도 생각해본 적도 없었을 것이기 때문이다. "지금 우리나라 형편으로는 실현 가능성이 희박한 탁상공론"이라며 "미국의 군사원조를 더 많이 받기 위해 노력하는 방법 이외에 다

을 역임하기도 했다. 그는 대쪽같이 청렴결백한 군인, 실질적인 교육훈련을 강조하며 강군 육성에 전념한 지휘관으로 존경받았다. 한신 장군은 회고록 《신념의 삶 속에서》(명성, 1994)를 남겼다.

른 방법이 없다"는 것이 일반적인 반응이었다. 이들을 설득한다는 것은 결코 쉬운 일이 아님을 통감했다. 계획이 아닌 실천을 통해 입증될 때에야 이들은 깨닫게 될 터였다.

방위세와 율곡사업

1975년 4월 남베트남공화국의 패망은 한국 정부에 큰 충격을 주었다. 국내에서는 영부인 육영수 여사가 지난해 8·15 기념식장에서 저격받아 사망한 데 이어 대남 침투용 제2 땅굴이 발견된 상황이었다. 북한의 김일성 주석이 중국 방문에서 "전쟁으로 잃을 것은 군사분계선이요, 얻을 것은 통일"이란 호전적인 발언으로 어수선하던 참에 남베트남이 패망한 것이다. 베트남에서 '군사적 승리'를 호언하며 한국군의 파병을 요청했던 미국이 이미 철군해 버린 상태에서 남베트남의 패망은 한국의 안보 불안을 조성하기에 충분했다. 즉각 슐레진저 미 국방장관이 "북한이 한국을 침공한다면 핵무기 사용을 불사할 것이다"라고 선언하는가 하면 포드 미 대통령도 대한 방위공약을 재확인하고 나섰다.

이러한 정세를 배경으로 자주국방 촉진을 위한 재원 확보를 위해 '방위세법'이 제정·공포(1975. 7. 16.)되었다. 이에 앞서 나는 〈자주국방과 국방비〉라는 합참보고서를 작성하여 책자로 만들어, 당면한 안보 정세와 관련하여 군사력 증강을 확대·촉진해야 하며 이를 위한 투자비 확보가 긴요하다고 주장했다. 국방비가 GNP의 7퍼센트 수준은 되어야 한다는 논리와 근거 자료를 제시하고, 이를 위해서 '특단의 재원 마련 조치'가 필요하다고 청와대에 건의한 것이다. 이 건의가 수용되어 방위세법이 제정되었다. 방위세의 규모는 대략 GNP의 2퍼센트 수준이었는데, 기존 4퍼센트 수준의 국방비와 합하면 6퍼센트 수준이 되는 셈이다. 방위세법은 1990년 말까지 15년간 시행되며 방위산업 육성과 국방력 증강을 뒷받침하였다.

방위세법 제정·공포와 때를 맞추어 율곡계획 제2차 수정(1975. 7. 18.)이 뒤따랐다. 제1차 수정(21억 달러 규모)은 지난해 8월에 있었다. 제2차 수정계획에서는 에너지파동과 달러 환율 변동 등으로 인한 물가상승분이 반영되어 38억 4천5백만 달러 규모로 계획되었다.

나는 보고용으로 '율곡계획의 배경과 개념'이라는 제목의 제2차 수정안 차트를 만들었는데, 휴전 이후 지금까지의 북한과 남한의 분야별 전력 증강 추세를 비롯하여 국방비와 투자비 추세, 각 군별 전략 개념 등을 모두 그래프로 표시하여 일목요연하게 이해할 수 있도록 작성했다. 박 대통령은 이재전† 전략기획국장의 보고를 받고 이 차트 내용이 대단히 이해하기 좋게 잘 되었다고 칭찬하며 한 부를 그대로 복사해 줄 것을 요청했다. 이재전 국장으로서는 좋은 기회가 된 셈이다. 그는 사리가 분명한 뛰어난 지장으로, 두 달 후에 진급과 동시에 군단장

---

† 이재전(1927~2004) 장군은 충남 천안 출생으로 육사 8기로 임관하여 중대장으로 한국전쟁에 참전했다. 그는 미 육군 지휘참모대학을 수료하고 보병사단장과 한미제1군단 부사령관을 거쳐 합참 전략기획국장으로 부임했다. 그 후 군단장을 마치고 청와대 경호실 차장으로 발탁되어 근무하다가 박 대통령 서거를 맞게 된다. 예편 후에는 전쟁기념관 제2대 회장을 역임했다. 《온고지신: 율곡사업, 한미연합사 등》(육군본부, 2004)이라는 저서를 남겼다.

으로 영전하였다. 1974년 말 이병형 장군의 뒤를 이어 합참본부장에 취임한 류병현 중장(1924~2020)은 한미 연례안보협의회의를 앞두고 율곡계획을 정식으로 미국 측에 통보하고 장비 판매와 기술 자료 제공 등의 협조를 정식 요청하였다. 박 대통령이 《뉴욕타임스》와 한 기자회견에서 "한국군의 전력이 증강되는 4~5년 후에는 미 지상군부대의 한국 주둔이 필요 없게 될 것"이라고 언급하여 미국 측에 충격을 준 것이 바로 이 무렵의 일이다.

1975년 8월 말 한미 연례안보협의회의 참석차 서울에 온 슐레진저 미 국방장관은 8월 27일 한국 측 대표단을 위해 베푼 답례 만찬 연설에서 미국의 한국에 대한 지지를 재확인하며 "미 지상군과 공군의 한국 주둔의 사활적 중요성에는 변함이 없다"고 강조했다. 나는 그가 박 대통령의 《뉴욕타임스》 회견 내용을 염두에 두고, "한국의 군사력건설계획을 지원할 테니 주한미군 철수 주장은 하지 말아 달라"는 솔직한 말을 들으며 주한미군의 전략적 가치에 대한 미국의 입장을 다시금 생각하게 되었다. 그는 또한 박 대통령과 율곡계획을 높이 평가하고 미국의 지원 의사를 밝혔다. 그는 이렇게 말했다.

"국방을 위한 '정치적 의지'와 함께 그것을 뒷받침할 '힘', 즉 군사력이 있어야 합니다. 이 두 가지 요소의 관계를 잘 이해한 분으로 400년 전 조선에는 율곡 선생이, 200년 전 미국에는 조지 워싱턴 대통령이, 오늘날에는 한국에 박정희 대통령이 계십니다."

나는 군에서 떠난 후에도 율곡사업과 우리나라 방위산업에 지대한 관심을 갖고, 창원 산업공단이나 울산 산업공단 등을 여러 번 방문하였다. 눈부시게 발전하는 방위산업의 현장을 목격할 때마다 율곡계획을 기안하고 방위산업 소요를 제기하던 지난날을 회상하며 남다른 성취감과 자긍심을 갖곤 했다.

1974년부터 시작된 율곡사업은 '방위세법' 적용이 만료되는 1992년까지 18년간 추진되면서 방위산업 육성 발전과 함께 대부분의 육해공군 무기와 장비를 국산화하는 등 국군 전력의 양적·질적 증강에 크게 기여했다. M-16 소총과 탄약 생산에서부터 시작한 우리의 방위산업은 1980년대 말에 이르러 거의 모든 무기와 장비를 국산화하였다. 각종 화포, 한국형 장갑차와 전차, 헬리콥터 등 대부분의 지상군 무기와 장비를 개발·생산하게 되자 육군은 3개 기계화보병사단을 창설하였다. 해군의 경우, 중·소형 고속정, 한국형 구축함과 초계함 등을 모두 국내에서 건조했다. 공군에서도 신예 전투기를 국내에서 조립·생산하게 되었다. 1978년 8월에는 첫 중장거리 미사일 발사 시험에도 성공하고, 각종 최첨단 유도무기와 최신 전자 통신 장비도 개발·생산하기에 이르렀다.

국방부 자료에 의하면, 이 기간(1974~1992)에 전차는 840대에서 1,800대로, 헬기는 16기에서 600기로 증강되었다. 해군의 전투함정은 26척에서 190척으로, 공군의 전술기는 200기에서 520기로 증강되었다.[†] 율곡사업은 자주국방의 기초를 확립하는 데 결정적으로 기여했다. 방위산업을 육성·발전시켰을 뿐만 아니라 우리나라 과학기술의 발전을 선도하고 국민경제 발전에도 크게 기여했다.

[†] 〈율곡사업의 어제와 오늘 그리고 내일〉(국방부, 1994)

1975년 9월, 나는 동남아시아를 방문하는 합참본부장 류병현 중장을 수행하는 특전을 입었다. 군부 최고 지도자들 간의 친선 방문인데 성대한 환영 행사와 유명한 관광 명소 방문 등의 환대가 이어졌다. 대만에서는 해발 2,700미터의 아리산 정상에 있는 큰 호수 르웨탄^{Riyue} Tan(日月潭)을 방문했다. 1박하면서 유람선을 타고 일주하며 주변 산기슭에 세워진, 중국 본토의 것을 재현한 유명한 건축물과 조형물을 보며 감탄을 금할 수 없었다. 원주민 문화촌에서 본 공연도 흥미로웠다. 태국에서는 여러 불교 사원을 둘러보고, 국왕 전용기로 북쪽 지방의 유명한 피서지인 칭마이로 가 왕실 휴양 시설에서 1박을 했다. 인도네시아에서는 자바섬 중심부에 있는, 세계 7대 불가사의 중 하나이며 유네스코 세계문화유산인 보로부두르 불탑을 구경하였다. 수많은 탑이 집합체를 이뤄 독특한 형태를 이루고 있으며 조각이 풍부하고 우수한 세계 3대 불교 대건조물 중 하나라고 한다.

나는 1976년 초 국방대학원 김종휘 안보문제연구소 소장이 주최한 학술회의에서 '자주국방의 방향과 전망'이라는 제목으로 주제 발표한 것을 끝으로 합참 전략기획과장의 임무를 마쳤다. 합참에서 근무한 3년은 내 군대 생활에서 가장 자랑스럽고 보람찬 기간이었다.

DMZ에서 육군 80위원회로

1976년 2월부터 나는 중부전선의 보병 제28사단 81연대장으로 휴

보병 81연대장인 저자가 DMZ를 순찰하고 있다. 1976년 6월.

전선을 지키는 임무를 수행하였다. 부임 직후 내 연대는 최전방 비무
장지대DMZ에 연하여 배치되어 사단 일반전초GOP 부대로서 12개월간
긴장 속에서 경계근무에 임했다. 비무장지대 안에서는 10개의 경계초
소GP를 운용했다. 경계근무뿐만 아니라 철책선 이설 공사와 전술 진
지 공사 등 많은 공사를 해내야 했다. 설상가상으로 장병들은 여름밤
엔 모기떼, 겨울에는 '반세기 만의 혹한'에 시달려야 했다. 한때 방어태
세 3급에 이어 방어태세 2급(데프콘-2)이 발령되어 실탄을 분배하고 전
투태세에 돌입하기도 했다. 판문점에서 시계 확보를 위해 미루나무를
자르던 미군 장교 2명이 북한군에 의해 도끼로 살해당한 사건, 이른바
'8·18 도끼만행사건'이 발생한 것이다. 이 사건으로 미 항공모함 전단
이 출동하는 등 긴장이 고조되었다. 만약 보복작전이 실시되면 전쟁으
로 확대될 가능성이 있었다. 나는 연대 장병들과 함께 천덕산 줄기에
서 죽음을 무릅쓰고 싸울 비장한 결의를 하였다. 다행스럽게도 전쟁
의 위기를 넘기고 사태는 점차 안정을 되찾았다.

DMZ를 시찰하는 베시 한미연합군사령관에게 연대장인 저자가 상황 설명을 하고 있다. 오른쪽부터 저자, 베시 사령관, 쿠시먼 한미1군단장, 소준열 사단장. 1977년 1월.

───

　나는 부임 직후 정상적인 부대 지휘 및 운영을 위한 연대장 지시 제 1호를 하달한 바 있다. 이 지시의 핵심은 부대의 성패가 오로지 지휘관의 의지와 능력 여하에 달려 있다는 것으로 이는 나의 지휘철학이었다. 각급 지휘관에게 최대한의 권한을 위임하겠으니 책임지고 부대를 지휘하라는 것이다. 부대 지휘에서 가장 주요한 요소는 사람이다. 나쁜 장교나 하사관은 있어도 나쁜 병사는 없다. 병사의 질이 나빠서 전투에 실패한 예는 없다. 병사들의 인권을 존중하고, "잘 먹여라, 잘 입혀라, 잘 재워라, 근심 걱정을 덜어줘라, 철저히 교육훈련시켜라"를 강조한 한신 장군의 명언을 상기시켰다. 그리고 하사관의 중요성을 강조했다. 하사관의 위신을 세워 주고 하사관을 잘 활용해야 한다는 것이다. 또한 모든 분야에서 지휘관이 솔선수범할 때 부대원이 따르게 된다며, 내가 솔선수범할 터이니 "나를 따르라"고 강조했다.

다행히 내 연대에는 우수한 대대장과 중대장들이 많았다. 연대장의 지휘 방침을 잘 따라 주어 항상 장병들의 사기가 충천했고 모든 분야에서 우수한 평가를 받았다. 김동진(대장 예편, 참모총장, 국방부장관 역임), 김석원(중장 예편), 김승남(대령 예편, 기업인으로 성공), 신동배(대령 예편) 중령 등이 나와 생사고락을 함께한 탁월한 대대장들이었다. 김형곤(준장 예편), 김영대, 조정래 소령, 민경백(소장 예편), 이후득, 구민해, 우수명, 박창명(소장 예편), 백승도(준장 예편) 등 우수한 장교들이 참모와 중대장으로서 모범적이고 헌신적으로 근무하여 내게 맡겨진 임무를 성공적으로 수행하는 데 큰 힘이 되었다. 이들은 예편 후 4반세기가 지났는데도 '81클럽' 멤버로 매년 한두 차례 만나곤 한다.

1년간 DMZ의 일반전초 임무를 성공적으로 마치고 후방으로 이동하였다. 교육훈련에 열중하던 1977년 9월, 나는 예상 외로 빨리 20개월 만에 연대장 근무를 마치게 되었다. 육군본부로 전속 명령을 받은 것이다.

율곡사업 추진이 4년째로 접어들고 새로운 장비들이 보급되는 등 많은 가시적 성과를 나타내자 육군 지휘부는 이에 따르는 후속 조치와 향후 정책 방향을 고민하였다. 장기적인 안목으로 육군을 발전시켜 나가기 위한 '육군의 전략'을 구상하고 이에 따라 다가오는 '1980년대의 육군정책 발전 방향'을 정립해야 할 필요성을 절감한 것이다. 이에 김용휴[†] 참모차장은 이세호 참모총장의 적극적인 찬동으로 우수한 영관급 장교들을 모아 총장 직속의 한시적 연구기구인 '육군전력증강연구

† 충남 태생으로 육사 7기 출신인 김용휴 중장은 6군단장을 거쳐 참모차장으로 재직하면서 육군 발전에 앞장선 지장이다.

위원회'를 구성하기로 하였다.

'80(팔공)위원회'라는 이름으로 불리게 된 이 '육군전력증강연구위원회'는 참모차장이 위원장을 겸직하였다. 나는 부임하자마자 위원장인 김용휴 장군의 지시로 위원회의 '연구업무계획'부터 작성하였다. 이어서 그는 내가 4년 전에 합참에서 작성한 '기본군사전략'에 기초하여 '육군 장기전략'부터 마련할 것을 요구했다. 나는 전방에서 돌아온 이튿날부터 바쁜 연구 업무에 몰두하여, 육군의 분야별 장기정책을 마련하기 위한 방향을 제시하고 그 기초를 제공하는 문서인 '육군장기전략구상'을 작성하였다. 이 문서가 정식으로 채택되어 80위원회 활동의 준거가 되었다.

1978년 새해를 맞으며 나는 육군 준장으로 승진하고 80위원회 간사장의 직책을 맡았다. 그때 내 나이 45세였다. 육사에 입교한 지 25년이 되는 해에 장성으로 승진하는 영광을 얻은 것이다. 이 무렵 나는 자주국방태세 강화에 기여한 공로로 보국훈장 천수장도 수여받았다. 그동안 가난한 군인의 아내로서 많은 고생을 해온 아내와 맡겨진 임무를 충실히 감당해 온 나는 그 기쁨은 이루 다 표현할 수 없었다.

80위원회는 3개 연구부로 편성되어 분야별로 장기정책대안을 연구하였다. 80위원회에는 연구부장으로 이범천 준장(소장 예편), 송종원 준장, 이재홍 준장, 여운건 준장(중장 예편) 등을 비롯하여 연구위원으로 조명현, 이임춘 대령(준장 예편), 최무정 중령(준장 예편), 조성태(대장 예편, 국방장관 역임), 권영효(소장 예편, 국방차관 역임), 김희상 소령(중장 예편, 비상기획위원장 역임) 등 많은 인재가 들어와 활약했다.

1978년 봄에 나는 진해 육군대학에서 몇 차례에 걸친 장성급 무궁

김용휴 육군참모차장이 저자에게 보국훈장 천수장을 수여하고 있다. 1978년 10월.

화회의에서 '육군 장기전략구상'이라는 제목으로 1980년대 육군 발전 방향에 관해 교육을 실시했다. 4년 전 이 무궁화회의에서 처음으로 율곡계획을 강의하던 때와는 분위기가 확연히 달라진 것을 느낄 수 있었다. 율곡사업의 성과가 가시화되자 자주적 군사력 건설에 회의적이거나 외세 의존을 주장하는 사람은 전혀 찾아볼 수 없게 되었다.

1979년 3월에는 육군정책회의를 거쳐 육군주요지휘관회의에서 그동안 80위원회에서 연구한 결과를 요약하여 '1980년대 육군발전방향'에 관해 보고했다. 그리고 분야별로 《1980년대 육군정책발전방향》이라는 방대한 책자 10권을 발간하였다.

1978년 여름 나는 두 달 동안 캘리포니아주 몬터레이에 있는 미국해군대학원의 국방자원관리 과정을 이수했다. 귀국하고 나서 얼마 후 김용휴 참모차장은 특전사령관이 나를 제5특전여단장으로 전입 요청해왔다며, 중요한 지휘관 직이니 희망하면 보내 주겠다고 내 의사를 물었다. 나는 나보다는 장기오 대령(중장 예편, 총무처장관 역임)을 보직하여 그가 진급할 수 있도록 특별히 배려해 달라고 건의했다. 장 대령은 군인 중의 군인으로 내가 존경하는 선배인데 아깝게도 장성 진급에 누락돼 있었다. 특전사령관도 그를 선호하지만 준장 직에 대령을 보직할 수 없는 형편이었다. 결국 내 건의가 받아들여졌고 그는 진급에도 성공했다. 그런데 1년 뒤 전두환 장군이 12·12 군사반란을 일으켰을 때 그의 부대도 동원되었다. 만일 내가 그 여단장으로 갔다면 나는 이에 동조하지 않았을 것이고, 그렇게 했을 때 내 인생은 어떻게 되었을까 생각하면 아찔해진다.

1979년 2월 초 육군 지휘부에 인사이동이 있었다. 참모총장에 정승화 대장, 참모차장에 이희성 중장이 취임했다. 나는 약 2년간의 80위원회 근무를 마치고 7월 말에 육군본부 전략기획처장으로 자리를 옮겼다. 육군의 율곡계획을 보완하여 발전시키는 한편 제2차 율곡계획(1982~1986) 작성을 준비하는 것이 나에게 부과된 주요 임무였다. 한편, 연말에 80위원회는 해체되어 전략기획처에 통합되었다.

신군부의 집권과 퇴역

1979년 10월 26일 박정희 대통령의 서거와 하나회 신군부에 의한

12·12 군사반란으로 온 나라가 정치적 격랑에 휩싸였다. 전두환 장군의 신군부는 정권 장악을 위한 치밀한 계획을 착착 추진해 나갔다. 4월에 접어들자, 육군본부에는 5월 16일을 전후해 대학생들의 전국적인 시위로 사회적 혼란이 야기될 것이며, 이 기회를 이용하여 북한군이 남침할 것이라는 등의 5월 위기설이 퍼져나갔다. 그런가 하면 김대중 씨 등 구(舊)정치인들이 제거될 것이며, 군사평의회 같은 군정 기구가 설치될 것이라는 소문도 나돌았다. 서울 외곽에는 1개 보병사단과 2개의 특전여단 등 충정부대(소요진압부대)들을 배치했으며 이들 부대는 이미 소요진압훈련을 중점적으로 실시해 온 부대들이라는 것이다.

웬일인지 5월 16일을 앞둔 대학생 시위는 자진 중단되었으나, 계엄령의 전국 확대를 위한 조치는 계획대로 추진되었다. 국방부에서는 5월 17일 전군 주요지휘관회의를 소집하였고, 대학생들의 동태 분석 보고에 이어 참석자들은 각각 '시국수습방안'에 대한 의견 제시를 요구받았다고 한다. 참석자들은 주최 측이 바라는 대로 "군이 나서야 할 때"라며 계엄령의 전국 확대와 휴교령 발동이 불가피하다는 의견을 제시했다고 한다. 그러나 군수기지사령관 안종훈† 중장은 "계엄령의 전국 확대는 불필요하며 군의 정치 개입에 반대한다"는, 참으로 용기 있는 주장을 하여 신선한 충격을 주었다고 한다. 그는 얼마 후 보직 해임과

---

† 해주 출신으로, 육사 9기로 임관한 안종훈(1926~2002) 장군은 박정희 대통령의 각별한 신임과 사랑을 받은 것으로 널리 알려져 있었다. 박 대통령은 공병 장교인 그를 대동하여 헬리콥터를 타고 다니며 경부고속도로를 설계했다. 그는 서울 강남지구 개발계획 구상에도 관여한 장교지만, 개발 계획 비밀을 철저히 지켰을 뿐만 아니라 청빈하고 정직하며 성실한 장교로 존경받았다. 그는 공병 장교로는 처음으로 소장 진급과 함께 이례적으로 보병사단장을 역임하고 중장으로 진급하는 등 보기 드문 이력을 지닌 군인이었다.

함께 강제 전역되었다.

5월 18일, 전국을 대상으로 하는 계엄령과 정치활동을 금지하는 포고령 발동에 이어 20여 명의 정치인을 연행했다는 발표가 났다. 광주에서는 이에 반대하는 대학생 시위가 일어났고, 공수특전부대의 무자비한 진압작전이 시작되었다. 약 10일간 이어진, 이른바 '광주사태'라 불렸던 광주민주화운동 진압은 '국민의 군대'라는 자부심으로 군에 충성을 다해온 나에게 엄청난 충격을 주었고 분노를 금할 수 없었다. 그러나 안타깝게도 내가 할 수 있는 일이 없었다. 나는 "말조심하라!"는 거듭된 경고를 받고 무기력감에 빠져 한숨만 쉬는 신세가 되었다.

5월 말에는 '국가보위비상대책위원회'라는 군사통치기구가 발족하여 국정개혁을 추진하며 전두환 장군의 집권을 준비하였다. 드디어 9월 1일, 전두환 장군이 대통령으로 취임하고 이어서 제5공화국 헌법이 공포되었다.

10월도 다 지나가는 어느 날 아침, 여느 때처럼 출근을 하니 부장보좌관 강의용 대령이 나를 찾아왔다. "어제저녁 쿠데타 주체 세력들한테 들은 이야기인데, 임 장군님을 아프리카의 나이지리아 대사로 발령낸답니다. 좋은 소식이라 축하 인사를 드리러 왔습니다." 내 보좌관인 민경백 소령이 재빨리 아프리카 지도를 갖고 와 나이지리아가 어디에 있는지를 보여주었다. 나는 무슨 소리를 하는지 알 수 없었다. '무관 경험이 있는 것도 아닌데 갑자기 나를 왜 외교관으로 내보낸다는 말인가? 나를 군에서 내쫓겠다는 것인가? 아프리카로 유배 보낸다는 것인가?'

우선 사실 여부를 알아보기 위해 나와는 좋은 관계를 유지해 온 선배인 인사운영감 박준병 소장을 찾아가서 문의했더니 그는 고개를 저으며 말했다. "사실이 아니에요. 얼마 전 대사 후보로 무관 출신들 중에서 10여 명의 명단을 올린 바 있는데 임 장군은 포함돼 있지 않아요." 그러고는 어디론가 전화를 걸어서 알아보더니 맥없이 "… 사실인 것 같은데요"라고 확인해 주며 위로의 말을 건넸다. 근 28년의 군대 생활이 이렇게 끝나는가 싶어 배신감을 금할 수 없었다.

9명의 장교가 대사로 내정되었다. 나와 내 동기생 심기철을 제외하면 모두 무관 출신으로 대사 발탁을 대단히 기뻐하는 것 같았다. 더구나 1계급 특진까지 하면서 예편하게 되니 대령인 이들의 기쁨은 이루 말할 수 없는 것이었다. 많은 선후배와 동료들이 무관 출신도 아닌 데다 대사를 희망하지도 않은 나와 심기철을 군에서 내보내는 인사에 충격과 의문을 나타냈다. 우리가 하나회의 반대편에 서 있었기 때문이라는 설이 파다하게 퍼져나갔다. 아내는 대사로 아프리카에 가는 것을 극력 반대했다. 리어카를 끌어도 먹고살 수 있으니 가지 말자고 주장하였다. 하지만 나는 선택의 여지가 없다고 생각했다.

인사차 들른 나에게 노태우 보안사령관은 "우리 세대는 자기가 가고 싶은 대로 자기 길을 갈 수 없는 운명을 타고났소. 섭섭하게 생각하지 마시오. 많은 사람들이 임 장군은 군에서 다른 사람이 하지 못하는 전략기획 분야의 발전에 더 기여해야 할 사람이라며 아쉬워하나 외교 분야도 중요하다는 것을 인식해 주기 바라오"라고 위로해 주었다. 정호용 특수전사령관은 초대 특수전교육대장인 나의 예편식을 주관해 주면서, 군에서 떠나는 것을 아쉬워했다. 김복동 육사교장도 육사 교수 출신인 나를 위한 생도 의장행사를 주관해 주며 "군대가 전부가 아니다. 더 넓은 세계가 있음을 알아야 한다"라고 격려해 주었다.

서로 잘 아는 사이인 전두환 대통령도 대사 임명장 수여식을 마치고는 나를 별도로 불러 위로했다. "동원아, 군을 떠나는 게 섭섭하겠지만 여러 사람이 너를 예편시켜야 한다니 나로서도 어쩔 수 없었다. 새로운 길을 개척하는 것이 군에 있는 것보다 나을 수도 있을 거다. 군대에서는 중장까지 진급하여 합참본부장 정도는 할 수 있겠지만 대장은 안 될 거다. 대장은 능력이 아니라 정치적으로 임명되는 거다. 너무 섭섭하게 생각 말고 외교관으로 한번 잘해보아라." 그는 여비에 보태라며 촌지를 주었다.

나는 정말로 군을 사랑했다. 군이 나를 키워 주었고 오늘의 나를 있게 했다. 군은 나에게 육사와 서울대학교, 미 육군특수전학교와 이스라엘군 지휘참모대학 그리고 미 해군대학원에서 공부할 기회를 마련해 주었고, 육사 교수로서 연구 생활을 할 수 있도록 해주었다. 나는 내가 배우고 연구한 것을 토대로 군의 발전을 위해 최선의 노력을 다했고, 정말로 신바람 나게 몸과 마음을 다 바쳐 일했다.

특히 나는 다음과 같은 과업 수행을 통해 나에게 부과된 시대적 사명을 다할 수 있었던 것에 큰 보람을 느낀다. 대위 시절에는 'ROTC제도 개선책'을 연구하여 채택하게 했다. 소령 때는 《혁명전쟁과 대공전략》을 펴내어 반공 태세 강화에 기여했고, 중령 때는 자주국방을 위한 '이스라엘 본받기운동'의 계기를 마련했다. 대령 때는 우리나라 최초의 자주적 '기본군사전략'과 장기 군사력 건설 계획인 '율곡계획' 작성을 주도했다. 준장 때는 '장기육군발전계획' 작성에 참여했다.

나는 무엇이 되겠다는 욕심을 품어본 적이 없다. 그러나 내가 소명

28년의 군 복무를 마치고
육군 소장으로 전역하는
저자. 1980년 10월.

의식을 갖고 지금까지 해온 일들을 더 많이, 더 잘하고 싶은 욕망이 있었다. 갑작스럽게 군을 떠나야 하는 충격은 컸지만, 이만하면 내가 우리 군의 발전을 위해 해야 할 역사적 사명을 다하고 떠난다는 자부심, 특히 자주국방을 위해 '전략기획'이라는 새로운 분야를 개척하여 길을 닦아놓고 떠난다는 자부심을 갖게 된 것을 기쁘게 생각했다.

나는 근 28년의 군대 생활을 마감하고 1980년 10월 말 육군 소장으로 예편하면서 외교관으로 임명되었다. 이것이 하나님이 예비하신 길이며, 전화위복이 될 줄 모르고 몹시 섭섭한 마음으로 군을 떠났다. "복은 화를 그 속에 숨기고 있고, 화는 복이 항상 기대는 곳이다"라는 말을 되새기게 된다.

노 장관은 라고스의 영빈관에 묵으며 열악한 전기와 급수 사정으로
샤워 도중 단수가 되는 곤혹스러운 일도 겪었다.
이 때문에 대사 관저에서 물을 실어 나르는 일도 벌어졌다.
노 장관은 무더위와 치안 불안과 무질서의 나이지리아 사정을 체험하고 떠나면서
나에게 "어려운 곳에서 너무도 고생이 많습니다"라고 위로해 주었다.
나는 "어렵지만 누군가는 지켜야 할 우리 외교의 중요한 전초기지를 지키는 것을
보람으로 생각합니다"라고 말했다.

3부

외교 일선에서

5장

나이지리아 4년

군인에서 외교관으로: 나이지리아 연구

1981년 초, 나는 외교관들이 가기 싫어하는 검은 아프리카의 나이지리아 주재 대사로 부임하여 그곳에서 4년간 근무했다. 아프리카에서 제2의 인생이 시작된 것이다. 군 생활을 마치면서 곧바로 대사로 임명된 까닭에 외교안보연구원에서 5주간 외교 업무에 필요한 교육을 받았다. 그리고 아그레망을 기다리면서 한국 외교사와 함께 주재할 나라인 나이지리아에 관해 연구하며 부임 준비를 했다.

한국 외교사를 살펴보니, 1961년 5·16 군사정변 이전 한국의 수교국은 20개국에 불과했으나 1980년에는 110개국으로 크게 증가했다. 하지만 유엔에서 비동맹중립국들의 지지 확보를 위한 북한과의 경쟁이 치열했다. 북한의 아프리카 수교국은 39개국인 데 비해 한국은 28개국(상주 공관 13개)이라는 열세를 보이고 있었다. 이러한 상황에서 아프리카에서의 북한 제압외교의 필요성과 함께 자원 확보의 중요성이 제기되고 있었다.

나이지리아는 인구 1억이 넘는 산유국으로서, 발전 전망이 높은 나라로 평가되고 있었다. 우리나라의 여러 상사와 건설 업체가 진출해 있었고 원유 확보를 위한 교섭도 진행되고 있었다. 이런 상황을 배경으로 가장 적극적으로 나선 분이 대우의 김우중 회장이었다는 사실도 알게 되었다. 김우중 회장의 적극적인 노력으로 한국은 지난 2월 (1980년) 나이지리아와 수교하고 상주 대사관을 설치하게 된 것임을 알았다. 북한은 이미 1976년 5월에 나이지리아와 수교한 상태였다. 이제 남·북한이 함께 나이지리아의 수도 라고스에 상주 공관을 두게 된 것이다.

나이지리아는 1960년에 독립한 후로 수차례 군사쿠데타로 정권이 바뀌며 내전을 겪었고, 1979년 말에 민정 이양과 총선거로 샤가리 대통령이 이끄는 민간정부가 집권하고 있었다. 아프리카의 대국으로, 석유 자원국으로 국제적 지위를 높이고 있었으며, 아프리카 지역에서 주도적인 위치를 차지하고 있었다.

나이지리아에는 Y자형으로 흐르는 나이저강을 경계로 세 지역으로 나뉘어 서로 다른 부족들이 살고 있다. 나이저강 북부에는 목축을 주업으로 하는 이슬람교도인 하우사족과 풀라니족이 다수를 이루고 있었다. 석유 생산지인 남동부에는 주로 그리스도 교도인 이보족이, 남서부에는 농업을 생업으로 하는 요루바족이 주축을 이루고 있다. 즉 하우사족, 이보족, 요루바족이 세 지역으로 나뉘어 나이지리아의 3대 종족을 이루고 있었다.

1960년 10월, 60여 년간 영국의 식민지 통치를 받아온 이 세 지역을 한 국가로 통합하여 4개 주로 구성된 나이지리아 연방공화국이 탄생했다. 연방제로 출범한 나이지리아는 지역별 규모와 인구 등의 불균형, 지역 기반 정당 간 정치 권력 안배의 불안정 등으로 정치적 갈등과 혼란을 거듭했다. 인구가 많은 북부 주가 연방의회의 다수파가 되어 중앙정부를 지배했다. 그것이 다른 주 주민의 심한 불만을 초래했고 정정 불안의 요인이 되었다. 1966년, 동부 주 출신 이론시 장군이 유혈 쿠데타를 일으켜 군사정권을 수립했다. 이때 북부 주와 서부 주 출신의 수많은 정치 지도자와 군 간부들이 살해되었다. 그도 6개월 만에 암살되고, 북부 주 출신의 고원 중령이 군사정권의 수반으로 등장했다. 고원은 전국 4개 주를 12개 주로 분할 재편성하는 연방제안을 골자로 하는 신헌법안을 추진했다.

이에 반대한 동부 주의 군정장관 오주쿠 중령은 1967년 5월 동부 주를 연방공화국에서 분리 독립하여 '비아프라공화국'을 선포했다. 이 보족은 동부 주에서 생산되는 석유의 이권을 독점하고 있었는데, 오주쿠는 이보족의 국가를 건설하려 한 것이다. 연방정부는 이를 분쇄하기 위한 전쟁을 개시했고, 1970년 1월까지 2년 반에 걸쳐 전쟁이 지속되었다. 비아프라전쟁으로 불리는 이 내전으로 말미암아 이보족은 250만 명의 희생자가 발생했으며, 오주쿠의 국외 망명과 항복으로 전쟁은 끝이 났다.

근 10년간 장기 집권한 고원 군사정권은 1976년 2월의 군사쿠데타로 무너지고, 참모총장인 오바산조(1937~) 장군이 정권을 장악하였다. 그는 1979년 민정 이양을 위한 총선거를 실시하여 13년간의 군사통치를 끝낸다. 북부 풀라니족 출신의 셰후 샤가리(1926~2018) 대통령의 민간정부가 출범하게 된 것이다. 오바산조 장군은 자진하여 정권을 이양한 나이지리아 최초의 지도자다. 오바산조는 그 후 정치인이 되어 20년 후인 1999년과 2003년에 대통령 선거에서 당선되었다. 2006년 11월에는 한국을 국빈 방문한 바 있다.

라고스에서의 험난한 외교관 생활

내가 나이지리아에 대한 연구를 일단락 짓고 라고스로 부임하기 직전에 나이지리아 아우두 외상 내외가 우리 정부의 초청으로 서울을 방문했다. 나는 서울에서 주재국 외상을 만나고, 경주 불국사 방문 여행에도 동행하였다. 아우두 외상은 의사 출신으로 온유한 성품이었는데 함께 여행하면서 그와 좋은 인간관계를 맺을 수 있었다.

1981년 3월 초, 나이지리아 수도 라고스에 도착하고 나서 사흘 후나는 셰후 샤기리 대통령에게 신임장을 제정하고 업무를 개시했다. 외교 업무 경험이 없는 나는 하나부터 열까지 배워 가며 업무를 수행했다. 탁월한 외교관인 홍순영 공사(후에 외교부 장관 역임)가 성의껏 나를 도와주었다. 그런데 그는 경력 관리상 본부 국장을 해야 할 때라며 서울로 돌아가기를 간절히 원하고 있었다. 마침 공관장회의 참석차 서울에 가게 된 나는 그를 국장에 천거했다. 노신영 장관은 "우수한 공사의 도움이 필요할 터인데 괜찮겠습니까?"라며 크게 놀라워했다. 나는 "탁월한 외교관인데 경력 관리상 기회를 놓치면 안 되겠지요"라고 대답하며 그 대신 좋은 후임자를 보내 달라고 요청했다. 얼마 후 홍 공사는 본부 국장으로 영전하고, 후임으로 미국에서 오래 근무한 박건우 공사(후에 외교부 차관, 주미대사 역임)가 부임했다. 그 후로 홍순영은 평생 내가 가장 신뢰하는 가까운 친구로 지내게 된다.

신설된 지 1년밖에 안 된 우리 대사관은 민간 주택을 전세 내어 임시공관으로 삼고 홍순영 공사와 외신관을 포함한 직원 4명이 모두 단신으로 부임하여 인근 호텔에서 유숙하며 업무를 수행하고 있었다. 호텔이라고 하지만 잠자리는 불편하고 식사도 변변치 않아 먹기 어려울 정도였다. 직원들은 외교 업부보다는 식생활의 불편함과 더위, 말라리아와 치안 불안, 불량한 전기와 물 사정, 문화생활이란 존재하지 않는 고달픈 생활에 시달리고 있었다. 직원들은 라고스가 지옥이나 다름없다고 말하기 일쑤였다. 이처럼 어려운 상황은 내가 부임한 이후에도 변함이 없었다. 아내와 세 아들을 데리고 부임한 나도 대사 관저를 마련할 때까지 두 달 동안 호텔 생활을 할 수밖에 없었다. 대사 부인인 아내는 직원들과 가족의 식사 문제를 해결하기 위해 공관 건물 안에 간단한 취사 시설을 마련하고 한식으로 식사를 만들어 제공하는 식모살이로 시작해야 했다. 야채와 일부 식료품은 인편을 통해 런던에서 사와야 했고 캔 음식을 네덜란드에서 주문해 먹어야 했다.

아이들 교육도 큰 문제였다. 고등학교 1학년인 장남은 미국 보스턴 근처 우스터 고등학교에 진학했으나, 중학생인 두 아들은 영어 실력 부족으로 라고스의 국제 중학교에 합격하지 못했다. 다행히 나이지리아에서 선교 활동을 하고 있는 강승삼 목사의 도움을 받아 조스의 켄

트아카데미에 특별 조치로 입학할 수 있었다. 라고스에서 항공편으로 한 시간 넘게 걸리는 중부 고원지대인 조스 근처에 위치한 이 학교는 미국과 캐나다 선교사 자녀들을 위해 운영하는 소규모의 초중등학교다. 기숙사에서 생활하며 선교사 가족들로 구성된 교사들의 친절한 개인 지도를 받아, 두 아들의 영어 실력이 빠른 속도로 향상되고 신앙심도 깊어져서 다행이었다.

나이지리아에는 대우, 삼성물산, 현대의 종합상사들을 비롯해 한양건설 등 10여 개 업체가 진출하여 무역, 호텔 건설, 석유화학 공장 건설 등에 참여하고 있었으며, 중소기업 형태의 합작투자도 진행되고 있었다. 종합상사원들이 수출 진흥을 위해 위험을 무릅쓰고 방방곡곡 뛰어다니는 모습을 보고 나는 이들이야말로 이 시대의 진짜 애국자라는 생각이 들어 머리 숙여 감사하곤 했다.

내 외교 활동에 많은 도움을 준 분들 중에 이봉덕 한인회장이 있다. 재미교포로서 국내 기업과 연계하여 군수물자를 나이지리아군에 수출하고 있었다. 그는 자기가 가깝게 지내온 대통령 비서실장 알하지 무사, 군부의 지도자인 우시시 육군참모총장, 나중에 쿠데타로 대통령이 되는 부하리 장군 등 여러 지도자를 나에게 소개해 주었다. 이 회장은 알하지 무사를 나이지리아-한국 친선협회장으로 추대하고 한국에 초대하기도 했다는데 그가 대통령 비서실장이 된 것이다. 이들과 친교를 맺을 기회를 얻게 된 것은 큰 행운이었다.

대사 관저가 마련되자 나는 알하지 무사 비서실장을 비롯한 외무부 간부들과 의회 외교위원회 의원들, 군부 지도자들을 각각 관저 만찬에 초청하여 한국을 소개하는 홍보 책자와 선물을 주며 친근한 관계를 쌓아갔다. 특히 쿠데타가 빈발하고 군부의 영향력이 강한 나이지리아에서는 군부 요인과 접촉하는 일이 중요하다고 생각했다. 내 자신이 군인 출신이라 접촉도 용이했고, 군수물자 수출에도 도움이 될 것이라 생각했다. 그중에서도 부하리 장군, 우시시 장군과 맺은 친교는 나의 대사 업무 수행에 특별한 의미를 갖게 된다.

대사로 부임한 첫해에 나는 우리 기업과 국민이 진출해 있는 북부 도시 소코트를 비롯하여 카노, 카두나와 신수도 건설이 한창인 아부자, 한국의 한상기 카사바 박사와 김순권 옥수수 박사가 활약하고 있는 서부의 이바단 국제열대성식물연구소 등을 방문하였다. 그리고 얼마 후에는 아프리카인의 주식인 카사바 개량종을 개발하여 식량 문제를 해결해 준 데 대한 감사와 존경의 뜻으로 한상기 박사를 자기들의 추장으로 추대하는 요르바족의 행사에 참석하여 깊은 인상을 받았다. 또한 석유 산지인 동부의 포트하코트, 중부의 베누에, 동부의 에누구와 베닌, 서부의 일로린, 와리도 방문하는 등 나이지리아를 제대로 알기 위한 노력을 경주했다. 특히 대통령 비서실장 알하지 무사의 초청으로 그의 고향 비다를 축제 기간에 방문하여 그곳 문화와 그곳 사람들의 생활 현장을 둘러보는 등 환대를 받았다.

이해 12월 초 노태우 정무장관 내외가 나이지리아를 방문했다. 정부에서 88서울올림픽 유치의 사령탑을 맡은 노태우 장관은 우리를 도와준 나라들에 감사의 뜻을 전하기 위해 유럽 10개국에 더해 험지인 서부아프리카 3개국을 36일간 친선방문하면서 나이지리아에 들른 것이다. 내 요청을 쾌히 받아들인 아우두 외상이 정중히 공항 영접을 하고 환대해 주었다. 나는 노태우 장관 내외를 위한 공관 만찬을 마련했

주나이지리아 한국 대사인 저자 내외와 이봉덕 한인회장이 국경일 행사에 참석한 나이지리아 육군 참모총장 우시시 장군과 알하지 무사 대통령 비서실장을 환영하고 있다. 1983년 10월.

———

다. 이 자리에는 아우두 외상을 비롯한 외무부 간부들과 의회 외무위원장 등이 참석하여 두 나라의 협력 분야 등에 관한 유익한 의견도 나누었다. 노 장관은 라고스의 영빈관에 묵으며 열악한 전기와 급수 사정으로 샤워 도중 단수가 되는 곤혹스러운 일도 겪었다. 이 때문에 대사 관저에서 물을 실어 나르는 일도 벌어졌다. 노 장관은 무더위와 치안 불안과 무질서의 나이지리아 사정을 체험하고 떠나면서 나에게 "어려운 곳에서 너무도 고생이 많습니다"라고 위로해 주었다. 나는 "어렵지만 누군가는 지켜야 할 우리 외교의 중요한 전초기지를 지키는 것을 보람으로 생각합니다"라고 말했다.

산유국인 나이지리아에서 도로, 항만, 도시 건설 등 경제개발사업을 활발하게 추진하자 미국을 비롯한 유럽 여러 나라가 대대적으로 진출해 있었다. 하지만 다양한 이해관계에 얽혀 부정부패가 심화되고 빈부 격차가 크게 벌어지고 있었다. 국민 생활에 직결된 전기와 급수 사정, 치안 상태는 열악하기 짝이 없었다.

검은 아프리카 국가들의 맏형이며 강국인 나이지리아에는 아프리카 각국 수반의 국빈 방문이 줄을 이었고, 가끔 외교관 접견 행사가 거행되었다. 그중에서도 가장 인상적이었던 것은 리비아 국가수반 카다피의 국빈방문이었다. 리비아에서 군악대를 대동하고 기관단총을 소지한 여군 경호원들의 경호 속에 카다피가 각국 대사들을 접견하였다. 나도 외교관 대열에서 인사를 나누었다. 기관단총 앞에 서는 각국 대사들의 불만스러운 표정이 역력했다.

교황청대사 주최로 열린 교황 요한 바오로 2세 환영 리셉션은 이와는 아주 대조적이었다. 교황은 인자한 모습으로 우리 부부에게 한국말로 "안녕하십니까? 한국인에게 하느님의 축복이!" 하며 인사를 하고 사진 촬영에 응해 주셨다. 한편, 중국의 덩샤오핑이 개혁개방정책을 추진하던 초기여서 아직 한국과는 외교관계가 수립되기 전인데도 중국 대사는 한국 대사인 나를 중국 국경일 리셉션에 초청했다. 나는 주저하지 않고 참석하여 인사를 나누었다. 여기서 북한 대사와 처음으로 조우하여 접촉을 시도했으나 그가 회피하는 바람에 불발되었다. 북한 대사관으로 갈 우편물이 우리 대사관 우편함으로 잘못 배송되는 경우가 가끔 있었는데, 거액의 수표가 든 우편물을 접수한 적이 있다. 나는 즉각 되돌려 보내도록 조치했다.

나이지리아의 일상생활은 어려움의 연속이었다. 계속되는 무더위 속에서 전기 공급과 물 공급이 빈번하게 중단되어 고통을 겪어야 했다. 말라리아 약을 계속 복용하다 보니 시력도 떨어지기 시작했다. 특히 치안 불안이 큰 문제였다. 다른 나라 외교관 부인이 혼자 있던 집에 대낮에 강도가 들어 강간당하고 귀중품을 털린 사건이 외교가에 널리 퍼지면서 불안과 공포 분위기가 확산되기도 했다. 우리 대사관의 벤츠 승용차를 도난당한 적도 있다. 경찰과 긴밀히 협조하여 다행히 국경을 넘기 전에 회수하였다. 코트라 사무실을 빌려 일요일 예배를 드리던 우리 교민들이 강도들의 습격을 당하는 일도 벌어졌다. 우리 내외는 공관장회의 참석차 서울에 가 있었으나 셋째 아들 원철이 이 예배에 참석했다가 큰 충격을 받았다.

이 같은 험지에서 근무하는 외교관에게 우리 정부는 두 가지 혜택을 주고 있었다. 하나는 험지 근무 특별수당이고 다른 하나는 연중 일주간 가족 동반 유럽 여행 비용 제공이다. 나는 문화생활이 없는 나이지리아에서 험지 특별수당과 봉급의 상당 부분을 저축했고 이렇게 저축한 돈을 나중에 아이들의 대학 학비로 썼다. 그리고 매년 여름에는 가족 동반으로 유럽 여행을 즐겼다. 이탈리아의 로마·바티칸·플로렌스·나폴리·폼페이·밀라노, 스위스의 제네바·몽블랑·취리히·융프라우·루체른, 독일의 프랑크푸르트·하이델베르크, 스페인의 마드리드와 톨레도, 프랑스의 파리, 영국의 런던과 암스테르담 등 유명한 곳을 찾아 관광여행을 하면서 시야를 넓힐 수 있어 큰 도움이 되었다.

대통령 국빈 방문

나이지리아에 부임한 첫해에 나는 대통령 국빈 방문을 교섭하고 실현하는 중책을 수행하게 되었다. 노태우 장관이 다녀간 지 얼마 되지 않은 연말에 노신영 외교부장관이 특별 파우치를 보내왔다. 대통령의 국빈 방문을 주재국과 긴급 교섭하고 결과를 보고하라는 비밀 지령이 들어 있었다. 나이지리아 정부가 전두환 대통령의 국빈 방문에 동의하면 다른 2~3개 국가를 포함한 아프리카 순방을 추진할 계획이며, 노신영 장관이 직접 라고스를 방문하여 국빈 방문을 확정 짓겠다는 것이 그 요지였다.

1982년 새해 업무가 시작되자 나는 박건우 공사와 함께 서둘러 외무부 오몰로돈 아시아국장을 만나 타진했다. 영국에서 수학하고 인도 주재 대사를 역임한 중진 외교관인 그는 상부에 건의는 해보겠으나 부정적일 것이라는 반응을 보였다. 며칠 후 다시 만났더니 수교한 지 겨우 2년이라 아직 고위급 인사들의 교환 방문이나 경제 문화 교류 협력 등이 미진한데 외교 관례상 이런 단계에서 정상 방문은 시기상조라는 것이 외무부의 입장이라는 것이다.

외교 라인으로는 해결할 수 없다고 판단한 나는 대통령 비서실장 알하지 무사를 찾아가 협조를 요청했다. 외교 라인이 아니라 정치 라인을 통한 교섭이었다. 며칠 후 그는 샤가리 대통령의 동의를 얻어 외교부에 지시했다는 반가운 소식을 전해 주었다. 그가 이봉덕 한인회장이 주도하는 나이지리아-한국친선협회장이라는 사실이 정말로 다행이 아닐 수 없었다. 외무부에서도 한국 대통령의 국빈 방문을 초청하기로 결정했다고 공식 통보해 왔다.

서울에 보고하자 2월에 노신영 외교부장관이 라고스로 달려왔다. 나이지리아 아우드 외무장관을 만나 우기와 건기 사이의 가장 좋은 계절인 8월 중순에 국빈 방문하기로 확정했다. 1년 전 한국 방문에서 환대를 받은 아우드 외무장관은 성대한 환영 만찬을 주최하고 노신영 장관에게 나이지리아 전통 의상과 모자를 선물했다. 노신영 장관은 즉석에서 연한 하늘색을 띤 이 옷을 입고 대단히 기뻐하며 참석자들과 함께 기념사진을 촬영했다.

한편 노신영 장관은 라고스에서 비동맹국 주재 공관장회의도 개최했다. 아프리카와 중남미 국가에 주재하는 대사들을 라고스로 소집한 것이다. 서로 자기가 가장 험지에서 근무하고 있다고 주장하던 비동맹 후진국 주재 대사들이 라고스에서 3~4일 지내고는 '최악의 험지' 자리를 나이지리아에 양보하겠다고 선언하더니 서둘러 라고스를 떠나는 모습이 오래 기억에 남는다.

1982년 8월 19일, 전두환 대통령은 3박4일의 국빈 방문을 위해 라고스 국제공항에 도착하여 셰후 샤가리 대통령의 정중한 영접을 받았다. 의장대의 환영 행사가 이어졌다. 전 대통령은 아프리카 4개국 순방길에 케냐를 거쳐 나이지리아에 도착한 것이다. 이범석 외무부장관, 함병춘 대통령비서실장, 장세동 안기부장 등 공식 수행원 외에도 많은 기업인이 수행했다. 대통령의 아프리카 순방을 추진한 노신영 장관은 얼마 전 안기부장으로 영전하여 뒤에서 적극 도왔다.

우리 대사관에서는 지난 2개월 동안 대통령의 국빈 방문을 성공시키기 위해 철저한 준비를 했다. 특히 경호와 의전에 한 치의 차질도 없도록 신경을 썼다. 나는 상세한 체크리스트를 만들어 일일이 확인했다. 공항 환영 행사에 20여 개의 태극기가 걸리는데 이 중 거꾸로 걸린 것은 없는지, 군악대의 애국가 연주와 환영 음악이 정상적인지 등 세세한 사항까지도 체크리스트에 넣어 공사가 직접 사전 확인하여 보고하도록 했다. 베누에주 지방 방문 행사는 파견 나온 정태익 참사관이 현지 사전 점검 등을 책임지고 준비하도록 했다. 국빈 방문 기간 중 날씨는 매우 좋았고 모든 행사는 순조롭게 잘 진행되었다. 나중에 알려진 사실이지만, 다음 방문국인 가봉에서는 공항 환영 행사에서 군악대가 북한 국가를 연주하는 바람에 행사가 중단되는 소동이 벌어졌다고 한다. 국가 의전에서 결코 있어서는 안 되고 있을 수 없는 일이지만 당시의 아프리카에서는 있을 수도 있던 일이었다.

전두환 대통령은 세후 샤가리 대통령과 정상회담을 갖고 양국 간 경제 협력 문제 등 공동 관심사를 논의했다. 단독정상회담은 예정보다 많은 시간이 걸려, 대기하고 있던 나는 공식 수행원과 함께 초조한 마음으로 기다려야 했다. 여러 차례의 군사쿠데타를 거듭하다가 13년만에 민정 이양으로 당선된 민선 대통령과 군사쿠데타로 집권한 군인 출신 대통령의 만남이었다.

정상회담을 마치고 영빈관에 돌아온 전 대통령은 나를 불러 샤가리 대통령에게 쿠데타 방지법을 가르쳐 주었는데 샤가리 대통령이 흥미진진하게 경청했다고 한다. 그래서 가장 믿을 수 있는 사람을 서울에 보내 주면 쿠데타 방지 비법을 자세히 가르쳐 주겠다고 제의했더니 즉각 동의했다는 것이다. 그러니 대사가 독촉하여 지명된 인사들을 직접 데리고 서울로 오라고 지시하는 것이었다.† 또한 샤가리 대통령이 방한 초청을 수락했으니 가능하면 빠른 시일 안에 성사될 수 있게 하라고 지시했다. 전 대통령은 대단히 성공적인 정상회담이었다며 만족감을 숨기지 않았다.

샤가리 대통령 주최 공식 만찬이 개최되고 라고스 국립극장에서 3대 종족의 민속공연도 있었다. 또한 교민들을 접견하는 행사가 영빈관 정원에서 개최되었다. 전 대통령은 이봉덕 한인회장을 비롯하여 국제기구에서 근무하는 강봉수, 김계오, 한상기 박사 등에게 훈장과 대통령 표창을 직접 수여하고 상사 주재원과 교포들을 격려했다.

대통령의 베누에 방문 행사도 성공적으로 진행되었다. 남동부에 위치한 베누에에서는 은행 설립과 운영을 지원하기로 합의했다. 이 합의에 따라 외환은행의 김의경 씨가 은행 요원을 선발 교육하는 등 설립을 준비하여 1년 후인 1983년 7월 마침내 로비은행을 개점하였다. 로비은행 개점식에는 베누에 주지사와 이곳 유지들, 외환은행 런던 지점장이 참석하여 성대하게 거행되었다. 나도 이 행사에 참석하여 축사를 했다.

1982년 12월 라고스에서 KOTRA 전시회가 열렸다. 나는 이 전시회에 샤가리 대통령의 참관을 성사시켜 시민들의 관심을 끌게 하고 양국 관계를 과시하는 홍보 효과를 노렸다. 정주영 회장의 야심작으로 1970년대 중반부터 현대가 개발·생산한 한국 최초의 고유 모델 자동

† 세후 샤가리 대통령은 2명을 지명했는데 육군참모총장 우시시 장군과 싱카피 정보부장이었다. 이들은 10월 중순에 서울에 도착했다. 나는 이들보다 이틀 전에 서울에 도착하여 대통령이 이들을 환영하는 만찬에 참석하였다. 이들은 보안사와 안기부 등을 방문하였다. 국방과학연구소 방문 때는 나도 동행했다.

차 포니(1,300cc)도 전시되어 한국이 자동차도 자체 생산·수출하는 국가임을 과시했다.

나는 전두환 대통령에게 대사관 건물과 공관원 아파트를 건축하겠으니 특별조치를 취해 달라고 건의했다. 나이지리아 국빈 방문 시 대사 관저에서 대통령 내외를 위한 비공식 만찬을 하게 되었을 때 이 기회를 이용하여 건의한 것이다. 그는 즉석에서 특별조치를 하겠다고 약속했다. 대지 확보가 문제였다.

대지는 특정국 대사관 단지로 지정되어 있었으나 오랫동안 방치된 곳을 권종락 서기관이 찾아내어 교섭해서 확보하였다. 대통령의 특명으로 즉각 예산이 확보되고, 건축 설계도가 마련되는 등 모든 것이 일사천리로 진행되었다. 나이지리아에서 건축 사업을 하고 있던 한양건설이 건축을 맡아 2년 만에 완공했다. 한 필지 안에 4층 대사관 건물과 10가구용 직원 아파트 한 동을 완공한 것이다. 대규모의 저수 탱크와 자가용 발전기도 마련하여 물과 전기 걱정 없는 안전한 주거 시설을 갖추었다. 아파트 완공에 따라 직원 가족들을 불러들였다. 그리고 1984년 8·15 광복절을 기해 대사관 입주식을 거행했다.

부하리 장군의 쿠데타

나이지리아는 군사쿠데타의 나라다. 당시 나이지리아군에는 영국 등지에서 선진 교육을 받은 젊은 장교들이 엘리트로서 국가와 사회를 걱정하는 집단을 형성하고 있었다. 몇 년 전 민간정부가 출범했다지만 군부의 영향력을 결코 무시할 수 없었다.

내가 대사 관저를 마련하고 제일 먼저 만찬에 초청한 인사 중에는 무함마드 부하리(1942~) 육군 소장이 있었다. 그는 영국과 미국 군사학교를 수료한 뛰어난 지장으로서 오바산조 군사정부에서는 석유자원부 장관을 지내기도 했다. 그는 청렴 강직한 이미지로 군부 내에서 높은 신망을 받고 있었다. 그런데 놀라운 일이 벌어졌다. 1983년 12월 말, 부하리 장군이 무혈 군사쿠데타로 샤가리 정부를 전복하고 집권하였다. 당시 그의 나이 41세였다. 전두환 대통령이 가르쳐 준 쿠데타 방지법이 나이지리아에서는 먹히지 않는 것일까. 한국에 가서 쿠데타 방지 비법을 배워온 우시시 육군참모총장도 그 자리를 그대로 지키고 있었다.

쿠데타가 성공하고 나서 얼마 후 부하리 장군은 나의 단독면담 요청을 수락했다. 그동안 유지해 온 친교 덕분이었다. 내가 주재국 대사들 중에서 유일한 첫 면담자로 알려지자 미국, 영국, 일본 등 여러 나라 대사들이 예상치 못한 쿠데타 사태와 관련된 정보를 수집하고자 앞다투어 나에게 달려오는 일이 벌어지기도 했다.

부하리 장군은 부정부패 척결 등 과감한 개혁을 추진했으나 적지 않은 반발에 부닥치기도 했다. 집권한 지 2년도 못 된 1985년 8월, 바방기다 육군 소장의 무혈 쿠데타로 부하리 대통령은 권좌에서 물러났다. 그 후 그는 북부를 대표하는 개혁파 정치인으로 변신하여 세 차례나 대통령선거에 도전했으나 실패를 거듭했다. 그러다가 2015년에 마침내 민선 대통령에 당선되고 2019년에 재선되어 현재에 이르고 있다.

1984년 11월, 나는 다음 임지인 오스트레일리아로 출발했다. 샤가리 대통령의 민간정부 기간 3년, 부하리 대통령의 군사정부 기간 1년의 근무를 마친 후였다. 당시 우리나라의 대사 임기는 통상 3년이었으나 나이지리아와 같은 험지는 2년이었다. 하지만 나는 대통령 국빈 방문 후속조치를 수행해야 한다는 이유로 나이지리아에서 4년간 근무해야 했다. 유급한 셈이다.

내가 부임하던 초기에 5명이던 공관원이 그동안 대부분 교체되고, 인원도 10명으로 늘어났다. 공사는 홍순영, 박건우에 이어 김내성, 서기관은 권종락, 강완길, 이봉규, 허덕행, 무관은 김헌종 대령, 공보관은 박정호에 이어 위계철, 정보 담당 참사관은 박문규에 이어 홍은표, 외신관은 박태일에 이어 최용열, 그리고 상무관을 겸한 코트라 관장에는 선우영일에 이어 최공림 등이 부임하여 동고동락하였다. 험지에서 서로 격려하며 화목한 가운데 대사를 도와 맡은 바 직분을 성실히 수행한 이들을 기억하며 감사드린다.

6장

오스트레일리아 3년

험지에서 파라다이스로

나는 본부 지시로 서울에 들르지 않고 나이지리아에서 곧바로 오스트레일리아에 부임했다. 1984년 11월 16일 시드니를 경유하여 캔버라에 도착해 대사관 업무 현황을 파악하기 시작했다. 대사관에는 김우상 공사와 김재규 참사관을 비롯하여 총 9명의 직원이 근무하고 있었다. 김재규 참사관은 내가 육군본부에 있을 때 ROTC 존폐 문제를 다룬 연구팀에 선발되어 근무한 병사였는데 20년 만에 다시 만나니 무척 반가웠다.

아름답게 가꿔진 넓은 정원 안에 대사관 건물이 있고 이에 이웃하여 아담한 2층 백색 건물인 대사공관이 자리 잡고 있었다. 이한림 대사의 작품이라는 공관 1층에는 외교 행사를 할 수 있는 넓은 홀과 약 30명을 수용할 수 있는 큰 식당이 이어져 있다. 홀에는 한국문화를 소개하는 그림들과 그랜드 피아노도 마련되어 있었다. 기능적으로 우수하게 설계된 이 공관은 외국 대사들의 견학 코스가 되었다고 한다.

캔버라에 도착한 지 5일 후인 11월 21일 아침, 나는 연미복에 훈장을 단 예복을 입고, 수행원으로 김우상 공사와 무관 박정수 해병 대령, 김재규 정무참사관 등 3명과 아내를 대동하여 오스트레일리아 총독 공관으로 갔다. 의전장의 안내로 육해공군 의장대를 사열하고 니니언 스티븐Sir. Ninian Stephen 총독에게 신임장을 제정하는 의식을 거행했다. 총독 내외는 정원에 나와 우리 측 수행원들과 함께 기념사진을 촬영해 주는 등 세심하게 배려해 주었다.

총독 내외는 이날 우리 내외를 위한 환영 오찬을 베풀고 한국의 눈부신 경제발전으로 양국 간 급증하고 있는 무역과 경제 협력에 지대한 관심을 표명했다. 영연방의 일원인 오스트레일리아연방의 국가원수는 형식상 영국 여왕이지만 실제로는 여왕을 대리한 총독이 국가원수 직을 수행하고 있었다. 스트븐 총독은 스코틀랜드 태생으로 16세에 오스트레일리아로 이민 와서 제2차 세계대전 시기에는 육군 장교로 근무한 대법관 출신이다. 그는 온유한 인품의 소유자로 국민의 존경을 받고 있는 것으로 알려져 있었다.

신임장을 제정하고 난 후 뜻밖에도 제일 먼저 환영의 자리를 마련해 준 것은 오스트레일리아재향군인회RSL 회장이며 한국전 참전군인회 회장을 겸직하고 있는 윌리엄 키즈 경이었다. 그는 제2차 세계대전과 한국전쟁에 참전하여 부상을 입고 육군 대위로 예편했다. 키즈 경은 무공훈장과 영국 정부의 작위 칭호를 받은 인물로서 오스트레일리아재향군인회 사무총장을 거쳐 8년째 회장직을 맡고 있었다. 그는 자

주오스트레일리아 한국 대사로 부임한 저자가 스티븐 총독에게 신임장을 제정하고 총독 관저 정원에서 부인들과 함께 환담하고 있다. 1984년 11월.

———

택에서 환영 만찬을 주최하고 한국전 참전 용사와 친한(親韓) 인사들을 초청하여 소개해 주며 긴밀한 협조를 약속했다. 나는 재임 기간 중 키즈 경과 친근한 관계를 유지하며 많은 도움을 받았다.

　나는 외교부 간부들을 비롯하여 상공부 등 정부 부처와 의회를 찾아 부임 인사하는 것으로 외교 업무를 시작했다. 헤이든 외상을 예방한 데 이어 로버트 제임스 호크Robert James Hawke 총리를 예방했다. 그는 작년(1983년) 3월 총선을 크게 승리로 이끌어, 장기 집권해 온 자유당을 물리치고 노동당의 집권을 실현한 카리스마 넘치는 지도자다. 호크 총리는 영국 옥스퍼드대학교를 졸업한 후 노동조합에 참여하여 노조의 최고 지도자가 되었고, 탁월한 지도력을 발휘하여 노동당 당수가 되어 총리 자리에 올랐다. 그는 얼마 전 한국을 공식 방문한 바 있으며, 한국 총리의 오스트레일리아 방문을 기대하고 있었고 양국 관계 발전에 큰 관심과 기대를 나타냈다.

오스트레일리아의 경제·문화 활동의 중심지는 시드니다. 시드니에는 우리나라의 총영사관을 비롯하여 코트라, 주재 상사들 그리고 많은 교민이 살고 있다. 나는 서둘러 시드니를 방문하여 박종기 총영사와 윤병세(후에 외교부장관 역임) 영사에게서 현황 보고를 청취한 뒤 주재 상사와 한인회 지도자들과 만찬 회동을 갖고 인사를 나누었다. 또한 한-호 경제협의회 회장을 비롯한 간부들과도 상견례를 나누었다. 대사 재임 기간 중 이들과는 자주 만나서 경제 협력과 수출 진흥을 위한 대책을 논의하였다.

오스트레일리아는 외교관들이 가장 가고 싶어 하는 나라로 알려져 있다. 파라다이스로 소문난 곳이다. 나는 외교관들이 가장 가기 싫어 하는 냉탕에서 가장 가고 싶어 하는 온탕으로 온 셈이다. 내가 이 나라에 부임하게 된 사유는 이렇다. 몇 달 전 이원경 외무장관이 사신을 보내왔다. 인사이동 대상이라며, 태국이나 노르웨이 중 어디를 희망하는지 친절히 물어오는 내용이었다. 나는 감사의 뜻을 표하고 어디든 명에 따르겠다고만 답신했다. 나중에 알았지만, 전두환 대통령은 내가 4년이나 험지에서 많은 고생을 하며 성공적으로 임무를 잘 수행했으니 근무 여건이 좋은 곳으로 보내라며, 교체 시기가 된 뉴욕 총영사 자리가 어떻겠느냐고 물었다는 것이다. 하지만 총영사를 하기엔 내 직급이 높아 적절치 않다는 장관의 판단이 받아들여져 일단 보류되었다는 것이다. 그런데 그 무렵 갑자기 오스트레일리아 주재 김 아무개 대사가 국회의원에 출마하게 되었다며, 전 대통령이 9월 25일에 나를 그 자리에 지명했다는 것이다. 국빈 방문을 통해 나이지리아 현지의 어려운 사정을 목격하고 측은하게 생각했던 것 같다. 이것이 '험지'에서 '파라다이스'로 가게 된 경위다.

나는 오스트레일리아에 대한 아무런 사전 지식 없이 부임하게 되었다. 부임하자마자 외교 업무를 수행하면서 서둘러 오스트레일리아의 역사부터 정치·경제·사회 제도를 연구하고 한-오스트레일리아 관계 발전사 등을 파악했다. 대사관 직원들에게도 주재국에 대해 심층 연구할 것을 권고하고 매일 아침 직원회의에서 돌아가며 분야별로 연구 결과를 발표하게 했다. 대부분의 선진국에서는 외교관이 부임하기 전 통상 1년 정도는 주재국 어학연수를 하고 주재국 상황을 연구하는 준비 기간을 갖는 것으로 알려져 있다. 하지만 우리나라는 당시만 해도 이런 준비 기간 없이 부임했다. 각자 알아서 부임한 후 주재국 상황을 파악하며 업무를 수행하는 것이 당시의 현실이었다. 내 권고를 받아들인 직원들은 주재국에 대한 심층 연구에 적극 호응했다.

자유와 평등의 조화를 이룩한 복지국가

관광객들이 오스트레일리아에 도착해서 내뱉는 첫 마디는 "와, 넓다!"라는 감탄사라고 한다. 오스트레일리아는 한반도의 약 35배(768만 제곱킬로미터)나 되는 넓은 대륙이다. 하지만 인구는 1,500만 명(1984년 현재)에 불과했다. 한반도 인구의 약 1/4 정도다.

오스트레일리아는 아보리진이라는 원주민이 살아온 대륙이다. 영국이 죄수 736명(관리자 포함 총 1,030명)을 태워 보낸 11척의 선단이 보타니만에 상륙한 1788년 1월부터 이 대륙에 대한 영국 지배의 역사가 시작되었다. 죄수 노동을 통해 식민지 개발의 근거지가 될 두 도시인 시드니를 건설하기 시작한 것이다. 유배되어 오는 죄수들이 증가하는 한편 시드니 건설로 자유이민도 점점 늘어났다. 1830년대에는 시드니에 이어 해안을 따라 브리즈번, 멜버른, 애들레이드, 호바트 등에도 영국의 새 식민지가 건설되었다.

1850년대 초에는 시드니 서부와 멜버른 근처에서 금광이 발견되어 이민이 쇄도하기 시작했다. 이 무렵부터 죄수 송출은 중단되고 금광 채굴을 위한 노동력 수요가 급증하였다. 일부 기업인들은 값싼 중국인 노동자를 600~700명 단위로 대규모 유입하였다. 빅토리아주만 해도 1857년에는 중국인 이주 노동자 수가 2만 4,000명에 이르렀다. 임금 하락 등의 피해를 입게 된 백인 노동자들의 반발이 심해지고, 중국 노동자 캠프를 습격하여 집단 살해하는 사건이 벌어지기도 했다. 1880년대부터는 백오스트레일리아의 정책이 제창되어 중국인 이민 제한과 차별에 이어 모든 유색인종에 대한 배척으로 확대되었다.

영국은 1855년부터 뉴사우스웨일스를 비롯한 6개 식민지의 자치권을 허용하였다. 그리고 1901년 1월에는 영국의 자치령으로, 6개 주로 구성된 오스트레일리아연방이 발족하였다. 당시 인구는 377만 명으로, 헌법상 영국 여왕을 국가원수로 하는 입헌군주제 연방국가다. 여왕이 임명한 연방 총독과 주 총독이 영국 여왕을 대표하였다. 전통적으로 연방의회는 보수적인 자유당과 국민당 연합, 진보적인 노동당이 교대로 상당 기간씩 집권해 왔다.

자유당은 부르주아지를 대변하는 보수 정당으로서 자본주의 정책을 중시하며 영국식 정치제도를 선호한다. 국민당은 대농장주의 이익을 대변하는 정당으로 주로 퀸즐랜드주에 기반을 둔 군소 정당이다. 노동당은 강력한 노동조합이 의회에 진출하여 노동자와 중산층의 권익을 대변하기 위해 창당한 진보적 정당으로, 생산수단의 사회화, 공평한 분배, 평등 복지 등 사회주의 정책을 중시한다. 이러한 목표를 공산당식의 폭력이나 혁명적 방법으로 달성하는 것이 아니라 자유선거를 통한 의회민주주의를 통해 개혁과 변화를 실현하려는 사회민주주의의 입장을 유지한다.

의회민주주의를 신봉하는 이들 정당은 교대로 집권하는 과정을 통해 자유와 평등은 서로 대립되는 개념이 아니라 상호 보완적이고, 두 가치를 서로 조화롭게 만들어 가는 것이 중요하다는 인식을 굳혀 가게 된다. 따라서 평등을 강화하기 위해서는 개인의 자유를 일부 제한할 수 있고, 반대로 자유를 신장하기 위해서는 평등을 일부 제한할 수 있다는 공통 인식에 이르게 되었다. 정권 교체의 반복으로 전형적인 양당 정치체제가 정착되면서 정책의 차이가 점점 좁혀지고 복지국가로 발전하게 된 것이다.

오스트레일리아는 '노동조합이 지배하는 나라', '반(半)사회주의국가'로 널리 알려져 있다. 일찍이 노동조합이 조직되어 강력한 영향력을 발휘하며 이미 1850년대부터 최저임금제, 주 48시간 노동제, 토요일 휴무제 등을 실시하고 있다. 이러한 제도와 좋은 날씨 덕분에 오스트레일리아가 스포츠에 강한 나라가 되었다고 한다.

오스트레일리아는 사회보장제도가 잘 발달된 근대적 복지국가의 표본이다. 노동당이 집권한 1909년부터 국민복지를 위한 정부 역할이 증대하여 고령자연금·장애자연금 제도가 도입되었다. 1984년에는 국민의료보험제도를 실시하고, 그밖에 출산수당·육아수당·실업자수당·질병수당·과부연금·제대군인 수당 등 각종 수당도 제도화하였다. 남자는 65세, 여자는 60세 이상이면 노령연금을 받을 수 있다. 한편, 초·중등 과정 10년(6~16세)의 의무교육제도가 오스트레일리아에서 처음으로 실시되었으며 대학을 제외한 12년 공립 교육과정은 무상으로 실시된다.

오스트레일리아 재임 기간 중 나는 이 나라에 대한 새로운 사실들을 알게 되었다. 우선 오스트레일리아는 비경쟁 사회라는 사실이다. 미국이나 한국이 고도 경쟁 사회라는 사실과 극명하게 대조된다. 누구나 무상으로 고등학교를 졸업하고 직업훈련학교를 거쳐 취직하면 생활에 지장이 없고 경제적 평등을 누리며 편안한 일생을 즐길 수 있다. 고교 졸업 후 취업 대기기간에는 실업자수당을 받는 친구들 셋이 함께 해수욕장 등에서 스포츠를 즐기며 취직 통보를 기다리는 것이 일반적이라고 한다.

오스트레일리아 사람들은 의사나 법조인 같은 전문직을 원하지 않는 한 대학에 갈 필요성을 느끼지 않는다고 한다. 전문직 종사자와 노동자의 수입에 별 차이가 없기 때문이다. 오히려 힘든 육체노동자(예를 들면, 광부)일수록 봉급이 더 많다고 한다. 국회의원의 반 이상이 고등학교 졸업자라는 것도 놀라운 일이 아니다. 이들은 국회의원이 된 후에 필요에 따라 야간 시민대학을 다니며 전문지식을 쌓는 경우가 흔하다고 한다. 내가 대사로 재직하는 동안 사회적으로 크게 논란이 된 사건이 있었다. 차관보급 봉급을 받는 국회의원의 봉급을 차관급으로 인상하려는 움직임이 있었는데 언론의 호된 비판을 받고 자취를 감추었다.

또한 오스트레일리아는 평등사회다. 정치적 평등은 물론, 경제적 평등을 통해 평등한 인간관계를 이룩한 사회다. 회사 최고경영자급 급여(세금 공제 후)가 신입 사원 급여의 6배를 넘지 않도록 되어 있다고 하니 빈부 격차 문제가 부각되지 않는다고 한다. 무상교육, 무상 의료에 자기 집 소유자가 전체 인구의 70퍼센트 수준이라고 하니 안정된 생활이 보장되는 평등사회라는 것이다. 국회의원이나 고위급 관리들이 자동차에 탈 때 통상 운전수 옆자리에 앉는데, 이는 동료의식의 표현이라고 한다.

이들이 전개하는 '자랑스러운 우리 조상' 운동도 상당히 인상적이었다. "우리 조상이 죄수인 것을 부끄러워하지 말자! 그들은 영국 산업혁명 시기에 격심한 빈부 격차의 모순에 의해 희생된 억을한 노동자들이었다. 철저하게 착취당하고 굶주린 노동자들이 배가 고파 빵을 훔쳐 먹은 것이 죄가 되어 이곳 오스트레일리아로 유배되어 온 것이다. 모진 고난을 이겨내고 오스트레일리아에 빈부 격차 없는 평등사회, 복지사회를 건설한 우리 조상을 자랑스럽게 생각하고 감사하자"는 운동이다.

캔버라와 시드니를 오가며

오스트레일리아는 안보와 외교를 영국에 의존해 왔다. 경제도 영국 경제와 밀접히 연계되어 상호의존적으로 발전해 왔다. 하지만 제2차 세계대전 참전을 계기로 '팍스 아메리카나'라는 새로운 국제정세에서 오스트레일리아는 미국과 동맹관계를 맺게 된다. 이민정책도 변한다. 제2차 세계대전 후 독일, 이탈리아, 유고슬라비아, 폴란드, 소련, 그리스 등 비영국계 유럽인들의 이민을 받아들이기 시작했다. 1960~1970년대에는 경제적으로도 일본과 미국이 영국에 대치되고, 베트남전쟁을 계기로 베트남 피난민을 대대적으로 수용하면서 점차 아시아계 이민자들도 선별 수용하였다. 1980년대에는 한국, 중국 등 아태 지역 국가들의 경제가 눈에 띄게 성장하면서 교역이 증가하자 오스트레일리아는 아시아태평양국가로 전환하고 다문화사회를 지향하게 된다.

오스트레일리아는 제일 먼저 대한민국을 승인한 나라 중 하나로, 한국전쟁 때는 1만 7,000명의 군대를 파견하였다. 한국과 오스트레일리아는 1961년 10월에 정식으로 수교하고 상호 외교공관을 설치하였다. 한국은 캔버라에 대사관을, 시드니에 총영사관을 개설했다. 양국은 1965년에 무역협정을, 1971년에 문화협정을 체결하였다. 우리나라는 1970년대에 중화학공업 육성에 박차를 가하면서 오스트레일리아에서 석탄, 철광석, 알루미늄, 니켈, 우라늄 등의 자원을 대거 수입하고 육류와 농산물도 수입 물량을 늘려갔다. 반대로 TV, 전기 제품, 섬유 화학, 철강 제품, 타이어, 자동차 등을 오스트레일리아에 수출하면서 양국은 중요한 무역 파트너로 성장하였다.

오스트레일리아로부터 자원 수입이 급증하면서 한국과의 무역 불균형이 심화되었는데, 나는 대사로 부임한 후 수출 진흥으로 무역 불균형을 축소하기 위한 노력을 경주했다. 시드니를 자주 방문하여 수출 진흥을 위한 상사 협의회의를 주재했다. 정보를 교환하는 한편 상사원들을 독려하고 애로 사항을 청취하여 해결책을 강구하곤 했다.

코트라 김영철 관장(후임으로는 홍기화)이 주재 상사들과 좋은 관계를 유지하며 잘 협조하고 있었다. 나는 포항제철에 석탄을 공급하는 합작회사 탄광을 방문한 적이 있었다. 시드니에서 얼마 멀지 않은 곳이었다. 지하 땅굴에 들어가 채탄하는 것이 아니라 엄청난 규모의 노천 탄광이라는 데 놀랐다. 지상 채탄장에서 퍼나르기만 하면 되는 것이었다. 해태가 소유한 농장도 방문하였다.

양국 간 항공 노선을 개설하기 위한 교섭도 벌였으나 성공하지 못했다. 우리 측은 직항 노선 개설을 희망했으나 양국 항공사의 동시 취항 원칙을 주장한 오스트레일리아 측은 수요 부족을 이유로 아직은 시기 상조라는 입장이었다. 도쿄 직항 노선을 증편하는 게 경제성이 높다는 것이었다. 당시 일본에서는 오스트레일리아 관광이 붐을 이루고 있었으나 한국인 관광객은 찾아볼 수 없었다. 이 문제는 한국의 해외여행 자유화 조치가 시작된 1989년 이후에야 해결될 수 있었다. 또한 교민 쿼터 증가를 위한 교섭을 적극 추진하였다. 오스트레일리아는 베트남전쟁 종전을 계기로 많은 베트남 피난민을 받아들였고, 이를 계기로 아시아계 이민의 길이 확대되었다. 베트남에 진출한 한국인들도 제한적으로나마 받아들이면서 한국인 이민의 길도 열리기 시작했다. 나는 한국인 이민의 기회를 확대하기 위해 이민 쿼터 증가를 위한 외교적인 노력을 경주했다. 하지만 아쉽게도 내가 오스트레일리아를 떠날 무렵 한국 교민은 1만 명에도 미치지 못했다.

오스트레일리아에는 우리나라 정부 고위 관리와 국회의원을 비롯한 귀빈들의 공식·비공식 방문이 끊이지 않았다. 통상 이들을 위해 주재국 측과 면담을 주선하고 정부나 의회 방문과 전쟁기념관 같은 명소 방문을 마련하고 안내한다. 만찬을 베풀고 때로는 골프를 주최하기도 하며 시드니 관광을 안내하기도 했다.

제일 처음으로 맞은 손님은 정말로 반갑고 귀한 손님이었다. 육군 대장으로 예편하고 국회에 진출한 민정당 박준병 의원이었다. 나와는 육사 시절부터 가깝게 지낸 사이로서 나의 후원회장을 자처한 선배다. 그는 나와 함께 6·25 35주년 기념행사에 참석하여 한국전쟁 참전기념비에 헌화하고, 의회 지도자들을 예방하는 한편 전쟁기념관을 방문했다. 저녁에는 대사공관에서 하원 외교위원회 의원들과 한국전참전군인회 간부들을 초청하여 박준병 의원 환영 리셉션과 만찬을 주최했다. 이튿날에는 캔버라 로열골프장에서 라운딩을 하고 시드니로 이동했다. 시드니 한인회 간부들을 초청하여 만찬을 주최하고 다음 날 하버크루즈 관광 등의 일정을 소화했다. 정성껏 접대한 것을 기쁘게 생각한다.

특히 이종찬 의원 내외를 대사공관에서 모시며 시드니 관광도 함께 했던 일이 지금까지도 즐거운 추억으로 남아 있다. 또한 가끔 유학생들을 위로하는 만찬과 교회 목사님들을 위한 오·만찬 행사도 빠트리지 않았다. 성결교의 지도자인 김장환 목사님의 시드니 강연(9. 18.)에서 많은 은혜를 받았고, 이는 김 목사님과 친교를 이어가는 계기가 되었다.

나는 오스트레일리아에서 우리나라 3부 최고위층 일행을 모두 맞이하는 영광을 누렸다. 노신영 총리 내외가 호크 총리의 초청으로 공식 방문했다. 환영식과 호크 총리 주최 오찬에 이어 총리회담이 진행되었다. 저녁에는 대사 관저에서 리셉션과 외교 만찬을 주최했다. 이튿날 아침 일찍 양국의 총리는 로열골프장에서 라운딩을 하며 대화를 이어갔다. 여기에 나도 동참했다. 라운딩할 때 캥거루가 나타나 두 총리의 골프 솜씨를 바라보는 진풍경도 있었다. 내가 나이지리아 대사로 있을 때 대통령의 국빈 방문 문제로 노신영 총리(당시 외무부장관)를 라고스에서 4일간 모신 적이 있다. 이번에는 오스트레일리아에서 국무총리로 다시 모시게 되어 무척 바빴지만 보람 있는 5일이었다.

교황청 대사가 마련한 요한 바오로 2세 교황 접견식에 참석했던 일을 잊을 수 없다. 우리 내외는 그를 3년 전 라고스에서 처음 만난 후 두 번째 만남이어서 더욱 반가웠다. 그는 악수를 청하며 한국말로 "안녕하십니까? 한국민에게 하느님의 축복이 가득하기를 빕니다"라며 축원해 주셨다.

6개 주와 북부특구 공식 방문

오스트레일리아는 지방분권제가 발달하여 연방정부와 주정부(6개 주와 2개 연방직할 특별구역) 간 권한이 분산되어 있다. 연방정부는 외교·

통상무역·국방·징세(관세·물품세·소득세) 등의 권한을 보유하며, 주정부는 보건·교육·도로·철도·경찰·농정·임정(林政) 등을 관할한다.

나는 대사 부임 첫해에 6개 주와 북부특별지구를 모두 공식 방문했다. 모든 주가 한국과 교역 등에서 이해관계가 있어 주마다 환영 행사를 성대하게 베풀어 주었다. 이처럼 공식 방문을 하면 통상 주 총리, 상하원 의장, 대법원장, 주 총독을 예방하고, 주 총독의 환영 만찬과 주 총리의 리셉션 및 공식오찬에 초청된다. 또한 주 총리 주최 행사에서는 연설을 하게 된다. 오스트레일리아 측에서는 한국에 좀 더 많은 수출을 하고 싶어 하지만 나는 가는 곳마다 양국 무역의 균형적 발전을 강조하며 우리나라의 수출 진흥을 위해 노력했다. 각 주에서는 자랑할 만한 명소 안내를 빠트리지 않는다. 나는 이 방문 기회를 이용하여 매번 현지 교민들을 만찬에 초청해 만나는 행사를 개최했다.

뉴사우스웨일스주 방문에서는 주요 인사 예방에 이어 시드니대학을 방문한 뒤 주정부의 유람선을 타고 아름다운 시드니항을 바라보며 선상 오찬을 했던 것이 인상에 남는다. 안내자인 주정부 관리는 어느새 일본이 오스트레일리아의 제일 수출국이요 수입국이 되었다며 일본 관광객의 증가 추세에 이어 시드니의 큰 호텔 등 부동산을 일본인이 매입하기 시작했다고 말했다. 골드코스트 해변 휴양지에는 일본인 노인들을 위한 요양 시설도 갖추었다는 것이다. 시드니에는 일본인이 경영하는 고급 스시 음식점이 늘어나고 있는데 날고기나 날생선 먹는 것을 야만이라고 여기던 오스트레일리아인들이 스시와 사시미를 즐기게 된 것은 아이러니가 아닐 수 없다고도 했다. 그가 이렇게 말한 것은 일본의 군사 침략에 이어 경제 침략을 경계하는 것이자 한국과의 경제 협력이 매우 중요하다는 점을 강조하는 것이었다.

양 목장을 방문하여 양털 깎기 시범도 볼 수 있었다. 당시 한국의 양모 수입량이 증가 추세를 보이고 있었다. 다음 기회에는 포항제철이 합작회사를 설립한 탄광을 방문하기로 했다. 주정부는 오스트레일리아가 자랑하는 아름다운 건축물인 오페라하우스에서 발레 공연을 감상하는 기회도 마련해 주었다. 특히 원주민 거주 구역을 방문하여 아보리진의 생활상을 목격한 일은 소중한 경험이었다. 영국인이 이 땅에 처음 들어왔을 때 원주민 인구는 최대 백만 명으로 추정된다는데 그동안 전염병과 알콜 중독 등으로 많이 사망하고 지금은 약 15만 명(오스트레일리아 전체 인구의 1.1퍼센트)이 남아 있다고 했다. 허름한 초등학교 건물에서 공부하는 어린이들과 주택가에서 만난 술에 취한 원주민들의 모습을 보는 마음이 편치 않았다.

빅토리아주 방문에서는 멜본에서 이 땅을 발견한 후크 선장의 자그마한 집을 구경하고 상공회의소가 주최하는 오찬 행사에서 연설을 했다. 남오스트레일리아주 애들레이드 방문에서는 부총독이 직접 안내하여 바로사 밸리의 와이너리를 방문하기도 했다. 한국에서는 아직 포도주가 보급되지 않던 시기인데, 이들은 한국에 포도주를 수출하고 싶어 했다. 퀸즐랜드주 방문에서는 카리스마 넘치는 비오케 총리가 환영 오찬을 베풀어 주었다. 한국에 대한 수출량이 증가 추세에 있는 밀 등의 농산물과 육류, 양모 등의 품질을 자랑하며 한국이 더 많이 수입하기를 요청했다.

서오스트레일리아주 공식 방문을 위해 퍼스로 가는 길은 험악했다. 시드니를 떠나 3,315킬로미터 거리를 4시간 비행하여 어두워진 저녁에 퍼스 상공에 이른 콴타스 항공기는 서너 번 착륙을 시도했으나 실패했다. 공항 주변을 여러 차례 선회하다 연료를 바다에 버리고는 다시 착륙을 시도하면서 조종사가 안내 방송을 했다. 바퀴가 제대로 나오지 않아 동체 착륙을 시도한다며 주의 사항을 알리는 내용이었다. 비행장 활주로 주변에 적색 등이 번쩍거리는 소방차 수십 대가 대기한 모습이 시야에 들어왔다. 기내는 소리 높여 기도하는 사람, 소리 질러 우는 사람 등으로 아수라장이 되었다. 나는 옆자리에 앉은 아내의 손을 꽉 잡고 속으로 기도했다. 다행히도 비행기는 무사히 착륙했다. 박수 소리가 들리고 여기저기서 기쁨과 안도의 함성이 터져나왔다. 착륙 시 바퀴가 정상적으로 나와 고정되었는데도 불구하고, 계기판 표지가 고장 난 것이었다며 걱정을 끼쳐 죄송하다는 조종사의 안내 방송이 그렇게 고마울 수 없었다.

서오스트레일리아주에서는 총리가 주 지도자들과 한국 교민 대표들을 초청하여 리셉션을 베풀고 나에게 연설할 기회를 주었다. 그리고 환영오찬이 이어졌다. 전 오스트레일리아 대륙 면적의 1/3을 차지하지만 인구는 98만 명에 불과한 서오스트레일리아주의 북부 지방은 철광석을 비롯한 각종 광물의 보고다. 서오스트레일리아주는 한국에 대한 광물 수출이 매년 증가 추세인 점에 만족하며 양국 관계의 발전을 바라고 있었다.

북부특별지구 방문은 여러 가지로 흥미로웠고 대단히 인상 깊었다. 우리 내외는 우선 퀸즐랜드주 동북부의 이름난 관광지인 케인스와 그린아일랜드를 둘러보고 다윈에 갔다. 방학 중인 둘째 아들 원일이 동행했다. 대륙 중앙의 넓은 평원 지대인 북부특별지구는 한반도의 6배가 넘는 면적이지만 인구는 북부 해안에 위치한 도시 다윈 지역에 집중되어 있는데 13만 명에 불과했다. 특별지구 수석장관은 환영 만찬에서 경비행기를 이용하여 북부 지역의 여러 곳을 안내하겠으니 충분한 시간을 갖고 돌아보라고 호의를 베풀었다.

우선 한국이 수입하는 우라늄이 묻힌 광산과 함께 인근의 카카두 공원 지역을 방문했다. 열대성 식물이 우거진 카카두 공원의 아름다운 풍경을 감상하며 작은 선박을 타고 악어 무리가 우굴거리는 강을 거슬러 올라갈 때는 스릴을 느끼기도 했다. 우라늄 광산에서는 지배인이 한국의 원자력발전소가 증가하면서 우라늄 수출도 증가하고 있다며 광산 현황을 설명해 주었다.

이튿날에는 경비행기 편으로 내퍼비 목장의 간이 비행장에 착륙하여 젊은 목장 주인의 영접을 받았다. 그가 운전하는 밴을 타고 엄청나게 넓은 목장의 일부를 둘러보았다. 목장 면적이 대략 제주도 면적과 비슷한 것 같았다. 소가 몇 마리냐고 물었더니 정확한 숫자는 알지 못하고 대략 1,000마리쯤 된다는 말에 놀라지 않을 수 없었다. 그리고 목장 안에 있는 아담한 자기 집에 초청하여 정원에서 함께 바비큐로 점심 식사를 했다. 젊은 목장주 부부의 친절한 호의에 뭐라 감사해야 할지 난감했다.

다음 날에도 역시 경비행기 편으로 남쪽 호주사막과 건조한 평원 지대를 살펴보면서 약 2시간 동안 비행하여 대륙 중앙부에 위치한 웅장한 에어즈 록Ayers Rock와 율라라 암반 지대를 공중에서 둘러본 후 알리스 스프링스에 착륙하였다. 사막에 건설된 아담한 에어즈 록 쉐라톤 호텔에 여장을 풀고 에어즈 록으로 향했다. 에어즈 록은 사막에 노출된 큰 암반으로, 높이 335미터에 둘레가 10킬로미터에 이르는 단일 암체다. 와이어에 의지하며 가파른 암반의 정상까지 등반했다. 그리고 정상 등반 인증서도 받았다. 웅장한 에어즈 록은 멀리서 바라보는 시간대에 따라 색을 달리하여 신비하게 느껴진다. "오스트레일리아에서 에어즈 록을 봐야 오스트레일리아를 봤다고 할 수 있다"라는 말이 실감났다. 이튿날 이곳을 떠나 약 4시간을 비행하여 시드니에 도착했다.

한반도 분단의 증인 플림솔 경과 나눈 대화

오스트레일리아 대륙 남쪽에는 조그마한 섬인 태즈메이니아주가 있다. 5월 13일 태즈메이니아의 주도 호바트에 도착하자 다른 주 방문 때와는 달리 곧바로 주 총독 관저로 안내를 받았다. 주 총독인 제임스 플림솔 경Sir James Plimsol은 우리 내외를 따뜻하게 영접해 주었다. 그는 우리 내외를 총독 관저에 숙박하도록 특별히 초청했다. 나는 세계적으로 명성이 높은 오스트레일리아 최고의 외교관 플림솔 경을 무척 만나 보고 싶었다. 그는 태즈메이니아주 지도자들을 초청하여 두 번의 만찬을 베푸는 등 각별히 환대해 주었다. 나는 그곳에서 이틀간 머물면서 유익한 대화를 많이 나누었는데, 특히 그가 직접 경험한 한반도 분단 과정에 관한 증언은 나에게 큰 도움이 되었다.

제2차 세계대전 시기에 육군에 복무한 플림솔은 종전 직후에는 육군 소령으로 일본 도쿄에 설치된 극동위원회 오스트레일리아 대표로

한반도 분단의 증인인 제임스 플림솔 태즈메이니아주 총독이 관저에서 저자 내외를 환영하고 있다. 1985년 5월.

———

근무했다. 예편 후에는 외교관으로 1948년에 유엔에 파견 근무하며 한반도 문제에 관여하게 되었고, 한국전쟁이 발발하자 유엔코리아통일부흥위원회UNCURK 오스트레일리아 대표로 부산과 서울에서 근무하는 등 한국과 깊은 인연을 맺었다.

그의 외교관 경력은 화려하다. 오스트레일리아의 외교 역량을 집중해야 할 때와 곳에는 언제나 그가 있었다. 주유엔 대사, 주인도 대사를 거쳐 외교부장관, 주미 대사, 주소련 대사, 주영국 대사를 지냈고 아시아태평양시대를 맞아 주일본 대사로 활약했다. 그리고 정년 퇴임 후인 1982년에 태즈메이니아주 총독으로 임명되었다.

그는 1948년 코리아 문제에 대한 유엔총회 결의문 제195호를 미국 측과 함께 성안했다며 당시 상황을 자세히 설명해 주었다. 한국에서는 유엔이 대한민국 정부를 '한반도의 유일한 합법정부'로 인정했다는 주장이 있는 것으로 알려져 있지만 유감스럽게도 이는 사실이 아니라는 것이 그 요지다. 플립솔 경의 설명은 이러했다.

제2차 세계대전 말 미국은 조선반도를 38도선으로 분할하고, 북과 남을 각각 소련군과 미군이 점령하여 일본군의 항복을 접수한 후, 1945년 말 모스크바에서 개최된 미·영·소 3국외상회담에서 조선반도 처리 문제를 협의했다. 이 회담에서는 남북을 통합하는 조선인 임시정부를 구성·발족시켜 5년간 연합국의 감독과 지원하에 조선인 스스로 통치하게 하고, 총선거를 거쳐 완전한 독립국가를 수립하기로 합의했다. 그리고 이를 성사시키기 위해 미-소공동위원회를 구성·운영하기로 결정했다.

이후 미-소공동위원회가 몇 번 개최되었지만 합의에 이르는 데 실패하자 미국은 조선반도 문제를 유엔에 회부했다. 남조선의 지도자 이승만은 신탁통치를 반대하고 미국 측에 단독선거 실시를 강력히 주장했다. 소련과의 냉전기에 접어들기 시작한 미국도 이에 동조하기 시작했다. 유엔총회는 유엔 감시하에 총선거를 실시하기로 하고, 이를 관장하기 위해 오스트레일리아, 인도 등 9개국 대표로 '유엔코리아임시위원단'을 설치하여 서울에서 활동을 개시했다.

하지만 소련이 유엔위원단의 북조선 입북을 거부하자 미국은 남조선만이라도 선거를 실시할 것을 주장했다. 오스트레일리아와 캐나다 등은 조선반도 분단을 영구화하게 된다고 반대했으나 미국이 다시 유엔결의안을 통해 확정하면서 1948년 5월 10일 남조선에서의 단독선거가 실시되었다. 그리고 8월 15일에 대한민국정부 수립이 선포되었다.

유엔은 임시위원단의 최종 보고서를 접수하고 12월 12일 조선반도에 관한 유엔결의안 제195호를 채택한 것이었다.

이 결의안의 핵심 내용은 "유엔코리아임시위원단이 선거를 관할하고 감시한 지역에서 합법적이고 유일한 정부가 수립되었고 이를 승인한다"는 것이다. 유엔 주관하에 선거를 실시한 지역, 즉 남조선 지역에 합법적이고 유일한 정부가 수립되었다는 것이지, 조선반도 전체를 대표하는 정부로 승인한 것이 아니라는 의미다.

플림솔 경은 나치 독일의 점령에서 해방되어 전승 4개국 점령하에 있던 오스트리아에 대해서도 미국과 소련 등 전승국은 모스크바 3상회담에서 제시한 한반도 처리 방안과 비슷한 방식을 채택했다고 말했다. 오스트리아의 좌우익 양측 지도자들은 많은 논쟁 끝에 이를 받아들여 좌우익 연립정부를 수립했고, 연합국의 감독과 지원을 받으며 10년 후에는 중립화 통일을 이룩하는 데 성공했다는 것이다. 하지만 조선반도의 사정은 달랐다. 조선의 지도자들은 이를 받아들이지 않았다는 것이다. 그는 조선반도 분단 고착화와 전쟁의 비극을 잉태한 단독선거를 안타깝게 생각하며 코리안에 대한 연민의 정을 감추지 않았다. 나는 그의 조선반도 문제에 대한 전문적 식견과 코리안에 대한 애정에 머리 숙이지 않을 수 없었다. 매우 소중한 만남이었다.

당시 우리나라의 경우를 살펴보면, 모스크바 3상회담 결정이 공식 발표되기도 전에 우익 진영의 한 신문이 "미국은 조선을 즉시 독립시키자고 한 데 반해 소련의 주장으로 5년간의 신탁통치가 결정되었다"라고 잘못된 보도를 했다. 이 보도가 나가자 좌우익을 막론하고 모두 신탁통치에 반대했으며 즉각 독립을 주장하고 나섰다. 이 오보는 반탁

뿐만 아니라 반소·반공 분위기를 조성하였다.

그러나 얼마 안 가서 "조선인 통일 민주 임시정부를 수립한다. 미·소 공동위원회를 설치하여 임시정부 구성을 지원하기 위해 제 정당 사회 단체와 협의한다. 민주적 자치 및 독립 달성을 협력·지원하기 위해 5년 기한으로 4개국 신탁통치를 한다"는 모스크바 3상회의의 정확한 결정 내용이 알려진다.

조선인 임시정부 구성에 유리한 고지를 차지할 수 있다고 판단한 좌익세력은 신탁통치 찬성으로 돌아섰고, 반면에 불리하다고 판단한 우익세력은 반탁을 고수하였다. 우익진영은 찬탁을 '매국이요, 독립 반대'로 몰아세우며, 단독선거를 주장했다. 이렇게 좌우익 대립이 격화되면서 미-소공동위원회는 결렬되고, 미국은 유엔결의를 통해 단독선거를 실시하게 된 것이다.

태즈메이니아주를 방문하고 나서 2년 후, 플림솔 총독이 심장마비로 세상을 떠났다는 비보를 접했다. 나는 태즈메이니아의 호바트로 날아가 한반도 문제에 직접 관여했고 우리 민족에게 애정을 가졌던 그의 장례식(1987. 5. 13.)에 참석하여 심심한 조의를 표했다.

아름다운 캔버라의 추억

수도 캔버라는 인구 24만 명의 아름답고 깨끗한 소도시다. 또한 연방의회 의사당 건물을 중심으로 기하학적 가로망이 사방으로 뻗어 있는 전형적인 계획도시다. 시가지는 여러 모양의 광장과 환상(環狀) 모양의 가로가 질서 정연하게 배열되어 있다. 거리마다 수종이 다른 가로수가 심겨 있어 가을이면 각양각색으로 물든 잎들이 깊은 정취를 자아낸다. 전쟁기념관에서 연방의회 의사당을 바라보는 아름다운 거리는 캔버라의 자랑거리다.

처음에는 연방 수도가 멜버른이었으나, 멜버른과 시드니 중앙에 해당하는 지역에 연방 수도를 건설하기로 하고 14년간 건설공사를 한 끝에 1927년에 연방의회와 연방정부가 캔버라로 명명된 새 수도에 옮겨왔다. 캔버라는 원주민어로 '만나는 장소'를 뜻한다고 한다. 그리고 내가 재임하던 1985년에 웅장한 새 연방의회 의사당 건물이 완공되었다.

캔버라에는 90개국의 대사가 상주하고 있었다. 대사들은 이 조용한 소도시에서 오스트레일리아와의 외교 업무뿐 아니라 각국 대사와 접촉하며 친목 행사를 통해 자국 홍보와 정보 교환을 활발히 전개한다. 서로 국경일 행사나 자국 귀빈 방문 환영 리셉션에 초청하는 것은 물론이고 번갈아가며 대사 공관에서 외교 만찬을 주최한다.

외교 만찬은 격식을 갖추어 정중히 진행된다. 오스트레일리아 관리와 일부 외국 대사들을 초청하여 자국의 특색 있는 음식을 대접하며 대화를 나눈다. 먼저 칵테일을 들며 가벼운 환담 시간을 가진 후 식탁으로 자리를 옮긴다. 음식 종류에 맞추어 생선에는 흰 포도주, 육류에는 붉은 포도주를 곁들여 식사하며 대화를 나눈다. 이때 주최자는 품고 있던 생각을 드러낸다. 그리고 디저트와 함께 샴페인으로 건배를 제의한다. 공식 만찬이라면 자국 국가원수와 양국 관계 발전을 위한 축배이지만, 사교 만찬이라면 참석자의 건강과 성공을 위해 축배를 제청한다. 식사 후에는 자리를 옮겨 식후주인 코냑 등을 마시며 담소를 나눈다. 헤어질 때 참석자들은 감사의 인사를 하는데, 음식이 맛있었다는 품평과 참석 멤버들이 좋았고 대화가 유익했다는 찬사를 보낸다. 그리고 마지막으로 포도주가 아주 좋았다는 찬사까지 받으면 이 만찬은 만점이다. 당시만 해도 우리나라에서는 포도주를 즐기던 시기가 아니었다. 나는 오스트레일리아에서 근무하며 포도주 관련 공부를 많이 하게 되었다.

오스트레일리아 측에서는 주로 총독이 주최하는 여왕 탄신일 축하 만찬을 비롯하여 1년에 3~4차례 리셉션과 만찬 등 외교관 초청행사가 열린다. 한편, 한-일 간에는 매월 대사관 직원 친선 골프와 뒤이은 대사 관저 만찬을 교대로 주최하며 친목을 도모했다. 이러다 보니 각종 외교 행사가 한 주에 2~3회나 되어 은근히 바쁜 일정을 보냈다.

1987년에 접어들면서 한국에서는 개헌운동이 일어나고 국내 정치 정세가 불안해지기 시작했다. 반정부 시위가 계속되고 정부가 민주화운동을 탄압하면서 이한열 학생이 최루탄에 맞아 사망하는 사건이 벌어졌다. 시위가 날로 격화되면서 6월항쟁은 세계적으로 큰 뉴스가 되었다. 오스트레일리아에서도 여기저기서 한국 정부의 탄압에 항의하는 운동이 벌어졌다. 연방의회에서는 대사를 불러 해명을 요구하며 항의를 표하기 시작했고, 시민운동가들은 한밤중에 대사에게 전화를 걸어 항의하는 운동을 전개하였다. 나는 잠을 잘 수가 없었고 괴로운 나날을 보내야 했다. 결국 대통령 직선제 개헌을 약속하는 6·29선언이 발표되고 정치범 석방과 대사면 조치가 취해지면서 한고비를 넘기는 것 같았다. 10월 말 대통령 직선제 개헌안이 국민투표로 확정되고 나서야 잠잠해지기 시작했다. 이런 시기에 해외에서 정부 입장에 공개적으로 반대할 수도 없고 정부 입장을 대변하기도 어려울 수밖에 없는 외교관의 신세는 서글프기 그지없었다. 이런 상황을 뒤로하고 나는 임기 만료로 11월 5일 캔버라를 떠나 귀국 길에 올랐다.

오스트레일리아에서 보낸 3년간, 대사관에서 나를 도와 고락을 함께한 직원들을 기억한다. 공사 김우상과 그 뒤를 이은 송영식, 참사관 김재규와 그 뒤를 이은 최상덕, 이상철과 견재민 서기관, 한종윤과 전인섭 정보참사관, 유병희와 성태진 공보관, 박정수(해병 대령) 무관, 노영욱과 박갑록 상무관, 윤영철과 이헌종 외신관이다. 그리고 시드니 총영사관의 박종기 총영사와 윤병세 영사(후에 외교통상부장관 역임)에게도 감사드린다.

해외 근무 7년을 마무리하고 귀국하는 길에 휴가를 얻어 우리 내외는 약 보름 동안 미국을 방문했다. 세 아들이 모두 대학생이 되어 미국에서 공부하고 있었다. 첫 목적지는 샌프란시스코. 여기서 장남 원혁과 차남 원일을 만났다. 원혁은 매사추세츠주 우스터 고등학교를 졸업하고 스탠퍼드대학교에서 물리학과 역사학을 전공한 후 경제학 박사과정을 이수하고 있었다. 원일은 나이지리아 라고스에서 국제중학교를 졸업하고 미국 우스터 고등학교를 거쳐 스탠퍼드대학교에서 기계공학을 전공하고 있었다. 우리 부부는 스탠퍼드대학교를 둘러보고 두 아이들의 안내를 받아 샌프란시스코 관광을 즐겼다.

다음 목적지인 뉴욕주의 올바니로 가는 길에 아내가 가보고 싶어하는 워싱턴에 잠시 들러 시내 관광을 했다. 거리가 전날 내린 눈으로 하얗게 덮였으나 조심조심 걸어서 링컨기념관과 스미스소니언 박물관

세 아들과 저자 내외가 캔버라의 한국대사관 정원에서 찍은 가족사진. 1986년 8월.

———

등을 둘러보았다. 뉴욕주의 수도인 올바니에서는 셋째 아들 원철을 만났다. 원철은 유난히 전학이 잦아 고생이 많았다. 나이지리아에서는 조스의 켄트아카데미에서 중학교 1학년 과정을 거쳐 라고스 국제중학교를 졸업하고, 부모를 따라 오스트레일리아에 와서는 캔버라 마리스트 고등학교를 졸업했다. 이어서 오스트레일리아국립대학교ANU에 입학한 지 얼마 안 되어 우리가 오스트레일리아를 떠나게 되자 미국 렌슬러공과대학RPI으로 옮긴 것이다. 세 아들 모두 우수한 성적으로 공부하고 있어 부모의 기쁨과 자랑이 되었다. 즐거운 만남을 뒤로하고 뉴욕과 로스앤젤레스를 거쳐 귀국했다. 해외 근무를 마무리하는 즐겁고 보람 있는 여행이었다.

아내와 내가 캔버라와 시드니를 다시 방문한 것은 그로부터 20년 후인 2007년 11월이었다. 시드니 한인교민회 서유석 회장과 김인구 한

호신문 편집인의 초청으로 6일간 다시 찾은 것이다. 200여 명의 교민이 모인 시드니 한인회관에서 한반도 평화체제 구축 문제를 주제로 강연을 하고, 오랜만에 만난 교민들과 만찬을 들며 환담을 나누었다. 김인구 편집인은 1990년 전후의 전환기에 조선일보의 한반도 문제 전문기자로서 탁월한 혜안을 갖고 선구적 역할을 하며 명성을 날린 기자로, 나는 그를 높이 평가해 왔다. 그는 오스트레일리아로 이민 가서 한글 신문을 발행하며 고국의 소식을 전하고 있었는데 이번에 나를 초청하는 데 앞장선 것이다. 시드니에서는 김인구 편집인의 안내로 블루마운틴을 둘러보고 하버크루즈도 즐겼다. 수도 캔버라로 이동하여 한국전쟁기념관을 둘러보고 조창범 대사 내외가 관저에서 베푼 만찬에 시드니에서 온 한인회 간부들과 함께 참석했다. 조 대사의 세심한 배려와 환대에 모두가 기뻐하고 긍지를 느꼈다. 나는 오스트레일리아 주재 대사 시기에 내가 작성한 오스트레일리아 참고 자료와 한국-오스트레일리아 간 외교관계 기록 등의 역사 자료를 기증했다.

7장

한반도 냉전 종식의 길을 찾아서

외교안보연구원의 연구 교육제도 개혁

1987년 11월 말, 7년간의 해외 근무를 마치고 서울로 돌아왔다. 6월 항쟁으로 대통령 직선제 헌법이 제정되어 실시한 12월 16일 대통령선거를 통해 노태우 대통령이 당선되었다. 이로써 전두환 군사독재 8년이 종말을 고하고 1988년 2월 제6공화국이 출범했다.

노태우 대통령은 취임 직후인 3월 초에 나를 외교부 산하 외교안보연구원장으로 임명했다. 나는 탈냉전의 새로운 외교안보정책 개발과 자주외교를 위한 외교관 교육제도 확립이라는 두 가지 임무를 부여받았다. 특히 노 대통령은 우리나라의 지정학적 위치로 보나 역사적 경험으로 보나 외교로 살아나가야 할 나라라며 외교의 중요성을 강조하였다. 어느 나라나 군 장교와 외교관은 자기 나라에서 양성하는 것을 기본으로 하고 있는데도 우리나라는 외교관 양성을 아직도 해외 어학

연수에만 의존하고 있다며, 내 나라를 잘 알고 애국심이 강한 '국적 있는 외교관' 양성을 위한 제도를 확립하라고 지시했다. 그리고 종전처럼 외교안보연구원장이 다음 보직을 위해 잠시 대기하는 자리가 되어서는 연구원을 발전시킬 수 없다며 정부와 한배를 타고 장기간 근무해 주기 바란다고 당부하였다. 나는 이러한 임무를 부여받고 역대 원장 중 최장기를 기록하며 4년간 외교안보연구원장으로 복무하게 된다.[†]

유럽에서는 헬싱키 프로세스와 재래식 군비 감축 협상이 급진전되고 있었다. 소련의 지도자로 등장한 고르바초프가 페레스트로이카 개혁과 '새로운 사고에 의한 외교안보정책'을 추진하면서 미-소 핵군축협상이 진척되고, 소련과 동유럽에서 변화의 물결이 일기 시작했다.

국내에서는 6월 민주항쟁과 탈냉전의 기류를 타고 국민의 민주화와 통일에 대한 욕구가 분출되고 있었다. 이에 부응하여 노태우 정부는 1988년 서울올림픽을 앞두고 '7·7 대통령특별선언'을 통해 북한을 포함한 공산권에 대한 개방과 교류·협력을 지향하는 '북방정책'을 발표했다. 이어서 평화 공존을 통한 단계적 통일을 지향하는 '민족공동체 통일방안'을 발표하고 남북대화를 추진하는 등 새로운 분위기가 조성되어 갔다.

전환의 시기에 부응하도록 외교안보연구원 기능을 조정·강화하라는 대통령의 지시에 따라 나는 원장 취임 3개월 후인 6월에 〈외교안보

[†] 외교안보연구원은 5·16 군사정변 후 외무공무원 단기 교육기관으로 발족하여 외교관으로 선발된 요원의 해외 연수에 앞서 2~4주 정도의 소양 교육을 실시해 왔다. 유신체제 하에서는 국가정책과 한국 발전상의 대외 홍보 및 국제 정세 연구 기능을 보강하기 위하여 1977년 외교안보연구원으로 대폭 확대·개편했다. 해외에서 10여 명의 정치학자들을 초빙하여 연구진을 보강하고 학술 논문을 발표케 했다.

연구원 활성화 3개년계획 1989~1991〉을 작성하여 대통령에게 보고했다. 나는 이 보고서에서 다음과 같은 5대 중점 사업을 제시했다.

- 격변하는 국제 정세의 조사연구 사업을 강화한다.
- 정책 연구에 치중하여 유용한 정책 대안을 산출한다.
- 외교관 교육제도를 혁신하여 '국적 있는 외교관'을 양성한다.
- 국민적 합의 기반 조성을 위해 노력한다.
- 이러한 사업을 추진할 수 있도록 연구원 청사를 신축한다.

보고를 받은 대통령은 만족을 표명하며 이 계획이 반드시 성공적으로 실시되기를 바란다고 했다. 그리고 어려운 문제가 생기면 대통령에게 직접 보고하라며 적극 도와주겠다고 약속했다. 대통령의 격려 말씀은 나에게 큰 힘이 되었다.

원장 취임 당시 외교안보연구원 청사는 한남동에 자리 잡고 있었는데 사무실과 교실 하나, 세미나실 하나뿐인 작은 건물이었다. 이렇게 작은 건물에서 연구원 활성화 계획을 시행할 수 없었다. 연구원 청사를 새로 확보해야만 했다. 새 건물을 물색하기 위해 동분서주했으나 성공하지 못했다. 그러던 중 서초구 양재동에 2만 평(약 66,116제곱미터)이 넘는 외교 단지용 택지가 조성되어 있다는 사실을 알게 되었다. 현지를 답사해 보니 좋은 위치와 환경이 탐났다. 지하철이 개통되어 양재역이 이웃하고 있어 교통 여건도 좋았다. 10년 전 박정희 대통령의 지시에 따라 형편이 어려운 나라의 외교 공관용으로 서울시가 수용하여 택지를 조성한 외교 단지인데 관할권이 외교부에 있다는 사실도 알게 되었다.

나는 이 택지에 연구원 청사를 신축할 것을 본부에 건의했다. 그러나 본부의 반응은 부정적이었다. 예산 확보가 불가능하다는 것이다. 더구나 이 부지는 명년(1989년) 3월 1일에 원 토지 소유주에게 환매하게 되어 있다는 것이다. 토지수용법에 의해 10년 내에 수용 목적에 맞게 사용하지 못하면 원소유주에게 반환하게 되어 있는데 앞으로 8개월밖에 남지 않아 시간적으로도 도저히 불가능하다고 했다. 즉, 예산 확보도 문제지만 시간적으로도 가능하지 않다는 게 더 큰 문제라는 것이다.

나는 외교부가 확보한 땅을 그렇게 포기한다는 것은 말이 안 된다며, 8개월이라는 시간 내에 해결할 방안을 마련하여 추진해 보자고 계속 주장했다. 그러자 최광수 장관이 "토지의 관할권을 전적으로 임 원장에게 맡기겠다. 그리고 본부에서는 일체 관여하지 않을 테니 임 원장이 책임지고 해보라"고 결론을 내렸다. 차관은 "임 원장! 그러다 개인 재산을 모두 날리게 될지도 모르니 무리하게 고집하진 마시오"라고 우정 어린 충고를 해주었다.

연구원 간부들도 모두 헛수고가 될 것이라고 말렸으나 나는 도전해 보기로 결심하고 행동을 개시했다. 노태우 대통령에게 보고하여 동의를 얻은 사업이기에 청와대의 지원을 확보할 수 있으라는 믿음이 있었다. 우선 서울시와 교섭하여 28,000평의 부지 중 1/2 정도(지금의 서초구청 일대)의 관할권을 서울시에 양도하기로 하고, 연구원 건축 소요 8,000평(약 26,446제곱미터)을 현 한남동의 연구원 청사 대지와 맞교환하자고 제의했다. 고건 서울시장은 이를 환영하나 땅값의 차가 크다며 등가성 문제를 제기했다. 그리고 한국감정원의 평가를 받아 결정하자고 제의했다. 감정원을 찾아갔다. 다행히도 감정원 조화연 부장의 적극적인 도움을 받아 난제를 해결할 수 있었다. 그는 25년 전 군대에 있을 때 ROTC 존폐 문제 연구팀에서 연구원으로 근무하며 나에게 각별한 신뢰를 받은 성실하고 유능한 병사였다. 4,000평은 한남동 대지(3,000평)와 등가 교환하고 나머지 4,000평은 5년 분할상환으로 매입(약 88억 원)하기로 했다. 이미 공고를 낸 건축설계에 응모한 5개 안 중 외교부 간부들의 심의를 거쳐 연희건축설계사의 개념설계안을 채택했다. 이 설계에 따른 건축물이 현재의 연구원 건물이다. 세부 설계 도면도 착공식 이전에 서둘러 완성하였다. 설계비는 외상으로 합의했다.

건축 허가를 받고, 건축 회사로 남화토건이라는 전남 광주의 건축 회사를 선정했다. 이 회사는 서울에서 여러 건물을 건축한 실적이 있고 은행 채무가 없는, 튼튼한 재력과 기술을 가진 건실한 회사였다. 최상옥 사장은 정부에서 하는 사업은 손해 볼 염려가 없다며 외상으로 건축해 주겠다고 했다. 그리고 즉각 착공식 준비와 기초공사를 시작했다. 불가능할 것만 같았던 일들이 이렇게 순조롭게 풀리니 얼마나 다행스러운지 말로 다 표현할 수 없었다.

이렇게 하여 토지 환매의 법적 기한 하루 전날인 1989년 2월 28일에 가까스로 착공식을 강행할 수 있었다. 건축을 진행하면서 예산 확보 노력을 시작했다. 토지 매입비 확보는 어렵지 않았으나 건축비는 보기 좋게 거절당했다. 경제기획원은 공공건물 건축을 하지 않겠다는 것이 대통령 선거공약이라며 불가하다고 했다. 나는 하는 수 없이 청와대에 협조를 요청했다. 대통령이 연구원 활성화계획에 포함된 연구원 청사 신축사업을 재가한 것을 상기시켜 청와대의 협조를 받게 되었다.

서울시 양재동에 소재한 외교안보연구원 청사 준공식 기념사진. 맨 왼쪽부터 최호중 외교부장관, 강영훈 국무총리, 원장인 저자. 1990년 10월.

마침내 경제기획원은 국고채로 상환하기로 결정했다고 통보해 왔다. 하지만 연구원 청사 건축 계획이 공공건물 건축비 기준을 2배 이상 초과하는 초호화판이라며, 기준에 맞게 축소 조정해야 한다고 했다. 나는 이미 1/3 이상 건축이 진행된 상태에서 수정이 불가하다고 이를 묵살하고 설계대로 건축 공사를 강행했다.

1년 7개월이 걸려 드디어 지하 1층 지상 4층, 연건평 4,672평의 아름다운 연구원 청사가 완공되었다. 전후면에 거울식 선팅 유리를 사용한 백색 화강석 건물이다. 각종 교실과 세미나실 19개, 10평 규모의 연구실 75개(연구위원과 대기 대사용 포함), 도서관, 국제회의실, 400명을 수용할 수 있는 대강당, 12개의 사무실과 식당을 갖추었다. 차량 200대를 수용할 수 있는 주차장도 만들었다. 건물 초석에 이 건물을 지은 사람의 이름을 명기하는 것이 관례라며 내 이름을 새긴 초석을 준비한다기에 나는 이를 허가하지 않고 나무 한 그루를 심는 것으로 대체했다.

1990년 10월 8일, 강영훈 총리를 비롯하여 역대 외무부장관들과 연구원장들, 귀빈들을 모시고 성대한 준공 행사를 거행했다. 참석자들은 입을 모아 "불가능을 가능케 했다. 임 원장이 외무부에 큰 선물을 주었다"며 극찬을 아끼지 않았다. 하지만 나는 노태우 대통령의 결단과 지원이 없었다면 불가능한 일이었다고 강조했다. 사무실이 없던 20여 명의 대기 대사들이 개인 연구실을 갖게 되는 기쁨은 대단했다. 또한 대강당은 즉각 전 현직 외교관 자녀의 결혼식장으로 활용되며 인기 장소가 되었다.

준공식 이튿날에는 청사 신축 기념 첫 행사로 '한반도의 군비통제: 유럽의 경험에서 얻은 교훈'을 주제로 국제학술회의를 개최했다. CSCE의 헬싱키협약을 주도한 미국의 굿비 대사를 비롯하여 미국과 소련, 유럽의 저명한 군비통제 전문가 6명과 16명의 학자들이 참여한 한국 최초의 군비통제문제 학술회의였다.

나는 외교안보연구원장을 지낸 4년 동안 격변하는 국제 정세에 대한 정확한 분석 평가와 학술 논문이 아닌 자주외교를 위한 정책 대안 연구로 연구 활동 방향을 전환해 나갔다. 외교부와 청와대에서 필요로 하는 창의적인 정책 대안을 제시하기 위함이었다. 유용한 정책 대안을 산출하기 위하여 초기에는 연구위원들을 외교부 실무 담당 직원들과 연계해 정책 수요에 대해 올바른 감각과 인식을 갖게 하는 데 초점을 맞추었다. 또한 체제 전환 중인 공산권 국가들과 수교하기 위한 분

외교안보연구원 청사 준공 30주년을 맞아 저자를 기념하는 접견실이 마련되었다. 2020년 10월.

위기 조성 및 정보 수집 차원에서 소련과 중국, 동구권 국가 연구 기관들과의 상호 교류와 협력을 활성화하여 적지 않은 성과를 거두었다.

국적 있는 외교관 양성을 위하여 교육 기간 2년을 지향하되, 여러 가지 여건과 준비 상황을 고려하여 우선 6개월 코스로 시작해서 1년으로 늘려 나가는 단계적 접근 방안을 채택했다. 교육 과목으로는 한국 문화와 국사, 한국의 정치·경제, 국제관계론, 외교사, 협상술, 국제기구론 등 외교관에게 필요한 과목들로 커리큘럼을 정하고 계속 발전시켜 나갔다. 나는 2020년에 연구원 청사 건립 30주년을 맞아, 그동안 내가 애독해 온 외교·안보·통일 분야 도서 1,000여 권을 도서관에 기증했다. 그러자 도서관에서는 '임동원 도서코너'를 마련했다. 또한 이 건물 안에 '임동원 기념 접견실'도 마련하였다. 이 모든 일에 대해 감사하며 영광으로 생각한다.

군비통제 정책 입안

외교안보연구원장 재직 기간에 내가 개인적으로 열중한 연구는 군비통제 문제, 소련 고르바초프의 페레스트로이카, 외교안보정책 등 유럽의 냉전 종식 과정이었다. 여기서 군비통제란 군사적 신뢰구축조치와 군비 감축을 통틀어 말하는 것이다. 한때 군에서 군사력 증강 문제를 다루어왔던 나는 변화하는 국제 정세와 연관하여 한반도 군비 감축을 염두에 두고 유럽 군축 협상 과정을 연구하는 데 열을 올렸다. 유럽에서는 동서 양대 진영 35개국이 참여한 유럽안보·협력회의CSCE 합의를 통해 정치 군사적 신뢰구축조치(헬싱키프로세스)와 함께 유럽 재래식 군비감축협상CFE이 진행되면서 동서 냉전체제가 흔들리고 있었다. 나는 그 진척 과정에 큰 관심을 갖고 세밀히 추적하고 있었다.

국민의 관심을 이끌어 내기 위해 신문과 잡지 등에도 이 문제에 관한 나의 견해를 밝혔다. 조선일보의 요청으로 매월 한 번씩 7번에 걸쳐 '아침논단' 코너에 '유럽 군축협상의 교훈'(1989. 7. 29.), '남북 군비통제의 조건'(1989. 10. 10.) 등의 칼럼을 게재하였다. 또한 월간지《한국논단》에 '한반도 군비통제는 시대적 요청이다'(1990년 7월호) 등을 실었다. 당시 한반도 안보 상황에서 군축 문제 논의는 금기시되고 있던 터라 내 글은 큰 파문을 일으켰다. 내 견해는 오해도 받았으나 많은 공감을 불러일으킨 것도 사실이다. 이 분야에 대한 학자들의 관심이 생겨나고 연구 동기를 제공하는 결과를 가져왔다는 평가를 받았다. 나는 어느새 군비통제 문제 전문가로 알려지기 시작했다.

1989년 12월 몰타에서 미-소 정상이 냉전 종식을 선언하였다. 이어서 미 국무성은 3년에 걸쳐 주한미군을 3단계로 감축한다는 '동아시아정책 구상EAI'을 발표하였다. 나는 강영훈 국무총리의 지시로 주한미군 3단계 감축을 추진하려는 미국의 정책에 대한 대책을 강구하기 위해 '안보정책 기획단'을 맡아 운영했다. 다행히 정책 대안을 마련하였고 정부 정책으로 채택하게 하는 데 기여했다.

이어서 이듬해에는 김종휘 외교안보수석비서관의 요청으로 '청와대 군비통제기획단'을 맡아 관련 부처 대표들과 협의를 거쳐 한국의 군비통제정책을 기안하였다. 그리고 8월 31일 청와대에서 대통령이 주재한 국가안보회의에 '군비통제정책의 기본방향'이라는 제목으로 보고했다. 이 보고 내용은 무수정으로 채택되었다. 대통령은 그동안의 노고를 치하하며 가장 이상적인 동시에 현실적인 군비통제정책을 채택하게 되어 기쁘다고 칭찬을 아끼지 않았다. 이 기본 정책에 기초하여 훗날 남북고위급회담에서 우리 측 군비통제안을 제의하게 된다.

노태우 정부의 외교·안보·대북정책 사령탑의 중책을 수행한 이는 아이디어맨 김종휘† 외교안보수석비서관이다. 그가 국방대 안보문제연구소장 재직 시 주최한 세미나에서 나는 여러 차례 발표·토론하며 그와 호흡을 같이해 왔다. 그는 남북고위급회담에서 차석대표로서 회담

---

† 김종휘 박사는 1935년 서울 태생으로 청와대로 가기 전 23년간(1965~1988) 국방대학원 교수로 재직하며 안보문제연구소장을 겸임한 석학이다. 한국국제정치학회 회장과 영국 국제전략문제연구소(IISS) 한국위원회 위원장(1987~1993) 직을 수행했다. 미국에서 컬럼비아대 국제문제대학원에서 수학한 그는 주유엔대표부에서 근무(1961~1964)하며 실무 경험을 쌓았다.

을 실질적으로 주도하였다. 노태우 대통령은 임기 말까지 5년간 그를 놓아주지 않았다.

페레스트로이카의 현장 모스크바 방문

1990년 12월 하순 나는 카이로에서 개최된 한-이집트 외교연구원 세미나에 참석하고, 피라미드와 룩소르를 관광하였다. 그리고 소련과 독일도 방문하였다. 북한 변화를 예측하기 위해 공산권의 체제 변환 과정을 추적해 온 나는 좋은 대조를 이루고 있는 중국 모델과 소련 모델에 관심을 기울여왔다. 중국은 정치 개혁 없이 공산당 일당독재 체제를 유지하면서 개방과 경제개혁을 단계적으로 실시하여 지난 10여 년간 경이적인 경제성장을 이루고 있었다. 한편 소련은 정치개혁을 선행하면서 동시에 경제개혁을 병행 추진하는 총체적 개혁을 단행하며 혼란에 빠져들고 있는 것으로 보였다. 두 나라가 경제 사회 발전단계에서 차이가 있고 정치적 현실이 다르기 때문에 개혁 모델도 다를 수밖에 없을 것이다.

그렇다면 북한이 본받을 수 있는 모델은 어느 편에 가까울까? 나는 소련과 중국을 방문하여 개혁과 변화의 현장을 직접 목격하고 체험하고 싶었다. 또한 통일 후의 동독도 직접 보고 싶었다. 방문 목적지를 모스크바, 베를린, 베이징으로 구상했으나 중국은 아직 미수교국이라 외교관 방문을 받아들이려 하지 않아 성사되지 않았다.

1991년 3월 말에 나는 고르바초프의 페레스트로이카와 글라스노스트 정책의 현장을 시찰하기 위해 10일간 소련 방문길에 나섰다. 시장경제로의 전환을 선언한 지 5개월밖에 되지 않았고, 시장경제로 전환하는 데 가장 어려운 개혁이라 할 수 있는 '가격개혁'을 일주일가량 앞둔 때였다. 생활필수품을 생산비보다 턱없이 싸게 공급하던 것을 시장 기능에 맡겨 가격을 자유화하기 위한 조치를 취하려는 것이다.

시민들은 물가 인상에 대한 불안 심리로 예민한 반응을 보이고 있었다. 닥치는 대로 사재기하는 통에 상점의 진열장은 텅텅 비어 있었다. 일주일 후에는 가격이 60~300퍼센트 정도 인상될 것이라니 이해할 만했다. 물자와 식료품의 품귀로, 새로 문을 연 지 얼마 안 된다는 맥도날드 식당 앞에는 햄버거를 사먹으려는 사람들의 행렬이 길게 이어져 수백 미터는 되어 보였다.

사유재산이 인정되면서 몇 사람이 공동투자하여 운영하는 '코아페라찝'이라는 민간 중소기업들이 생겨나고 있었다. 그동안 존재하지 않았던 친절한 서비스로 문을 연, 외국인을 위한 식당들도 생겨나고 있었다.

환율은 미화 1달러에 관광객 공식 환율이 5.8루불이었으나 암시세는 20루불을 넘고 있었다. 러시아인들의 평균 임금이 한 달에 300루불 수준이라니 미화로는 15달러도 못 된다는 계산이다. 중학교 교사라는 여성 관광안내원은 자기의 '딸론'(배급품 전표)을 보여주며 아직은 밀가루, 소금, 고기, 사탕 등 일곱 품목에 대해 배급제를 실시하고 있다고 말했다. 그리고 이것으로 이럭저럭 생활할 수는 있으나, 하루빨리 물가가 안정되길 바란다는 간절한 소망을 표명했다.

하루는 거리에서 옛 러시아 깃발을 휘날리며 행진하려는 대규모 시위대와 이를 저지하는 보안군의 대결 광경을 목격하였다. 가격개혁에 따른 혼란과 물자 부족으로 불만에 찬 대중의 불안 심리가 팽배한 가운데 급진 개혁을 주장하는 옐친파가 주도한 고르바초프 정권에 반대하는 군중 시위였다. 나는 할 수 없이 차에서 내려 골목길을 따라 호텔로 걸어가려 했으나, 세 블럭밖에 되지 않는 곳을 열 번 이상 저지당하고 심문받으며 한 시간이나 걸려서야 겨우 호텔에 도착할 수 있었다.

견제민 서기관의 친절한 안내로 모스크바의 많은 곳을 둘러볼 수 있었는데, 크렘린과 아르바트 거리가 인상적이었다. 또한 눈 내리는 밤에 야간열차 편으로 8시간 걸려 레닌그라드(현 상트페테르부르크)를 방문했다. 모스크바에서 650킬로미터 떨어진, 발틱해 연안의 옛 제정 러시아의 수도에서 여러 명승지를 관광했다. 특히 세계 3대 박물관 중 하나로 손꼽히는 에르미타주 박물관과 푸시킨 마을의 파블로프스크 여름궁전 등이 아주 인상적이었다.

소련 공산당 지도자가 된 고르바초프는 1986년 초 경제 회생을 위해 페레스트로이카 정책을 채택, 사유재산제를 도입하고 국영기업의 민영화, 기업 경영의 자유화, 외국의 합작투자 유치 등 경제개혁을 추진했다. 이와 함께 대중 동원과 주민 통제 방식을 버리고 온 국민이 주인의식을 갖고 개혁에 적극 참여하도록 정보 공개, 표현의 자유 보장 등 자유화와 개방정책(글라스노스트)을 폈다. 한편 대외적으로는 '새로운 사고에 의한 외교 안보정책'을 추진하여 미국과 핵무기 감축에 합의하고, 냉전을 종식시켰다.

그러나 페레스트로이카 정책이 기득권층과 관료들의 방해와 저항,

보·혁 갈등의 심화, 물자 부족과 경제난의 심화 등으로 난관에 봉착하
자, 개혁 주도 세력은 보수 기득권 세력을 견제하고 대중을 각성시키
기 위해서라도 민주화 개혁을 서둘러야 했다. 정치개혁이 경제개혁을
성공으로 이끄는 필수 요건이라는 판단 아래 고르바초프는 소비에트
제도 개편, 복수 후보를 인정하는 선거제도 도입, 의회 기능 강화, 대통
령제 신설, 공산당 일당독재제 폐지, 복수정당제 도입 등과 같은 정치
개혁을 본격적으로 추진했다. 경제개혁과 정치개혁, 사회개혁을 동시
에 추진하는 총괄적 개혁을 추진한 것이다.

　인플레와 실업, 물자 부족과 민생고가 심각성을 더해가면서 정치·사회적 불안이 고조되어 갔다. 급진적 개혁 주장파와 보수적 체제 유지론자들의 대립이 격화되고, 민족 분규와 독립운동이 확산되어 갔다. 내가 모스크바를 방문한 것은 바로 이러한 시기였다. 모스크바를 방문한 지 5개월도 안 되어, 성공하지는 못했지만 수구 세력에 의한 쿠데타가 발생했고, 드디어 이해 말에는 고르바초프 대통령이 사임하고 소비에트연방이 해체되었다. 과연 북한의 현 지배층이 '소련 모델'을 본받을 수 있을까? 아마도 그것은 북한의 급속한 붕괴와 남한에 의한 흡수통일을 촉진하는 길이 될지 모른다는 생각이 들었다.

베를린에서 본 독일 통일

이해(1991년) 9월에는 베를린 방문의 꿈이 실현되었다. 나는 이 무렵 독일 통일 과정에 관한 연구에 심취해 있었다. 독일 통일 과정에서 한반도 통일의 교훈을 찾아보려는 것이었다. 취리히에서 열리는 국제전략연구소IISS 연차총회와 빈에서 개최되는 국제외교연수원장회의에 참석하는 길에 베를린에 들렀다.

동·서독을 갈라놓았던 유명한 브란덴부르크 문을 지나 베를린 장벽에 그려진 벽화들을 돌아보고 동베를린 시내와 포츠담을 포함하여 교외 지역을 돌아보았다. 아직 소련군이 주둔하고 있었다. 그리고 현희강 베를린 주재 총영사와 독일 통일 과정에 대한 토론을 하면서 통일 후유증에 관한 자세한 설명도 들었다.

독일 통일 이듬해에 베를린을 방문한 저자가 남겨진 베를린 장벽을 배경으로 찍은 기념사진. 1991년 9월.

———

나는 통일이 실현될 때까지 약 14개월(1989. 8.~1990. 10.)에 걸친 동독의 변화 과정과 동·서독 통합 과정을 3단계로 나누어 파악하고 있었다. 이것은 내 나름대로의 분류 방법이었다. 제1단계는 동독에서 공산정권을 붕괴시킨 시민혁명단계, 제2단계(1989. 11.~1990. 3.)는 임시연립정부가 민주화개혁을 추진하여 체제개혁을 단행한 단계, 제3단계는 자유 총선거를 통해 집권한 민주정부가 국민의 위임을 받아 서독과 통합을 추진한 단계다.

흔히 독일 통일을 서독의 우월한 경제력에 의해 동독이 서독에 흡수된 것이라는 측면만 부각하는 경향이 있었다. 그러나 나는 동독 사람들이 시민혁명을 통해 나타낸 자유의지도 존중해야 공평하다는 생각을 하고 있었다.

고르바초프가 위성국들에 민족자결을 허용하자 동구권에서 탈脫공산 민주화혁명의 물결이 일어났으며 동독도 예외가 아니었다. 동독 시민들의 대탈출 사태(약 1년 동안 50여 만 명 탈출)가 일어나고, 이 사태는 '인간의 얼굴을 가진 사회주의'를 요구하는 군중 시위를 촉발했다. 이 시위는 전국적으로 확산되면서 혁명적 성격을 띠게 됐으며, 급기야 공산당 일당독재 정권을 무너트리고 베를린 장벽을 무너트렸다.

시민혁명으로 수립된 임시 연립정부와 정치적 공백기의 혼란을 방지하기 위해 기독교 기관이 주도하여 구성한 원탁회의(혁명회의)는 새 헌법을 제정하고 선거법, 언론법, 노동법 등을 제정하여 새로운 법질서를 확립하는 한편 민주화개혁을 추진했다. 그리고 자유 총선거를 실시하여 민주정부를 수립하는 한편 통일 문제에 대한 국민적 합의를 도출했다.

선거의 주요 쟁점은 통일의 방안과 시기 문제에 집중되었다. 서로 다른 세 가지 입장이 대결했다. 동독 기독교민주당은 서독 기본법 제23조에 따라 '병합에 의한 조기 통일 실현'을 주장했고, 사회민주당은 동·서독이 대등한 입장에서 '통일헌법'을 제정, 서둘지 말고 신중히 통일을 추진해야 한다는 주장을 폈다. 민주사회당은 우선 '국가연합'부터 실현하여 단계적으로 통일을 추진할 것을 주장했다.

총선거 결과 '병합에 의한 조기 통일'을 주장한 기독교민주당과 일부 군소 정당 연합이 48퍼센트의 지지를 얻어 집권하게 되었다. 동독인들은 풍요로운 생활을 즉각 보장할 수 있다는 서독과 지체 없이 통합되는 길을 선택한 것이다.

새로 구성된 민주정부는 국민적 합의에 따라 서독과 협상하여 2단계 통합을 추진했다. 먼저 3개월간 경제·통화·사회 통합 과정을 거쳐 정치적 통일을 이룩하기로 한 것이다. 또한 동·서독은 전승 4개국과의 2+4회담을 통해 독일 통일에 대한 국제적 합의를 이루어냈다. 즉, 통일 독일의 영토와 국경선은 현상 유지에 한정되고, 대량 살상 무기와 공세 전력은 갖지 않으며 군 병력은 37만 명을 상한선으로 하고, 북대서양 동맹기구NATO에 가입한다는 등의 규제 조치에 합의한 것이다.

독일 통일을 가능하게 한 동독의 평화적 시민혁명은 어느 날 갑자기 일어난 것이 아니며 고르바초프의 선물도 아니다. 그것은 서독이 꾸준히 심고 물 주고 가꾼 결과 하나님이 자라나게 하고 통일의 열매를 맺게 하신 것이다. 서독은 빌리 브란트 정권 집권(1969년) 이래 20여 년간 정권 교체에도 불구하고 일관성 있게 '동방정책'을 추진해 왔다. 동-서독이 서로 오고 가며 돕고 나누는 '사실상의 통일' 상황을 실현하기 위해 노력했다. 한 민족이 분단되어 2개 국가를 형성하고는 있지만 민족 동질성 유지에 최우선 목표를 두는 정책을 추진했다. 동독 고립화정책을 버리고 평화 공존하며 '접촉을 통한 변화'를 추구했다.

서독은 20년 동안 매년 평균 32억 달러에 달하는 막대한 현금과 물자를 다양한 명목과 경로로 동독에 지원하고, 매년 수백만 명이 동-서독을 서로 왕래하는 등 접촉과 교류 협력을 적극적으로 추진했다. 또한 이산가족의 재결합 등을 실현하여 분단으로 인한 양측 시민들의 불편과 고통을 최소화하기 위해 노력했다. 브란트 총리는 동독 주민들의 생활 수준을 향상하고 민족 통합을 유지하는 것이 통일의 기반을 마련하는 길이라 생각했다. 그 결과, 동독 시민들이 아침에는 공산당 신문을 읽고, 저녁에는 서독 TV를 볼 수 있는 상황으로 발전하였다.

이런 과정을 통해 동독 시민들의 의식 변화가 일어나 민심을 얻게 되었다. 서독은 보다 많은 접촉과 왕래를 통해 인내심을 갖고 동독의 점진적인 변화를 유도하려고 노력했다. 물자 교류와 경제 협력도 경제적 이득 추구의 차원이 아니라 동독 주민의 생활 개선과 민족 동질성 유지라는 정치적 목적 달성을 위해 적극적으로 추진했다.

또한 비현실적인 통일 논의보다는 '사실상의 통일 상황' 실현에 주력했다. 정부는 민족 문제의 정치적 이용을 금기로 삼았으며, 언론도 이에 엄격했다. 따라서 상대방을 궁지에 몰아넣어 양보나 승복을 받아내거나 반사적 이익을 노리는 대신, 오히려 궁지에서 벗어나도록 돕고 타협하고 아량을 베풀어 상대방이 호응할 수 있는 명분을 주고 체면을 살려 주려고 노력했다. 통일 당시 동·서독의 인구는 1천7백만 명 대 6천2백만 명으로 거의 4배, 그리고 1인당 국내총생산은 5,800달러 대 19,000달러로 3배 차이가 났다.

이처럼 서독의 슬기로운 동방정책이 '사실상의 통일 상황'을 실현하여 동·서독이 서로 오가고 돕고 나누면서 분단의 고통을 덜 수 있었다. 이뿐만 아니라, 호기를 포착하여 즉각적인 통일 달성을 가능하게 하는 데 크게 기여했다.

나는 동·서독의 체제 통합 과정이 우리에게 시사하는 바가 크다고 생각했다. 만일 한국과 미국이 북한으로 하여금 안심하고 '중국 모델'을 본받아 개방과 시장경제로 가는 개혁을 추진해 나갈 수 있도록 환경과 여건을 조성한다면, 그리고 성공할 수 있도록 도와준다면, 남북연합을 통해 우선 평화 공존하며 '사실상의 통일' 상황을 실현할 수 있으리라는 희망을 품게 되었다.

현 단계에서 우리에게 필요한 것은 바로 남북의 화해와 평화 정착이며 다방면에 걸친 보다 많은 접촉과 교류 협력이다. 그리고 미국이 북한과 관계 개선에 나서도록 돕는 것이 긴요했다. 북한은 체제 수호의 꿈을 버리려 하지 않을 것이며 교류 협력을 꺼려 할 것이라는 데 의문의 여지가 없다. 그렇다 해도 우리가 큰 자신감과 넓은 아량으로, 심고 물 주고 가꾸어 나가는 대북 포용정책을 통해 남북관계의 개선·발전을 주도해 나가야 한다고 확신하였다.

"아무래도 임 원장께서 대통령 특사로 평양에 다녀와야 하겠어요.
직접 김정일 위원장을 만나 세 가지 임무를 수행해야 하겠습니다.
첫째, 김정일 위원장이 과연 어떤 인물인가를 알아 오시오.
둘째, 정상회담에서 협의할 사안을 제대로 이해할 수 있도록
충분히 설명해 주고 북측 입장도 파악해 오시오.
셋째, 정상회담 후 발표할 공동선언 초안을 합의해 오시오.
임 원장의 임무는 말하자면, '정상회담을 위한 예비회담'을 하는 것이오."

4부

평화와 통일의
길에서

8장

남북 화해 협력 모색 5년

남북고위급회담 대표

1990년 가을, 한반도 분단 역사상 최초로 총리를 수석대표로 하는 남북 당국의 공식 회담이 서울과 평양을 오가면서 열리게 되었다. 나는 이 역사적인 남북고위급회담의 대표로 참여하는 영광을 누렸다. 남북고위급회담 2년 반 동안 판문점에서 혹은 평양과 서울을 오가면서 60여 회의 남북협상에 참여하였다. 더구나 남북고위급회담 전 기간에 남측 대표로는 유일하게 처음부터 끝까지 참여한 대표라는 기록도 남기게 되었다.

내가 남북고위급회담 대표로 임명된 것은 내 경력 및 전문성과 관련이 있었다. 홍성철 통일원장관이 들려준 바에 의하면, 다른 대표들은 모두 직책에 따라 선정되었으나, 외무부 몫 선정 과정에서는 노태우 대통령이 직접 나를 지명했다고 한다. 노태우 대통령은 예비역 장성 출신으로 외교 안보 문제 전문가이며 청와대 군비통제기획단장인 임동원 외교안보연구원장이 군비통제 문제는 물론 유엔 가입 문제, 주한미군 문제, 평화협정 문제 등 여러 문제를 담당할 수 있는 적임자라며 "임동원 원장보다 더 좋은 적임자는 찾을 수 없을 것"이라고 했다고 한다.

예상치 못한 남북고위급회담 대표 임명은 내 일생의 진로를 군인, 외교관에서 통일 일꾼으로 전환하는 결정적인 계기가 되었다. 결과적으로 노태우 대통령은 내가 통일 일꾼으로 여생을 국가와 민족을 위해 헌신할 수 있게 해준 것이다.

우리나라는 1987년 6월 민주항쟁 이후 6공화국이 출범하면서 대내적으로는 민주화를 추진하고 대외적으로는 북방정책을 추진했다. 냉전이 종식을 고하는 국제 정세의 전환기를 호기로 포착하여 획기적인 정책 전환을 추진한 것이다. 지난 40년간 유지해 온 반공정책을 넘어 북한을 비롯하여 소련, 중국 등 공산권에 문호를 개방하고, 교류와 관계 개선을 추진해 나가기로 한 것이다.

1988년 7월에는 '7·7 대통령특별선언'으로 불리는 '민족자존과 통일번영을 위한 대통령 특별선언'을 통해 북한을 더이상 적대적인 대결과 경쟁의 상대가 아닌 '평화와 통일의 동반자'로 포용하고, 남북관계의 실질적 개선을 추진해 나간다는 전향적인 대북정책을 발표했다. 실제로 남북 간 사람과 물자의 교류를 가능케 하는 조치들을 취했다. 이러한 변화 추이와 함께, 88서울올림픽을 12년 만에 공산권을 포함한 전 세계인의 평화 축제로 성공리에 개최하여 한국의 국제적 위상을 선양하는 계기가 되었다.

노태우 정부는 탈냉전의 새 시대에 부응하는 새 통일 방안으로 '민족공동체통일방안'을 마련하여 통일정책의 기본 방향을 제시했다. '민족공동체통일방안'은 '선 민족사회 통합, 후 국가 통일'을 특징으로 하고 있다. 통일은 목표인 동시에 과정으로, 화해 협력 단계를 거쳐 '남북연합'을 형성해 완전 통일을 지향해 나가야 한다는 것이다.

1989년 12월 초에는 미-소 정상이 몰타에서 '냉전 종식'을 선언하였다. 자유 진영과 공산 진영 간의 40년 냉전이 종언을 고하게 된 것이다. 이어서 미국이 동아시아전략을 수정하며 '주한미군의 3단계 감축방안'을 발표했다. 이 같은 국제 정세의 지각변동에 따라 북한은 국제적 고립과 다가올 경제적 난관을 극복하고, 체제 생존을 위해 남북회담에서 그 돌파구를 모색하지 않을 수 없게 되었다.

서울올림픽이 끝난 후 평양은 서울의 제의를 받아들여, 1989년 2월 초부터 판문점에서 남북고위급회담 개최를 위한 예비회담을 시작하였다. 그러나 합의에 이르기까지 8차의 회담을 거듭하였으며 무려 1년 반이나 걸렸다.

온 세계의 관심이 집중된 역사적인 제1차 남북고위급회담이 1990년 9월 5~6일 서울 인터컨티넨탈호텔에서, 제2차 회담이 6주 후인 10월 17~18일 평양 인민문화궁전에서, 제3차 회담이 12월 4~7일 서울 신라호텔에서 개최되는 등 첫해 4개월간 세 번이나 열렸다. 서로 상대방을 인정하지 않던 남과 북의 정부 대표단이 분단 반세기 만에 처음으로 상대방 지역을 방문하며 공식적으로 마주 앉게 된 것이다. 최초의 세 차례 회담은 남과 북이 서로의 기본 입장을 파악하는 한편 상대방의 최고지도자를 예방하는 등 '행사의 성격'을 띠었다. 이른바 탐색 단계였다.

북측 대표단이 도착하던 날 아침 나는 판문점 평화의 집에서 휴전선을 넘어 북측 지역에 있는 통일각에 가 북측 대표단을 안내해 오는 임무를 수행했다. 나는 연형묵 총리와 함께 1호차에 타고 통일각 울타리를 나섰다. 북측 대표들을 태운 차량 행렬은 군사분계선상에 있는 7개의 콘셋트(창고) 건물과 판문각 사이를 지나 동쪽 끝 콘셋트 건물 옆을 돌아 남쪽으로 향했다. 그러나 군사분계선상에는 남북을 연결하는 도로가 없었다. 건물 길이만큼, 약 10미터가량 될까, 잔디밭 옆 자갈 깔린 데를 지나 남쪽 지역으로 진입했다. 나는 이 지점에서 연 총리에게 "남북을 연결하는 도로가 없습니다"라고 일깨워 주었다. 그는 단장의 비극을 상징하는 끊긴 도로를 지나면서 "하루빨리 이 길이 연결되어야 할 텐데"라며 자못 심각해지는 것 같았다.

나는 이날 처음으로 북측 인사를 만났는데, 연형묵 정무원 총리와 20여 분간 환담하면서 이데올로기를 초월하여 남북대화에 대한 기대를 품을 수 있었다. 또한 인간적으로 연 총리의 소탈하면서도 따뜻한 마음씨를 읽고 좋은 인상을 받았다.

남북고위급회담에서 남측은 탈냉전의 국제 정세를 호기로 포착하여 한반도에서도 냉전을 끝내고 '민족공동체 통일방안'에 기초하여 평화통일을 지향해 나가고자 했다. 이를 위해 '남북관계 개선을 위한 기본합의서'부터 채택하기를 원했다. 불신과 대결의 남북관계를 화해와 협력의 관계로 전환해 나가기 위함이었다.

독일 통일을 목격하면서 흡수통일의 공포에 시달리게 된 북측은 정치적·군사적 대결 상태부터 해소해야 하며 이를 위해 우선 남북 '불가침선언'을 채택하자고 주장했다. 그리고 "남측이 주장하는 단일체제에 의한 통일은 전쟁을 통해서거나, 평화적으로나 상대방의 체제를 없애는 방법이 아니면 실현 불가능한 것이다. 서로 먹거나 먹히지 않고 통일하는 길은 두 체제, 두 지역정부를 그대로 두고 하나의 국가로 통일하는 '고려민주연방제 통일'을 택하는 길밖에 없다"라고 주장했다. 그리고 "두 개의 조선을 확인하려 할 것이 아니라 '하나의 조선론'을 견지하는 통일 지향적 자세를 가져야 한다"고 주장했다.

양측의 입장은 두 가지 기본적인 문제로 대립되었다. 하나는 '하나의 조선론'과 '분단 현실을 인정하는 두 실체 간의 관계개선론'이 맞선 것이다. 다른 하나는 '남북이 무엇부터 먼저 협의 해결해야 할 것인가' 하는 문제였다. 즉 '정치·군사 문제 해결 우선론'과 '교류 협력 우선론'이 대립한 것이다. 이는 양측 통일 방안과 관련된 기본 정책과 기본 입장 차이에서 기인하는 것으로 협상으로는 해결하기 어려운 문제였다.

이에 남측은 남북정상회담을 개최하여 돌파구를 마련하고자 했다. 비공개리에 남북 특사 교환 방문을 성사시켰으나 남북정상회담 개최에는 합의하지 못했다. 결국 한반도를 둘러싼 정세 변화를 관망하며 근 1년이라는 시간을 기다려야만 했다.

서울과 평양의 만남

분단 역사상 처음으로 총리를 수석대표로 하는 정부 대표들과 50명의 기자들을 포함한 대규모 대표단이 상대방의 수도인 서울과 평양을 방문한다는 것은 역사적인 대사건이 아닐 수 없다. 베일에 가려져 있던 상대방의 사회상과 경제 형편을 직접 관찰하고 각종 정보를 수집·평가할 좋은 기회였다. 한편, 남과 북은 모두 자기 체제의 우월성을 과시하는 기회로 삼고자 했다.

북측 대표단이 서울에 도착한 첫날부터 우리 측은 숙소인 강남의 인터컨티넨탈호텔에서 출발하여 고층 빌딩이 즐비한 테헤란로를 거쳐 서울 시내 중심가를 오가면서 고층 빌딩과 자동차의 물결, 인파, 상품으로 가득한 활기찬 거리와 휘황찬란한 네온사인으로 아름답게 수놓은 밤거리를 보여주려고 애썼다. 초특급 호텔에서 번갈아가며 고급 양식으로 만찬을 베풀고 쇼를 보여주었다.

하루는 만찬을 마치고 돌아와서 〈아제 아제 바라아제〉라는 영화를 관람했다. 그런데 남한 사회의 치부를 드러낸 이 영화를 보고 남측 대표들은 물론 북측 대표들도 대단히 놀랐다. 북측 대표들은 이 같은 영화를 자기들에게 보여주는 저의가 무엇인지 궁금해했다. 그리고 과연 이런 영화를 일반 시민들도 볼 수 있는지 의아해했다.

〈아제 아제 바라아제〉는 복잡한 가정환경 때문에 가출한 소녀가 어느 산골 절간에서 비구니가 되어 구도 행각을 하며 깨달음을 얻어가는 과정을 묘사한 영화다. 그녀는 이 산골짜기에서 죽은 빨치산(인민유격대원)의 아들과 만나, 파계하고 탄광촌에 가서 사랑의 보금자리를 차린다. 하지만 사고로 남편을 잃자 외딴 섬에 가서 의료봉사 활동을 하며, 육체도 던져버린다는 것이 대강의 줄거리다. 줄거리도 줄거리려니와 1960년대 남한 사회의 빈부 격차와 도시와 농촌 간의 격차, 세대 간의 갈등을 배경으로 하고 있다. 반정부와 반미를 외치는 대학생 시위대와 이를 진압하려는 전투경찰대 사이의 실감 나는 격돌 장면이라든가, 탄광촌의 처참한 생활상 등이 적나라하게 묘사되었다. 북한이 선전해 온 남한의 비참한 사회상이 그대로 그려졌던 것이다.

나는 이 영화의 여주인공이 얼마 전에 모스크바 영화제에서 주연배우상을 받았다는 것 이외에는 이 영화에 대한 사전지식이 없었다. 나는 북측 대표의 질문에 "약 20~30년 전 남한의 사회상과 지금의 사회상이 좋은 대조가 되지 않습니까?"라고 반문하는 것으로 대답을 대신했다.

나는 누가 이 영화를 보여주기로 결정했는지 궁금해졌다. 남북회담과 관련된 안내, 교통, 통신, 숙박, 문화 행사 등 모든 지원은 안기부에서 담당하고 있었다. 알아본 결과 서동권 안기부장이 결정했다는 것이다. 그는 북측 대표들로 하여금 북측에서 선전하는 남한의 참상이라는 것이 20~30년 전의 일이지 지금은 전혀 다르다는 인식을 갖게 하는 데 성공한 것이다.

북측 대표단이 서울에 와서 가장 불편해한 것은 다른 무엇보다도 식사 문제였던 것 같다. 서울에 도착한 첫날부터 일류 호텔에서 값비싼 양식을 먹어야 했다. 만찬 식탁 위에는 각각 4개의 포크와 나이프가 스푼과 함께 나란히 놓여 있었고, 3개의 글라스가 놓여 있었으며 풀코스 최고급 양식이 나왔다. 전채요리, 수프, 생선 요리, 소고기 요리, 샐러드에 이어 디저트 등이 흰 포도주, 붉은 포도주, 샴페인, 커피와 함께 나왔다. 그러나 자존심이 강한 북측 손님들은 무엇으로 어떻게 먹어야 할지 눈치를 살피려니 심리적으로 부담이 된 것이다. 더구나 양식이 입이 맞지 않아 꽤 괴로웠던 것 같다.

북측의 한 대표는 서울에서는 설렁탕이라는 것이 유명하다는데 그런 것 좀 맛볼 수 없겠느냐며 식사가 입에 맞지 않아 고통스럽다고 불만을 토로했다. 설렁탕은 한국전쟁 초기에 김일성이 서울에 와서 맛있게 먹었다고 알려진 음식이라는 것이다. 기자단과 수행원들이 한 신문사를 방문한 날 삼원가든이라는 대중식당에서 불고기와 진로 소주, 냉면으로 점심 식사를 했을 때 비로소 배불리 맛있게 잘 먹었다는 찬사가 나왔다고 한다. 일부러 골탕 먹이려는 것이 아니라면 우리가 북한을 제대로 알지 못하고 있다는 반증이 아닌가 하는 생각이 들었다. 북한을 우리의 잣대로 재고 우리 식으로 읽으려 할 때 이런 일이 빚어지는 것이다.

제3차 회담 때부터는 지난번과 달리 한식 메뉴를 제공함으로써 식사 문제에 관한 북측 손님들의 불평이 사라졌다. 제3차 회담을 마친 날 점심에는 북측 요원 전원을 타워호텔 코리아가든으로 초청하여 불갈비와 냉면을 대접했다. 양측 대표들이 어울려 소주를 곁들여 불갈비를 들었는데 북측 대표들은 대단히 만족해하며 많이 먹었다. 북측 손님들의 큰 인기를 끈 것은 진로 소주였다. 평양소주에 비해 도수가 약한 데다 부드럽고 약간 달콤한 맛이 난다며 진로 소주를 맹물같이 많이 마셨다고 한다. 훗날 북측 손님들은 진로 소주를 곁들여 맛있게 배불리 먹었던 이날의 불갈비와 냉면 오찬을 잊을 수 없다고 종종 말하곤 했다.

북녘 사람들은 서울에 와서 느낀 바를 솔직하게 말하려 하지 않았다. 질문을 해도 일부러 무관심한 체하거나 묵살해 버리려 했다. 그러나 그들이 받은 서울의 인상은 그들의 질문을 통해 가끔 내비쳐졌다. 다양한 종류의 수많은 자동차에 대해서는 공해 및 교통 혼잡과 연관 지어 질문했다. 그 많은 상점과 백화점, 물건들에 계속 눈길을 보내면서도 가난한 사람들과 연관 지어 질문하곤 했다. 호텔 방안에서 항상 틀어놓는 텔레비전에서 상품 광고가 나올 때마다 신기해하고 호기심을 느끼면서도 왜 저런 광고를 하는지 무척 궁금해했다. 북측에는 광고가 아예 없었던 때였다. 거리에서 몇 건물 지날 때마다 눈에 띄는 은행들을 보고는 도대체 어떤 일을 하는 곳이냐는 질문도 가장 많이 받은 질문 중 하나였던 것 같다.

평양에서 열리는 제2차 회담에 참석하기 위해 우리 대표단은 10월 16일 아침 판문점을 경유하여 개성역에서 14량의 컴파트먼트(칸막이)식 객차로 구성된 특별열차 편으로 평양을 향해 출발했다.

창밖을 내다보니 첫눈에 비친 것은 벌거벗은 산하와 흙벽돌로 지은 것으로 보이는, 마치 축사같이 허름한 농촌 주택들이었다. 눈에 띄게 보이는 것은 각종 구호를 내건 현수막과 표어탑이었다. "온 사회를 주체사상화하자!", "자력갱생", "속도전 전격전 섬멸전으로 경제건설 총진군!", "우리 식대로 살아 나가자!", "당이 결정하면 우리는 한다" 등 큰 글씨의 구호들이 가는 곳마다 내걸려 있었다. 개성에서 평양까지는 약 150킬로미터로 서울과 대전 간 거리와 비슷한데 거의 4시간이나 걸려 오후 1시 20분에야 평양역에 도착했다.

전쟁 때 완전히 폐허가 된 도시를 새로 건설한 평양의 첫인상은 외형상으로는 분명히 아름다워 보였다. 북한이 지난 45년간 전력을 다해 건설한 것이 있다면, 그것은 평양 하나뿐인것 같았다. 기차를 타고 오면서 본 농촌과 지방 도시 풍경과는 너무나도 대조적인 데 놀라지 않을 수 없었다. 중심가의 건물들은 높이가 일정하여 균형미를 나타냈으며, 예술적 아름다움을 자랑하는 웅장한 대형 건물과 조형물들이 눈길을 끌었다.

연형묵 총리 주최로 첫날 만찬이 인민문화궁전에서 있었는데, 인삼 잣죽, 넙치 쌀가루무침, 쏘가리회, 칠색송어, 불고기 등 전통 음식이 나왔다. 그 후에도 모든 식사는 항상 우리나라 전통 음식으로 나왔다. 술은 용성맥주, 인삼주, 백두산 들쭉술 등이 나왔다. 백두산 고산지대 에서 자라는 들쭉이라는 열매로 담근 붉은 포도주 빛깔의 들쭉술이 구미를 당겼다. 또한 만수대예술단 공연이 만찬 분위기를 흥겹게 했다. 〈도라지타령〉을 시작으로 〈꽃 파는 처녀〉, 〈노들강변〉, 《춘향전》 중의 〈사랑가〉, 〈봄의 노래〉 등이 흥을 돋웠다.

만찬 후에는 영화를 감상했는데 〈평양의 모습〉, 〈조선의 전통〉이라 는 문화영화들이었다. 인상적인 것은 고구려의 문화적 유산에 대한 북 한식 해석이다. 기마민족, 용맹한 전사, 진취적이고 공격적인 성격 등이 강조되어 있었다.

이틀간의 회담을 마친 날 오후 우리 대표단은 주석궁으로 가서 김일 성 주석을 예방했다. 주석궁의 공식 명칭은 금수산의사당으로, 1백만 평의 경내에 대형 분수대가 있고 그 뒤에 4층 석조 건물이 우뚝 서 있 는 것이 유럽식 궁전을 연상케 했다. 이 거대한 궁전은 아버지께 바치 기 위해 김정일이 주도하여 1976년에 완공한 것이라 한다. 주석궁 현관 과 넓은 중앙 홀은 바닥과 벽면이 모두 대리석으로 장식되어 있고 통로 에는 꽃무늬가 있는 진분홍색의 두꺼운 카펫이 깔려 있었다. 천장에는 10여 개의 대형 샹들리에가 달려 있고 정면과 측면 벽면에는 대형 풍 경화가 걸려 있는 등 은은하면서도 호화스런 분위기를 자아냈다.

응접실 입구에서 김일성 주석이 우리 대표들과 일일이 악수하며 맞 아주었다. 김일성 주석이 "강영훈 총리 각하, 환영합니다"라고 하자 강

총리도 "김일성 주석 각하, 반갑습니다"로 인사했다. 전쟁 범죄자에게 '각하'라는 존칭은 절대로 사용할 수 없다던 강 총리가 고집을 꺾은 것이다.

회의용 긴 탁자에 남북 대표들이 마주 앉자 김 주석은 평양에 오신 여러분을 열렬히 환영한다며 "총리회담을 통해 조국 통일을 위해 많은 노력해 주시기 바랍니다"라고 말했다. 10여 분간 진행된 면담이 끝나고 우리는 기념사진 촬영을 위해 중앙 홀 한쪽 벽 앞으로 이동했다. 강 총리가 김 주석의 건강한 모습을 언급하면서 건강 비결을 묻자, "나는 인생을 낙관적으로 삽니다. 하늘이 무너져도 솟아날 구멍이 있다고 믿으며 삽니다"라고 굵직한 목소리로 대답하는 것이 인상적이었다. 남북 대표들은 김 주석과 함께 백두산 삼지연의 봄 풍경을 그린 대형 벽화 앞에서 기념 촬영을 했다.

우리는 평양에서 먹은 음식들에 모두 만족했다. 백화원 초대소에서 나온 아침과 점심 식사는 모두 전통 음식이었는데 매끼 다른 식단이 마련되었다. 옛날부터 평양냉면, 평양 녹두지짐, 대동강 숭어국이 평양 3대 음식으로 널리 알려져 있다고 하는데 모두 먹어볼 수 있었다. 둘째 날에는 냉면이었다. 냉면을 좋아하는 나로서는 평양냉면의 본고장인 평양에서 유명 식당인 옥류관에 앉아 평양냉면을 맛본다는 것이 큰 즐거움이 아닐 수 없었다.

옥류관은 능라도가 내려다보이는 대동강 기슭에 있는 우아한 한식 지붕의 2층 건물이다. 대합 호두기숙회, 대동강 숭어국, 돼지순대 등을 전식으로 들고 난 다음 놋그릇에 든 꿩고기 평양냉면을 들었다. 냉면은 지방마다 사용하는 재료와 만드는 방법에 따라 맛에 차이가 난다고 한다. 평양냉면은 매밀 70퍼센트에 감자녹말 30퍼센트를 섞어 반죽하여 만든 국수를 꿩고기나 닭고기 국물을 식혀 만든 육수에 말아 여러 가지 양념과 고명을 넣어 만든다고 한다. 한 그릇 더 들라는 친절한 강권에 못 이겨 나는 두 그릇을 맛있게 먹었다.

만찬 행사나 공연을 할 때 많이 들은 노래 중에는 남측 노래가 두 곡 들어 있었다. 바로 〈우리의 소원은 통일〉과 〈고향의 봄〉이다. 이 노래들은 임수경 학생이 북한 지역 방방곡곡을 돌아다니며 부른 것이 계기가 되어 널리 보급되었다고 한다. 통일 열기를 조성하려 한 북한은 임수경의 지방 순회 활동을 매일같이 TV와 라디오로 방송했고, 북한 사람들의 임수경에 대한 인기는 날로 높아가면서 이 노래들이 큰 인기를 끌게 되었다는 것이다. 평양에서 보낸 마지막 날 만찬 행사는 우리를 아주 놀라게 한 매우 인상적인 경험이었다. 인민문화궁전 건너편 노동당 간부들의 아파트 건물이 밀집한 창광거리 골목에는 높다란 콘크리트 담벽으로 둘러친 구역에 위치한 목란각이라는 식당이 있었다. 북한의 국화가 목란(목련)이라고 한다. 이곳에서 우리는 식사와 함께 화려한 자본주의적인 쇼를 관람하였다.

목란각은 6면 벽이 온통 순백 대리석으로 뒤덮인 넓고 밝은 홀인데 무대장치가 있는 일종의 극장식당 같았다. 칠색 송어구이, 사슴고기중탕, 꽃게즙구이, 꿩고기만두국, 속이 노란 개량수박 등으로 이어진 성찬은 일품이었다. 마실 것으로는 60도가 넘는 평양소주와 용성맥주 등이 나왔는데, 나는 이 소주들보다 매우 향기롭고 고운 붉은 빛깔의 백두산 들쭉술에 반했다. 나는 옆자리에 앉은 한영수 천도교청우당 부위원장과 대화를 나누었다. 만포 출신이라는 그는 북한의 현실을 묻는 내 질문에 비교적 솔직하게 답변해 주었다.

식사를 마치자 앞쪽 벽면이 열리고 현란한 조명을 받아가며 15인조 왕재산 경음악단의 전자음악에 맞춰 아름다운 무희들이 다리를 번쩍 치켜올리고 엉덩이를 흔들며 신나게, 자본주의국가에서나 볼 수 있는 춤을 췄다. 이어 한복 차림의 무희들이 나와 로봇 춤과도 같은 인형 춤을 췄다. 노래도 경쾌한 리듬으로 된 것들만 이어졌다. 혁명과 통일, 김일성 운운하는 노래는 없었다. 우리 일행은 서울의 극장식당에라도 와 있는 듯한 착각 속에서 손뼉을 치며 흥겹게 공연을 관람했다. 북측 사람들도 만족스런 표정을 지으며 이제 북한도 이 정도로 변했다고 으쓱해 보였다. 우리는 솔직히 말해 북한에서 이런 쇼를 볼 수 있으리라고는 생각지도 못했다. 분명히 특수층을 위한 전용 연회장이긴 하지만, 이것도 변화의 징후로 봐야 하지 않을까 하는 생각이 들었다.

내가 북한 땅에서 가장 크게 받은 인상은 북한 경제의 낙후성이었다. 경제가 이토록 낙후되었다면 그동안 우리가 북한의 능력을 너무 과대평가한 것이 아닌가 하는 느낌이 들었다. 또한 나는 북한 동포들의 삶이 너무도 비참하여 큰 충격을 받았다. 모두가 빈곤하니 '빈곤의 평등'을 이룩했다는 말이 틀리지 않은 것 같다. 더구나 "아무 부럼 없이 수령의 따뜻한 품속에서 행복하게 잘살고 있다"는 북한 주민들에게는 시간적 비교의식만 있지 공간적 비교의식은 존재하지 않는 것 같았다. 1950년대, 1960년대에 비하면 지금 얼마나 잘사느냐고 말하지만 남녘 동포나 일본 사람들에 비해서는 얼마나 비참한가에 대한 비교의식은 아예 존재하지 않았다. 폐쇄된 통제 사회에서 바깥세상을 알 수 없으니 어쩌면 당연한 태도일 것이다.

이산가족 상봉과 강영훈 총리의 사임

평양에서의 마지막 일정인 목란관 만찬 행사를 마치고 숙소로 돌아왔을 때는 이미 자정이 가까웠다. 한 시쯤 되었을 때 문을 두드리는 소리와 함께 최봉춘 북측 책임연락원과 김용환 남측 책임연락관이 함께 방 안으로 들어와서 "임 선생, 동생들을 만나 보시지요. 여동생 임동연과 남동생 임동진을 여기 데리고 왔습니다"라고 말하는 것이었다. 내가 우리 대표들은 북한에 있는 가족들을 안 만나기로 되어 있다면서 거절하자, "다른 분들도 만나니 임 선생만 그러지 말고 만나 보세요"라며 문을 열어 복도에 서 있는 사람들에게 들어오라고 손짓을 했다. 안기부 직원인 남측 연락관이 강영훈 총리와 홍성철 장관도 가족 면담을 시작했다며 만나 보라고 권했다.

너무도 늙어 보이는 할머니와 젊은 청년이 내 앞에 서 있었다. 아무리 봐도 이들이 나보다 세 살 아래인 동연과 두 살 난 애기 때 마지막으로 본 동진인지 전혀 알아볼 수가 없었다. 내 기억 속에는 열네 살 이쁜 여학생 얼굴만 남아 있는데, 고생을 많이 해서 그런지 이 할머니의 얼굴에서는 전혀 비슷한 모습을 발견할 수 없었다. 동연도 41년 만에 만나는 오빠가 진짜인지 알아볼 수 없어 어리둥절한 표정이었다. 나는 우선 이들을 자리에 앉히고 차분히 질문하여 확인하기 시작했다. 부모와 자매들의 이름부터 시작하여 우리 집 구조며 정원의 라일락 나무며 꽃들이며 기억나는 대로 질문했다. 동연은 모든 것을 정확하게 답변했다. 틀림없이 내 동생인 것 같았다. 그런데 갑자기 47년 전인가, 동연이 초등학교에 입학하던 날 아침에 일어났던 일이 떠올랐다. 이날 아침의 일을 기억하느냐고 묻자 "오빠, 지금도 똑똑히 기억하고 있어요. 아버님이 내 생일날을 일본말로 가르쳐 주시고 복창해 보랄 때, 제가 '쥬이찌가쯔 도우까(11월 10일)'를 '쥬이찌가쯔 도깨비'라고 해서 오빠가 웃음을 터트리며 놀려 주었지요"라는 것이다.

나는 동연을 그러안고 울음을 터트렸다. 쏟아져 나오는 눈물을 멈출 수가 없었다. 동연도 소리 내어 울었다. 한참 동안 울고 난 다음 동연은 어머님이 전쟁 때 39세의 젊은 나이로 돌아가시고 아버님은 의사로 동원되어 강계병원에서 격무에 시달리시다가 30년 전에 돌아가셨다는 비보를 들려주었다. 자식들을 위해 무진장으로 고생만 하시다 효도 한 번 받아보지 못하고 돌아가시다니…. 온갖 정성과 사랑을 바쳐 키운 아들의 생사를 모른 채 얼마나 가슴 아픈 나날을 보내다 돌아가셨겠는가. 나는 부모님께 불효한 죄인인 것이다. 우리는 눈물의 바다에서 헤어날 수가 없었다. 우리 민족의 비극, 분단과 동족상잔의 비극, 이산가족의 슬픔을 우리 남매가 모두 걸머지고 있는 것만 같았다.

동연은 원산 근처 시골 병원에서 약제사로 근무하고 있고, 동진은 같은 고장 시멘트공장에서 10톤 트럭 운전기사로 일하고 있으며, 다른 자매들도 모두 살아 있다고 들려주었다. 부모님이 돌아가신 후 동연이 나이 어린 동생들을 맡아 키웠다고 한다. 누님과 넷째는 함경북도 청진에서, 셋째인 동연이는 일곱째·여덟째와 함께 강원도 천내에서, 다섯째와 여섯째는 자강도 전천에서 생활하고 있다고 한다.

동생들은 내가 살아 있다는 게 도저히 믿기지 않았다고 한다. 두 주 전쯤 "임동원이라는 사람을 아느냐?"라고 조사를 받았을 때만 해도 죽은 사람에 대해 왜 묻는지 알 수 없었다고 했다. 그런데 한 주일 전에 평양으로 출두하라는 지시를 받고 와보니, 녹화된 남북회담 비디오를 보여주면서 오빠가 맞느냐고 확인하기에 아버님의 모습을 빼어 닮았으며, 생년월일이 같고 선천고급중학교를 다녔다니 오빠임에 틀림없는 것 같다고 대답은 했으나, 믿을 수 없었다는 것이다.

나는 전쟁 때 월남하여 국군에 입대, 육사를 졸업하고 육군 장교로 근무하다 장군으로 예편한 후, 외국에서 대사로 근무하다 지금은 외무부 산하 연구원장으로 재직하고 있다는 사실을 대충 이야기해 주고 가족 상황도 알려 주었다. 그리고 얼마나 고생하느냐며 북한에서 어떻게 살고 있는지 관심을 표명했다.

이때 영리한 동연이 말없이 글 쓸 종이를 달라기에 한 장 주었더니 "오빠, 우리 북에 대해 좋게 말해 주세요. 말씀 주의해 주세요"라고 적어주는 것이었다. 나는 즉각 이들이 녹음기를 차고 들어왔을지도 모른다는 생각이 들었다. 이들을 위해서라도 말조심하기로 했다. 이때부터 정치선전이 시작되었다. 목소리를 높여 "우리는 위대한 김일성 수령의 따뜻한 품 안에서 아무 부럼 없이 행복하게 잘산다"며 평등사회라느니 행복이 넘치는 사회라느니 끝없이 늘어놓는 것이다. "빨리 통일이 돼야 한다", "통일이 안 되고 있는 것은 미 제국주의자들이 남조선을 강제 점령하고 있기 때문이다", "서울에 돌아가면 반미 투쟁을 전개하라", "통일의 꽃 임수경을 석방하도록 대통령께 건의하라", "유엔 단일의석 가입을 형님이 앞장서서 반대한다는데, 그러지 말고 지지하라" 등의 말들이 이어졌다. 나는 잠자코 듣고만 있었다. 남동생 동진이 열을 올리는 것을 보니 진짜 빨갱이 같아 보였다. 이들은 한 주일 전부터 평양에 불려와서 철저히 교육을 받았을 것이다. 이 아까운 시간에 이런 소리로 시간을 허비하다니. 그러나 별 수 없었다. 어차피 하라는 이야기는 다 하고야 말 테니.

나는 카메라 자동셔터를 이용하여 기념사진을 찍고 서울에서 가져온 선물 보따리를 내놓았다. 사실은 북측 대표와 안내원들에게 주라고 안기부가 마련해 준 것이었다. 그러나 동연은 한사코 받지 않겠다고 했다. 그래서 나는 이 선물들은 북측 인사들에게 주려고 가져온 것으로 대단한 것이 아니라고 솔직하게 말하며 일일이 포장지를 풀어 보여주었다. 소형 라디오, 워크맨, 카세트테이프, 실크 스카프, 넥타이, 장갑, 티셔츠, 팬티, 속내의, 미원 세트와 맛김 등이었다. 미화 1,000달러도 내놓았다. 이 돈 역시 안기부가 마련해 준 것이었다. 설득 끝에 받기로 했으나 당국에 갖다 바치겠다고 하길래 마음대로 하라고 했다. 어차피 당국의 허가 없이는 갖지 못할 테니 말이다.

어느새 새벽 2시 반이 넘었다. 헤어질 때가 된 것 같았다. 동연은 걱정과 수심에 가득 차 보였다. "오빠, 우리는 괜찮을 테니 안심하세요. 어제저녁 텔레비전 뉴스에 경애하는 김일성 수령께서 오빠를 만나 주시고 남조선 대표단과 함께 기념사진을 찍어주시는 장면이 나왔어요. 내일 노동신문에는 김일성 수령께서 함께 찍으신 사진이 큼직하게 날 겁니다. 그 사진을 오려서 사진틀에 넣어 걸어놓고 두고두고 보겠어요. 우리 집안의 영광이지요. 이제 우리는 괜찮을 거예요." 이렇게 자위하는 말이 나를 한없이 슬프게 했다. 이제 월남자 가족, 그것도 이른바 '괴뢰정부' 고관의 가족으로 분류당하게 되었으니, 살아남은 가족들을 고통으로 몰아넣는다는 죄책감이 나를 엄습하였다. 흘러나오는 눈물을 막을 길이 없었다.

2시간가량 상봉을 마치고 밖으로 나가니 미니버스가 대기하고 있었다. 기다리고 있던 북측 직원이 강 총리의 누이는 약 한 시간의 면회를 마치고 차 안에서 기다리고 있으며, 홍 장관의 누님은 아직 안 나왔다고 알려 주었다. "빨리 통일을 이룩해서 함께 살자", "다시 만날 때까지 몸 건강히 지내자"라며 기약 없는 작별의 인사를 나누고 헤어졌다.

방에 돌아오니 새벽 3시가 다 되었다. 잠자리에 누웠으나 잠을 이룰 수가 없었다. 돌아가신 부모님을 생각하며 나는 눈물로 밤을 지새웠다. 아침에 배포된 《민주조선》과 《노동신문》 1면에는 20×30센티미터 크기의 큰 사진이 게재되어 있었다. 김일성 주석과 강영훈 총리 사이로 뒷줄에 내 모습이 보였다. 이 사진을 오려 사진틀에 넣고 볼 동생들을 생각하며 백화원을 떠났다.

회담을 마치고 금요일 오후 서울에 돌아오자마자 강영훈 총리를 비롯한 대표들이 구설수에 올랐다. 월요일(10월 22일)에 《동아일보》가 "강 총리 평양서 누이동생 만났다"는 특종기사를 1면 머리기사로 보도한 데 이어 모든 매스컴이 앞다투어 크게 다루면서, 일부 언론이 회담대표들의 정직성과 도덕성을 문제 삼았다.

이 보도는 제2차 남북축구대회 취재차 전날인 일요일에 서울에 도착한 북한 기자가 그날 밤 환영 만찬 석상에서 우리 측 기자에게 슬그머니 흘린 것을 기사화한 것이다. 결국 강 총리가 "이산가족 상봉 문제를 해결하지도 못한 채 혼자만 가족을 만난 데 대해 1천만 이산가족에게 정중히 사과"하고 "잔무 정리가 끝나는 대로 발표할 생각이었는데 발표 시점을 놓쳐 물의를 빚게 된 것을 유감"으로 생각한다고 밝혔다. 평양 회담 후속조치부터 처리하고 난 다음 적절한 시기에 언론에 공개하려던 강 총리의 구상이 빗나가 버린 것이다.

대표단원의 재북 가족 상봉 문제는 10월 초 대표단회의에서 정식 논의된 바 있었다. 강 총리는 "이산가족 문제 해결의 전망도 서지 않는데 회담 대표들부터 먼저 가족을 상봉해서는 안 된다. 그렇게 되면 1천만 이산가족에게 실망을 주게 될 것이며, 또한 북측 전술에 말려들 우려도 배제할 수 없다"라고 결론짓고, 책임연락관 접촉에서 우리 측 대표단은 일체 가족 상봉을 하지 않을 것임을 확실히 전달하고 그 결과를 보고하라고 지시했다.

그러나 평양으로 출발하기 바로 전날 오전, 청와대에서 대표들이 대통령께 출발 인사도 드릴 겸 회담 준비 사항을 보고드릴 때 서동권 안기부장이 대표들의 가족 상봉이 자연스럽게 이루어지는 것이 좋을 것 같다는 의견을 진술하였다. 그런데 이미 사전 조율이 있었는지, 대통령도 가능하면 만나도록 하라고 말씀하는 것이 아닌가. 뭔가 이상하게 돌아가는 것 같다는 예감이 들었다. 그러나 이때까지만 해도 내가 이 문제에 관련되리라고는 꿈에도 생각지 못했다.

제3차 회담을 마치고 연말에 강영훈† 국무총리는 2년 만에 스스로

---

† 강영훈(1922~2016)은 평북 출생으로 만주 건국대학을 졸업하였으며 해방 직후 국군 창설에 참여하였다. 15년간 군에 복무하며 군단장과 육군사관학교 교장을 역임하였고 1961년 5·16 군사정변 때는 군의 정치 개입에 반대하여 투옥되고 육군 중장으로 예편하였다. 그후 미국 남가주대학에 유학하여 1972년에 정치학 박사학위를 취득하고 워싱턴에서 한국문제연구소장으로 한반도 문제에 관한 학문적 연구에 종사하였다. 1977년에 귀국한 후 한국외국어대학원장과 외무부 외교안보연구원장을 거쳐 주영국 대사, 주로마교황청 대사를 역임하였다. 국회의원을 거쳐 2년간 국무총리로 남북고위급회담 수석대표 직을 수행했다.

자리에서 물러났고 개각이 단행되었다. 그는 본의 아닌 평양 가족 상봉으로 구설수에 오른 것을 몹시 불쾌하고 불명예스럽게 생각하고 사직을 결심한 것이다. 개각을 통해 남측 대표단은 김종휘와 나를 제외한 대표들이 보직 변경되어 모두 새 사람들로 교체되었다.

그가 사임한 2주 후에 나는 강 총리를 비롯한 남북고위급회담 대표 부부 전원을 새로 건축한 외교안보연구원의 귀빈식당으로 초청하였다. 강 총리의 노고를 위로하는 만찬의 자리를 마련한 것이다. 나는 이 자리에서 강 총리를 외교안보연구원 고문으로 추대하기로 결정한 사실을 발표했다. 다만 보수나 차량 제공 같은 대우는 없고 연구실과 여비서만 제공하는 조건임을 밝혔다. 그는 대단히 기뻐하며 이를 수락했다.

적도 친구도 아닌 문제해결사들

서울에서 열릴 제1차 남북고위급회담 참석차 남녘 땅을 밟은 북측 대표단이 판문점을 떠나 숙소인 서울의 인터컨티넨탈호텔에 이르는 한 시간 반 동안, 나는 북측 최우진 대표와 함께 6호 차에 동승하여 유익한 대화를 나누었다. 그는 남북고위급회담 전 기간에 내 협상 파트너가 되어 문제해결사로 나와 호흡을 맞추었다. 최우진과 나는 고향과 나이가 같고 외교관으로서 경력 면에서 유사한 점이 있음을 발견하고는 쉽게 친근감을 느껴 비교적 솔직한 대화를 나누었다.

최우진 대표는 1933년 평북 정주 출신으로 김일성종합대학 역사학과를 졸업한 직업외교관으로서 외교부 남조선담당국장을 역임했다. 이번에 순회대사 타이틀을 달고 회담 대표로 참가했다.

그는 가나에서 대사로 6년간 지냈고, 같은 시기에 나는 이웃 나라 나이지리아에서 4년간 대사로 근무했다. 우리는 전기와 물 사정은 물론 치안 상태까지 험악한 곳에서 키니네(말라리아 예방약)를 먹어가며 생존한 아프리카 생활의 경험을 공유하고 있었다. 또한 내가 외무부 산하 외교안보연구원장 겸 군비통제단장을 맡고 있는데, 그는 외교부 평화 군축연구소 부소장으로 이번 회담에서 나와 마찬가지로 군축 문제와 외교 문제를 담당한다고 한다. 우리는 이것이 '이상한 인연'이 아닐 수 없다는 데 생각을 같이했다. 그는 덴마크에서도 근무했고, 유엔총회 참석차 뉴욕에도 두 번 다녀왔다며 서방통임을 자처했다. 그래서인지 서방 사회에 대한 이해심이 있고 비교적 개방적인 태도를 보였다. 그는 4개월 전에는 워싱턴의 조지워싱턴대학교에서 열린 한반도 평화와 협력 문제에 관한 세미나에 참석하여 서울에서 온 남측 대표들과 친교를 맺었고, 한국 기자들과 회견도 했다고 자랑스럽게 이야기했다.

나는 그가 대표로 참가한 예비회담에서 문제 해결을 위해 기여한 공을 우리 대표들이 높이 평가하고 있으며, "최 대표는 말이 통할 수 있는 사람"이라고 하더라며 칭찬해 주고, 고위급회담에서도 힘을 합쳐 잘해보자고 했다. 그러자 그는 기뻐하며 슬슬 말문을 열었고 우리의 대화는 회담과 관련된 문제로 옮겨 갔다.

"고위급회담에서는 예비회담 때처럼 자기 주장만 내세워 대립하거나 사소한 문제로 논쟁을 일삼아선 안 됩니다. 고위급회담이라는 격에 맞게 차원 높게 큰 테두리 안에서 문제를 보고, 합의를 이루어 내야 할 것입니다. 남측이 잘해 주길 바랍니다."

"좋은 말씀입니다. 남과 북이 모두 다 잘해야 할 것입니다. 그런데 고위급회담이 어떻게 진행될 것 같습니까? 2차 회담까지는 날짜를 합의했으니 개최되겠지만…."

"합의한 대로 2차 회담은 평양에서 열릴 것입니다. 아무래도 1차와 2차 회담은 서로 기본 입장을 밝히는 '행사의 성격'을 띠게 되지 않을까 생각합니다. 본질적 문제에 대한 토의는 3차 회담 때부터나 가능하지 않을까 생각됩니다. 잘되면 3차 회담도 금년 내에 개최될 수 있겠지요. 회담이 잘되려면 남측이 좀 성의를 보여야 합니다. 유엔 가입 문제와 팀스피릿 훈련 중지 문제, 그리고 방북 인사 석방 문제 등에서 성의를 보여야 회담이 진전될 수 있을 겁니다."

본회담에서 3개 긴급 과제라고 제시할 내용을 미리 말해 준 것이다. 북한의 폐쇄성으로 모든 것이 불확실하고 예측하기 어려웠던 우리 측으로서는 이 정도만도 대단히 중요한 정보가 아닐 수 없었다. 나는 이 문제들에 대한 우리 측 입장을, 사견임을 전제로 밝히고 보다 많은 정보를 입수하기 위해 슬기를 다했다.

"우리 정부는 남과 북이 유엔에 함께 가입하자고 제의해 왔고, 북측이 원하지 않는다면 우리가 먼저 올해 안에 가입하겠다는 입장을 밝힌 바 있습니다. 소련과 중국도 거부권을 행사하지 않을 것임이 확실시됩니다. 단일의석으로 가입하자는 북측의 주장은 실현 가능성이 없는 억지 주장입니다."

"남측은 유엔 단독 가입 책동을 중지하고, 서로 협의하여 좋은 방안을 찾아내도록 해야 합니다. 남북관계에 새로운 전기가 마련되려고 하는 마당에 남북 분단을 고착화하려는 행동을 해서야 되겠습니까. 그런 식으로 나가면 남북회담은 전망이 어둡습니다."

"불법 방북 인사 처리 문제는 우리 내정 문제입니다. 북측이 간섭하려 하거나 남북관계 개선의 조건으로 삼으려 해서는 안 됩니다."

"그것을 어떻게 내정 문제라고만 할 수 있습니까? 조국 통일을 위하는 일은 어느 한쪽만의 일이 될 수 없습니다. 우리 민족의 문제입니다. 임수경 학생부터 석방해야 한다는 북녘 인민들의 여론이 대단히 강하다는 것을 이해해 주어야 합니다."

"북측은 아직도 통일전선 전술이 먹혀들 것으로 생각하는 모양인데 그것은 큰 오산이에요. 한국은 자유민주주의 국가이고 완전 개방사회이며 다원화사회입니다. 누구든지 자유롭게 자기주장을 펼 수 있기 때문에 겉으로 볼 때는 다양한 목소리로 분열되어 있고 혼란한 상태처럼 보일 수 있지만, 소수 의견도 존중되는 가운데 다수의 의견이 지배하는 법치 사회임을 알아야 합니다. 법의 테두리 안에서 자유로운 것이고, 법을 지켜야 할 의무가 있는 것입니다. 북에서는 정부의 허가 없이 남쪽에 다녀온다는 것을 상상이라도 할 수 있단 말입니까? 남북관계를 개선하려면 더 이상 통일전선 전술에 의존해서는 안 됩니다. 대남사업 일꾼들에게 그런 구태의연한 환상을 버리라고 충고해 주기 바랍니다."

그는 조용히 듣고만 있었다. 나는 말을 이어갔다.

"팀스피릿 훈련은 북측이 이른바 '남조선 민족해방 인민민주주의혁명'이니 '4대군사노선'이니 하는 것들을 폐기하고, 전방에 전진 배치한 엄청난 공세전력을 후방으로 철수하고, 군사력을 감축하는 조치를 취한다면 필요 없게 될 것이고 중지할 수 있게 될 것입니다. 원인이 제거되면 어렵지 않게 해결될 수 있는 문제입니다."

"그런 것들은 이미 옛날이야기입니다. 지금은 그렇지 않아요. 1980년에 '고려민주연방제 통일방안'을 발표한 이후 우리도 많이 변했습니다. 믿어주기 바랍니다. 남측의 경제력이 강하다는 것은 세상이 다 아는 일이고, 오히려 경제력이 강하니 군사력도 남측이 강하지 않겠습니까? 남측은 지금도 계속 군사력을 증강하고 있지 않습니까!"

"현재로서는 북측의 군사력이 남측에 비해 2배 정도 되는 것으로 알려져 있습니다. 그것도 공세전력 위주로 구성돼 있고 대부분 최전방에 집중 배치되어 있어, 우리는 기습공격을 우려하고 있습니다. 따라서 전쟁이 일어날 때 신속하게 미군을 투입하는 훈련인 팀스피릿 훈련을 하고 있는 것입니다. 잘 알고 있겠지만, 사실상 우리는 경제 건설에만 전념하여 국민 생활 수준을 획기적으로 향상하는 한편 경제 강국으로 부상하게 되었습니다. 우리는 그동안 건설해 온 중화학공업과 방위산업을 통해 이제부터 본격적인 전력 증강을 할 수 있게 되었습니다. 그러나 우리는 평화를 원하고 민족의 번영을 원합니다. 그래서 북측이 진심으로 군비를 감축할 정치적 의지가 있다면 군비통제를 협의하자는 것입니다."

"미군과 핵무기가 남쪽에 있고, 20만 명을 동원하는 팀스피릿 훈련을 계속하고 있기 때문에 우리는 항상 북침 위협을 받고 있습니다. 따라서 군사적 대비를 안 할 수 없는 것입니다. 미군이 남조선에 있는 한 우리는 안심할 수 없습니다. 미군을 빨리 철수시켜야 합니다."

최우진의 말이 계속되었다.

"노태우 대통령은 과거 어느 대통령보다 통일 문제에 대해 적극적이고 전향적인 것 같습니다. 노 대통령이 집권하고 있는 기간 중에 평화통일의 길이 열려야 합니다. 위대한 수령 김일성 동지께서는 1995년까지 통일을 이루자고 하십니다. '고려민주연방제 통일방안'이 실현 가능한 가장 이상적인 통일 방안입니다."

나는 최우진의 '고려연방제통일론'에 대한 설명을 듣고 나서, 우리의 '민족공동체 통일방안'을 상세히 설명하였다. 서로 다른 체제를 인정하는 기초 위에 '남북연합'을 형성, 서로 돕고 나누고 교류·협력하면서 경제·사회·문화적으로는 통일된 것과 비슷한 '사실상의 통일 상황'부터 실현하고, 정치적 완전 통일을 지향해 나가자는 것이다. 이 방안이 가장 이상적이며 현실적인 평화통일 방안이라고 주장했다.

한 시간 반가량 이어진 대화는 서로 상대방의 주장과 입장을 파악하고 이해하는 데 큰 도움이 되었다. 사실상 고위급회담을 위한 준비회담을 한 셈이다. 나는 호텔에 도착하자 곧 대화 내용을 보고서로 작성하여 우리 대표단 모임에서 상세히 발표했다.

이날 이후 판문점-서울, 판문점-평양 간을 오가는 차량 안에서의 긴 시간에 외교 안보 분야 담당 협상 파트너인 나와 최우진은 항상 한 차량에 동승하여 솔직한 의견을 교환하였다. 서로 상대방의 주장과 입장을 정확히 파악하고 이해하고자 노력했다. 상호 이해와 신뢰에 기초한 의사소통으로 불필요한 오해와 의심을 해소할 수 있다면 오판하고 오산하는 과오를 방지할 수 있는 것이다. 서로 상대방 입장을 어느 정도 파악할 수 있으니 회담 준비에 큰 도움이 되고 합의를 용이하게 할 수 있었다. 협상 과정에서 개인적인 신뢰 구축이 크게 도움될 수 있음

남북협상의 파트너요 문제해결사들인 북측 최우진 대표와 저자가 판문점에서 남북기본합의서 비준
서를 교환하고 있다. 1992년 1월.

———

을 절감하였다. 내 카운터파트가 된 최우진과 나는 공동의 이익을 창
출하기 위한 '문제해결사'로서의 역할을 수행하였다.

　나는 남북고위급회담 대표로 활동하는 동안 하버드대학 교수인 로
저 피셔의 협상이론을 적용하려고 노력했다.

　"협상은 승패의 게임이 아니다. 협상의 목표는 승리가 아니라
　공동의 이익을 보장하는 슬기롭고 원만한 해결책을 창출하는
　것이다. 협상은 창조다."
　"협상자는 인간이며, 인간은 감정의 동물이다. 협상자 간에 이
　해와 존경 그리고 우정과 신뢰의 관계가 성립되면 협상은 원만

하게 그리고 효율적으로 추진될 수 있다."

"협상자들은 친구도 아니고 적도 아닌 문제해결사들이다. 협상
자는 기본 입장을 관철하려는 투사가 아니라 문제해결사다."

1991년 가을의 정세 변화

제3차 남북고위급회담 이후 근 1년간 남북대화는 교착상태에 빠졌
다. 하지만 이 기간에 한반도의 전략 정세에 결정적인 영향을 줄 상황
이 속속 전개되었다. 소련이 우리나라와 수교한 데 이어 중국도 우리
나라에 무역대표부를 설치하고 교역 및 경제 협력을 확대해 나갔다.

또한 1991년 가을에 접어들면서 한반도의 정세 변화를 초래하는 세
가지 중대한 사건이 일어났다. 첫째, 북한이 소련과 중국의 강력한 권
고에 따라 남측과 함께 유엔에 동시 가입했다. 둘째, 미국이 '해외 배치
전술핵무기 철수'를 선언하고 남한에서도 핵무기를 철수했다. 셋째, 중
국 경제특구를 시찰한 김일성 주석이 중국 지도자의 권고를 받아들여
정책 변화를 추진하였다.

북측이 그동안 강력하게 반대하던 입장을 바꿔 9월 17일 남측과 함
께 유엔에 동시 가입한 것은 남북관계에서 획기적인 사건으로 대단히
중요한 의미가 있다. 1년 전 제1차 남북고위급회담 직후 남과 북은 유
엔 가입 문제를 협의하는 최초의 대표회담을 판문점에서 개최한 바
있다. 나와 북측의 최우진이 협상 테이블에 세 차례 마주 앉았다. 하지

만 '남과 북이 각각 유엔에 함께 가입하자'는 남측 입장과 '단일의석으로 가입해야 한다'는 북측 입장이 대립하였다. 결국 이 문제는 양측의 통일 방안과 기본 정책의 차이로 인해 타협할 수 없는 문제라는 데 인식을 같이하였다. 합의할 수 없는 문제라는 데 합의한 셈이다. 하지만 북측은 한국과 수교한 소련이 북한의 유엔 가입을 강력히 권고한 데 이어, 중국도 "한국의 유엔 가입을 지지할 것이니 북한도 함께 가입할 것"을 강력히 권고하자 이를 받아들이지 않을 수 없게 된 것이다.

유엔 가입 문제는 쌍방의 통일 방안과 밀접하게 관련된 데다 새로운 남북관계 정립과 불가분의 연관성을 가진 대단히 중요한 문제였다. 상대방을 인정하지 않던 남과 북이 유엔 공동 가입으로 국제사회와 함께 '한반도에 두 주권국가의 실재'를 인정하게 된 것이다. 북측은 더 이상 '하나의 조선론'과 즉각적인 2체제 연방제 통일을 고집하기 어려워졌다. 그리고 통일을 '과정'으로 인식하는 계기가 되었고, 남북관계를 '통일을 지향하는 과정의 특수관계'로 인정하게 된 것이다. 이제 남과 북은 화해와 협력의 새로운 남북관계 정립을 위한 협상을 서둘러야 할 필요성에 직면하게 된 것이다. 남북 유엔 동시 가입은 남북대화의 물꼬를 트는 한편 남북관계에서 큰 변화의 시작을 알리는 신호탄이 되었다.

북한은 그동안 남한에서의 미군 핵무기 철수, 한반도 비핵지대 설치, 핵전쟁 연습 중지 등을 끈질기게 요구해 왔다. 1991년 9월 미국이 '전 세계에 배치된 전술핵무기 철수 및 폐기 선언'을 발표했다. 이는 소비에트연방 해체에 대비하여 미국이 핵무기 확산을 저지하기 위해 선제 조치를 취한 것이었다. 고르바초프의 소련도 즉각 상응 조치를 취했다.

이에 따라 남한에 배치된 핵무기도 모두 철수하게 된 것이다.

1991년에 접어들면서 미국은 북한의 핵 개발 의혹을 제기하고, 국제 사찰을 받으라고 압력을 가하기 시작했다. 핵 개발 의혹에 시달려온 북한은 미국의 조치를 호기로 포착, 활용할 수 있게 된 것이다. 미국의 핵무기 철수 선언으로, 북한은 자기들의 '정당한 주장'을 관철할 수 있게 되었다며 이를 환영했다. 북한의 태도 변화를 초래하는 결정적 계기가 된 것이다.

한편, 북한이 남북협상 타결을 서둘게 된 데는 중국의 영향력이 크게 작용하였다. 나는 11월 초 외교안보연구원 초청으로 방한한, 중국의 북한 문제 전문가 타오빙웨이(陶炳蔚)에게서 다음과 같은 정보를 입수하여 상부에 보고했다. 10월 초 10일간(10. 4.~10. 14.) 중국을 방문하여 경제특구를 시찰한 김일성 주석은 중국 최고지도자에게서 세 가지 권고를 받았다는 것이다.

- 북한도 중국처럼 사회주의 체제를 유지하면서 개방과 경제개
  혁을 추진함이 바람직하다.
- 외국의 자본과 기술을 도입하려면 한반도의 평화적 환경 조
  성이 필수적이니 조속히 남북협상을 타결해야 한다.
- 미군 핵무기 철수의 호기를 활용하여 핵개발 의혹을 해소하
  길 권고한다.

중국 방문에서 돌아온 김일성 주석은 즉각 노동당 정치국 회의를 소집(10. 16.)하여 남북협상의 조속한 타결과 함경북도 나진-선봉 지역

경제특구 설치에 관한 결단을 내렸다고 한다. 그러나 핵 문제는 미국과의 수교를 위한 협상 카드로 활용하기 위해 시간이 좀 걸리겠다는 입장을 중국 측에 알려왔다고 한다.

내가 이 정보를 입수하여 보고했을 때 관계 기관의 평가는 회의적이었다. 하지만 청와대 외교안보수석실에서는 이 정보의 신빙성이 높다고 판단하여 남북기본합의서 채택은 물론 핵 문제 해결에도 기대를 걸기 시작했다. 이 정보의 신빙성을 확인하는 데는 두 달이 채 걸리지 않았다. 연말에 〈남북기본합의서〉(12. 13.)와 '한반도비핵화공동선언'(12. 31.)의 채택과 때를 같이하여 북한은 나진-선봉 자유무역지대 설치도 발표(12. 28.)한 것이다. 이런 상황에서 협상 여건이 무르익자 남북의 최고지도자들은 협상을 타결해야겠다는 의지가 굳어졌고, 협상은 급진전된다. 협상에서 가장 중요한 것은 타결하려는 정치적 의지다. 지도자들 간에 합의하려는 정치적 의지와 결단이 있다면 협상 전략이나 협상 기법은 큰 문제가 되지 않는다.

이러한 정세 변화를 배경으로 10월 말 평양에서 제4차 남북고위급회담이 개최되었다. 개성역을 출발하여 평양으로 향하는 특별열차에서 나는 내 방에 찾아온 북측 최우진 대표와 약 한 시간 동안 솔직한 의견을 나누었다. 그는 "최근 미국의 전술핵무기 철수 선언으로 상황이 호전되었으며, 미군 핵무기가 남쪽에서 완전 철수되면 우리도 국제 핵사찰을 받아들일 것"이라고 말했다. 그리고 북측은 이번에 남북합의서 초안을 제시할 것이니 "이번에 반드시 남북합의를 이루어 내도록 노력하자"고 했다. 우리는 몇 가지 쟁점 문제에 대해 의견을 교환했다. 평양에 도착하자 우리 측은 대책회의를 진행하였고, 나와 최우진 대표가 나눈 대화 내용이 우리 측 최종 입장을 정리하는 데 결정적으로 기여하였다.

제4차 남북고위급회담에서는 합의서를 채택하기로 하고, 그 명칭을 '남북 사이의 화해와 불가침 및 교류협력에 관한 합의서'로 합의했다. 합의서의 구성 체제에도 합의하는 등 소중한 성과를 거두었다. 그리고 6인 실무대표회의를 열어 양측이 제시한 합의서 초안을 토대로 단일 합의안을 작성하기로 합의했다. 남측에서는 송한호 통일원차관을 수석대표로 하고 나 임동원과 이동복 대표가, 북측에서는 백남순 정무원 참사를 수석대표로 하고 최우진과 김영철 대표가 마주 앉았다. 실무대표회의에서는 상당 부분이 합의 가능함을 확인했으나 몇 가지 문제는 입장 차가 너무 커 접점을 찾을 수 없었다. 바로 내가 담당한 안보 분야 문제였다.

제4차 회담을 마치고 평양을 떠나 개성으로 향하는 특별열차에서 나는 최우진 대표와 함께 합의서 조항들에 관한 개인적인 의견을 나누었다.

"이번에 합의에 이르지는 못했지만 이 정도면 큰 진전이라 할 수 있습니다. 다음 회담에서는 반드시 합의서를 채택할 수 있도록 실무대표회의에서 문안 정리를 마치도록 합시다."

"임 선생과 내가 솔직한 의견을 교환한 것이 큰 도움이 됐다는 것을, 남측 대표들도 어제 만찬 때 이야기하더군요. 우리 둘이 의사소통이 되니 서로 불필요한 의심과 오해를 풀 수 있었고, 상대방을 이해할 수 있게 되니 합의가 가능해진 겁니다. 앞으로도 우리 둘이 허심탄회하게 의견 교환하는 것이 엉킨 실타래를 푸는 데 큰 도움이 될 것입니다."

"북측은 남측과는 '불가침'만 합의하고, 정전협정을 대체할 평화협정은 미국과 체결하겠다는 억지 주장을 하는데 이제 그런 소리는 그만하고, '남북 사이의 평화체제로 전환하기 위해 노력하자'는 데 합의해야 합니다. 이에 관한 최 선생의 개인적인 견해를 듣고 싶습니다."

"정전협정 체결 당사자는 미국이지 남측이 아니지 않습니까! 그리고 미국이 남조선 군대의 통수권을 갖고 있는 것이 엄연한 현실 아닙니까! 따라서 평화협정은 미국과 체결하는 것이 당연하지요. 남측 주장은 국제법상 문제가 있습니다. 이 문제는 아주 복잡한 문제입니다."

"한국이 교전 당사자요, 정전협정을 준수해 온 당사자이고, 전쟁 종결 당사자이며, 평화 유지의 당사자임은 엄연한 사실 아닙니까! 북측은 도대체 앞으로 누구하고 평화를 유지하겠다는 말입니까? 또한 북측은 1970년대까지만 해도 남북 간 평화협정 체결을 끈질기게 주장해 왔지 않습니까! 우리는 남북 간에 평화협정을 체결하자는 것이 아니라 전쟁을 끝내고, 정전체제를 평화체제로 전환하자는 것입니다. '통일 지향적 평화체제'를 규정하는 문서를 남북이 협의하여 정하자는 것입니다."

"그렇다면 사견이지만, '정전상태를 공고한 평화상태로 전환한다'와 같은 표현으로 고려해 보면 어떻겠습니까? 우리는 '체제'라는 용어는 받아들일 수 없습니다."

"불가침의 이행을 보장하기 위한 조치로 우리 측은 군사적 신뢰구축조치와 함께 군비 감축을 하자는 조항을 포함시키자는 것인데 북측이 왜 반대하는지 도저히 이해할 수 없습니다."

"우리 측이 오래 전부터 남북 군비 감축을 주장해 온 것은 잘 알지 않습니까! 그런데 남측은 10년이나 걸렸던 유럽식 군사적 신뢰구축

조치를 하자는데 그것은 군축할 생각이 없다는 것 아닙니까. 군축을 하면 그런 문제는 저절로 해결되는 것입니다. 군축을 서둘러야 신뢰 구축도 가능해지고 평화도 정착시킬 수 있는 것 아니겠습니까!"

"어느 정도의 정치·군사적 신뢰 조성도 없이 과연 군축 협상이 성공할 수 있을지 의문입니다. 북측은 국제 핵사찰을 통해 핵 개발 의혹을 해소할 생각은 없습니까?"

"그 문제는 미국이 의혹을 제기하니 미국과 논의할 문제입니다. 미국이 남녘 땅에 수많은 핵무기를 저장해 놓고 우리를 위협하는 핵전쟁 연습인 팀스피릿 군사훈련 등으로 적대해 왔지 않습니까! 이번에 미국이 전 세계에 배치한 전술핵무기를 철수하겠다고 선언한 것을 우리는 환영합니다. 그런데 과연 남녘 땅에서도 핵무기를 철수할지는 지켜봐야겠지요."

이어서 최우진은 교류 협력 문제를 제기했다.

"남측은 텔레비전과 라디오 등을 개방하자는데, 이런 주장에는 북의 변화를 유도하여 우리를 붕괴시켜 흡수통일하려는 불순한 저의가 숨어 있습니다. 평화 공존하자면서 속으로는 우리를 붕괴시키려 한다는 오해받을 짓을 해서야 되겠습니까. 우리가 못 받을 것을 뻔히 알면서 그런 주장을 하면 어떻게 남측을 신뢰할 수 있겠습니까?"

"그렇게 생각한다는 데 정말로 놀랐습니다. 그런 뜻이 아닙니다. 분단이 장기화되면서 서로 상대방을 제대로 알 수 없게 되어 오해와 불신이 커졌는데, 이것을 해소하지 않고 어떻게 평화 공존이 가능하겠습니까? 남에서는 북의 노동신문도 보고 평양방송도 들을 수 있고 텔레비전 뉴스도 보면서 북을 이해하는 데 도움이 되고 있습니다. 북녘 동포들도 남쪽 현실을 알고 싶어 하지 않겠습니까?"

"너무 성급하게 굴지 않았으면 합니다. 여건이 무르익어야 하지 않겠습니까. 현재 상황에서 서로 받아들일 수 있는 것만 포함시키고, 여건이 성숙함에 따라 추가할 것은 그때 가서 추가하면 됩니다. 무리하게 고집해 봤자 받아들일 수 없는 것은 합의할 수 없는 것이에요."

"사람과 물자가 오가면 아무래도 서울과 평양에 상주대표부가 필요하게 될 텐데, 그것을 왜 반대하는 것입니까?"

"그것은 독일 방식이지요. 우리는 독일 방식은 수용할 수 없습니다. 분단을 고착화하려는 인상을 주기도 하고…. 판문점에 연락사무소 같은 것을 두어 시작해 보는 것이 좋을 것 같습니다. 그러다가 여건이 성숙되면 그때 가서 고려할 수도 있는 것 아닙니까. 너무 조급하게 서둘지 맙시다."

약 한 시간에 걸쳐 의견을 나누었고 이번에도 상대방의 생각과 입장을 이해하는 데 큰 도움이 되었다. 나는 이 대담 내용을 우리 측에 자세히 설명하여 다음 협상 준비에 참고하도록 했다.

〈남북기본합의서〉와 '비핵화공동선언' 채택

제5차 고위급회담이 1991년 12월 10일부터 13일까지 서울 쉐라톤 워커힐호텔에서 개최되었다. 제5차 고위급회담이 개최될 때까지 남북의 6인 실무대표는 네 차례 판문점에서 만나 대화와 협상을 통해 입장 차이를 대부분 해소했으나 몇 가지 문제는 여전히 쟁점으로 남아 있었다.

판문점을 떠나 워커힐 호텔에 이르는 1시간 반 동안 나는 다시 최우진 대표와 한 승용차에 타고 대화를 나누었다. "합의 문서에 찍을 도장을 갖고 왔습니다. 여러 가지 정황으로 봐 이번에는 꼭 합의해야 합니다. 서로 양보와 절충을 통해 타결하도록 합시다." 최우진이 열을 올리며 말하였다. 북측 최고 당국자에게서 합의하라는 훈령을 받고 온 것이 틀림없다는 예감이 들었다. 또한 최우진은 노 대통령의 '비핵화선언'(11. 8.)이 잘된 것이라고 평가하고, 남북기본합의서가 채택되면 핵 문제 합의도 가능하고 핵사찰도 수용할 수 있게 될 것임을 암시했다. 북한이 협상 타결을 서둘고 있는 것이 분명했다.

첫날 고위급회담에서 양측 수석대표들은 반드시 이번에 기본합의서를 채택하자고 다짐했다. 그리고 이날 오후 5시부터 2시간 가까이 합의서 협상을 위한 제1차 실무대표회의가 열렸다.

대부분의 조항은 이미 지난 판문점 실무대표회의에서 조율되었기 때문에 어렵지 않게 합의했다. 그러나 우리 측이 제기한 핵심 문제인 '불가침 이행 보장조치' 문제와 '남북 간의 평화체제' 문제 그리고 핵문제에 대해서는 북측이 완강히 반대하여 타결의 기미가 전혀 보이지 않았다.

저녁 식사 후에 속개하기로 하고 제1차 실무대표회의는 일단 정회했다. 그러나 우리 측은 3개 쟁점 문제를 북측이 결코 수용하지 않을 것이며, 합의서 채택은 기대하기 어려울 것으로 보았다. 수석대표의 주장에 따라 2차 회의를 다음 날 오후로 미루기로 했다. 이날 밤 북측은 회의 속개를 요구해 왔으나 우리 측은 "입장 정리에 시간이 걸린다"는 이유로 지연전술을 행사했다.

이날 밤, 나는 최우진과 심야 협상을 하여 돌파구를 마련하는 데 성공하게 된다. 일찌감치 잠자리에 든 나는 뜻밖에도 최우진 대표의 전화를 받았다. 그는 "합의할 수 있으니 지금 내 방으로 좀 와주시오. 1706호실이오. 우리 민족을 기쁘게 해드릴 수 있는 역사적인 합의안을 우리 둘이서 도출해 봅시다"라며 급히 만나서 합의하자는 것이다.

나는 정신이 번쩍 들었다. 평양에서 훈령이 온 것이 틀림없다는 생각이 들었다. 최우진과 나는 밤 1시 10분부터 40분간 비공식 심야 협상을 통해 돌파구를 마련했다. 평양의 훈령을 받은 최우진은 이번에 반드시 기본합의서를 채택하며, 핵 문제에 관한 대표회담도 12월 중 실시하기로 했다는 상부의 뜻을 내비쳤다. 그리고 세 가지 쟁점 조항의 타결안을 우리 둘이서 만들어 각각 상부에 건의하자는 것이었다.

우리는 남측의 '불가침 이행 보장조치' 내용을 모두 포함하되 북측의 체면을 고려하는 선에서 절충한다는 원칙에 합의하고 시안을 마련했다. 남측 안에 4개 조항으로 되어 있던 불가침의 이행조치 사항들을 하나의 조항으로 묶되 군사공동위원회의 과업으로 표현하는 타결안을 마련한 것이다. 이 타결안이 현행 남북기본합의서 제12조가 된다.

또한 최우진은 정전체제에서 평화체제로의 전환 문제는 '미국과 협의할 문제'라는 종전 입장을 접고, "정전상태를 '남북 간'의 평화상태로 전환한다"는 선에서 수용할 수 있음을 밝혔다. 그리고 북측은 핵무기 없는 한반도를 구현하는 문제를 협의하기 위하여 금년 12월 안으로 판문점에서 대표회담을 갖자는 우리 측 제의도 받아들이기로 했

서울 쉐라톤워커힐호텔에서 남북 협상 대표 6인이 〈남북기본합의서〉를 채택하고 기념사진을 찍었다. 왼쪽부터 김영철(북), 이동복, 백남순(북), 송한호, 최우진(북), 임동원. 1991년 12월 12일.

———

다는 것이다. 이렇게 하여 세 가지 난제의 해결책이 마련되었다. 우리는 문제해결사로서의 사명감으로 반드시 성공시키자는 다짐을 하고 굳은 악수를 교환했다.

우리 측 대표들은 '임동원-최우진 심야의 타결안'에 모두 뜻밖이라며 놀라움과 함께 만족을 표명했다. 나는 2쪽으로 된 '남측 임동원-북측 최우진 대표간 심야 협상 결과'라는 제목의 보고서를 작성하여 수석대표에게 제출했다. 이 심야 협상 결과는 이날 아침 7시 반에 열린 관계장관회의와 청와대에 보고되었다. 관계장관회의에서 돌아온 정원식 총리는 '임동원-최우진의 심야 타결안'이 그대로 승인됐다면서, 예정한 대로 10시에 일단 본 회담을 열되 곧 산회하고, 즉각 6인회의를 열어 합의서 문안 정리를 마무리하기로 했다.

12일, 기본합의서 문안 정리를 위한 제2차 6인 실무대표회의가 약 7시간 동안 개최되었다. 마이크나 녹음 기록 없이, 그러나 여느 때와 다른 화기애애한 분위기 속에 자연스러운 대화 형식으로 순조롭게 진행되었다. 기본합의서 작성을 완료한 우리 6인의 남북 협상 대표들은 역사적인 합의서를 만들어낸 긍지와 기쁨을 감출 수 없었다. 우리는 기념사진을 촬영하고 합의 성공을 축하하는 뜨거운 악수를 교환했다.

7천만 겨레와 온 세계의 이목이 집중된 가운데 12월 13일 오전 9시에 역사적인 남북합의서 서명식이 거행되었다. 남측 정원식 국무총리와 북측 연형묵 정무원 총리가 분단 역사상 처음으로 대한민국과 조선민주주의인민공화국이라는 국호를 사용한 〈남북 사이의 화해와 불가침 및 교류 협력에 관한 합의서〉(약칭 〈남북기본합의서〉)에 서명함으로써 정식 채택되었다. 이어서 핵 문제를 협의하기 위하여 12월 안에 판문점에서 대표회담을 갖기로 합의했다.

〈남북기본합의서〉는 4개 장 25개 조항으로 된 남북관계의 기본 장전으로 '쌍방 사이의 관계가 나라와 나라 사이의 관계가 아닌 통일을 지향하는 과정에서 잠정적으로 형성되는 특수관계'임을 인정한다. 〈남북기본합의서〉는 다음과 같은 중요한 과제를 설정하고 있다.

(1) 남과 북은 서로 상대방의 체제를 인정 존중한다(내정 불간섭, 비방 중상 중지, 파괴 전복 행위 금지 등). (2) 화해한다. (3) 다방면으로 교류 협력한다. (4) 전쟁하지 말자(불가침). (5) 불가침을 보장하기 위해 군비통제를 한다. 즉 군사적 신뢰구축조치와 군비 감축을 실현한다는 것이다. (6) 정전상태를 남북 사이의 공고한 평화상태로 전환시켜 나간다.

회담을 모두 마치고 워커힐호텔을 출발하여 판문점으로 가는 차 안에서 최우진과 나눈 대화는 민족 역사에 길이 남을 자랑스러운 일을 해냈다는 자긍심이 깔려 있었다. 나는 이번에도 최우진 대표의 공로가 대단히 컸다고 칭찬하고, 문제해결사로서 훌륭한 역할을 수행한 것을 높이 평가했다. 최우진 대표가 말문을 열었다.

"어젯밤 우리 둘의 심야 접촉이 돌파구를 마련하고, 합의서 채택을 가능케 했으니 우리는 긍지를 가질 만하지. 안 그렇습니까?"

"그렇습니다. 우리는 정말 보람 있는 일을 해냈어요. 자랑스럽게 생각합니다. 우리가 서로 솔직하게 의사소통을 할 수 있는 인간관계를 발전시켜 온 것이 이런 일을 해낼 수 있게 한 거죠."

"어젯밤 안병수 대표와 김종휘 대표도 서로 만났다는데, 이번에 꼭 합의서를 채택하자는 원칙론적인 이야기만 나누었다고 하더구먼. 백남준 대표도 송한호 대표와 만났는데 한바탕 싸움만 하고 헤어졌다는 거야. 임 선생도 이야기 들었겠지? 그런데 우리는 차분히 앉아서 타결안을 마련했어요. 우리 둘이 토론한 결과를 가지고 임 선생이 직접 타결안 초안을 작성했는데 그대로 통과된 것 아닌가! 임 선생과 내가 합의서 채택의 일등공신이야!"

"핵 문제가 잘 해결돼야 할 텐데 걱정이구먼. 북측이 조속히 '핵안전조치협정'에 서명하고 핵사찰을 받아들여야 남북기본합의서가 비준될 수 있을 텐데, 전망이 어떤가요?"

"남측에서 핵무기가 없다는 '핵 부재선언'을 하면 우리는 즉각 '핵안전조치협정'에 서명할 겁니다. 명년 2월 이전에 가능할 수 있을 거요."

"핵 문제에 관한 대표회담은 12월 안에 한다고만 합의했는데 오늘이 벌써 13일 아닙니까. 20일쯤에는 시작해야 연내 타결이 가능할 수 있을 텐데, 언제쯤 할 생각이오?"

"크리스마스는 쉽게 보장해 주면 되지 않겠소. 평양에 가서 알려 주겠소."

북측 대표들은 이날 저녁 개성에서 특별 헬리콥터 편으로 평양으로 돌아갔다. 이들은 김일성 주석의 성대한 환영을 받은 것으로 보도되었다.

핵 문제 협상을 위한 남북 대표회담은 제5차 남북고위급회담이 끝난 2주 후인 12월 26일부터 판문점에서 개최되었다. 노태우 대통령이 "우리나라의 어디에도 단 하나의 핵무기도 존재하지 않는다"라는 '핵부재선언'을 발표하고 나서 일주일 후였다. 이 협상에 남측에서는 수석대표인 나와 이동복 대표가 청와대 외교비서관 김재섭, 외무부 미주국장 반기문(후에 유엔사무총장 역임), 국방부 군비통제관 박용옥 준장을 대동했고, 북측에서는 수석대표인 최우진과 김영철 대표가 3명의 수행원을 대동했다.

12월 31일까지 세 차례의 대표회담을 진행한 이 협상은 '한반도비핵화공동선언'을 채택하는 데 그 목적이 있었다. 하지만 이에 더하여 우리 측은 북측의 IAEA와의 조속한 '핵안전조치협정' 서명 및 핵사찰 수용'을 요구했고, 북측은 '팀스피릿 한미연합군사훈련 중지'를 요구했기 때문에 이런 문제들이 일괄 타결되어야 했다.

북측은 놀랍게도 우리 측이 제의한 초안을 거의 그대로 받아들이는 내용의 '비핵화에 관한 공동선언' 초안을 제시했다. 핵무기를 생산·보유·사용하지 않으며, 핵에너지를 평화적 목적에만 이용한다는 것뿐만 아니라, 우리가 가장 중점을 둔 '핵재처리시설과 우라늄농축시설을 보유하지 않는다'는 조항도 수용하였다. 우리는 북측 초안이 우리 측 초안과 이렇게 유사하리라고는 미처 예상하지 못했다. 참으로 고무적인 상황이 아닐 수 없었다.

12월 31일 북측 지역 통일각에서 열린 마지막 대표회담은 7시간 35분이나 걸렸고 '한반도의 비핵화에 관한 공동선언' 채택에 성공하였다. 이어서 남북협상 대표들은 수행원들을 제외한 가운데 음성 모니터를 차단하고 쟁점 문제 타결을 위한 비밀협상을 시작했다. 양측은 일주일 후인 '새해 1월 7일 10시에 쌍방 정부의 공식발표를 통해 남측은 92년 팀스피릿 훈련 중지'를, 북측은 '가까운 시일 안에 핵안전조치협정에 서명하고, 이어 가장 빠른 시일 안에 법적 절차를 밟아 비준하며, 국제원자력기구와 합의하는 시기에 사찰을 받기로' 각각 천명하기로 합의했다. 이 합의 내용은 약속대로 양측 정부에 의해 이행되었다.

이렇게 하여 1991년 12월 31일 17시 30분, 나는 최우진 대표와 역사적인 '한반도비핵화공동선언'에 가서명했다. 우리 협상 대표들은 7천만 동포에게 새해의 기쁜 선물을 드릴 수 있게 된 것을 기쁘게 생각하고 또한 어려운 일을 해낸 데 대해 긍지를 갖게 되었다.

비핵화공동선언 채택 소식은 1991년 세모에 텔레비전과 라디오를 통해 전 세계 톱뉴스를 장식했다. 1992년 새해 첫날 온 세계가 반긴 기쁜 소식이요, 반가운 연하장이 된 셈이다. 비핵화공동선언 채택과 북한의 국제핵사찰 수용 약속에 미국을 비롯한 국제사회의 반응은 환영 일색이었다.

한국과 미국이 '미 전술핵무기 철수'와 '92년도 팀스피릿 훈련 중지'를 하기로 하고, 북한으로부터 '남북기본합의서 채택', '한반도 비핵화

공동선언 채택', 'IAEA 핵안전조치협정 서명' 그리고 미측이 강조한 '핵재처리 중지 및 핵연료 재장진 중지'라는 조항을 공동선언에 포함시키는 데 성공한 것이다.

나는 끈질긴 대화와 협상을 통해 탈냉전의 새로운 남북관계 발전 방향을 설정하는 역사적인 〈남북기본합의서〉와 '한반도비핵화공동선언'을 채택하는 데 산파 역할을 담당하였다. 그리고 이 일을 내 일생에서 대단히 보람 있고 영광스러운 일로 자부하게 되었다. 1월 8일에 나는 통일원 차관에 임명되었다. 남북 대결시대를 끝내고 평화 공존이라는 새시대의 전환기를 맞아, 통일원이 더욱 적극적으로 남북협상을 주도하여 남북관계를 개선시켜야 하는 중책을 떠맡은 것이다.

김일성과 김우중 그리고 김달현

제6차 남북고위급회담이 1992년 2월 19일 평양 인민문화궁전에서 개최되어 〈남북 사이의 화해와 불가침 및 교류 협력에 관한 합의서〉와 '한반도 비핵화에 관한 공동선언'을 발효시켰다. 역사적인 이 합의 문서들이 발효되기까지 합의서 초안들을 마련하고, 모든 협상에 참여하여 북측 대표들과 논쟁을 벌이며 합의문을 완성한 나로서는 이 순간이 너무도 감개무량하였다. 남북관계 개선과 조국의 평화와 통일에 조금이나마 기여했다는 일생일대의 보람과 기쁨을 감출 수 없었다.

둘째 날 회담을 서둘러 마치고 양측 대표들은 주석궁을 방문했다.

<남북기본합의서>가 채택·발효된 제6차 남북고위급회담을 마치고 회담 대표들이 김일성 주석 주최 축하 오찬에 앞서 주석궁에서 기념사진을 찍고 있다. 앞줄 왼쪽 세 번째부터 저자, 연형묵 총리, 정원식 총리, 김일성 주석, 김종휘 수석비서관. 1992년 2월.

─────

양측 대표들과 간단한 환담을 나눈 후 우리 일행은 김 주석의 안내로 중앙홀로 이동하여 금강산 풍경화를 배경으로 기념사진을 촬영했다. 그러고는 3층 식당으로 안내되어 큼직한 둥근 식탁에 김 주석을 중심으로 남과 북의 대표들이 한자리에 둘러앉았다.

호스트로서 김 주석의 손님 접대 솜씨는 아주 훌륭했다. 그는 새 요리가 나올 때마다 그 요리에 대한 흥미로운 설명을 곁들이면서 여러 가지 화제를 부드럽게 이어갔다. 이날의 식단은 쏘가리회, 칠면조구이, 배밤채, 단자떡, 쉬움지짐, 김치, 메추리알국, 녹두지짐, 넙치양념즙, 소갈비옥돌구이, 꿩강냉이찜, 섭조개즙구이였고 후식으로 수박, 사과단떡, 과줄, 인삼차가 나왔다.

이날 김 주석의 이야기 중 김우중 대우회장에 관한 이야기가 특히 인상적이었다.

"남녘 동포들이 중국 동북지방을 통해 백두산에 관광을 많이 온다더군. 중국 사람들은 남조선 사람들이 뿌리는 딸라(달러) 버느라고 정신이 없다더군. 그러지 말고 평양을 거쳐 백두산 관광을 하도록 합시다. 남북 사이에 관광사업부터 시작하는 것이 바람직합니다. 북에는 백두산, 금강산, 묘향산, 구월산 등 좋은 산이 많습니다. 서산대사가 우리나라의 5대 명산을 꼽았는데 그중 지리산만 남쪽에 있고 나머지는 다 북쪽에 있어요. 금강산과 묘향산은 이미 개발돼서 관광객이 많이 오고 있어요. 외국 사람들은 금강산을 한번 보기만 하면 다시 오겠다고 합니다."

"남북회담이 잘되니까 남쪽 돈 있는 사람들이 와서 투자를 하겠다고들 하더군. 김우중 대우회장도 와서 금강산에도 투자하겠다고 합디다. 좋은 일입니다."

"김우중 회장은 자본가인데도 노동자보다 더 많이 일하며, 일년 중 대부분을 해외에서 열심히 뛴다더군. 얼마 전 만나본 김 회장 부인은 남편을 볼 수가 없어 골프를 배웠다는데, 골프공을 남편 머리통을 치는 기분으로 친다더군. 그렇게 가정도 돌보지 못한 채 기업의 발전을 위해 쉴 새 없이 뛰고 있는 자본가가 노동자를 착취한다고는 할 수 없겠지요. 자본가들이 그렇게 열심히 일하니 남쪽의 기업이 발전하는 거지요. 김우중 회장 같은 사람이 5명만 있으면, 같은 민족인 우리도 곧 남쪽을 따라잡을 수 있을 텐데…."

그는 미국에 거주하는 병리학자인 손원태 박사가 얼마 전 평양에 다녀간 이야기도 꺼냈다.

> "손 박사는 남조선의 국방장관을 지낸 손원일 제독의 동생인데, 중학생 시절 만주 북간도 지방에서 나와는 형님 동생 하며 지낸 사이였어요."
>
> "손 박사의 부친인 손정도 목사님은 소년이던 나를 감옥에서 구출해 준 은인이지요. 나는 지금도 손 목사님의 사랑을 잊을 수가 없어요."

김 주석은 평양에 온 손 박사를 따뜻하게 환대한 모양인데, 손 박사가 느닷없이 60년 전 어느 날 김일성 소년이 길거리에서 사준 중국 꽈배기 과자가 먹고 싶다고 했다는 것이다. 김 주석은 요리사를 불러 꽈배기 만드는 방법을 가르쳐 주고, 그 이튿날 꽈배기를 먹으며, 지난날의 우정을 되새기는 감격스러운 시간을 보냈다는 이야기도 들려주었다.

이날의 환담을 통해 느낀 것 중 하나는 그가 남한의 사정, 특히 경제발전상에 관해 비교적 잘 알고 있다는 사실이었다. 아마도 일본 정치인이나 남한 기업인, 특히 김우중 대우 회장과 빈번하게 접촉하면서 들은 이야기가 그의 생각에 적지 않은 영향을 미친 것 같았다. 나는 이러한 접촉을 통해 독재자의 생각에 변화를 초래한다는 것이 얼마나 중요한지 깨달았고, 북한의 개방 개혁을 유도하는 데도 기여하게 될 것이라는 생각을 들었다.

김 주석은 청력에 지장이 있는 것 외는 80세 노인답지 않게 정정해 보였다. 오찬은 한 시간으로 끝났다. 김 수석이 베푼 이날의 오찬이 그와의 마지막 만남이 되었다. 그는 2년 뒤인 1994년 7월 7일 82세로 세상을 떠났다.

김일성 주석은 이날 공개 석상에서는 군축이며, 미군 철수며, 핵을 만들 필요도 없다는 등의 선전을 되풀이했으나, 비공개 오찬 석상에서는 투자 유치, 관광 유치, 남북경제협력 등을 강조했다. 선전용 공개 정책proclaimed policy과 추진하고 싶어 하는 진짜 정책real policy이 다르다는 것을 보여준 것이다.

〈남북기본합의서〉 발효를 계기로, 북한은 당면한 경제적 난관을 극복하기 위해 남북관계 개선에 적극적인 자세로 나온다. 1992년 한 해 동안만 해도 북한은 여러 면에서 변화된 모습을 보여주었다. 밀사를 보내 남북정상회담의 4월 평양 개최를 제의했고, 5월에 국제핵사찰을 수용했으며 8·15 노부모 이산가족 방문단 교환을 제의했다. 이어서 남북경제협력 시범사업을 위해 김달현 경제 부총리를 서울에 파견하고, 〈남북기본합의서〉의 부속합의서를 채택했으며, 이산가족 판문점 면회소 설치에 동의해 주었다.

북한 실용주의파의 수장이라 할 김달현 정무원 경제 부총리가 10명의 경제 테크노크라트들을 대동하고 이해 7월 하순 판문점을 통해 서울을 방문했다. 북한 경제계 인사의 방한은 분단 역사상 처음 있는 일이었다. 김우중 대우그룹 회장이 김일성 주석에게 건의하여 성사시킨 것이었다.

김우중 회장은 정부 당국의 승인하에 1988년 여름부터 지난 4년 동안 15번이나 평양을 비공개 방문하여 40여 개의 산업 시설과 공장을 시찰하는 한편 김달현 부총리는 물론 김일성 주석과 7회, 김정일 비서를 6회 만났다고 한다. 그는 북한 지도자들에게 한국의 경제발전상과 세계 경제 정세를 설명하고, 남북경제협력의 필요성과 가능성을 역설하는 한편 우리 정부의 대북정책을 전하는 등 북한의 개방을 유도하는 데 크게 기여한 것으로 평가되었다. 1991년 2월에는 대우에서 생산하는 상품과 장비 1,700여 점을 평양 인민문화궁전에서 전시하여 당과 정부의 과장급 이상 간부들이 참관하였다고 한다. 김우중 회장은 당시 남북을 잇는 가장 중요한 채널이었다.

그는 〈남북기본합의서〉가 채택된 직후인 1992년 1월 하순에 10일간의 평양 방문을 통해 북한 당국과 세 가지의 남북경제협력 시범사업을 추진키로 합의했다고 발표했다. 남포에 30만 평 규모의 경공업 단지를 조성하여 섬유, 신발, 면방직, 봉제 완구, 양식기 등 12개 분야 경공업 합작공장을 건설하고, 해외 건설 현장에 북한 노동자를 고용키로 하며, 아연광 등 지하자원을 공동 개발하는 사업 등이 포함돼 있었다. 이 밖에 개성에 300실 규모의 호텔을 건설, 이산가족 상봉 등에 대비하려는 계획도 추진한 것으로 알려졌다. 김일성 주석은 남북경협 시범사업이 잘 진행되기를 바라며, 김우중 회장을 신뢰하고 그에게 큰 기대를 걸었던 것 같다.

김달현 경제 부총리가 서울에 도착한 첫날 저녁, 하얏트호텔에서 우리 측 최각규 경제 부총리와 만찬하는 자리에 통일원차관인 나도 참석했다. 김달현은 이번에 우선 세 가지 남북경협사업에 합의하고 발표할 것을 제의했다. 첫째는 우리 기업인들이 관심을 갖고 검토해 오던 사업인, 시베리아-북한-남한을 연결하는 가스관 건설 사업에 관한 남북협력 합의이고, 둘째는 원자력발전소의 공동 건설 및 전력 공동 사용에 관한 남북 협의다. 셋째는 대우가 추진해 온 남포 경공업공단 합작건설사업을 즉각 승인해 달라는 것이다. 북한은 이해 초에 헌법을 개정하여 외국 투자 유치의 근거를 마련하고, 여러 가지 경제 관련 법률을 제정·공포했다고 한다.

이날 저녁 나는 김달현 부총리가 자신만만하게 소신을 피력하고, 남북경제협력을 조속하게 추진하자고 적극적으로 주장하는 것을 보고 큰 감명을 받았다. 그리고 북한에도 경제·과학기술 분야에 조예가 깊은, 저런 실용주의자가 있다는 것이 다행스러워 보였다. 그는 김일성 부자의 깊은 신임을 받는 사람인 것 같았고, 상당한 권한을 부여받고 온 사람임에 틀림없어 보였다.

북측의 기대와 달리, 김달현 부총리 일행의 방문을 주관한 안기부는 처음부터 그의 방문을 산업 시찰과 경제인들과의 의견 교환에 한정시켰다. 구체적인 경제 협력이나 특정 사업에 관한 협의는 하지 않는다는 입장을 밝히고, 경제 부처를 철저히 통제한 것이다. 결국 김달현은 남포경공업공단 합작사업을 비롯한 남북경협사업 추진과 관련해서는 아무런 성과를 거두지 못하고 돌아갔다.

이들은 일주일간 머물면서 경인 지역과 포항·울산·구미·부산·옥포 등지의 산업 시설 및 유통 시설을 시찰하고 많은 기업인을 만났다. 시찰 여정을 마친 김달현 부총리 일행을 위한 서울에서의 마지막 행사는 신라호텔에서 최영철 통일원장이 주최한 오찬이었다. 내가 이 자리에서 들은 이들의 산업 시찰 소감은 매우 인상적이었다.

이들은 산업 시찰 소감을 말로는 다 표현할 수 없는 "놀라운 것"이라고 되풀이했다. 일행 중 한 사람은 특히 포항제철의 시설과 운영에 큰 감명을 받았다며, 일련의 생산과정이라든가, 생산되는 강판의 폭이 북에서는 최대 2.7미터인데 포철은 5.7미터나 된다(세계 최고 두께는 7미터라고 함) 등의 이야기를 하며 혀를 차는 것이었다.

남북경제협력을 적극 추진하자고 호소하는 김달현의 발언은 대단히 인상적이었다. "남쪽은 경쟁이 지배하니 발전했고 북쪽은 평등이 지배하니 정체했다", "남북이 힘을 합쳐 민족경제를 발전시키면 중국의 동북 3성도 우리의 시장이 될 수 있다", "외국에 투자하기에 앞서 북쪽에 투자해 달라" 등등. 그의 말을 듣고 있노라면 마치 고르바초프가 그의 책 《페레스트로이카》에서 전개한 이론과 흡사하다는 생각이 들 정도였다.

나는 국무회의에서 그리고 대통령에게 북한에서 부상하기 시작한 실용주의자들의 입지를 도와 이들을 최대한 지원하는 것이 북한의 개방과 변화를 유도하는 지름길이 될 것이라고 건의한 바 있다. 이들의 주도하에 일정한 성과를 올릴 수 있도록 도와주는 것이 남북의 공동 이익이 되며, 한반도 평화와 남북관계 발전에도 도움이 될 수 있으리라는 게 내 생각이었다. 지난 2월, 평양 주석궁 오찬에서 김일성 주석의 남북경협 의지를 직접 확인함으로써 이런 생각을 굳힐 수 있었다.

시간이 흐르면서 김달현 부총리의 서울 방문은 완전히 실패작이라는 사실이 드러났다. 그는 남북경협 실패에 대한 책임을 지고 권좌에서 밀려났다. 우리가 김달현을 제대로 활용하지 못한 것은 대단히 아쉬운 일이 아닐 수 없다. 이 사건을 계기로 북한의 대남 경협에 대한 기대는 사그라졌으며, 실용주의 세력의 부상은 기대할 수 없는 상황이 되고 말았다. 이로부터 8년이라는 세월을 보내고 나서야 남북경협은 다시 추진되었다.

남남 갈등과 지연전술

〈남북기본합의서〉를 채택한 후 국민 여론조사 결과를 보면 우리 국민의 2/3 이상이 남북 합의를 지지하는 경향을 보였다. 하지만 보수 언론은 "정부가 남북문제를 정권적 차원에서 이용하고 있다"라거나 "국민적 합의 없이 독주하고 있다"라는 식으로 정부의 대북정책에 대해 비판적이었다. "북한 핵 문제 해결 없이 남북관계 개선이란 있을 수 없다"는 주장을 펴면서 〈남북기본합의서〉 채택을 탐탁지 않게 여겼다.

이들은 노태우 정부가 추진하는 핵 문제 해결과 남북관계 개선을 병행 추진하려는 '병행전략'을 이해하거나 지지해 주려고 하지 않았다. 핵 문제를 해결하려면 북-미 적대관계가 해소되어야 하며, 많은 시간이 걸릴 수밖에 없다. 또한 신뢰 구축 과정 없이 완전한 해결이란 불가능한데, 이들은 이 같은 핵 문제의 특성을 이해하려 하지 않았다.

나는 언론 매체의 논설위원들을 비롯해 집권당 간부들, 남북문제 전문가 및 학자들과 함께 모임을 하거나 토론회에 나가 남북고위급회담의 진전과 핵 문제 등에 관해 적극적으로 설명하고 질문에 답변하면서 정부의 입장을 대변했다. 이 중에서도 '평화토론회'를 잊을 수가 없다.

평양에서 돌아온 지 일주일쯤 되던 날 나는 내가 존경해 온 장군 출신 대학교수인 김점곤 박사가 주관하는 평화연구소의 평화토론회에 초청받았다. 매달 한 번씩 열리는 이 평화토론회는 전직 국무총리와 장·차관, 전前 국회의원, 종교 지도자, 예비역 장성, 중진 언론인, 대학교수, 변호사 등 지도층 인사들이 회원으로 망라된 권위 있는 모임으로 유명하다. 토론회는 비공개로 열리나 발표와 토론 내용은 정리하여 책자로 펴내고 있었다.

'합의서 발효 후의 남북관계 전망'이란 제목으로 나는 남북고위급회담의 목표와 협상전략, 〈남북기본합의서〉의 성격과 내용, 앞으로의 과제와 전망, 북핵 문제의 실상과 해결 방향 등에 관해 약 1시간 동안 설명하고 1시간가량 질문에 답변하며 토론했다. 이 자리에는 80명가량의 참석자들이 있었는데, 이들의 질문과 주장이 너무나도 실망스러웠다.

"김일성은 전쟁 범죄자인데 사과도 받아내지 못하면서 협상은 무슨 협상이냐."

"대남 적화를 노리며 주한미군 철수를 주장하는 북한 공산당을 무얼 믿고 평화 공존한다는 것이냐."

"남북협상한답시고 국민의 안보의식만 실종시키고 있는 것 아니냐."

"북한은 완전히 망할 때까지 내버려두고 흡수통일 준비를 해야 한다."

"먼저 핵무기 폐기하고 대남 적화전략을 포기하지 않는 한 경제협력은 말도 되지 않는다."

"대북 협상을 하려면 이산가족 문제와 북한의 인권 문제부터 해야 한다."

이처럼 갖가지 부정적인 주장이 나왔다. 이들의 주장은 당시 냉전적 사고에서 벗어나지 못하는 지도층 인사들의 생각을 대변하는 것이라고 할 수 있었다.

보수적인 여론 주도층은 북한의 핵 문제를 '핵 개발 의혹'이 아닌 '핵무기 보유'로 단정했고, 그것은 남한을 군사적으로 공격하기 위한 것이라며 위기의식을 조성했다. 핵무기는 군사적 공격용이라기보다 전쟁 억제용, 협박용으로서 상대방이 두려워할 때 효용가치가 있다는 전문가들의 주장에는 귀를 기울이려 하지 않았다. 마오쩌둥이 미국의 핵 위협에 대해 "원자탄은 종이호랑이에 불과하다"라고 국민을 안심시키면서 중국도 핵 개발을 추진한 것을 상기하게 된다.

남북고위급회담은 1992년 3월부터 분야별 부속합의서 협상 단계에 접어들었다. 부속합의서를 작성하기 위한 정치·군사·교류 협력 등 3개 분과위원회가 구성되었다. 우리 측 제의로 각 분과위원회는 공동위원회를 발족시키기로 한 5월 18일 이전에 부속합의서를 산출하기로 합의했다.

남북교류협력분과 공동위원장으로 임명된 나는 〈남북기본합의서〉의 정신과 우리의 협상 기본전략에 충실하게 분과위원회를 운영하여, 3번씩이나 수정안을 교환하는 등 제7차 고위급회담 개최 이전에 완전 합의 가능한 상태에 이르렀다. 교류협력분과와는 달리, 정치분과와 군사분과는 우리 측의 지연전술로 겉돌고 있었고 부속합의서 작성에 아무런 진전이 없어 결국 합의한 시한을 지킬 수 없게 되었다.

예정대로 1992년 5월 6일 제7차 고위급회담이 서울 신라호텔 다이너스티홀에서 개최되었다. 예년과 달리 팀스피릿 한미연합훈련 중지로 안정된 분위기에서 김일성 주석 80회 생일 행사를 성대하게 치른 북측 대표들의 표정은 어느 때보다도 밝아 보였다. 북측 연형묵 단장은 김일성 주석 80주년 생일을 기해 대형 사업들이 많이 완성됐다면서, 특히 156킬로미터의 4차선 평양-개성 고속도로가 준공되었음을 자랑했다. 북측은 〈남북기본합의서〉 이행의 첫 선물로 8·15 광복절을 기해 이산가족 노부모방문단을 예술단과 함께 교환 방문하도록 하자고 제의했다. 이와 함께 미전향 장기수인 이인모 노인의 송환도 요구했다.

이번 회담에서는 부속합의서들을 일괄 채택하기로 되어 있었으나, 정치분과위원회에서 우리 측의 지연전술로 불가능해졌다. 다음 회담에서 채택하기로 하는 수밖에 없었다.

회담을 마친 날 저녁 하얏트호텔 그랜드 볼룸에서 열린 서울시장 주최 만찬 후, 밤 11시부터는 3시간 동안 심야의 술좌석이 마련됐다. 신라호텔 23층에 다다미를 깐 방이 마련되고 밴드와 가라오케가 준비되었다. 가수 8명이 대기하고 있었다. 형식은 통일원장관 초청으로 돼 있었으나 정원식 총리의 지시로 안기부 기조실장이 준비한 것이었다. 북측 김광진 인민무력부 부부장이 1차 회담 때부터 서울의 기생집에 한번 가보고 싶다는 말을 했었다. 양측 대표들이 섞여서 마주 앉아 양주 발렌타인으로 잔을 들며 가벼운 화제로 이야기를 나누었다. 양측 대표들은 이번 회담으로 어려운 한고비를 넘긴 데 만족하고 있었다. 이산가족 노부모방문단이 불발되지 않도록 하자는 남측 대표들의 요청에 북측 대표들도 동감을 표하면서도 이인모 노인의 송환이 이루어져야 한다고 강조했다. 가수들의 흥겨운 노래가 계속되고 있었다.

한참 흥이 돋자 노래 솜씨가 뛰어난 최호중 통일원장관이 일어나서 멋지게 한 곡을 불렀다. 그러고는 북측 대표들에게 노래를 권했다. 임춘길 특보가 흘러간 옛 노래인 〈번지없는 주막〉을 불렀다. 그러자 인민군 소장인 김영철 대표가 이 자리에 어울리지도 않게, 김일성을 찬양하는 〈백두산〉이라는 시를 읊었다. 정원식 총리도 한 곡 불렀다. 연형묵 북측 총리가 옛날에 김일성이 불렀다는 〈사향가〉를 먼저 부르고 난 다음 〈열일곱살이에요〉라는 노래를 멋지게 불렀다. 재청을 받자 이번에는 가라오케를 보며 〈노란 샤쓰의 사나이〉를 불렀다. 이동복에 이어 백남준은 〈두만강〉을 불렀다. 춤판이 벌어지자 연형묵, 김광진, 최우진, 김정우도 가수들과 흥겹게 춤을 추었다. 못마땅하게 생각하는 듯 안절부절못하며 주변을 맴돈 김영철을 제외하면 모두들 대단히 기분 좋게 생각하는 것 같았다.

나는 북측 대표들이 남쪽 대중가요를 알고 있고 여러 사람 앞에서 서슴없이 불러서 한편으론 매우 놀라웠다. 북쪽에서는 일제강점기에 민족의 애환을 담은 노래를 '계몽기 가요'라 하여 널리 애창하고 있다고 한다. 하지만 〈노란 샤쓰의 사나이〉는 계몽기 가요가 아니지 않은가. 남과 북은 역시 음주문화와 노래와 춤을 즐기는 데는 별 차이가 없음을 발견했다. 심야의 술좌석이 끝난 것은 새벽 2시경이었다.

노태우 대통령과의 독대

제7차 고위급회담을 마치고 나흘째 되는 5월 13일 아침, 나는 노태우 대통령께서 부르신다는 연락을 받고 청와대로 향했다. 뜻밖에도 90분 동안이나 대통령과 단둘이 마주 앉아서 여러 가지 이야기를 나눌 수 있었다. 국가원수와 독대하는 자리는 처음이어서 여간 긴장되는 게 아니었다. 30분 동안은 집무실에서, 그리고 한 시간 동안은 바로 옆 식당에서 함께 오찬을 들며 주로 남북고위급회담과 통일원 업무에 관련된 이야기를 나누었다. 대통령께서는 나를 반갑게 맞아주시며, 남북고위급회담을 주도적으로 이끄느라 수고가 많았고, 차관으로 부임한 후 통일원을 발전시키기 위해 노력하고 있는 것으로 안다며 칭찬해 주셨다. 그리고 오늘 갑자기 부른 것은 노고를 치하하고 격려하기 위해서인데 점심을 먹으면서 이야기를 나누자며 첫 질문을 하셨다.

그는 이번 제7차 남북고위급회담을 어떻게 평가하느냐고 물었다. 나는 이번 회담에서 이미 남북이 합의한 대로 부속합의서를 채택하고 실천 기구인 공동위원회를 발족시켰어야 했는데 그렇게 되지 못한 것을 아쉽게 생각한다고 했다. 하지만 우리가 계속 제의해 온 고령이산가족방문단 교환사업을 북측이 수용하기로 한 것은 잘된 일로 평가한다고 했다. 남북이 합의한 것을 왜 시한 내에 지키지 못하게 되었는가를 묻는 질문에, 나는 정치분과위원회에서 쌍방이 무모한 논쟁을 일삼은 데 기인한다고 지적했다. 특히 우리 측이 고의적으로 지연전술을 사용한 데 그 원인이 있다는 것을 사실대로 설명드렸다. 대통령은 이 사실을 이미 잘 알고 있었다. 그는 재임 기간의 업적으로 북방외교와 남북관계 개선을 내세우고 있었는데, 남북 간에 합의서만 채택했지 가시적으로 실천된 것이 없어, 하루빨리 공동위원회를 가동시켜 하나씩 실천되기를 간절히 원하고 있었다. 그중에서도 특히 이산가족 재회가 이뤄지기를 고대하고 있었다.

나는 이 기회를 이용하여, 합의만 있고 실천이 없기 때문에 보수 언론이 정부의 대북정책을 비방하고 이에 동조하는 국민들이 실망하고 있다면서, 두 가지 대책을 건의했다. 하나는 국제 핵사찰이 실현되면, 부속합의서 작성을 위한 분과위원회 협상을 4개월이 아닌 2개월 내로 단축하여 끝내고, 7월경부터 남북공동위원회를 가동시켜 가능한 것부터 하나씩 실천에 옮기도록 하자는 것이었다.

실천 가능한 사업의 대부분이 교류협력분과 소관인데 이미 부속합의서 협상이 마무리되어 언제든지 채택 가능한 상태였다. 군사분과에서도 협상을 촉진시킬 수 있는 상태임을 설명드렸다. 문제는 정치분과인데, 남북문제를 국내 정치에 정략적으로 이용하는 일은 없도록 해야 한다고 했다. 시기가 늦어지면 대통령선거와 맞물려 일이 꼬일 수 있고 실천이 더 어려워질 수도 있으니 지연전술을 쓰도록 방치해서는 안 된다고 말씀드렸다.

다른 하나는 이미 원칙적인 합의를 본 8·15 노부모 이산가족 방문단 교환사업을 차질 없이 실현시키는 것이다. 이 사업은 표면상으로는 무조건 실시하는 것으로 돼 있으나 실제로는 비전향 장기수 이인모 송환과 연계돼 있었다. 따라서 이 사업을 실현하려면 북측이 요구하는 이인모 노인을 보내 주어야 했다. 이인모를 송환하면 우리도 북한에 억류된 특정인 송환을 요구할 수도 있을 것이고, 이산가족 방문사업을 계속 확대하는 데도 도움이 될 수 있을 것이라고 말씀드렸다.

노 대통령께서는 이인모 송환 문제와 관련하여, 북으로 돌아가기를 희망하는 모든 비전향 좌익수 문제를 근본적으로, 전향적으로 검토해 보고하라고 이미 지시한 바 있다고 밝혔다. 또한 정치분과 부속합의서 협상을 조속히 완료하라고 지시하겠다는 뜻도 밝혔다.

함께 점심을 먹으면서 나는 노 대통령이 얼마나 남북정상회담에 집착하고 있는가를 읽을 수 있었다. 그는 얼마 전 북한 밀사 윤기복이 서울에 왔을 때, 김일성이 살면 얼마나 오래 살겠느냐며, 살아 있는 동안 과거의 일을 해결하고 통일 지향적으로 남북관계를 획기적으로 발전시킴으로써 보람을 갖도록 하자며 남북정상회담의 필요성을 역설했다고 들려주었다.

또한 그는 자기 업적으로 자랑하는 북방외교는 이미 대통령이 되기 전 서울올림픽 유치 활동을 할 때부터 전개한 셈이라며 많은 국가원수급 인사들을 만나서 나눈 이야기도 들려주었다. 그는 서울올림픽이 한국의 위상을 전 세계에 드높이는 기회가 되었을 뿐만 아니라 냉전 종식에도 크게 기여했다는 생각을 하고 있었다. 공산권 국가들은 올림픽을 통해 본 서울의 모습과 풍요로운 삶에 큰 충격을 받았으며, 이 충격이 공산 체제에 대한 불신으로 이어졌다고 분석했다. 또한 북한이 남북고위급회담에 호응하게 된 것도 서울올림픽에 영향을 받은 것이 틀림 없으리라는 생각을 하고 있었다.

서울올림픽 유치를 위해 세계 여러 나라를 방문하던 중에 들렀던 나이지리아에 대한 인상도 화제에 올랐다. 그때 나는 나이지리아에서 대사로 근무하면서 노태우 장관 내외를 영접했었다. 그는 나이지리아의 무더위와 높은 습도 때문에 견디기가 어려웠다고 한다. 최고급 숙박 시설이라는 영빈관도 자주 정전이 되고 수돗물이 제대로 나오지 않아 목욕도 제대로 할 수 없었다고 회고했다.

노 대통령은 당시의 방문 경험을 통해 견디기 힘든 기후 조건과 식료품도 구하기 어렵고 치안 상태가 불안한 생활 여건 등 불편과 고통을 겪고 있는 외교관과 상사 주재원의 처지에 동정심을 갖게 되었다고 한다. 그리고 내가 4년간 그런 환경에서 잘 견디어낸 데 대해 평가해 주었다.

마지막이 된 제8차 남북고위급회담

5월에 접어들면서 불어 닥치기 시작한 역풍은 남북관계를 서서히 파탄으로 몰고 갔다. 우선 미국이 북핵 문제에 대해 강경책을 추진하기 시작했다. 이는 한국 대통령선거 정국과 맞물려 노 대통령의 레임덕 현상을 심화시키고, 대북 불신과 강경 분위기를 조성하였다.

5월 중순, 집권 여당의 대통령 후보로 김영삼 씨가 선출되었다. 정권 재창출에 앞장선 이상연 안기부장과 그의 참모들은 대북 불신과 안보 불안 분위기를 조성하는 것이 대통령선거에 유리하다고 판단하여 남북대화에 제동을 거는 한편 간첩 사건을 발표하는 등 적극적으로 나섰다. 정부 고관들도 새 대통령 후보에 대한 줄을 서기 경쟁을 시작하였다. 심지어 김종휘 외교안보수석비서관을 제외한 대부분의 청와대 수석비서관들조차 차기 대통령 후보에게 줄을 서기 시작하면서 노 대통령의 레임덕 현상이 급속히 퍼져갔다.

이들은 '先 핵 문제 해결 後 남북관계 개선'을 주장하며 '핵연계전략'을 내걸었다. 핵연계전략으로 전환한다면 남북대화는 중단될 수밖에 없다는 것이 불을 보듯 뻔했다. 이러한 정세 전개로 8·15 노부모 이산가족방문단 교환은 무산되고 말았다. 북측은 8·15 노부모 이산가족방문단 교환을 비전향 장기수 이인모 송환과 연계시키고 있었다.

노 대통령은 이인모 송환 문제를 둘러싼 통일원과 안기부의 상반된 주장을 검토한 후 5월 22일 "이인모의 송환을 전향적으로 조치할 것과 비전향 좌익수 중 귀향 희망자 175명의 송환 문제도 전향적으로 검토하라"고 지시했다. 그는 노부모 이산가족방문단 교환사업을 반드시 실현하겠다는 강력한 의지를 갖고 있었다.

하지만 극비리에 검토되던 이인모 송환 문제를 강경파가 언론에 흘려 이인모 송환 반대 여론이 조성되었고, 대통령의 정치적 결단은 뒤집어졌다. "이인모씨 등 북한송환 추진. 일부 미전향 간첩도"라는 제목으로 1면 머리기사를 장식한 《조선일보》 1992년 6월 16일 자 특종 보도는 이인모 송환을 불가능하게 하고 8·15 노부모 이산가족방문단 교환사업을 무산시키는 데 결정적으로 영향을 미쳤다. 극비리에 검토되던 내용이 보도된 것을 기화로, 이인모 송환을 반대해 온 공안 세력도 공개적으로 이인모 송환을 반대하거나 이인모 송환과 납북 인사 송환을 연계해야 한다는 주장을 폈다.

노부모 방문단 교환사업은 강경파들의 끈질긴 방해 책동으로 파탄이 났다. 날로 치열해지는 대통령선거전에서 특정 후보를 당선시키려면 안보 불안 조성이 필요하다고 정략적으로 판단하는 안기부 주도 세력의 계략이 먹혀든 것이다. 또한 아무리 대통령이 이산가족 문제 해결에 적극적이라 해도 레임덕이 되었을 때 얼마나 무기력한가를 보여준 좋은 예이기도 했다. 이인모가 송환된 것은 그로부터 반년 후인 1993년 3월이었다. 대선에서 승리한 김영삼 대통령이 집권 후 첫 사업

노태우 대통령이 제8차 남북고위급회담을 앞두고 남북대화사무국에서 협상 대표들에게 훈령을 하달하고 있다. 1992년 9월.

─────

으로 이인모를 아무런 조건 없이 송환한 것이다.

제8차 남북고위급회담을 앞둔 9월 5일 오전, 노태우 대통령은 회담 대표들을 격려할 겸 훈령을 직접 하달하기 위해 남북대화사무국에서 다과회를 베풀었다. 이 자리에서 그는 부속합의서 협상과 관련하여, 미해결의 쟁점 조항들은 '축차적 합의 원칙'을 적용, 절충 가능한 것부터 먼저 타결하여 이번에는 부속합의서들을 모두 채택하기 바란다고 지시했다. 그리고 8·15 이산가족 상봉이 무산된 것을 몹시 아쉽게 생각한다며 이 문제를 재협상하여 연내에 반드시 실현되도록 하라는 훈령을 하달했다. 그는 자기 임기 중 〈남북기본합의서〉 채택만이 아니라 이산가족 상봉이 실현되어 합의 사항이 하나라도 실천되기를 간절히 원한다고 했다.

9월 8일 자 도하 신문들은 "남북교류협력 부속합의서 완전타결"이라는 큼직한 제목의 1면 머리기사를 남측 위원장인 내가 북측 김정우 위원장과 환한 얼굴로 악수하는 큰 사진과 함께 실었다. 남북교류협력분과위원회가 경제·사회·문화 교류 협력 및 인도적 문제 해결 분야를 망라한 20개 조, 70개 세항에 이르는 '부속합의서'를 완전 타결하는 데 성공했다고 대서특필한 것이다. 한편으로는 환영하고 다른 한편으로는 의외라는 기색을 감추지 않았다. 교류협력분과의 협상 타결 보도는 정치·군사 분과에 큰 충격을 주었다. 북측이 '일괄타결 원칙'을 고수, 어느 한 분야만 먼저 합의에 응하리라고는 전혀 예상하지 못했기 때문이다.

나는 네 번째 평양 방문을 위해 9월 15일 오전 10시 판문점 북측 통일각에서 벤츠 승용차에 몸을 실었다. 이번 여행은 열차 편이 아닌 승용차 편으로, 지난 4월 김일성 주석 생일에 맞춰 4년 반 만에 완공되었다는 개성-평양 간 고속도로를 2시간 달리게 되었다. 18개의 터널과 84개의 다리가 놓여 있으며 총길이 168킬로미터에 왕복 4차선 도로라고 했다. 한데 시멘트 콘크리트 도로상에는 한 대의 차량 통행도 보이지 않았고 우리 일행 차량만 달리고 있었다.

북측 최우진 대표가 내 차에 동승하였다. 그는 "이번 회담에 임하는 북측 입장은 지난번에 쌍방이 합의한 대로 3개 부속합의서를 일괄타결하고 4개 공동위원회의 첫 회의 날짜를 정하여 정식으로 가동시키자는 것"이라고 말했다. 남측도 같은 입장이었다. 그는 정치 분과가 어렵기는 하지만, 합의할 수 없는 미결 사항은 말미에 부기하는 방식으로 처리할 수도 있을 것이라는 의견을 제시했다. 이는 우리의 '축차적 합의 원칙'과 같은 것으로서 협상 타결이 가능하겠다고 느끼게 하는 대목이었다.

이미 부속합의서를 완성하고 합의한 교류협력분과는 둘째 날 밤에 위원장 회의를 개최하여 이산가족 문제에 관한 협상을 벌였다. 나는 지난번 합의한 8·15 이산가족 노부모방문단 교환사업이 무산된 데 유감을 표했다. 이어서 이번에 새 날짜를 10월 하순경으로 다시 정하고, 판문점에 면회소를 설치·운영하는 문제도 포함하여 적십자 실무 접촉을 즉각 재개해서 합의하도록 하자고 제의했다.

북측은 이인모를 송환한다면, 8·15를 기념하여 실시하자고 약속했던 이산가족방문단 교환을 금년 내 실시할 수 있으며, 판문점에 면회소를 설치·운영하는 문제도 동의할 수 있다며 남북적십자회담을 즉각 개시한다는 선에서 합의하자고 했다. 남북 합의가 가능해진 것이다.

협상 결과를 보고받은 정 총리는 만족을 표하며 "즉시 서울에 보고하고 '훈령'을 청하라"고 지시하였다. 협상 결과는 자동으로 즉각 서울에 보고되는 것이지만, '훈령'을 청할 성질의 것은 아니었다. 이미 대통령이 재가한 협상전략에 부합하는 것이었고 더구나 대통령이 직접 특별지시로 훈령을 내린 것이기 때문에 수석대표가 합의하면 되는 것이었다. 나는 "청훈은 필요하지 않다"라고 되풀이하여 강조했으나 그는 청훈을 고집했다. 도저히 이해할 수 없었다. 안기부 눈치를 보는 것이 못마땅했지만 수석대표의 지시니 복종하는 수밖에 없었다. 즉각 청훈 전문을 발송했다.

이튿날 대표단 식당에서 아침을 먹을 때 정 총리는 어젯밤 청훈에 대한 답신이 도착했느냐고 물었다. 이동복 대표가 큰 소리로 답신 전문을 읽었다. "이인모 건에 관하여 3개 조건이 동시에 충족되지 않을 경우 협의하지 말 것". 모두 뜻밖이라, 어떻게 된 영문인지 알 수 없다는 반응을 보였다. 나는 귀신에 홀린 것 아닌가 하는 생각이 들 정도였다. 이런 훈령은 대통령 재가 없이는 하달될 수 없는 것이다. 며칠 전 그렇게도 강력하게 특별히 지시했는데 그 사이에 무슨 돌발 사유가 생겼기에 대통령이 결심을 변경했단 말인가. 도저히 상상할 수 없는 일이 벌어진 것이다. '3개 조건'이란 대통령이 재가한 협상전략에는 포함돼 있지도 않은 것이었다. 3개 조건이라는 것은 이동복 대표의 개인적인 주장이었지 정식으로 채택된 협상의 전제조건도 아니었다. 정 총리도 "도저히 이해되지 않는다"면서도 "상부의 지시니 훈령에 따를 수밖에 없다"는 결론을 내렸다. 아쉽게도 이번 회담에 김종휘 대표(대통령 외교안보수석비서관)가 참석하지 못했다. 대통령 특명과 협상전략에 따라 적극적으로 협상을 추진했던 나는 무어라고 표현할 수 없는 상실감과 자괴감에 빠졌다.

본 회담은 이날 오후 늦게 4시 45분에야 열렸다. 화해, 불가침, 교류협력에 관한 3개의 〈부속합의서〉가 모두 채택·발효되었다. 제9차 남북 고위급회담을 12월 21일부터 서울에서 개최하는 데도 합의했다. 다만 대통령의 특명 사항이었던 이산가족 상봉 문제 합의에는 실패했다.

제8차 고위급회담에서는 이른바 '훈령 조작사건'이라는 씻을 수 없는 오점을 민족사에 남기게 된 수치스러운 사건이 잉태하고 있었다. 결정된 협상전략을 위반하고 대통령 훈령을 거역하여 남북문제를 정략적으로 이용하려고 한 이 사건에 내가 본의 아니게 피해자로 관련되었다.

회담을 마치고 서울로 돌아온 나는 최영철 통일원장관에게서 이산가족 상봉 문제에 아무런 성과도 거두지 못한 데 대한 해명을 요구받았다. 대통령의 특명 사항인데도 불구하고 협상 중간보고도 하지 않아서, 이번에 반드시 합의하여 발표하고 돌아오라는 훈령까지 다시 보냈는데도 회신조차 없었다며 문책성 추궁을 하는 것이었다.

나는 놀라움을 금할 수 없었다. 협상이 잘되어 중간보고 겸 청훈을 건의했더니 '3개 전제조건이 동시에 충족되지 않을 경우 협의하지 말라'는 훈령을 받게 되어, 북한의 간청을 뿌리치고 협상을 깨고 돌아왔다고 상세히 보고했다. 그러자 이번에는 최 부총리가 놀라움을 금치 못한 채 어떻게 된 영문인지 알 수 없다며, 철저히 조사하라고 지시했다. 청와대에서도 이 문제에 관한 철저한 해명보고를 요구해 왔다.

나는 사안의 중요성에 비추어 서울-평양 간 발수신된 모든 전문을 서울과 평양의 상황실을 운영한 안기부로부터 받아내는 데 성공했다. 일련번호가 표시된 9월 17일 평양 발신 전문 4건과 서울 발신 전문 3건 등 총 7건의 3급 비밀 전문 사본을 입수한 것이다. 입수한 전문들을 확인한 결과 '가짜 훈령'을 조작하고 '진짜 훈령'을 묵살한 사실 등을 파악할 수 있었다. 나와 최 부총리는 도저히 이해할 수 없는 많은 의문이 생겼고 격분을 금할 수 없었다.

평양에서 돌아온 지 5일 후인 9월 23일 아침, 때마침 고위전략회의가 소집되었다. 이동복 대표가 주관하고 정 총리가 소집한 이 회의에는 최영철 통일부총리, 최각규 경제부총리, 이상연 안기부장, 정해창 청와대 비서실장 그리고 통일원차관인 나까지 7명이 참석했다.

최영철 부총리가 문제를 제기했다. 그는 "중요한 남북문제에서 주무 장관이 소외된다는 것은 부당하다"며 "자기는 이산가족 문제에 관한 청훈이 있었는지 알지도 못하고 있었다"고 했다. 그리고 "이번 서울-평양 간 전문 처리와 청훈에 대한 조치 과정은 크게 잘못된 것이다. 이런 일이 다시는 발생하지 않도록 사건 내용을 철저히 규명하고 필요한 조치를 취해야 한다"라고 주장했다.

나는 이 사건을 규명하기에는 이 자리가 절호의 기회라고 판단하고, 공직을 사퇴할 각오로 총리와 안기부장에게 단도직입적으로 질문했다. 먼저 정 총리께는 2개 조건으로 합의하라는 '진짜 훈령'을 보고받은 바가 있는지를 질문했다. 정 총리는 "평양에서뿐만 아니라 지금 이 순간까지도 그런 전문이 있었다는 것을 전혀 알지 못한다"라고 진지한 태도로 대답했다. 정 총리에게 보고되지 않은 것이 확인되었다.

나는 청훈 전문이 수신인들인 통일부총리와 청와대 외교안보수석에게 전달도 되지 않았음이 확인되었는데, 이는 이동복 특보가 서울상황실에 청훈을 묵살하고 전달을 차단시킨 데 기인한 것으로 보인다고 밝혔다. 그리고 이상연 안기부장은 이 청훈 전문을 보고 받은 바 있는지, '3개 조건이 충족되지 않으면 협상하지 말라'는 '가짜 훈령'을 안기부장이 내린 것인지를 물었다. 이 부장은 "협상하지 말라는 전문이 발송되었다는 사실은 지금 처음 듣는다"라고 잘라 말했다. 그리고 자기는 그날 아침 늦게 집무실에 나와 평양 회담 상황을 구두로 보고 받은 것이 10시에서 11시 사이이며, 그 이전에는 아무런 보고도 받은 바 없다고 해명했다.

이 부장은 오후 2시경 김종휘 수석 및 최영철 부총리와 전화 통화를 하여 이산가족 문제 해결 방안을 협의하고 2개 조건만 관철하면 된다는 기존 방침을 재확인했다고 한다. 이에 따라 안기부장 지시로 오후 4시에 진짜 훈령이 발송된 것이다.

하지만 이러한 이 부장의 조치 역시 지나치게 늑장을 부린 것이라 아니 할 수 없다. 보고를 받고 나서 5시간 이상 걸렸기 때문이다. 왜 이렇게 늑장을 피웠는지는 규명되지 않았다. 그나마도 이 훈령이 수신 즉시 보고되었더라면 얼마든지 훈령 이행이 가능했으나 이동복은 이를 묵살하여 노태우 대통령의 특별 하명 사항인 이산가족 상봉을 파탄시켜 버린 것이다.

이날의 대질심문(?)을 통해 이동복이 안기부 통신망을 이용하여 '청훈 차단', '가짜 훈령 조작', '진짜 훈령 묵살' 등의 범행을 저질렀다는 것이 모두 확인되었다. 그러나 이 자리에서는 왜 이런 일을 저질렀는지에 대한 추궁은 없었다.

나는 '이산가족문제 협상경위와 내용'(1992. 9. 23.)이라는 12쪽 분량의 진술서를 작성하여 청와대 외교안보수석과 통일부총리, 국무총리께 제출했다. 안기부장에게도 보냈다. 여기에는 문제의 전문 4건도 첨부했다. 특히 정 총리께는 내가 직접 찾아뵙고, 내 진술서를 일일이 읽어 내려가면서 총리가 알고 있는 사항과 다른 점이 전혀 없음을 확인하는 절차를 밟았다. 내 진술서는 대통령께 즉각 보고되었다.

이 무렵 국내 정치 상황은 혼미를 거듭하고 있었다. 대통령선거전이 과열되는 상황 속에서 10월 6일에는 안기부가 '남한 조선노동당 사건'이라 불린 대규모 간첩단 사건을 발표했고, 야당 정치인의 연루설로 정국이 불안해졌다. 그다음 날에는 대통령선거 관리를 위한 현승종 중립내각이 출범하면서 정원식 총리가 물러났다. 이상연 안기부장도 6개월 만에 해임되었다. 이동복 훈령 묵살 및 조작 사건은 정원식 총리와 이상연 안기부장의 퇴진과 함께 어수선한 국내 정치 상황 속에 파묻혀 버리는 것 같았다.

훈령 묵살 사건은 10월 하순 통일원에 대한 국회 외무통일위원회의 국정감사에서 추궁되면서 그 일부가 세상에 처음으로 알려졌다. 그리고 1년 후인 1993년 11월, 국회에서 이 훈령 조작 묵살 사건이 다시 크게 문제화되었다. 1년 전에는 '훈령 묵살'만 노출되었으나 이번에는 그동안 드러나지 않았던 '훈령 조작'과 '훈령 묵살'의 전모가 관련 문건의 공개와 함께 샅샅이 드러나게 된 것이다. 문제가 확대되어 가자 감사원이 특별감사에 나섰다. 감사를 앞두고 이동복은 안기부에서 해임됐다. 감사 결과가 발표되기까지 한 달 이상 언론 매체에서는 앞다투어 취재 경쟁을 벌이고 연일 대서특필하여 온 국민의 비상한 관심사가 되었다. 나도 다른 관련자들과 함께 감사원 소환조사를 받았다. 나는 이왕에 감사기관이 조사에 착수했으니 철저하고 공명정대하게 밝혀지기를 바라는 뜻에서 조사에 적극 협조했다.

특별감사를 시작한 지 1개월이 되는 12월 21일 감사원은 14쪽으로 된 '제8차 남북고위급회담시의 훈령 조작의혹 감사 결과'를 발표했다. 이 발표 내용에 의하면, (1) 청훈 전문은 이동복의 지시로 안기부장 이외의 수신자에게는 전달하지 않고 묵살했으며(청훈 차단) (2) 가짜 훈령은 이동복이 평양에서 조작한 것이며(훈령 조작) (3) 신속한 회신이 요구되는 청훈을 보고 받고도 안기부장(이상연)은 이유 없이 지연 처리했으며(청훈 지연 처리) (4) 진짜 훈령을 접수한 이동복은 이를 묵살하고 고의로 회담이 모두 종료된 이후에 총리께 지연 보고했다(훈령 묵살)는 것이다. 그리고 (5) 3급 비밀 전문이 유출되어 사회적 물의를 야기하게 된 것은 이동복이 3급 비밀 내용이 그대로 인용된 해명서를 국회의원 등에 제공, 불법 유출되어 공개된 데 기인한다(비밀 유출)는 내용이다. 이 감사 결과 발표문에는 왜 이런 일이 벌어졌는지에 대해서는 아무런 언급이 없었다.

팀스피릿 훈련 재개와 남북대화 파탄

북한은 IAEA와의 '핵안전조치협정'에 서명하고 5월 4일 핵사찰을 받기 위해 핵물질과 시설에 관한 150쪽 분량의 '최초보고서'를 IAEA 에 제출했다. 5월 중순 블릭스 IAEA 사무총장 일행의 영변 핵시설 시찰에 이어 IAEA 핵사찰이 시작되었다. 사찰 결과 "북한이 핵무기 개발 까지는 장비나 기술 면에서 몇 단계를 거쳐야 가능할 것"이라며, "북한 이 핵무기를 개발하고 있다는 명확한 증거는 없다"고 발표했다. 하지만 미국 부시 행정부는 북한이 핵 개발 계획을 추진해 온 것으로 판단하고, '압박과 응징 전략'을 추진하였다.

이보다 앞서 이해 봄에 미국은 미-소 냉전 종식 후 탈냉전의 새 시대에 맞춰 미국의 국방정책과 국가전략을 확정했다. 미 국방성의 '장기 국방기획지침' 보도에 의하면, 미국은 미-소 냉전 종식으로 소련의 위협이 사라진 이후 '새로운 잠재적 위협'으로 중동 지역과 한반도를 상정하고, '동시에 두 전쟁에서 승리하는 전략'을 추구한다는 내용이었다. 미국이 미-소 냉전 종식 후 북한의 위협을 상정하고 한반도를 잠재적 위험 지역으로 설정한 것이다. 이는 유럽에서는 냉전을 종식시켰지만 한반도에서는 냉전을 지속하겠다는 정책을 밝힌 것으로 한반도의 미래가 순탄치 않을 것이라는 불길한 예감을 갖게 했다. 얼마 후인 5월 31일에는 로버트 리스카시 한미연합군사령관이 "북한이 남북상호 핵사찰을 거부하는 경우 중단했던 팀스피릿 한미연합 기동훈련 재개를 검토하겠다"는 강경 입장을 표명했다.

미-소 냉전 종식을 호기로 포착하여 지난 4년간 노태우 정부는 외세의 간섭을 받지 않고 자주적인 입장에서 화해 협력을 통한 남북관계 개선을 추진해 왔다. 미국도 '당사자 해결원칙'에 의한 우리의 평화 공존 노력을 이해하고 지지를 보내 주었으며 양국은 긴밀한 협조를 유지해 왔다. 그러나 이제 미국은 북한을 새로운 위협으로 상정하면서 때마침 제기된 북한의 핵 의혹을 증폭시키며 대북 압박·응징 전략을 추진하려는 것이다. 한국에 대해서도 대북 압박에 동참할 것을 요구하기 시작했다. 우리 정부는 난처한 입장에 처하게 되었다. 대통령의 임기가 얼마 남지 않았으나 아직 남북 간에는 이렇다 할 가시적 성과가 없는 상태였다. 남북관계 개선을 적극 추진하자니 핵 문제를 이유로 미국이 제동을 걸고, 미국과 공조체제를 유지하자니 지난 4년간 공들여 이룩한 남북 합의를 지킬 수 없게 된 것이다.

워싱턴에서 열린 제24차 한미 연례안보협의회의는 10월 8일 공동성명을 통해 "남북관계, 특히 상호 핵사찰 등에 의미 있는 진전이 없을 경우 '93 팀스피릿 훈련을 실시하기 위한 준비조치를 계속해 나갈 것"이라고 발표했다. 팀스피릿 훈련 실시 발표는 통상 12월 말경에 해왔는데 10월 초로 앞당김으로써 남북대화를 중단시키는 결정적인 요인으로 작용하였다.

북한은 '93 팀스피릿 훈련을 중지시키기 위해 근 4개월간 끈질긴 노력을 계속했다. 새해 들어 팀스피릿 훈련 재개 결정을 철회할 가능성이 완전히 사라지자 북측은 1993년 1월 29일 성명을 통해 모든 남북대화의 중단을 선언했다. 이렇게 하여 1989년 2월 초 예비회담을 시작으로 지난 4년간 추진해온 남북고위급회담이 끝나고 말았다.

중단했던 '팀스피릿 한미연합군사훈련' 재개가 남북대화를 전면 중단시키고 화해 협력을 지향하던 남북관계를 파탄시키는 결과를 초래한 것이다. 미국이 대북 적대정책을 유지하며 한반도 냉전을 지속하려 한다면, 남과 북이 합의해도 남북관계 개선은 어렵다는 뼈저린 교훈을 얻게 된 것이다.

남북고위급회담 과정을 통해 나는 '새로운 사고'를 하게 되었다. 강경한 반공 보수주의자에서 합리적 실용주의자로 변신한 것이다. 시대가 변하면서 이에 부응하여 내 생각도 바뀌었다.

국제 냉전이 끝나고 공산권이 붕괴되어 민주주의와 시장경제가 전 세계적으로 확산되고 있으며, 공산주의는 이미 이데올로기로서나 체제로서나 존립 가치를 상실하게 되었다. 체제 경쟁은 이미 끝났으며, 이제는 '반공'이 문제가 아니라 북한을 어떻게 '평화적으로 관리'하느냐가 문제라고 생각하게 된 것이다. 시대가 변했으니 우리의 정책과 전략도 당연히 변해야 했다.

또한 평양을 오가면서 북한의 비참한 현실을 목격하고, 북측 고위 인사들과 대화를 나누며 그동안 우리가 북한을 너무 과대평가해 왔음을 깨달았다. 북한은 남북 국력 격차의 심화와 불리한 국제 정세, 파탄 지경의 경제로 말미암아 흡수통일의 공포증과 북침 위험에 시달리며 생존전략을 추구하게 되었다.

그런데 우리는 불필요한 피해의식과 잘못된 정보로 북한의 기도와 능력을 과대평가하고 있다는 판단을 내리게 된 것이다. 북한을 과소평가해서도 안 되지만 과대평가도 금물이다. 우리는 전쟁을 억제하여 '소극적 평화'를 지킬 뿐만 아니라, 북한의 변화를 유도하여 '적극적 평화'를 만들어 나가야 할 때임을 깨달았다. 싸우지 않고 우리의 목표를 달성하는 부전승전략(不戰勝戰略)을 자신감을 가지고 추구해 나가야 한다는 신념을 굳히게 된 것이다. 나는 〈남북기본합의서〉 채택 등 남북관계 개선에 기여한 공로로 황조근정훈장을 수여받았다.

노태우 대통령은 재임 기간, 여러 분야에서 훌륭한 업적들을 남겼다. 그중에서도 역사의 물줄기를 바꾸어나간, 통일 외교 안보 분야의 업적은 우리 민족사에 길이 빛날 것이다. 그는 퇴임 후 10년이 넘는 투병 생활 끝에 88년의 생애를 마감했다. 통일동산 경모공원 영결식 (2021. 12. 9.)에서 나는 추모사를 통해 그의 업적을 다섯 가지로 요약하며 추모했다.

"북방정책을 추진하여, 한국 외교의 새로운 지평을 여셨습니다. 공산권에 문호를 개방하고, 소련과 중국을 비롯한 전 세계 모든 나라들과 외교관계를 수립하게 됨으로써, 국제사회에서의 대한민국의 위상과 역할이 크게 달라졌습니다.

88서울올림픽을 성공적으로 개최하셨습니다. 88서울올림픽은 냉전으로 갈라진 동서 진영이, 12년 만에 모두 한자리에 모인 세계인의 평화축제가 되었습니다. 서울올림픽의 성공적 개최로 대한민국은 크게 도약할 수 있는 발판을 마련하였습니다.

대북 포용정책을 채택하여 남북관계 개선을 추진하셨습니다. 북한을 '평화와 통일의 동반자'로 포용하고, 대결이 아니라 협력을, 봉쇄가 아니라 교류를 시작한 것입니다. 당시로는 가히 혁명적이라 할 정책 전환을 추진한 것입니다. 이 포용정책은 햇볕정책과 평화번영정책으로 계승되어 오늘에 이르고 있습니다.

또한 평화통일을 지향하는 새 통일 방안을 제정하셨습니다. 국민의 염원과 의사를 광범위하게 수렴하고, 초당적 협력을 통해 새 시대에 부응하는 '한민족공동체통일방안'을 마련하셨습니다. 30년 세월이 흐른 오늘날에도 이 '한민족공동체통일방안'이 대한민국의 통일 방안으로 기능하고 있습니다.

마침내 〈남북기본합의서〉를 산출하셨습니다. 분단 사상 최초로 남북 당국 간 고위급회담을 개최하여, 탈냉전의 새로운 남북관계의 기본 장전에 합의한 것입니다. 남북은 동족상잔의 전쟁으로 서로 원수가 되었지만 이제 화해하고, 서로 인정 존중하며 다방면의 교류 협력을 통해 평화와 통일을 만들어 나가기로 합의한 것입니다. 〈남북기본합의서〉는 '6·15 남북공동선언'을 비롯하여 3년 전의 '평양남북공동선언'에 이르는 후속 남북합의서들의 기본 틀이 되었고, 한반도 평화 프로세스의 길잡이 역할을 수행하고 있습니다.

저 개인적으로는, 노 대통령님의 부름을 받고, 〈남북기본합의서〉 산출의 역사에 참여할 수 있었던 것을 제 일생의 가장 큰 영광이요, 특전으로 생각합니다. 대통령님과 함께했던 순간들을 늘 소중히 간직하며, 항상 대통령님께 감사드리고 있습니다. 노태우 대통령님의 숭고하신 뜻을 받들어, 우리 모두 남북이 화합하고 하나되는 날을 앞당기기 위해 매진할 것을 다짐합니다."

노태우 정부에서 추진했던 남북대화는 7년의 공백기를 거쳐 김대중 정부에 이르러서야 재개된다. 나는 김영삼 정부 출범과 함께 남북고위급회담 대표와 통일원 차관 자리에서 물러났다. 그리고 5년 후 김대중 정부에서 다시 남북문제를 다루게 된다.

9장

김대중과의 만남

민통과 세종연구소 2년

김영삼 정부의 출범과 함께 1993년 봄 나는 40년 공직 생활을 마감하였다. 그리고 2년 후 아태평화재단 김대중 이사장과의 운명적인 만남이 이루어지고, 그가 대통령으로 취임하면서 다시 5년간 김대중 정부에서 근무하게 된다. 김대중 이사장과 만나기 전 2년 동안 나는 시민운동 단체와 민간 연구소에서 각각 1년씩 유익한 경험을 하였다.

통일원 차관에서 이임한 며칠 후 통일운동 시민 단체인 민족통일중앙협의회가 나를 상임의장으로 선출했다고 알려왔다. 이 조직은 우리 민족의 평화적 통일을 실현하기 위해 1981년에 창립된 민간 주도의 사단법인체다. 전국 시도군에 협의회 조직을 가진 전국적 민족통일운동 시민 단체로서 통일 기반 조성을 위해 통일 의지를 널리 확산시켜 뿌리내리도록 하는 일을 하고 있었다. 언론인 천관우 씨를 비롯한 조일문 전 건국대 총장, 현승종 전 국무총리, 홍성철과 손재식 전 통일원 장관들이 역대 의장으로 활약했다고 한다. 수락하긴 했으나 시민사회 운동에 전혀 경험이 없는 나는 한양수 사무총장의 친절한 지도와 도움을 받아가며 책무를 다하기 위해 노력했다. 충청남도 지사를 역임한 유능한 행정 관료 출신인 그는 훌륭한 인간관계를 유지하며 이 조직을 잘 관리하고 발전시켜 왔으며 존경을 받아온 분이다. 나는 주로 전국을 순회하거나 국내외 학술회의와 토론회 같은 모임에 나가 통일 문제와 남북관계에 관해 강연하였다. 대단히 보람 있는 일이었다.

이해 4월 나는 갑자기 미국에 있는 한 연구소의 초청을 받아 워싱턴으로 날아갔다. 얼마 전 북한은 미국과의 정치적 협상을 제의했으나 이를 거부당하자 핵확산금지조약NPT 탈퇴를 선언(3. 12.)했다. '핵 비확산'을 가장 중요한 외교정책 어젠다로 내세우며 새로 출범한 클린턴 행정부는 물론 미국의 조야가 충격을 받았다. 이 문제를 긴급 진단하기 위해, 미국 내 한반도 문제 전문가이자 나와 오랫동안 접촉을 유지해온 셀리그 해리슨Selig Harrison의 간곡한 요청을 받아들여 워싱턴 카네기 평화연구소의 원탁토론회에 참석하게 된 것이다.《워싱턴 포스트》지의 국제 문제 담당 기자로 북한 김일성 주석과 인터뷰한 최초의 미국 기자인 셀리그 해리슨은 그 후 한반도 문제를 연구하며 계속 좋은 칼럼을 써왔다.

나는 이 원탁회의에서 주제를 발표하고, 참석자들과 함께 북한이 NPT 탈퇴라는 강경책을 취한 의도는 무엇이며 이에 어떻게 대처해야 할 것인가에 대한 열띤 토론을 벌였다. 이 자리에는 제임스 릴리 전 주한 미국 대사, 전 한-미1군단(집단) 사령관 존 쿠시먼 장군, 전 미육군

참모총장 마이어 장군 그리고 대북정책을 담당하고 있는 국무성과 국방성의 중견 간부들이 참석하였다. 대부분의 미국 측 참석자들 견해와 달리, 나는 "북한은 미국과 고위급 정치 회담을 이끌어 내어 북미관계를 개선하고 안전보장, 경제제재 해제와 외교관계 수립 등을 달성하기 위해 핵 문제를 협상 카드로 이용하려는 것으로 보인다"라고 분석했다. 그리고 "초대강국 미국의 신행정부가 이 기회를 활용하여 아량을 갖고 북한과 대화에 나서, 협상을 통해 핵 문제와 관계 개선 등 한반도 냉전 종식을 위한 근본적인 해결책을 강구해 나가야 할 것"이라고 주장했다. 일부 강경파 인사들이 부정적인 반응을 보였으나 모두 토론이 유익했다는 반응이었다.

마침내 클린턴 행정부는 그해 6월부터 미-북 고위급회담을 시작했고, 11월에는 북한이 제의한 '일괄타결안'에 미국 측이 원칙적으로 동의했다. 하지만 한국의 김영삼 대통령이 "북한에 속지 말라"며 정면 반대하고 나섰고, 미국의 강경파들이 강경 대응을 주장하자 북한은 레드라인으로 설정한 '핵연료봉 추출' 강행으로 맞서면서 사태는 악화되어 갔다. 미국이 1994년 5월 군사공격계획을 추진하며 이른바 '제1차 북핵위기'가 조성된다.

이러한 상황을 배경으로 지미 카터 전 대통령이 평양을 방문(6. 15.~6. 18.), 김일성 주석과 회담하여 타결책에 합의하였다. '전쟁 직전의 위기'에서 헤어날 수 있게 된 것이다. 10월에는 제네바에서 '미-북기본합의서'가 채택되었다. 북한은 NPT에 잔류, 핵 활동을 동결하고 핵 개발 계획을 폐기하기로 한다. 미국은 안전보장, 경제제재 해제, 외교 관계 수립 등 미-북 관계 개선에 합의한다. 또한 북한은 원자로 가동과 원전 건설을 중단하고, 이에 미국은 경수로형 원자력발전소 건설을 제공하며 이 발전소가 완성될 때까지 중유로 보상(50만 톤/연간)하는 데 합의하였다. 줄 것은 주고 받을 것은 받으며 문제를 해결하는 훌륭한 외교적 합의였다.

이 무렵 나는 김영삼 대통령과 처음으로 만날 기회가 생겼는데 이 만남을 잊을 수가 없다. 카터 전 대통령의 남북정상회담 개최 제의에 김일성 주석이 동의하고, 결국 김영삼 대통령도 동의하여, 남과 북은 7월 평양에서 남북정상회담을 개최하기로 합의했다. 나는 정종욱 외교안보수석비서관의 연락을 받고 청와대에서 김영삼 대통령과 조찬 회동을 하였다. 이때 내가 만나본 김일성 주석에 대해 자세히 설명드렸다.

김영삼 대통령은 내 설명에는 별다른 질문이나 언급도 없이, 왜 자기가 평양에 가기로 했는지를 설명하였다. 일부 언론의 "김일성을 서울에 오게 하지 않고 왜 김 대통령이 평양에 가느냐"라는 비판에 신경이 쓰인 것 같았다.

"연로한 김일성이 서울에 왔다가 갑자기 사망하게 되면 전쟁이 일어날 것입니다. 정 외교안보수석의 멀쩡하셨던 부친이 며칠 전 갑자기 서거했는데, 노인들의 건강은 장담할 수 없는 것이에요. 그래서 내가 평양을 가기로 한 것입니다."

당시에는 엉뚱한 이야기로만 들렸다. 하지만 며칠 후 김일성 주석 사망 보도를 접하며 나는 김영삼 대통령의 말씀을 떠올리고 경탄을 금할 수 없었다. 이것이 나와 김영삼 대통령의 유일한 만남이었다.

미국 이스트 랜싱에 있는 미시간 주립대학교에서. 이해 7월에 한민족 통일문제 국제회의를 주최했다. 임길진 국제관계대학원장이 주도하여 마련한 것이다. 전 세계 20개국에서 600명의 한국 교포들이 모인 대규모 회의였다. 이 회의에 초청받은 나는 남북관계와 통일 문제에 관해 발표하고 열띤 토론에도 참석했다.

하루는 갑자기 만찬 특별연설을 요청받고 주저했으나, 남북고위급회담 대표로 산파역을 수행한 〈남북기본합의서〉의 의의에 관해 설명해 달라는 주최 측의 요청을 수락했다. 사전 작성한 원고 없이 발표하는 특전을 누리게 된 것이다. 켄터키대학교의 문정인 교수가 즉석에서 훌륭하게 영어 통역을 담당해 주었다. 문정인 교수는 2년 전 내가 청와대 군비통제단장을 맡고 있을 때, 새로 건축한 외교안보연구원에서 '한국의 군비통제 정책'에 관한 인터뷰를 하며 처음 만난 적이 있는데 여기서 다시 만나게 된 것이다. 이날 나는 그의 한반도 문제에 대한 식견은 물론 탁월한 영어 실력에 감탄했다. 이때 인연이 되어 그가 귀국하여 연세대학교 교수로 재직할 때, 김대중 정부에서 근무한 나는 그를 정책자문위원으로 초청하여 도움을 받았다. 그는 2000년의 역사적인 남북정상회담 때 특별수행원으로 평양에 동행했고, 역사의 증인으로 크게 활약하였다. 또한 한반도 문제의 최고 권위자로서 국내외적으로 명성을 날리며 타의 추종을 불허하는 많은 역할을 수행했다. 한반도평화포럼 이사장, 한겨레통일문화재단 이사장으로 봉사하고, 문재인 대통령의 통일외교안보특보를 거쳐 현재 세종연구소 이사장으로 봉사하고 있다.

이 회의를 기회로 김근태 국회의원, 언론인 이영희 선생, 고은 시인 등과도 만나 인연을 맺었다. 특히 귀국하는 길에 알래스카 공항에서 한 시간 기다리는 동안 남북관계와 통일 문제에 대해 토론하며 나는 김근태 의원을 높이 평가하고 존경하게 되었다.

우리나라와 중국이 지난해(1992년)에 정식으로 외교 관계를 수립하면서 관광여행의 길도 열렸다. 나는 고등학교 동창 부부 동반으로 한 그룹을 만들어 내 소원이던 첫 중국 여행길에 올랐다. 1993년 8월, 12일간의 관광여행은 상하이(上海), 쑤저우(蘇州), 항저우(杭州)에서 시작하여 구이린(桂林), 시안(西安)을 거쳐 베이징(北京)에 이르는 코스였다. 상하이에서는 대한민국 임시정부 청사를 방문한 후 홍구공원과 시가를 둘러보았으며 "하늘에는 천당이 있고, 땅에는 쑤저우와 항저우가 있다"는 말이 전해질 정도로 유명한 쑤저우와 항저우를 둘러보았다. 이어서 소련제 구형 여객기를 타고 서남쪽에 있는 구이린으로 가서 이 강의 유람선에 올라 천하제일을 자랑하는 미려한 경치(桂林山水甲天下)에 매료되기도 했다. 다음은 북쪽으로 날아가 2000년 역사를 간직한 옛 수도 시안의 시가와 진시황릉, 병마용갱을 둘러보며 경탄하지 않을 수 없었다. 베이징에서는 이화원, 천단(기우단), 자금성, 천안문 광장 등을 둘러보고 만리장성에 올랐다.

중국이 자랑하는 관광 명소를 둘러보는 것 못지않게, 덩샤오핑 개혁개방정책 10여 년간 놀랍게 변화하고 있는 중국 사회의 모습을 볼 수 있어 대단히 유익했다. 아침 출근 시간대에 베이징 거리를 가득 메운 자전거의 행렬 또한 매우 인상적이었다. 아마도 조만간 오토바이 행렬로 바뀔 날이 올 것이고, 서울과 같은 자동차의 물결을 볼 수 있는 날도 오지 않겠는가 하는 생각이 들었다.

"검은 고양이든 흰 고양이든 쥐만 잡으면 좋은 고양이다"라는 덩샤오핑의 '흑묘백묘론'과 함께 "열심히 일하는 사람이 부자가 되는 것은 정당한 일이다", "빈곤은 사회주의가 아니다"라는 사고와 활동 방식이 널리 퍼져 있음을 볼 수 있었다. 문화대혁명 시기의 중국 모습은 사라져버리고 길거리에는 장사꾼이 넘쳐났으며 개인이든, 기관이든, 군부대든 모두 돈벌이에 혈안이 되어 있었다. 우리를 군 병원으로 이끌어 군의관의 의술 시범을 보여주고 보약과 여러 가지 한약을 사지 않을 수 없게 유도하는 판매술에 혀를 차기도 했다. 혁명보다는 생산, 이념보다는 실리에 중점을 두고 변화하는 중국의 모습을 목격한 것이다.

인상적인 것은 5개 단어의 인사말 생활화 운동을 전개하고 있다는 사실이었다. 니하오(你好, 안녕하세요), 셰셰(謝謝, 감사합니다), 뿌거치(不客氣, 천만에요), 짜이젠(再見, 안녕히 가세요), 뜨이부치(對不起, 미안합니다). 예의 바른 인사 습관을 갖도록 시민교육을 한다는 것은 대단히 좋은 일이라는 생각이 들었다.

나는 100위안짜리 화폐에 관심에 쏠렸다. 마오쩌둥(毛澤東), 저우언라이(周恩來), 류사오치(劉少奇), 주더(朱德) 등 4명의 얼굴이 나란히 새겨진 화폐다. 중화인민공화국 건국 공신들을 기리기 위한 것이리라. 몇 장을 기념으로 간직하였다. 덩샤오핑(鄧小平)까지 포함된 화폐도 곧 나오겠지 하고 기대했으나, 그 후 언제부터인가 마오쩌둥 한 사람의 얼굴만 들어 있는 화폐로 교체되어 현재까지 통용되고 있다.

1994년 4월 한배호 소장의 초청으로 나는 세종연구소 객원 연구위원으로 자리를 옮겼다. 여기서 젊은 학자들과 대북정책 수립과 남북협상의 실무 경험을 공유하기 위해 발표하고 토론하는 일에 열중하였다. 한 소장은 나와 많은 의견을 나누고 싶어 했다. 그는 내 건의를 받아들여 세종연구소의 연구 중점을 '국가전략' 연구개발로 정하고,《국가전략》이라는 이름의 계간 학술지를 발간하기 시작했다. 나는 이《국가전략》제1권 1호(창간호)에 〈한국의 국가전략: 개념과 변천과정〉을 정리하여 발표했다. 한국의 국가전략에 관한 최초의 학술논문이었다. 당시 '국가전략'이라는 용어가 아직 생소하고, 우리나라에 과연 국가전략이 있는가 의문시하던 학자들에게 우리나라 국가전략 연구에 대한 동기를 부여하게 된 것을 뜻있게 생각한다.

또한 이 시기에 남북고위급회담의 전 과정을 역사 자료로 정리한 논문 〈남북고위급회담과 북한의 협상전략〉을 완성하였다. 이 논문은 경남대 극동문제연구소에서 발간한《북한의 협상전략과 남북한관계》(1997)에 수록되었다. 나중에 나는 대통령 특보로 청와대에서 근무하며 1968년 이래 발표한 논문과 기고문 60여 편을 모아 디지털로 작성하여 보존하였다. 이 논문들을 참고할 때마다 일일이 디지털화하는 지루한 작업을 해준 이상민 비서관을 기억하며 고맙게 생각한다. 성실하고 탁월한 능력을 가진 독실한 크리스천인 이상민 비서관은 내가 통일부 장관 시절부터 대통령 특보 시기까지 끝까지 나를 잘 보좌해 주었다.

세종연구소의 연구위원 신규 채용을 계기로, 나는 한 소장에게 북한 문제 전문 학자 채용을 건의하였다. 당시 세종연구소에는 북한 문제를 전공한 연구위원이 없었다. 외국 대학 출신들의 반발을 무릅쓰고 최초로 국내 대학 출신인 이종석 박사를 채용하였다. 나는 이종석 박사를 만나본 적은 없었으나 그동안 그의 논문과 기고문을 읽고 그의 북한 연구 실적을 높이 평가하고 있던 참에 그가 지원한 것을 알고 적극 추천했다. 채용된 후에는 그와 북한 문제에 관해 자주 의견을 나누었다. 우리의 대북정책이 학술 용어로는 'Engagement policy'인데, 우리말로 뭐라고 번역할 것인가 하는 문제를 두고 토론한 적이 있는데 그는 '포용정책'을 제시했다. 그 후 이 용어가 널리 사용되었다. 김대중 정부에서 나는 그를 정책자문위원으로 위촉했고 2000년 남북정상회담 특별수행원으로 동행토록 했다. 훗날 그는 노무현 정부의 청와대 안보실장과 통일부장관을 역임하는 등 중책을 수행하게 된다.

이해 가을에 한반도 정세에 급격한 변화의 조짐이 나타났다. 7월에 북한 김일성 주석이 갑자기 사망한 데 이어 10월에는 미-북 간 북핵문제 해결과 미-북 관계 개선에 합의한 제네바 '미-북기본합의'가 채택되었다. 이에 한배호 소장은 미국의 분위기를 파악하기 위해 워싱턴 방문을 추진했다. 1995년 1월 중순 한배호 소장을 단장으로 하여 서울대 구영록 교수와 서강대 오기평 교수 등 우리나라 최고의 세 정치학자들 그리고 나와 연구위원들로 구성된 방문단이 워싱턴을 찾았다. 한반도 문제 전문가들을 면담하고 세종연구소와 아메리칸대학교 간 학술회의도 개최했다. 미 국무성을 방문하여 한반도 문제의 전문가이자 내 벗들인 존 메릴John Merril과 밥 칼린Bob Carlin에게서 한반도 정세 판단을 청취하고, 국제전략연구소CSIS와 국제관계대학원SAIS 등을 방문하여 전문가들과 의견을 나누었다. 미국의 입장을 파악하는 데 큰 도움이 된 유익한 만남이었다.

워싱턴 체류 중, 나는 존경해 온 세 정치학자들에게 내가 김대중 이사장의 아태평화재단에 초청받은 사실을 밝히고, 내 고민에 대한 솔직한 조언을 구했다. 세 정치학자들은 비상한 관심으로 솔직하고도 진지한 의견을 들려주었는데 3인 3색이었다. 적극 찬성하는 의견, 가지 말라며 만류하는 의견, 신중히 고려해야 할 것이라는 의견을 제시하며 국내 정치 정세와 관련한 논쟁을 벌였다. 그러던 참에 한국대사관에서 "아태평화재단이 나를 영입하기로 했다"는 기사가 보도되었다며, 사실 여부를 확인·보고하기 위해 한 참사관이 찾아왔다. 사태가 이렇게 되었으니 내 입장을 확정해야 할 때가 되었다고 판단한 나는 여행 일정을 중단하고 귀국하기로 결심했다. 세 정치학자들도 모험이지만 도전해 보는 수밖에 없게 된 것 같다며 격려해 주었다.

김대중과의 첫 만남

1995년 초, 나는 아태평화재단 김대중 이사장과 처음 만났다. 내가 통일원차관을 마치고 세종연구소에서 연구 활동을 하고 있던 때였다. 나와는 전혀 다른 길을 걸어오신 분이고 그때까지 만나본 적도 없으며, 더구나 부정적인 이미지를 갖고 있던 그와 결합하게 된 것은 '하나님의 섭리'라고밖에 달리 설명할 수가 없다.

함께 일하자는 요청을 세 번이나 거절한 끝에 그를 처음 만나 대화를 나누면서 그에 대한 부정적인 고정관념이 여지없이 깨져버렸다. 즉석에서 그의 요청을 수락하고 아태평화재단에서 3년간 연구 활동에 종사하게 되었다. 그가 대통령으로 당선되어 재직한 5년 동안에는 줄곧 정부에서 그를 보좌하며 남북관계 사령탑으로 중책을 수행하였고, 퇴직 후 서거하실 때까지 김대중평화센터 이사로서 보좌하였다. 처음

만난 때로부터 15년간 그를 가까이에서 보좌하게 된 것은 내 일생의
가장 큰 영광이요, 행운이었다.

퇴임 후에도 김 대통령 내외는 자주 우리 내외를 을지로4가의 작은
식당에 초청하였고, 우리는 오찬을 들면서 한반도 정세와 관련된 대
화를 나누곤 했다. 가끔은 내가 주최하려 했으나 기회를 얻지 못하던
참에 2009년 1월 어느 일요일, 마침내 조선호텔 중국식당 홍연으로 초
청하는 데 성공했다. 최고급 세트 요리를 미리 주문했다. 그런데 김 대
통령이 메뉴를 보시고는 "임 장관, 너무 많고 비싸요. 나는 지금 탕수
육이 먹고 싶어요. 다른 것은 시키지 마세요"라는 것이었다. 그는 우리
부부의 간청에도 불구하고 고집을 꺾지 않았다. 그날 화려한 고급 식
당에서 전직 대통령 부부는 오직 탕수육 한 접시와 짜장면으로 식사
를 마쳤다. 그는 이 자리에서도 내 능력을 높이 평가하며 "임 장관 같
은 분과 함께 일한 것은 큰 영광이었습니다"라고 칭찬을 아끼지 않았
다. 그러고는 "이런 인물을 알아본 나도 대단하다고 자부합니다"라고
말하는 것을 잊지 않았다. 나는 우겨서라도 그때 그 세트 요리를 드시
게 했어야 했는데 그러지 못한 것을 두고두고 후회했다. 그는 이해 8월
에 세상을 떠났다.

김대중 대통령은 그의 자서전에서 이렇게 적고 있다.[†]

"나는 일찍이 그의 경험과 능력이 탐났다. (중략) 사람을 보내
함께 일할 것을 간곡하게 권유했다. 그는 깜짝 놀라며 '그런 능

[†] 《김대중 자서전》 1권, 삼인, 2010, 644쪽

력이 없다'고 거부했다. 다시 사람을 보내 설득했더니 이번에는 '건강이 좋지 않다'고 사양했다. 다시 사람을 보냈다. 그제야 그가 흔들렸다. (중략) 삼고초려였다. (중략) 그는 정치인 옆에는 가 본 적이 없는 사람이었다. 거칠게 말하면 요조숙녀 같은 사람을 소도둑놈이 훔쳐 온 격이었다."

1994년 겨울, 김대중 씨가 보낸 정동채 비서실장을 시내의 한 호텔 커피숍에서 만났다. 한겨레 기자 출신인 정 실장은 과거 몇 번 만난 적이 있다. 아태평화재단을 창립한 김대중 이사장이 함께 일하자고 영입 초청을 한다는 말을 듣고 나는 깜짝 놀랐다. 그리고 즉각 정중히 사양했다. 그와 함께 일한다는 것은 상상할 수 없는 일이었다. 이북 출신인 나는 군인으로, 외교관 등의 공직으로 40여 년 근무하며 정치에는 무관심했다. 유명한 야당 지도자인 김대중과는 아무런 인연이 없던 데다 평소 탐탁지 않게 여겼던 인물이다. 나는 "그런 분을 모시고 일할 능력이 없다"라고 한마디로 거절했다. 정 실장은 시간을 갖고 생각해 보라며 긍정적인 답변을 기대하겠다고 말하고는 헤어졌다.

끈질긴 요청으로 정 비서실장과 다시 마주 앉은 때는 크리스마스이브였다. 그는 김대중 이사장의 친서를 내밀었다. "임동원 차관은 이미 능력이 검증된 분이고, 또 능력은 다른 사람이 평가하는 것이니 부디 선처 바란다"는 내용이었다. 정 비서실장이 "일단 한번 만나서 직접 말씀을 나눠 보시면 어떻겠습니까?"라고 간청했으나 "그럴 필요 없습니다"라고 다시 거절했다. 나는 정밀종합건강검사를 받고 결과를 기다리는 중이며, 지난 40년간 국가와 민족을 위해 봉사했으니 이제 여생을 편안히 쉬려고 한다고 첨언했다.

간청에 못 이겨 세 번째로 다시 만났다. 첫 만남 후 한 달가량이 지난, 새해 초순이었다. 그는 "다시 한번 설득하여 꼭 모셔오라는 선생님의 간곡한 말씀이 있었습니다"라며 "선생님을 꼭 한번 만나 주십시오"라고 간청했다. 정 실장은 "많은 사람들이 선생님을 한번 만나 뵙고 싶어 줄을 서서 기다리고 있는데, 너무 하시는 것 아닙니까"라며 불쾌감을 표시했다. 나는 세종연구소의 워싱턴 방문단에 참여할 계획을 설명하고, 귀국 후에 만나 보는 것을 생각해 보겠다고 일단 뒤로 미루었다. 새해 첫날 주일 예배에서 "과거에 집착하지 말고 미래를 지향하는 비전을 품고, … 적극적인 인생을 살라"는 요지의 김선도 목사님의 설교를 듣고 마음이 흔들린 것이다. 그리고 건강검사 결과 건강에 큰 문제가 없다는 진단도 받았다.

워싱턴에서 돌아온 직후인 1995년 1월 23일, 나는 김대중 아태평화재단 이사장을 처음으로 만났다. 동교동 자택의 자그마한 응접실에서 반갑게 맞아준 김 이사장과 오찬을 겸한 긴 대화를 2시간 정도 나누었다. 부인 이희호 여사와 정동채 비서실장이 자리를 같이했다.

나는 그의 확고한 통일철학과 원대한 비전, 논리 정연한 사고에 큰 감명을 받았다. 또한 민족 문제와 남북관계, 북핵 문제 등에 대한 그의 예리한 분석과 판단, 명쾌한 해결책에 탄복했다. 이날 그는 〈남북기본합의서〉야 말로 남북관계를 개선하고 평화통일에 접근할 수 있는 길을 제시한 훌륭한 합의서라고 극찬하며 이 합의를 이끌어낸 나의 노고를 치하해 주었다. 그리고 이 합의를 반드시 실천에 옮겨 남북 화해협력의 새 시대를 열어야 한다고 강조했다. 그는 지난가을 미국 헤리티

아태평화재단 김대중 이사장이 저자의 사무총장 취임식을 주재하고 있다. 1995년 2월.

지재단에서 '햇볕정책'을 주제로 강연하였는데 이때 행인의 외투를 벗긴 것은 강풍이 아니라 햇볕의 따뜻함이라며 대북 포용정책의 필요성을 역설했다고 한다. 나는 '햇볕정책'이라는 용어를 이 자리에서 처음으로 들었다. 훗날 '햇볕정책'은 김대중 정부의 대북 화해협력정책을 상징하는 용어로서 세계적으로 널리 통용된다.

그는 작년 봄 북핵 문제를 둘러싼 전쟁 위기 국면에서 미국 내셔널 프레스 클럽 초청으로 워싱턴을 방문하여 연설하고 질문에 답변한 내용을 들려주었다. 북핵 문제는 "미국과 북한이 서로 줄 것은 주고 받을 것은 받으며 '일괄 타결 동시 이행'으로 해결해야 한다"고 주장했다고 한다. 또한 "북핵 문제를 해결하려면 미국이 김일성 주석을 직접 만나 담판해야 하며 그러기 위해서는 지미 카터 전 대통령과 같은 국제적으로 존경받는 원로 정치인을 평양에 보내야 한다"고 주장했다는 것이다. 결국 카터-김일성 회담이 성사되어 문제 해결의 돌파구가 마련된 것을 큰 보람으로 생각한다고 말했다. 이런 사실을 처음 들으며 나는 감탄을 금할 수 없었다. 그는 아태평화재단의 설립 경위와 운영 문제에 대해서도 자세히 설명해 주며 내가 참여해 주길 요청했다.

나는 그에게서 원칙과 철학에 충실하면서도 이상과 현실을 잘 조화시키는 지도자라는 인상을 받았다. 이날 나는 그가 지난날 다섯 번 죽을 고비를 넘기고, 6년 감옥 생활을 하고, 10년 가택연금 및 망명 생활을 하면서도 민주주의와 평화통일의 신념을 굳건히 지키며 '행동하는 양심'으로 헌신해 왔음을 알게 되었다. 또한 지난날 그의 능력과 인기를 두려워한 집권자들이 그가 평화통일을 말하면 빨갱이, 민주화를 외치면 과격분자, 정치하겠다고 하면 거짓말쟁이로 몰았다는 사실을 회상하며, 나도 속아 살았던 것을 부끄럽게 생각하였다. 나는 그의 연구 활동을 돕기로 결심하고 아태평화재단 사무총장 직을 수락하였다.

《김대중의 3단계 통일론》

김대중 이사장은 나의 사무총장 취임식을 마친 얼마 후 롯데호텔 크리스탈 볼룸에서 성대한 취임 축하연을 베풀어 주었다. 축하연 자리는 국회의원과 학계 인사를 비롯한 수많은 김대중 지지자들로 성황을 이루었다. 김 이사장은 환영사를 통해 나를 "안보, 외교, 통일 세 분야의 이론과 경륜을 겸비한 독보적인 존재"라고 소개하였다. "합리적인 사고를 지닌 책임감 강한 공무원, 소신을 굽히지 않는 강직한 성격을 가진 사람, 민족에게 통일의 비전을 제시한 사람으로서, 제가 평생 관심을 가져온 통일 문제 연구에 백만 원군을 얻은 셈"이라고 과찬할 때는 기대에 부응할 수 있을는지 두려움을 느끼지 않을 수 없었다.

나는 "외교, 안보, 통일 문제에는 여야가 따로 있을 수 없다. 통일에 관한 한 초당적 범국민적 노력이 필요하다"며, "이제 나는 확고한 통일 철학과 원대한 비전을 가지신 김대중 이사장을 모시고, 지난 40년간 이 분야에서 터득한 모든 지식과 경험을 공유하며, 평화와 통일을 촉진하는 데 헌신하고자 한다"는 요지의 간단한 취임 인사를 했다.

이 무렵 나와 아내는 매일 밤낮으로 걸려오는 수많은 전화에 시달려야 했다. 대부분 나를 비난하는 내용이었다. "믿기지 않는다. 제정신인가?", "이용만 당할 것이다. 실망했다" 등등. 나를 배신자, 변절자로 몰며 결별을 선언하는 사람들도 있었다. 평안북도 출신 지도급 인사들의 친목 모임인 평인회에서는 "앞으로 이 모임에 나오지 않기를 바란다"며 아예 면박을 주었다. 17년 전 장성으로 진급하면서 이 모임의 회원으로 초대받은 나는 거의 매월 한 번씩 열리는 오찬 모임에 꾸준히 참석해 온 터였다.

그러나 "소신껏 해보라. 야 측이 한반도 문제에 대해 올바른 판단을 할 수 있도록 도와줘야 한다"며 격려해 주는 사람들도 더러 있었다. 특히 대통령 후보로 여당 경선에 나서기도 했던 이종찬 의원, 육사 동기생인 홍은표 장군, 백낙환 인제대학교 이사장의 지지와 격려가 큰 힘이 되었다.

아태평화재단은 1994년 1월 김대중 이사장이 '한반도의 평화통일',

'아시아의 민주화', '세계평화의 실현'을 3대 목표로 내세우며 연구와 교육, 홍보 활동을 위해 창설한 연구소다. 나는 재단 부이사장 겸 사무총장, 아태평화아카데미 원장으로서 연구 활동과 교육 홍보 등의 업무를 총괄하는 책임을 맡았다. 재단은 야간에 주 2회씩, 2개월을 주기로 '아태평화아카데미 강좌'를 성공적으로 운영하고 있었다. 나는 3년 재직 기간 중 11개 기수 약 800명의 수강생을 배출한 것을 보람으로 생각한다. 그리고 여러 차례 국내외 학술회의와 토론회도 개최하였다.

내게 맡겨진 시급한 첫 과제는 《김대중의 3단계 통일론》을 완성하여 이해 광복 50주년에 맞추어 출간하는 일이었다. 김 이사장은 지난 1년간 많은 학자의 의견을 모아 마련한 초안이 "너무 학술적이고 추상적이며 현실성이 결여된 산만한 것이라 만족스럽지 않다"며 "실현 가능한 정책적 차원의 통일론이어야 한다"는 지침을 주었다. 초안을 자세히 검토한 나는 열 가지 문제점과 함께 대안을 제시했다. 김대중 이사장은 나에게 둘이 마주 앉아 흉금을 털어놓고 하나씩 깊이 있는 토론을 하자고 제의하여 여러 차례 열띤 토론을 하였다. 그는 토론을 좋아했다. 자기주장을 논리적으로 전개하여 상대방을 설득하려 하는 동시에 상대방의 주장을 경청하고 수긍이 되면 즉각 수용하는 훌륭한 성품의 소지자였다. 토론을 통해 나는 그의 탁월한 식견과 학구적 자세에 매료되고 존경하게 되었다.

김대중 이사장을 제대로 알기 위해 내가 제일 먼저 읽은 책이 《김대중 옥중서신》이었다. 옥중에서 역사, 경제, 문화, 종교, 철학 등 여러 분야에 관한 엄청나게 넓고 깊은 독서와 통찰력을 편지 형식으로 기록한 신앙고백이요, 연구 논문이요, 문명 비평이자 나라와 세상을 진단하고 내일을 위한 처방을 제시한 것이었다. 나는 그의 깊은 신앙심과 왕성한 탐구 정신, 넓고 깊은 식견에 감탄하였고 설득력 있는 문장력과 기록성에도 감탄을 금할 수 없었다.

나는 그와 마주 앉아 토론하며 많은 것을 배우고 깨달을 수 있었다. 통일, 외교, 안보 문제에 관한 그의 생각을 자세히 파악하고 호흡을 맞출 수 있게 된 것은 매우 뜻깊고 보람 있는 일이었다. 당시에는 3년 후에 그를 대통령으로 모시고 일하게 되리라고는 전혀 짐작하지도 못했다.

그는 자서전에서 "나와 임 총장은 치열하게 토론했다. 서로 옳다고 여기면 양보가 없었다. 이야기하다 보면 몇 시간이 금방 지나갔다. 어떤 때는 호텔에 투숙하여 밤새 토론하기도 했다. 내가 임 총장과 심혈을 기울여 하나하나 짚어 나간 것은 우리 민족의 미래였다."라고 적고 있다.†

이런 과정을 거쳐 이해 9월 중순 롯데호텔 크리스탈 볼룸에서 《김대중의 3단계통일론: 남북연합을 중심으로》의 출판기념회가 성대하게 열렸다. 이 책은 1997년 초 미국 남가주대학교USC에서 영문판으로, 2000년 초 일본 아사히신문사에서 일본어판으로도 번역·출간되었다. 나중에 이 책은 김대중 대통령 정부의 대북정책에서 바이블 역할을 하게 된다.

아태평화재단 재직 기간에 나는 김대중 이사장이 해외여행할 때 그를 수행하는 특전을 누렸다. 1995년 4월에는 22년 만에 처음으로 납치 현장인 일본 도쿄를 방문하고 중앙정보부 공작선에 실리게 된 고베

† 앞의 책, 644쪽

오스트레일리아를 방문하는 아태평화재단 김대중 이사장을 수행하여 시드니에서 오페라 하우스를
배경으로 기념사진을 찍었다. 1996년 9월.

─────

항까지 납치 경로를 따라 김 이사장을 수행했다. 10월에는 베이징에서
중국 인민외교협회와 공동으로 학술회의를 개최했다. 1996년 9월에는
오스트레일리아 시드니대학교에서 명예박사 학위 수여식에 참석하고
캔버라를 방문하여 의회 지도자들과 만남을 가졌으며, 11월에는 마닐
라에서 열린 아태회의에 참석했다. 가는 곳마다 그에 대한 관심과 존
경을 실감했고 그의 국제적 위상과 활동을 높이 평가하게 되었다.

　1996년 총선을 앞둔 어느 날, 정치 활동을 재개한 김대중 이사장이
새정치국민회의 총재로서 나에게 "전국구 의원으로 국회에 진출하여
통일 안보 분야를 맡아 활동해 주기 바랍니다"라며 당선권의 중간 서
열을 보여주었다. 나는 정중히 사양했다. "저는 정치할 생각이 전혀 없
습니다. 오로지 정책 연구에만 몰두하겠습니다"라고 솔직하게 말했다.

김 총재는 "많은 사람이 국회의원 하겠다고 아우성인데, 임 총장은 시켜 주겠다는 것도 사양하니 정말로 훌륭한 인품입니다"라고 하며 고맙다는 말과 함께 내 의사를 존중하겠다고 했다. 나는 이듬해 대통령 선거운동에도 직접 참여하거나 기여한 바 없이 아태평화재단을 정상적으로 운영하는 데만 최선을 다했다.

당시 대선과 관련하여 내가 한 일이라고는 이북 5도민을 대상으로 하는 선거운동을 간접적으로 도운 것이 전부였다. 김대중 총재는 당의 이북도민위원장을 맡아 선거운동을 해주기를 원했지만 나는 적임자가 아니라고 사양하고, 최명헌 전 장관을 추천했다. 그와 나는 긴밀히 협조했다. 우리는 도지사가 될 수 있는 인물들을 내세워 선거운동을 하기로 하고 도지사 추천권을 쾌히 승인받았다.

한편 이북 출신 월남민의 월간지 《동화(同和)》(1997년 9월호)의 '가까이서 본 대통령 후보' 특집에 〈김대중 총재 이런 사람이다〉라는 글을 게재하였다. 그는 '빨갱이'가 아닌 자유민주주의자요 경제문제는 물론 남북관계도 잘 해결할 수 있는 훌륭한 대통령감이라는 것을, 이북 출신 장성으로서 보증한다고 홍보한 것뿐이었다.

이 무렵 나는 이북 5도민회의 요청을 받고, 이산가족 문제에 큰 관심이 있는 김대중 후보의 선거공약에 통일동산의 '동화경모공원 확장 사업 지원'을 포함시키는 데 성공했다. 통일동산은 노태우 대통령이 1989년 '민족공동체 통일방안'을 발표하며 제시한 '평화시 건설구상'의 일환으로, 경기도 파주시 탄현면 일대에 단지 조성 공사를 시작했다. 이북 5도민회는 이 통일동산 한 구역에 이북 도민들이 생전에 이루지 못한 망향의 한을 위로할 수 있도록 공동묘지(경모공원)를 조성하길 원했다. 이를 위해 관련 5개 정부 기관에 진정서를 제출하기로 하고 당시 통일원 차관인 나를 찾아왔다. 나는 진정서를 즉각 청와대에 제출하여 하향식으로 추진하는 것이 좋겠다고 조언하고 청와대와 협의했다.

이들을 접견한 김종휘 청와대 외교안보수석은 대통령의 재가를 받아 통일원이 총괄하여 경모공원 사업을 추진하도록 조치했다. 나는 몇 차례의 관계 기관 협조회의을 주관하여 이견을 조율하고 복잡한 행정 절차가 순조롭게 이루어지도록 조치했다. 이렇게 하여 1995년 6월 동화경모공원 묘역이 준공되었다.

한편 통일원 차관으로서 나는 오두산 통일전망대 준공식을 주재하고, 이 통일전망대의 운영을 통일원 지원하에 이북 5도민회가 맡도록 조치하는 데 일조했다. 이번에는 동화경모공원 확장 문제가 제기된 것인데 나는 대통령 외교안보수석으로서 이 문제를 해결하는 데 적극 나섰다. 마침내 2001년 10월, 2단계 묘역이 준공되었다.

김대중 총재는 1997년 12월에 대통령으로 당선되었다. 훗날 아태평화재단은 김대중 대통령 사저의 이웃 공간에 5층 건물을 짓고 이 건물을 연세대학교에 기증하면서 명칭도 김대중도서관으로 바꾸었다. 나는 이 도서관에 내가 간직해 온 중요한 관련 자료들을 기증했다.

대통령 외교안보수석비서관

한국 정치사상 최초의 평화적 정권 교체가 이루어지고, 1998년 초 김대중 대통령 정부가 출범하면서 나는 외교·안보·통일 분야에서 대통령을 모시고 5년간 계속하여 일하는 특전을 누렸다. 청와대 외교안보수석비서관으로 시작하여 두 번의 통일부장관, 국가정보원장 그리고 대통령통일외교안보특별보좌역을 수행했다. 자리가 문제가 아니라 햇볕정책을 입안하고 이행하여 남북 화해 협력의 새 시대를 열어가는 사령탑의 역할을, 그리고 한반도 평화 프로세스를 추진하며 피스메이커로서의 역사적 소명을 다한 것을 큰 보람이요 더없는 영광으로 생각한다. 내 일생에서 국가와 민족을 위해 봉사한 최고의 절정기였다.

돌이켜 보면, 하나님은 나를 당신의 도구로 사용하기 위해 그동안 철저히 준비하도록 단련시키고 인도해 주신 것이다. 1960년대에는 공산주의와 북한을 연구하여 이에 대처할 지혜와 능력을 키워 주셨다. 1970년대에는 안보 분야에서, 1980년대에는 외교 분야에서, 1990년대에는 통일 분야에서 단련시키고 경륜을 쌓게 해주셨다. 이제 마침내 대통령을 모시고 민족 문제를 해결할 역사적 사명을 맡겨 주신 것이다.

나는 김대중 대통령 집권 초기 15개월간 외교안보수석비서관으로 대통령을 보좌했다. 김대중 대통령 당선자가 "외교안보수석비서관으로 가까이에서 도와주면 좋겠다"는 전갈을 보내왔을 때 나는 "김 대통령이 원하신다면 아무 일이라도 하겠다"는 뜻을 밝혔다. 내 뜻을 무척 반기신 김 대통령은 "이미 6년 전에 통일원차관을 지냈고 65세를 바라보는 나이에 다시 차관급의 비서관 직책을 부탁하기에 무척 미안했는데 이렇게 쾌히 승낙해 주어 정말 고맙소"라고 전화를 걸어주셨다. 김 대통령은 IMF 금융위기를 맞아 국가 파산을 막기 위해 상당 기간 경제 회생 문제에 전념해야 할 형편이었다. 따라서 외교·안보·통일 분야

김대중 대통령이 저자에게 외교안보수석비서관 임명장을 수여하고 있다. 1998년 2월.

는 지난 3년간 호흡을 맞춰온 내가 차질 없이 알아서 잘 챙겨 보필해 주기를 기대하였다.

외교·안보·통일 문제는 대통령의 책임과 권한에 속하는 분야요, 청와대가 사령탑이다. 따라서 대통령을 직접 보좌하는 외교안보수석비서관의 책임 또한 막중한 것이며 할 일도 많아 나는 다른 어떤 직책보다 큰 보람을 느끼며 최선을 다해 노력했다. 다행히 유능한 비서관들의 보좌를 받을 수 있었다. 나는 종전 청와대에서 근무한 비서관과 행정관을 전원 새 사람으로 교체하는 원칙을 따르지 않고, 대통령의 승인을 받아 전원 유임시켰다. 외부 인원을 받아들이지 않고, 전문성과 능력을 중시하여 국제관계비서관 송민순(후에 외교통상부장관), 외교비서관 권종낙(후에 외교부 차관), 통일비서관 이봉조(후에 통일부차관), 국방비서관 임충빈(후에 육군참모총장) 등 직업 공무원들을 그대로 유임시켰다. 나는 이미 이들과 함께 일해 본 경험이 있어 이들을 잘 알고 있던 터였다. 이들은 모두 해당 분야의 경륜을 갖춘 탁월한 능력의 소유자들로서 내가 업무를 수행하는 데 큰 힘이 되었다.

대통령 외교안보수석비서관으로서 제일 먼저 한 일 중 하나는 일관성 있고 통합된 외교·안보·통일 정책을 수립하고 집행하기 위한 시스템을 확립하는 일이었다. 과거에는 법적 구속력이 없는 임의 기구인 '관계장관회의'를 필요시 소집하여 의론하곤 했으나 합법적 의사결정기구가 아니어서 제각기 발표하고 혼선을 초래하는 경우가 적지 않았다. 과거와는 달리 이제는 부처 간 상이한 입장을 조율하여 통합적이고 효율적인 정책을 수립하고 한 목소리를 내며 강력한 실천력을 뒷받침할 수 있는 시스템이 필요했다.

나는 주요 정책을 협의·조정하여 대통령이 올바른 결정을 할 수 있도록 보좌하기 위해서는 유명무실한 헌법 기구인 국가안보회의NSC를 효율적으로 운용하는 것이 긴요하다고 판단했다. 법 개정을 통해 국가안보회의 산하에 관련 장관들로 구성되는 '상임위원회'와 외교안보수석비서관이 관장하는 '사무처'를 신설했다. 그리고 NSC상임위원회 회의를 매주 목요일 오후에 정기적으로 개최하는 것을 원칙으로 하여 긴밀히 협의하도록 새로운 시스템을 마련하였다. 회의를 마친 후에는 비공식 만찬을 통해 자유로운 의사소통의 기회로 삼았는데 본 회의 못지않게 대단히 유익했고 효율적이었다.

NSC상임위원회 회의는 국민의 정부 5년간 230회 개최되었고, 때로는 격렬한 논쟁을 벌여가며 700여 건의 의안을 심의하여 대통령에게 건의했다. 대통령은 상임위원회의 건의를 모두 그대로 수용했고, 대단히 만족해하셨다. 상임위원인 장관들의 교체가 잦았지만 나는 이 회의에 한 번만 빠지고 모두 참석하는 진기록을 남겼는데, 그것은 김 대통령이 나를 전적으로 신뢰하고 내가 실질적으로 외교·안보·통일 분야를 일관성 있게 주도해 주기를 원했기 때문이다. 특히 김 대통령은 NSC상임위원회 구성 요원인 장관을 인선할 때마다 예외 없이 내 의견을 묻고 결정하셨다.

또 다른 시급한 과제는 김대중 정부의 대북정책 기조를 확정 발표하는 것이었다. 김대중 대통령은 취임사를 통해 이미 대북정책의 기본 방향을 천명한 바 있다.

"남북문제 해결의 길은 이미 열려 있습니다. 〈남북기본합의서〉의 실천이 바로 그것입니다. 화해·협력과 불가침을 그대로 실천하면서 남북문제를 성공적으로 해결하고, 통일에의 대로를 열어나갈 수 있을 것입니다."

〈남북기본합의서〉를 이행하기 위한 화해·협력의 포용정책(햇볕정책)을 제시한 것이다. 나는 《김대중의 3단계 통일론》과 이미 준비해 둔 '대북정책기조 초안'을 통일부에 보내 이 자료들을 참고하고 보강하여 NSC 상임위원회에 상정하도록 요청했다. 나는 대북 시각으로는 전 정부의 붕괴임박론이 아닌 점진적 변화론을, 통일정책으로는 흡수통일이 아닌 평화통일을, 대북정책으로는 적대적 대결정책이 아닌 화해협력정책(포용정책)이어야 한다고 제시했다. 그리고 대북정책의 목표와 추진 기조, 추진 방향 등을 제시했다. 이런 내용을 보강하여 마련한 통일부의 '대북정책기조'는 NSC상임위원회 제1차회의에서 심의하여 채택되었다.

김대중 정부는 '햇볕정책'으로 널리 알려진 화해협력정책을 대북정 책으로 채택했다. 화해와 협력을 통해 신뢰를 조성하여 북한의 변화를 도와 평화를 만들어 나가며, '법적 통일'에 앞서 남과 북이 서로 오가고 돕고 나누는, 경제·사회·문화적으로 보면 통일된 것과 비슷한 '사실 상의 통일' 상황부터 실현하고 완전 통일을 지향해 나가고자 하는 정 책이다. 이러한 정책 기조에 따라 정경분리정책를 추진했다. 남북 산에 정치·군사적 대결이 있지만 이 가운데서도 협력할 수 있는 분야가 있 다고 보고, 민간 차원의 경제협력을 적극 권장·지원했다. 정경분리정책 에 따라 4월에는 대북 투자 종목과 규모 등을 제한해 온 조치를 완화 또는 폐지하는 '남북경제협력 활성화조치'를 발표했다.

나는 햇볕정책은 먼저 쉬운 것부터(先易後難), 민간이 당국보다 앞서 (先民後官) 경제협력부터(先經後政) 추진하며, 주고받는 식(先拱後得)으로 접근하는 것이 바람직하다고 16자로 설명하곤 했다. 그리고 모든 난 관을 극복하며 인내심과 자신감을 갖고 일관성 있게 추진하는 데 앞 장섰다. 오랜 기간 파탄 난 군사정전위원회를 조속히 복원하는 문제 도 시급했다. 지난 4년간 폐쇄된 판문점을 개방해야 남북대화와 교류 협력도 가능했다. 판문점은 평화 유지를 위한 군사 정전회담의 장소 인 동시에 화해와 협력을 위한 남북대화의 장소다. 또한 통신·우편 교 환을 위한 남북연락사무소를 유지하는 곳이며, 사람과 물자가 남북을 오갈 수 있는 유일한 통로요 이산가족 상봉 장소로 활용될 수 있는 곳이기도 하다.

국방부와 유엔사 간의 협의가 지지부진하자 나는 보스워스 주한 미국 대사와 주한미군사령관 겸 유엔군사령관 틸럴리 장군을 직접 만나 문제점을 파악하고 양측을 설득하여 문제 해결에 성공했다. 4년 만에 군사정전위원회가 가동하기 시작했고 판문점이 열렸다. 당시 남북을 연결하는 길은 판문점 한 곳뿐이었다. 판문점 길이 열리자 제일 먼저 현대 정주영 명예회장이 소 떼를 몰고 이 길을 이용하여 북으로 들어갔다. 이는 남북관계의 물꼬를 트는 대단히 중요한 계기가 되었다.

정경분리정책에 따라 많은 기업인이 북측과 접촉하여 경협을 모색했으나 별 진전이 없었다. 이런 상황에서도 현대 정주영 명예회장은 금강산 관광 개발 사업을 적극적으로 추진했다. 그는 청와대에서 김 대통령을 만나 금강산 관광 개발 사업을 적극 추진하겠다는 강한 의지를 표명하며 정부의 지원을 요청했다.

"남북이 서로 오고 가고 돕고 나누는 것이 통일이다. 통일에 기여하고 싶다."

"내 고향 금강산을 세계적인 관광 명소로 만드는 것이 나의 필생의 소원이다."

이 말을 들으며 나는 큰 감동과 함께 희망을 품게 되었다. 꼭 성공하도록 정부가 적극 지원해야겠다고 다짐하고는 관련 정부 부처의 협조를 당부했다. NSC상임위원회는 정경분리정책에 따라 금강산 관광 개발 사업을 남북경협사업으로 승인하고, 현대가 자기 책임하에 순수 민간사업으로 추진하는 데 동의했다.

정주영 회장은 6월 16일 소 떼 500마리를 몰고 판문점을 통해 방북하여 '금강산 관광 및 개발사업과 유람선 관광사업'에 합의했다. 그리고 10월 말 다시 소 떼 501마리를 몰고 방북하여 11월 18일부터 관광선을 운항하기로 합의하고 준비를 서둘렀다. 그러나 8월에 접어들면서 한반도 정세는 긴장 국면에 빠져들고 있었다. "북한이 금창리에 지하 핵 시설을 건설하고 있다"는 의혹이 제기된 데 이어 '대포동 1호 미사일'을 발사하자 미국에서 북한을 응징하라는 목소리가 높아갔다. 국내 보수 언론도 햇볕정책 무용론을 제기했다. 금융위기에 안보위기까지 겹쳐 이중적 위기에 직면한 상황에서 금강산 관광은 당치도 않다는 여론이 형성되고 있었다. 정부 내에서도 관광선 취항 허가 여부를 놓고 입장이 갈렸다. 나는 대통령에게 건의했다.

"문제가 없는 것은 아니지만, 그리고 성공한다는 보장이 있는 것도 아니지만, 우리가 처한 금융위기와 안보위기를 돌파하기 위해서라도 금강산 관광선 취항을 허가하는 것이 좋겠습니다."

금강산 관광은 한반도 안보위기를 부추기는 세력들에게 타격을 줄 수 있고, 안보 불안 때문에 한국에 투자를 꺼리는 사업가들의 마음을 바꿀 수 있을지도 모르니 모험을 해보자는 것이었다. 즉, 위기를 기회로 전환해 보자는 것이다. 김 대통령은 내 건의에 적극 찬성했다.

11월 18일 저녁, 정주영 명예회장 일행과 826명의 관광객(총 1,418명)을 태운 첫 관광선이 예정대로 동해항에서 출항하여 금강산으로 향하였다. 이틀 후 두 번째 관광선이 떠나던 날 서울에 도착한 미국 클린턴 대통령은 TV 보도로 관광선 출항 광경을 지켜보았다. 그는 이튿날 한미정상회담을 마치고 가진 공동기자회견에서 인상적인 소감을 피력했다.

"어젯밤 호화 유람선이 600명의 관광객을 가득 태우고 출항하는 평화스러운 장면을 보고 감동을 금할 수 없었다. 매우 신기하고 아름다운 장면이었다."
"남북 화해·협력의 현장, 긴장 완화의 현장, 햇볕정책이 성공하는 현장을 목격했다."

미국 대통령의 이 발언은 전파를 타고 전 세계에 퍼져나갔다. 결과적으로 이는 한반도 위기를 외치는 강경파들의 목소리를 잠재우고, 안보 불안 때문에 한국 투자를 꺼리던 사업가들의 마음을 바꾸는 데 지대한 영향을 주었다.

금강산 관광 사업은 분단 반세기의 빗장을 열고 남북 화해와 협력의 물꼬를 트는 획기적인 계기가 되었으며, 남북관계 개선을 촉진하는 역할을 수행하였다. 금강산은 관광뿐 아니라 남북 당국 간 회담 장소가 되기도 했고, 이산가족 상봉 장소, 학자·노동자·농민·종교인·예술인·대학생 등 남북 각계각층 동포들의 만남의 장소가 되었다. 서로 만나 분단의 한을 풀고, 화해와 협력, 평화와 통일의 길을 모색하는 희망의 터전이요, 상호 신뢰를 다지는 마당이 된 것이다.

또한 금강산 관광 사업은 남과 북 모두에 경제 회생의 전기를 마련하는 데 기여했다. 남측은 IMF 금융위기 극복을 위한 투자 유치의 장애가 줄어들고, 국가신인도가 상승됨으로써 값으로 따질 수 없는 큰 이득을 얻을 수 있었다. 북측도 외화 획득으로 경제위기 극복에 큰 도움을 얻었다. 상호 이익이 된 것이다.

김 대통령은 취임 첫해에 4강외교의 시작으로 미국·일본·중국 국빈방문에 나섰다. 나는 주무 수석비서관으로서 대통령의 성공적인 정상외교를 위해 방문국과의 긴밀한 사전 조율을 총괄 지휘하는 한편 회담 자료, 각종 연설문, 만찬사 등을 준비했다. 또한 대통령을 수행하여 옆에서 보좌했다. 방문하는 나라마다 사형수에서 대통령이 된, '민주주의와 인권을 위해 헌신한 투사'를 영웅으로 극진하게 환대했다. 또한 '건국 이래 최초로 평화적 정권 교체를 이룩한 대통령'이라는 권위로 말미암아 환영의 열기가 더했다.

6월 초 첫 방문국으로 미국 국빈방문 길에 올랐다. 이에 앞서 나는 서울을 방문한 매들린 올브라이트 국무장관을 만나 사전 협의를 하였다. 김 대통령 내외는 뉴욕에서 국제인권연맹 인권상 수상식 만찬 행사 등 3일간의 바쁜 일정을 소화하고 워싱턴에 도착했다.

6월 9일 10시 30분, 백악관에서 성대한 환영 행사에 이어 한미정상회담이 열렸다. 클린턴 대통령은 김대중 대통령의 대북정책을 진지하게 경청하며 적극적인 찬동을 표시한 후 이렇게 말했다.

"김 대통령의 비중과 경륜을 볼 때 이제 한반도 문제는 김 대통령이 주도해 주기 바란다."
"김 대통령이 핸들을 잡아 운전하고 나는 옆자리로 옮겨 보조적 역할을 하겠다."

이 말을 옆에서 듣는 순간 나는 큰 감동을 받으며 기쁨을 감출 수 없었다. 실제로 클린턴 대통령은 재임 기간 중 이 약속을 지켰다. 일관성 있게 한미 공동의 대북포용정책을 통해 한반도 평화 프로세스를 추진했다. 이를 통해 한미관계는 역사상 최상의 돈독한 관계를 유지한 시기로 평가받게 되었다. 저녁에는 백악관에서 김 대통령 내외를 위한 성대한 국빈만찬이 열렸다.

국빈만찬에 앞서 대기실에서 양 정상 내외가 미국 측과 우리 측 고위 인사들과 칵테일을 들며 환담하는 시간이 있었다. 클린턴 대통령이 내 쪽으로 와 친절하게 말을 건네며, 김 대통령이 에이브러햄 링컨 대통령을 좋아하는지를 물었다. 그리고 링컨룸을 보여드릴까 하는데 나더러 먼저 함께 가보자고 제의하는 것이었다. 대기실에 이웃한 링컨룸에는 링컨 대통령이 사용한 책상과 침대가 보존되어 있었고, 벽면에는 작은 액자가 하나 걸려 있었다. 링컨 대통령이 친필로 쓴, 남북전쟁 격전지인 게티즈버그에서 발표한 연설문이다. 연설 시간이 5분밖에 걸리지 않았다는, 짧지만 핵심을 찌른 그 유명한 연설문이었다.

"국민의, 국민에 의한, 국민을 위한 정부는 이 지상에서 결코 사라지지 않을 것이다"로 유명한 그 연설문의 친필 원문을 보는 순간, 나도 모르게 내가 좋아하는 이 연설문을 영어로 암송하기 시작했다. "87년 전 우리 조상들은 이 대륙에 자유와, 모든 인간은 평등하게 창조되었다는 평등사상을 신봉하는 새로운 나라를 탄생시켰습니다"로 시작되는 연설문이다. 그러자 클린턴 대통령은 미국 사람들도 암송할 수 있는 사람이 많지 않다며 감탄하였다. 그리고 링컨을 존경하는 김 대통령을 이곳으로 안내했다.

한미정상회담 백악관 만찬 행사
대기 중 클린턴 대통령이 저자
를 링컨룸에 안내하였다.
1998년 6월.

김 대통령은 이튿날, 상하 양원 합동회의에서 연설하고, 조지타운
대학교에서 명예박사학위를 수여받았다. 샌프란시스코에서는 스탠퍼드
대학교에서 연설하고 실리콘밸리를 시찰했다. 그리고 로스앤젤레스를
거쳐 9일간의 미국 방문을 마쳤다. 가는 곳마다 여러 차례의 기자회견
이 열렸고 교포 리셉션에는 수많은 교포들로 성황을 이루었다.

10월 초에는 일본을 방문했다. '반체제 정치인'의 몸으로 도쿄에서
납치된 지 25년 만에 대통령이 되어 국빈방문을 하게 된 것이다. 일본
인들의 관심 또한 지대했고 환영의 열기로 가득 찼다. 나는 미국에서
돌아온 직후부터 일본 방문을 준비했다. 불행했던 과거사 인식 문제
며 경제협력 문제, 대중문화 개방 문제 등 어려운 문제들이 적지 않았

다. 관련 부서와의 협조는 물론 최광수 전 외교부장관, 최상룡 고려대 교수를 비롯한 한일관계 전문가들의 의견을 모아 대책을 마련해 나갔다. 이들의 도움을 받아, 대통령이 중시한 일본 국회에서 연설할 연설문 초안을 마련하는 데 심혈을 기울였다. 일본 측과 협상하여 정상회담 협의 의제와 공동선언문의 쟁점도 최종 타결했다.

김대중 대통령과 오부치 게이조(小淵惠三) 총리는 한일정상회담을 통해 "과거사 인식 문제를 매듭짓고 평화와 공동 번영의 미래를 개척하기 위하여 새로운 파트너십을 발전시켜 나가자"며 '21세기의 새로운 한일파트너십을 위한 공동선언'에 서명했다. 또한 한일관계의 청사진을 담은 5개 분야 43항으로 된 '행동계획'을 채택했다. 일본 방문의 클라이맥스는 일본 국회에서 진행된 대통령 연설이었다. TV와 라디오로 한일 양국에 생방송된 이 연설은 일본 시청자들에게 "심금을 울리는 큰 감명"을 준 것으로 알려졌다. 여론조사에 의하면, 김 대통령의 방일 성과에 대해 한국인의 81퍼센트, 일본인의 78퍼센트가 "한일관계 개선에 크게 기여했다"고 평가했다.

11월에는 중국을 국빈방문하여 장쩌민(江澤民) 국가주석, 주룽지(朱鎔基) 총리와 각각 회담과 만찬 회동을 했다. 양 정상은 수교 후 6년 동안 경제·교역 분야에 집중됐던 양국 관계를 정치·안보·사회·문화 등 모든 분야로 확대하기로 합의했다. 그리고 국가 관계를 '선린우호관계'에서 '협력적 동반자관계'로 격상시켜, 다방면의 교류 협력을 활성화하기로 합의했다. 또한 12개 항에 걸쳐 34개의 구체적 사업을 규정한 공동성명을 채택·발표했다.

'한반도 평화 프로세스' 추진

김대중 정부 출범 6개월이 된 8월, "북한이 금창리에 지하 핵 시설을 건설하고 있다"는 미 국방정보본부의 정보 공개가 큰 파문을 일으킨 데 이어 북한이 대포동 1호 미사일을 발사하자 미국에서 북한을 응징하라는 목소리가 높아졌다. (훗날 미사일이 아니라 소형 인공위성 발사 로켓으로 판명되었다.) 여소야대의 미 의회는 클린턴 행정부의 대북정책은 실패했다며 전면 재검토하여 보고하라고 요구했다. 4년 전 영변 핵 시설에 대한 공중공격을 추진했던 윌리엄 페리William Perry 전 국방장관이 대북정책조정관으로 임명되었을 때 우리는 전쟁 직전에 이르렀던 1994년 봄의 악몽을 떠올리며 큰 충격을 받았다. 한반도 냉전을 끝내고 평화를 만들어 가기 위한 햇볕정책을 제대로 추진해 보지도 못하고 접어야 할 위기에 처하게 되는 게 아닌가 우려한 것이다.

이 위기를 기회로 전환해야만 했다. 한반도 문제는 우리 민족의 내부 문제인 동시에 미국이 깊이 개입된 국제 문제다. 초강대국 미국이 북한과 관계를 개선하고, 정전체제를 평화체제로 전환하려 하지 않는 한, 남북관계 개선 발전이나 한반도 문제의 평화적 해결은 기대하기 어렵다는 것이 경험을 통해 터득한 나의 판단이다. 〈남북기본합의서〉를 채택했으나 미국이 팀스피릿 훈련을 재개하고 적대정책을 추진하면서 남북관계는 진전될 수 없었다.

미국을 움직여야 했다. 한반도의 주인인 우리가 제 목소리를 내어 한반도 문제 해결을 주도하고 미국의 지지와 협조를 이끌어 내야 했다.

나는 그동안 한반도 문제에 대한 근본적이고도 포괄적인 해결책을 고심해 왔다. 김 대통령은 내가 구상해 온 '한반도냉전구조 해체를 위한 포괄적 접근전략'을 미국 측에 제시하여 적극적으로 설득해 보라고 지시했다. 대통령의 특명을 받들어 나는 페리 조정관과 협의에 나섰다.

12월 초 서울에 온 페리 대북정책조정관 일행을 롯데호텔 조찬에 초청하여 2시간 동안 '한반도냉전구조 해체를 위한 포괄적 접근전략'의 요지를 설명했다. 클린턴 대통령에게서 최고의 통역으로 인정받은 강경화(후에 외교부장관 역임) 보좌관이 통역을 맡아 정확한 의사소통이 이루어졌다. 그가 우리 측 주장을 받아들이기로 결심한 것은 1999년 1월 말 워싱턴에서 다시 나와 협의를 거치고 난 후부터라고 한다. 훗날 페리는 "처음 서울에서 당신의 주장을 듣고 내 생각과는 너무도 달라 무슨 소리를 하는지 어안이 벙벙했다"라고 실토했다.

페리가 서울을 다녀간 직후 나는 김 대통령에게 "이 기회를 포착하여 우리 외교 팀을 워싱턴에 보내 페리 팀을 설득하고 미국의 대북정책에 우리 입장을 최대한 반영케 하여 양국이 정책을 공조해 나가도록 하는 것이 좋겠습니다"라고 건의했다. 결코 쉬운 일이 아니겠지만, 위기를 기회로 전환하기 위한 노력을 시도해 보자는 것이었다. 대통령은 이에 즉각 동의하면서 다시 나더러 직접 미국에 가서 설득하라고 지시하였다. 나는 외교부에서 담당할 일이라며 사양했으나, 이 전략을 구상한 당사자가 가서 확신을 가지고 설득해야 성과를 기대할 수 있다며 필요한 외교관들을 데리고 가라는 것이었다.

당시 워싱턴의 한국대사관에서는 "국내외 여론 동향으로 보아 임동원 수석의 방미는 위험 부담이 있다. 워싱턴의 분위기로 보아 임 수석의 방미는 바람직하지 않다"는 부정적인 회신을 보내왔다. 그러나 보스웨스 주한 미국 대사는 오히려 "미국 측에서는 당신의 방문을 환영한다"며 국무부가 조정한 일정을 알려왔다. 그리고 이 기회에 페리 팀 외에도 여러 사람을 만나 설득할 것을 적극적으로 권하였다.

나는 그동안 나를 훌륭하게 보좌해 온, 주체의식이 강한 외교관인 송민순 외교비서관과 위성락 과장을 대동하고 1월 말 5일간의 워싱턴 방문길에 올랐다. 나는 수행원들에게 "미국이 모든 것을 결정하고 우리는 순종만 하는 오랜 관행에서 벗어나야 한다. 한반도 문제의 주인은 우리다. 주인인 우리가 주도하여 미국의 지지와 협조를 이끌어 내야 한다. 이제 우리는 할 수 있다. 이번에 반드시 성공하여 한미 외교사상 처음으로 정책 공조를 우리가 주도한 선례를 세우자"라고 다짐했다.

1월 27일 저녁, 숙소인 워싱턴의 워터게이트호텔에서 나는 한 달 반 만에 다시 페리 조정관과 마주 앉았다. 샌프란시스코에서 날아온 페리 조정관은 웬디 셔먼 국무장관 특별보좌관(후에 국무부 부장관 역임), 전 국방부 비핵확산 담당 차관보 애슈턴 카터 하버드대 교수(후에 국방 장관 역임)와 국무성의 필립 윤을 대동했다. 나는 서울에서 준비해 온 문서를 수교하고 그 내용을 자세히 설명했다. '한반도 냉전구조 해체를 위한 포괄적 접근전략'이라는 이 문서에는 북한 정세, 대북포용정책과 당면 과제, 그리고 한미일 3국이 각각 단계별로 취해야 할 조치 사항을 망라한 로드맵 등이 포함되어 있었다. 북한이 부정적인 반응을 보일 때를 대비한 일련의 대책도 포함되었다. 그 핵심 요지는 이러하다.

"북한의 핵이나 미사일 문제는 미·북 적대관계의 산물이다. 대

증요법(對症療法)으로는 해결할 수 없다. 한반도 냉전 구조 해체를 위한 근본적이고도 포괄적인 접근으로 평화 프로세스를 통해 단계적으로 해결해 나가야 한다."

"미국이 북한을 적대시하고 북한이 위협을 느끼는 한 북한은 대량 파괴 무기 개발 유혹에서 헤어나기 어렵다. 상호 위협을 감소 Mutual Threat Reduction해 나가야 한다."

"미국, 일본, 한국 3국이 북한과의 적대관계를 해소하고 관계를 정상화해야 한다. 또한 군사정전체제를 평화체제로 전환하여 한반도 평화를 보장하면서 핵·미사일 문제도 해결해 나가야 한다."

페리 조정관은 "창의적이고 대담한 구상"이라고 환영하며, "한국이 시의적절하게 주도적으로 '기본 틀'을 제시해 준 데 진심으로 감사한다", "한국 측 제안을 원칙적으로 수용하되, 양측이 이를 토대로 보완·발전시켜 나가자"라고 말했다. 그리고 그는 일본 및 중국의 협조가 중요하다며 나의 일본 및 중국 방문 계획을 환영했다. 또한 그는 자신의 평양 방문도 고려해 보겠다고 밝혔다.

워싱턴에서는 국무부 피커링 부장관을 비롯한 한반도 문제 담당관들, 20여 명의 한반도 문제 전문가들과 면담하고 오찬과 만찬 회동 등을 하면서 우리의 전략 구상을 설명하고 이해와 지지를 당부하는 한편 그들의 의견을 청취했다. 이들은 대부분 "바람직한 대북정책의 새로운 패러다임"이고 "한미관계 역사상 한국이 먼저 정책 대안을 제시하고 대북정책을 주도하는 것은 이번이 처음"이라며 그 의의를 높이 평가했다. 워싱턴에서 돌아오자 나는 곧 일본과 중국을 방문하여 우

미국 대북정책조정관 윌리엄 페리와 저자가 청와대에서 환담하고 있다. 1999년 3월.

리의 구상을 설명하고 지지를 요청했다.

3월 9일 서울에 온 페리 조정관 일행은 클린턴 대통령의 지시라며, 지난 3개월간 연구한 결과를 김 대통령에게 보고했다. 보고를 경청한 김 대통령은 "그토록 내 생각과 일치할 수 있다니 믿어지지 않을 정도"라고 대만족을 표시하고, "북한도 받아들일 수 있을 것"이라며 페리 조정관의 방북을 권장했다.

"이것은 사실 김 대통령의 구상이나 다름없습니다. 임동원 수석비서관에게서 좋은 아이디어를 많이 제공받았습니다. 부끄러운 일이지만 임동원 수석비서관이 제시한 전략 구상을 도용하고 표절하여^{plagiarize} 미국식 표현으로 재구성한 데 불과합니다."

페리 조정관의 답변을 들으며 장내에 유쾌한 폭소가 터져나왔다.

페리 조정관은 평양 방문에 앞서 하와이 호놀룰루에서 한미일 고위급회의를 개최했다. 나는 우리 측 제안을 설명했고 이를 토대로 3국이 공동으로 추진할 대북정책을 확정했다. 북한이 '금창리 지하 핵 시설 방문 확인을 허용'하고 '미사일 발사를 중지한다'는 2개 조건을 충족시키면 북한과의 관계 개선에 나선다는 입장도 확정했다. 그리고 5월 말 페리 조정관 일행이 평양을 방문하여 한미일 3국의 공동 입장을 전달했다. 방북 길에 오르기 전 나는 도쿄에서 다시 한번 3자 협의에 참석하여 대북 제안 내용을 최종 검토했다.

금창리 지하 시설은 방문 확인 결과 핵 시설이 아님이 확인되었다. 미국방부의 정보가 잘못된 것임이 드러난 것이다. 미사일 발사는 유예되었다. 이렇게 하여 우리 측 제안이 받아들여져 '페리보고서'의 기본 틀을 이루게 되었고, 미국은 북한과의 대화와 협상을 통해 현안을 해결하고 관계 개선 노력을 추진하였다.

클린턴 행정부는 핵물질 생산 이전의 초기 단계에서 북한 핵 활동을 동결시킨 데 이어 미사일 협상에서도 진전을 이루었다. 이러한 상황을 배경으로 역사적인 남북정상회담이 성사되어 '6·15 남북공동선언'을 채택하고 화해와 교류 협력의 새 시대를 열어가게 된 것이다.

남북정상회담 후 북한 특사 조명록 국방위원회 부위원장이 미국을 방문하여 클린턴 대통령을 만나고, 새로운 북-미관계 수립을 위한 이정표를 담은 '북-미공동코뮈니케'가 발표된다. 이어서 올브라이트 국무장관이 평양을 방문하여 김정일 위원장과 회담하고, 실현되지는 못했지만 북-미 정상회담이 추진되었다. 일본도 고이즈미 총리가 평양을 방문하여 김정일 위원장과 양국 수교에 합의하는 '평양선언'을 채택한다. 이렇게 하여 한미일 3국 공조로 냉전 구조 해체를 위한 근본적이고도 포괄적인 한반도 평화 프로세스가 추진되었다.

나는 외교안보수석비서관으로 대통령을 보좌하여, 햇볕정책의 기조를 확립하고 이행하며, 금강산 관광 사업으로 남북 교류 협력의 물꼬를 트는 한편 한반도 문제의 근본적이고 포괄적 해결을 위해 미국의 협조를 얻어 '한반도 평화 프로세스'를 시작한 것을 큰 보람으로 생각한다. 또한 햇볕정책에 대한 국민의 이해를 증진하고 지지를 얻기 위해 '햇볕정책 전도사'의 역할을 성실히 수행한 것을 기쁘게 생각한다.

연평해전 그리고 통일부장관의 어려운 결단

1999년 5월 말 전면 개각이 단행되면서 나는 통일부장관으로 임명되었다. 김 대통령은 "한미일 3국의 대북 공조 체제가 마련되었고, 미-북 대화에도 진전이 있으니 이제는 남북대화를 본격적으로 추진해야겠다"며 내가 나서 주기를 원했다. 또한 햇볕정책에 반대하는 보수 세력에 대한 설득과 국민적 합의 기반 조성에도 나서 주기를 바랐다.

나는 후임 외교안보수석비서관에 황원탁 육군 소장(예비역)을 추천했다. 황원탁은 한미연합사에서 오래 근무했고 정전회담 수석대표도 지내며 한반도 문제에 탁월한 지식과 경륜을 갖춘 유능하고 강직한 인물이다. 이 분야를 다룬 그의 석사학위 논문은 높은 평가를 받고 있었다. 탁월한 영어 실력을 갖춘 그는 후에 남북정상회담에 배석하고, 대통령 특사로 방미하여 클린턴 대통령에게 설명하는 역할을 훌륭하게 수행한다. 주독일 대사도 역임하였다.

통일부장관으로 취임한 지 얼마 지나지 않아 연평해전이 벌어졌다. 이 사건은 통일부장관인 나에게 여러 가지 어려운 결단을 요구했다. 5월 하순 베이징에서 진행된 남북 간 비공개 접촉에서 북측은 비료 20만 톤을 제공해 주면 이산가족 상봉 문제를 추진하겠다며 차관급 회담 개최를 제의해 왔다. 이에 NSC상임위원회는 인도주의 입장에서 이를 수용하기로 결정했다. 비료 10만 톤을 먼저 전달하고 6월 21일 차관급 회의를 개최하여 이산가족 문제를 포함한 상호 관심사를 협의하기로 한 것이다.

그런데 차관급 회담을 6일 앞둔 6월 15일 서해 연평도 근처에서 남북 해군 함정들 간에 교전 상황이 벌어졌다. 이 과정에서 북한 어뢰정 1척이 침몰하고 경비정 1척은 반 침몰 상태로 도주하는 등 북측에 수십 명의 사상자가 발생했다. 지난 10여 일간 북측 함정이 북방한계선 NLL을 반복하여 침범하자, 조성태 국방장관은 이를 응징하기 위한 과감한 작전을 구상하고 NSC상임위원회에 상정했다. 그는 대통령께 직접 보고하여 승인을 얻어 치밀한 계획을 세워 작전을 지휘했다.

연평해전은 휴전 이후 처음으로 우리 군이 북측 도발을 응징한 케이스다. 이는 우리의 대북정책 3대 원칙 중 "북측의 어떠한 무력 도발도 결코 용납하지 않겠다"는 원칙을 행동으로 보여준 것이었다. 이 사건은 북측 해군 8전대가 외화벌이를 위한 꽃게잡이 과정에서 벌어진 국지적인 성격의 교전임이 확인되었으나 우리 정부는 더 이상 확전되지 않도록 긴장 속에서 세심하게 상황 관리를 해야만 했다.

이번 서해 교전 사건은 통일부장관인 나에게 어려운 결단을 요구하는 세 가지 문제를 제기했다. 첫 번째는 북측 지역에 체류 중인 우리 국민 2,000여 명의 신변 안전을 어떻게 보장할 것인가 하는 것이 가장 큰 문제였다. 사태가 악화될 경우 이들이 억류될 수도 있었다. 두 번째는 이런 상황에서 금강산 관광을 계속해야 할 것인가 하는 문제였다. 세 번째는 이미 약속한 비료 지원을 중단해야 할 것인가 하는 문제였다. 이런 때에 북측과 소통할 수 있는 채널이 없으니 안타까울 뿐이었다. 가용한 유일한 통로는 금강산 관광 사업을 하는 현대뿐이었다. 나는 즉각 현대로 하여금 북측과 긴급 접촉할 것을 요청했다.

현대는 북측이 "금강산 관광 사업은 민족 문제이므로 정상적으로 추진하자"는 답변을 해왔다고 알려왔다. 이에 나는 북측이 서해 교전을 우발적인 사건으로 보고, 더 이상 사태가 악화되는 것을 원치 않고 있다는 뜻으로 읽었다. 나는 북측 지역에 체류 중인 우리 국민의 신변 안전을 위해서라도 일단 북측 메시지를 믿고 이날 저녁 예정대로 관광선을 출항시키는 것이 긴요하다고 판단했다. 부정적이거나 회의적인 입장을 취하는 관련 부처를 설득하는 일이 쉽지 않았다. 나는 대통령에게 전화를 걸어 "나의 책임하에 출항시키겠다"고 보고하고 관광선 출항을 허가했다. 놀라운 것은 예약했던 승객들이 한 사람도 빠짐없이 전원 탑승하고 출항했다는 것이다. 그리고 이튿날 관광을 마친 국민들이 전원 무사히 귀환하였다. 관광 사업은 정상적으로 진행된 것이다.

또 다른 문제, 즉 이미 출항한 비료 운반 선박들을 회항시켜야 할 것인가 여부를 결정해야 하는 일이 남았다. 관련 부처에서는 모두 야당과 보수 언론의 공세를 걱정하며 회항시켜야 한다고 주장했다. 나는 야당의 공세보다는 북측 지역에 체류 중인 우리 국민의 신변 안전을 더 중시해야 했다. 또한 사태 악화를 막고 조속히 정상을 회복하기 위해서라도 관광선 운항과 비료 지원을 계속해야 한다고 판단했다. 김 대통령은 내 판단을 적극 지지해 주었다.

그런데 문제는 국회에서 발생했다. 야당인 한나라당 강경파 의원들이 "교전 상태에 있는 적국에 대한 비료 지원은 '이적행위'다. 즉각 중단하라"며 "햇볕정책 폐기", "비료 지원 중단", "금강산 관광 중단", "통일부장관 사퇴"를 주장하면서 정략적인 공세를 취하는 것이었다. 나는 운항 중이던 비료 수송선이 계속 목적지까지 갈 수 있도록 조치하는 한편 베이징의 남북차관급회담도 계속 추진했다. 다행히도 평양 지역을 방문했던 우리 국민이 모두 무사히 귀환했다.

이 무렵 일부 야당 의원들은 "전쟁이 일어났는데도 주가는 오르고, 금강산 관광선은 만원이고, 북한 체류 중인 국민들도 전혀 이상이 없고, 예상과는 전혀 다른 상황이 벌어지고 있어 참으로 이상하다"며 엉뚱하게도 "정부와 북측 간에 모종의 밀약이 있는 것 아닌가"라며 이른바 '신북풍 의혹'을 제기했다고 일부 언론이 보도했다.

사태가 일단락된 며칠 후인 6월 21일 저녁, 이번에는 금강산에서 관광객 억류 사건이 발생했다. 한 여성 관광객의 발언을 트집 잡아 억류한 것이다. 관광 사업을 시작한 지 7개월 만에 처음으로 발생한 사건이었다. 나는 이 사건을 엄중하게 보고 금강산 관광 사업을 계속하기 위해서라도 재발 방지를 위한 근본적인 대책을 강구하지 않으면 안 되겠다고 판단했다.

이날 밤 NSC상임위원회를 긴급 소집하여 북측에 강력히 항의하고 즉각 석방을 요구하는 한편 관광객의 신변 안전에 문제가 생길 경우 관광 사업을 중단하는 등 강경 조치를 취하기로 결정했다. 이튿날 나는 통일부가 마련한 관광객 신변 안전 보장을 위한 세 가지 요건을 제시하고, 이것이 충족될 때까지 관광 사업의 전면 중단을 명령하는 단호한 조치를 취했다. 관광선 운항은 즉각 중단되었다. 억류 관광객은 4일 만에 석방되었다. 하지만 세 가지 요건에 대해 만족할 만한 해결책이 마련되어 금강산 관광이 재개되기까지는 45일이 걸렸다.

통일부장관으로서 나는 언론인, 학자, 종교인, 예비역 장성을 비롯해 여러 사회단체 간부들을 대상으로 강연회와 좌담회 인터뷰 등을 통해 대북정책을 설명하는 등 국민적 합의 조성을 위해 심혈을 기울였다. 특히 통일부 출입기자단은 물론 각 언론사 논·해설위원 및 정치부장과 자주 만나려고 애썼다. 또한 언론사별로 5~6명의 통일 분야 기자들과 오찬 간담회를 갖기도 했다. 한편 국회 통일외무위원회에서 성실하게 보고·답변하면서 논쟁도 많이 벌였다. 국회의원 특히 야당 의원들과 자주 오찬 회동을 갖고 관심사를 토론했다.

국내뿐 아니라 해외, 특히 미국의 한반도 문제 여론 조성에 한국계 학자들의 역할을 중시하여, 이들과 의사소통할 기회를 마련하기도 했다. 이해 8월 말, 미국을 방문하여 한반도 문제를 연구하는 한국계 학자들을 초청해서 심층 토론을 하였다. 뉴욕에서는 한 호텔에 숙박하며 김일평 교수를 포함한 미 동부 지역의 학자 12명과 토론하였고, 샌프란시스코에서도 한 호텔에서 고병철 교수 등 미 서부 지역 학자 10여 명과 토론하였다. 나는 김대중 정부의 대북정책과 한미일 3국 공조로 한반도 냉전 구조를 해체하고 평화를 만들어 가는 한반도 평화 프로세스에 관해 정확한 정보를 제공하고 올바른 분석과 판단을 공유할 수 있도록 힘썼다.

각각 이틀간 10시간씩 격식 없는 진지한 자유 토론이 전개되었다. 다양하고도 유익한 의견이 많이 제기되어 서로 이해하고 소통하는 데 큰 도움이 되었다. 나를 수행한 김천식 통일정책과장이 토론 내용을 기록하여 정책 수립에 참고하였다. 평통 자문위원과 한인회 간부 둘과도 간담회를 갖고 대북정책과 한반도 평화 프로세스에 대해 설명하였다.

뉴욕에서는 코리아 소사이어티를 방문하여 주한 미국 대사를 지낸 도널드 그레그 회장 등과 유익한 간담회를 가졌다. 샌프란시스코에서는 피터 헤이즈 소장의 초청으로 노틸러스연구소에서 토론하였고, 스탠퍼드대학교를 방문하여 대북정책조정관 윌리엄 페리 장관과 반갑게 재회하였다. 우리는 오찬 회동을 하여 그동안의 진전 상황을 검토했다. 그는 페리보고서가 완성되어 의회에 제출되었고 조만간 공개될 것이라고 알려 주었다.

10장
최초의 남북정상회담

4·13 총선을 계기로 거듭난 국정원

새 천 년의 새해를 앞둔 며칠 전 나는 국가정보원장으로 취임했다. 갑작스러운 부름을 받고 아침 일찍 청와대 관저에 도착한 나에게 김대중 대통령은 국가정보원장 직을 맡아달라며 곧 취임할 준비를 하라는 것이었다. 너무도 뜻밖의 말씀에 놀란 나는 내 능력이나 적성이 그 자리의 적임자가 아니라며 단호히 고사했다. 재차 삼차 거절했다.

"더구나 저는 정치에 관심이 없고 정치적 식견도 부족한 사람인데 어떻게 그런 막중한 자리를 감당할 수 있겠습니까. 저는 적임자가 아닙니다."

"정치에 관심이 없기 때문에 임 장관이야말로 적임자요. … 국정원은 절대로 정치에 관여해서는 안 됩니다. … 그런 의미에서 임

장관이 바로 적임자라는 것이오. 나를 도와주시오. 오늘 오전 중
으로 임명 사실을 발표할 것이니 내일 당장 부임하도록 하시오."

이튿날인 크리스마스이브 아침, 김 대통령은 임명장을 수여하면서
두 가지를 당부했다. "국정원은 정치 활동에 관여해서는 안 되며 법에
따라 본연의 임무에만 충실할 것"과 "새해는 남북관계에서 대단히 중
요한 해가 될 것"이라며 "남북대화를 활발하게 추진하여 반드시 남북
관계를 개선시켜야 하니 이를 위해 최선을 다하라"는 것이었다.

나의 국정원장 취임 제일성이자 그 후에도 계속 강조한 것은 "국정
원법을 철저히 준수하며 정치 활동에는 일절 관여하지 말고, 국가안보
와 국가이익을 극대화하기 위한 본연의 임무 수행에 만전을 기하자"는
것이었다. 특히 다가오는 4월 총선을 계기로 국정원이 과거와는 달리
정치적으로 엄정 중립을 지키는 기관으로 새롭게 태어났다는 것을 보
여주고, 국민의 신임을 받는 정보기관으로 거듭나자고 했다.

부서장회의를 통해 간부들이 대통령과 원장인 나의 확고한 정치 활
동 불개입 의지를 믿고 솔선수범할 것을 반복하여 당부했다. 또한 내
부 통신망을 통해 직접 전 직원에게 '정치 개입 엄금'을 강조하며 국민
의 사랑과 신뢰를 받는 정보기관으로 거듭나자고 호소했다. 부서장들
이 적극 호응해 주었다. 한편 감찰실을 총동원하여 법규 위반을 예방
하고 철저히 단속하는 감찰 활동을 전개했다. 이건모 감찰실장이 적극
나서 주어 큰 힘이 되었다. 다행히 직원들 간에 원장의 확고한 정치 활
동 불개입 의지를 신뢰하고 지지하는 분위기가 조성되었고, 단 한 건
의 사고나 구설수 없이 총선을 치렀다. 드디어 해낸 것이다. 성취감과

자부심에 가득 찬 직원들의 사기는 하늘을 찌를 듯했다.

총선에 패배한 여당에서는 국정원장의 정치적 식견 부족을 탓하는 소리가 나왔으나, 나는 국정원의 정치 활동 개입 근절의 전기를 마련한 점을 큰 보람으로 생각하고, 이에 적극 참여한 직원들을 자랑스럽게 생각했다. 새 국회가 개원되고 정보위원회가 열렸을 때 야당의 안기부 간부 출신 정형근 의원의 발언이 우리를 기쁘게 해주었다.

"야당이 국정원의 선거 개입을 적발하기 위해 사설탐정까지 운용했으나 단 한 건도 적발하지 못했다. 유사 이래 처음으로 국가정보기관이 선거에 개입하지 않은 것이다. 이제 국가정보기관이 제자리를 찾게 되어 국정원 직원들이 큰 자부심을 갖게 된 것으로 안다. 이번에 국정원장이 대단히 어려운 일을 해낸 것을 높이 평가한다."

남북정상회담 준비

2월 초 북측이 현대를 통해 남북정상회담 추진 의사를 전해왔다. 김 대통령은 취임사에서 남북정상회담 개최를 제의한 이래 기회 있을 때마다, 그리고 현대를 포함한 여러 경로를 통해 북측에 호응을 촉구해왔다. 북측의 호응에 따라 남북 간 제3국에서 비공개 접촉이 이루어졌다. 박지원 문화관광부장관이 우리 측 대표로 임명되었다.

박지원 장관은 김대중 대통령을 모시고 4년간 최장수 야당 대변인으로 명성을 날렸으며, 집권 후에는 청와대 공보수석비서관을 거쳐 문화관광부장관을 맡고 있는, 김 대통령의 의중을 가장 정확히 대변하는 측근 중의 측근으로 인정받는 인물이다. 박지원 장관이야말로 남북정상회담과 관련하여 결정적인 역할을 수행할 수 있는 적임자인 것이다. 대통령 지시에 따라 나는 국정원 최고의 북한 전문가요 남북협상 경험자인 김보현 북한담당차장과 서훈 조정관을 보좌요원으로 추천했고, 이들은 박지원 장관을 보좌하여 비공개 접촉에서 훌륭한 역할을 수행하였다.

김보현(1943년생 제주 출신) 차장은 1972년 중앙정보부에 입사한 이후 줄곧 북한 문제를 다루어왔으며 남북고위급회담 예비회담 대표에 이어 남북고위급회담 전략요원으로 활약했다. 나는 이 시기에 탁월한 두 사람의 전문가를 발견하고 이들의 도움을 받았다. 한 사람은 통일원 대북정책 담당관인 구본태이고, 다른 한 사람은 북한 문제 전문가인 안기부 김보현이었다. 내가 국정원장으로 취임했을 때 북한담당 5국장인 김보현은 서영교 북한과장과 함께 비밀문서 취급 불찰 문제로 징계위원회에 회부되어 있었다. 나는 경륜을 갖춘 훌륭한 인재들의 본의 아닌 실수를 즉각 불문 조치하고, 김보현을 북한담당 제3차장에, 서영교를 5국장에 승진 임명하여 중용했다. 김보현은 남북정상회담 개최를 위한 비밀협상을 비롯하여 정상회담에 이르는 전 과정에서 큰 역할을 수행하게 된다.

그는 자기를 보좌할 적임자로 서훈 조정관을 추천했다. 서훈(1954년생 서울 출신)은 1980년 안기부에 입사한 후 북한 문제를 담당하며, 북한 신포 경수로 건설을 위한 한반도에너지개발기구^{KEDO} 사업 현장사무소장으로 2년간 북한에 상주하다 얼마 전에 귀국하여 5국의 조정관으로 근무 중이었다. 김보현과 서훈은 이후에 내가 대통령 특사로 평양에 갈 때마다 항상 동행하며 나를 잘 보좌하여 역사적인 남북정상회담 성공과 남북관계 개선 발전에 크게 기여하게 된다. 그리고 서훈은 문재인 정부에서 국정원장과 청와대 안보실장의 중책을 수행하게 된다.

몇 차례 비공개 접촉 끝에 남북정상회담 개최에 합의하고, 4월 10일 아침에 서울과 평양에서 동시에 발표했다. 이 과정에서 나는 4·13 총선을 목전에 두고 남북정상회담 개최 합의 발표는 여러 가지 부정적 영향을 피하기 어려울 것이라는 국정원의 판단을 대통령에게 보고하면서, 발표를 총선 이후로 미루는 방안을 고려하는 것이 좋겠다고 건의했다. 그러나 남북 합의를 변경하기에는 이미 어려운 상황이 되었다. 실제로 야당의 비난 공세가 치열했고, 선거 결과 여당은 제1당 확보에 성공하지 못했다.

남북정상회담 개최와 관련하여 나는 회담 준비를 총괄 지휘하는 사령탑의 중책을 맡았다. 특히 대통령은 정상회담에서 협의할 본질적인 문제와 협상전략을 내가 직접 마련해 주길 원하셨다. 이에 국정원에 지원기구를 설치하여 회담 전략과 회담 자료를 마련하는 한편 양영식 통일원차관이 주도하는 준비기획단을 지원하고 조정 업무를 수행했다. 준비는 차질 없이 순조롭게 진행되었다. 선발대가 평양에 파견되어 사전 협조를 진행했다.

대표단 중 공식수행원 인선에는 문제가 없었으나, 정당·사회단체 등 각계 대표를 두루 망라하는 24명의 특별수행원 인선은 쉬운 일이 아

셔먼 대사의 방한을 맞아 국정원장인 저자가 한-미 협조자들을 위한 만찬을 서울 롯데호텔에서 주최했다. 왼쪽부터 스트로브 서기관, 송민순 외교부 미주국장, 셔먼 대사, 저자, 보스워스 대사, 권진호 국정원 1차장. 2000년 2월.

니었다. 희망자가 너무 많아 대통령이 직접 인선에 나섰다. 대통령은 내 건의를 수락하여 이북 출신 기업인 3명과 남북관계 전문학자 2명을 포함시켰다. 전문 학자로는 문정인 교수(연세대)와 이종석 박사(세종연구소)를 선임했다. 역사적 현장을 직접 목격한 이들은 이후 남북관계 발전을 위해 국내외적으로 대단히 중요한 역할을 수행하게 된다.

또한 나는 대통령의 지시에 따라, 정상회담 개최를 위한 남북 비공개 접촉 당시부터 보스워스 대사를 통해 미국 측과 긴밀히 협조하여 오해가 없도록 노력했다. 미국 대통령과 국무장관 등 한정된 극소수 인원에게만 보안을 전제로 모든 것을 솔직하게 알려 주도록 했다. 비밀은 잘 지켜졌다. 남북정상회담 개최가 발표되자 이를 전혀 알지 못했던 미국 무성 관계자들이 기자들에게 한국 측 비협조를 비난하는 기사가 보도

되는 해프닝이 벌어지기도 했다. 보스워스 대사와는 우리 정부 집권 초부터 임기 말까지 계속 긴밀한 관계를 유지하며 소통하고 협조했다.

국정원은 정상회담과 관련하여 대통령이 필요로 하는 각종 정보를 제공하는 한편 정상회담에서 논의할 말씀 자료와 우리 측 합의문 초안도 제시했다. 그러나 김 대통령은 김정일 위원장에 관한 신상 정보에 대해서는 만족하지 않았다. 신상 정보 대부분이 부정적인 것들이라 "이런 정보가 모두 사실이라면 과연 이런 사람과 마주 앉아 회담할 수 있겠는가. 회담을 한들 무엇을 기대할 수 있겠는가"라며 보다 객관적이고 정확한 정보를 요구했다. 또한 정상회담에 임하는 북측의 의도가 무엇인지를 정확히 알고 싶어 했다. 현 상황에서는 이런 욕구가 충족될 수 없음이 분명해지자 김 대통령은 평양에 대통령 특사를 보내기로 결단했다.

"아무래도 임 원장께서 대통령 특사로 평양에 다녀와야 하겠어요. 직접 김정일 위원장을 만나 세 가지 임무를 수행해야 하겠습니다. 첫째, 김정일 위원장이 과연 어떤 인물인가를 알아 오시오. 둘째, 정상회담에서 협의할 사안을 제대로 이해할 수 있도록 충분히 설명해 주고 북측 입장도 파악해 오시오. 셋째, 정상회담 후 발표할 공동선언 초안을 합의해 오시오. 임 원장의 임무는 말하자면, '정상회담을 위한 예비회담'을 하는 것이오."

5월 27일 토요일 새벽, 나는 판문점을 통해 군사분계선을 넘었다. 비공개 방북이었다. 김보현 북한담당 차장, 서훈 조정관, 이종화 비서관이 나를 수행했다. 남북고위급회담 당시 수십 차례 드나들던 북측 통일각에 8년 만에 다시 가니 낯익은 임동옥 노동당 통일전선부 제1부부장 일행이 우리를 맞아주었다. 여기서 개성 근처로 옮겨 헬리콥터 편으로 평양 백화원영빈관에 도착한 것은 아침 8시경이었다.

이날 나는 김정일 위원장을 만나지 못하고 서울로 돌아와야 했다. 대남관계를 실질적으로 관장하고 있는 책임자인 임동옥 부부장과 마주 앉아 사전 협의했다. 그는 김 대통령의 평양 방문 주요 일정을 설명하면서 김일성 주석 유해가 안치된 금수산궁전 방문을 중요한 일정으로 제시했다. 나는 난색을 표하며 거부 의사를 밝혔다. 오후 늦게 다시 만나자 "임 원장께서 돌아가 이 문제를 김 대통령께 보고드리고 동의를 얻어줘야 합니다"라며 이 문제를 해결하지 않고는 김정일 위원장 면담이 불가하다고 통보하는 것이었다. 그리고 "대통령이 금수산궁전 방문을 안 할 경우, 김영남 최고인민회의 상임위원장과의 정상회담은 가능하겠으나, 김정일 위원장과의 상봉은 불가하다는 것이 북측의 공식 입장"이라는 서면통보문을 읽어 내려갔다.

나는 이종화 비서관이 서울에서 갖고 와 설치해 준 위성통신 수단인 인마르새트 전화기로 김 대통령에게 상황을 보고하고 서울로 돌아가기로 했다. 어두운 밤, 비가 세차게 쏟아지고 있었다. 우리 일행은 평양-개성 고속도로를 따라 저공으로 비행하는 군용 헬리콥터 안에서 불안에 떨어야 했다. 아침에 평양에 갈 때보다 20분이나 더 걸린, 불안한 70분의 비행이었다. 캄캄한 암흑 속에서 멀리 횃불이 보였다. 개성 근처에 무사히 착륙하고 나서야 안도의 한숨을 내쉴 수 있었다. 그리고 군사분계선을 넘어 불빛이 환한 자유의 땅으로 돌아왔을 때의 기뽐은 이루 다 표현할 수 없었다. 내 보고를 받은 김 대통령은 다소 실망하는 안색이었지만 내일 오후에 대책을 논의해 보자며 오히려 나를 위로해 주셨다. 청와대 관저에서 떠난 것은 자정이 다 되어서였다.

김정일 위원장과의 첫 만남

일주일 후인 6월 3일 토요일 새벽, 나는 다시 대통령 특사로서 지난번과 같은 코스로 평양 방문길에 올랐다. 나의 두 번째 평양 방문에 앞서 김 대통령은 고뇌에 찬 결단을 내렸다.

> "정상회담 개최가 금수산궁전 방문보다 더 중요합니다. 남북관계
> 개선이 외교 의례보다 더 중요합니다. 이제 와서 정상회담이 깨지
> 게 되면 7천만 겨레에게 실망을 주고 역사와 세계에 웃음거리가
> 됩니다. 우선 정상회담을 성공적으로 마치고 공동선언까지 발표
> 하고 난 다음에 금수산궁전을 방문할 수 있다고 전하세요."

나는 김 대통령이 금수산궁전을 방문하겠다기보다는 일단 김정일 위원장을 만나 정상회담부터 하고 보자는 뜻으로 이해했다. 그렇다면 내 임무는 분명했다. 김정일 위원장을 설득하여 정상회담을 성사시키는 한편 금수산궁전 방문 일정은 포기하도록 하는 것이다. 결코 쉬운 일은 아니겠지만 반드시 해내야만 하는 중책이 아닐 수 없었다. 나는

대통령 특사인 저자를 마중 나온 북측 통전부 임동옥 부부장과 평양행 군용 헬기 앞에서. 2000년 6월.

"장수가 필승의 신념을 가지고 전쟁에 임하면 반드시 승리한다"는 말을 되새기며 평양으로 향했다.

지난번과 마찬가지로 헬리콥터 편으로 평양에 도착했다. 맑게 갠 푸른 하늘 아래 대동강과 능라도가 한눈에 보이는 모란봉 초대소에서 임동옥 부부장을 대동한 김용순 대남비서 겸 통일전선부장과 마주앉았다. 우리 측에서는 김보현 차장과 서훈 조정관이 배석했다. 나는 먼저 김 대통령의 어려운 결단을 전달하고, 특사로 내 의견을 피력했다. "우리 국민의 정서로서는 대통령이 김일성 주석의 주검에 참배한다는 것은 용납할 수 없는 일이다. 그렇게 되면 대통령의 지도력은 상처를 입게 되고, 정상회담의 합의는 지켜지기 어렵게 될 것이 분명하

대통령 특사로 방북하여 김정일 위원장을 처음으로 만나 환담하고 있다. 2000년 6월.

다"는 요지로 말하고 북측의 현명한 판단을 촉구했다. 이들은 내 주장을 경청하며 기록하더니 그대로 상부에 보고하겠다고 약속했다.

이날 저녁 우리 일행은 평양 순안비행장에서 특별기 편으로 35분가량 비행하여 평북 신의주 근처 군용비행장에 착륙했다. 인민군 대위가 운전하는 벤츠 세단으로 30분가량 달려 김정일 위원장의 특각에 도착한 것은 7시경이었다. 김 위원장과의 첫 만남은 만찬 대화까지 합쳐 5시간 동안 이어졌다. 김정일 위원장이 넓은 홀에 나와 손을 내밀며 "반갑습니다. 여기까지 오시느라고 수고가 많았습니다!"라며 악수를 청했다. 기념사진을 찍고 나서 회의실로 옮겨 긴 탁자를 사이에 두고 서로 마주 앉아 대화를 시작했다. 대통령의 안부를 물으며 인사의 말로 말문을 연 김 위원장이 나에게 먼저 발언할 것을 요청했다.

나는 대통령 친서를 전달하고, 내가 부여받은 세 가지 임무를 먼저 밝힌 후 이번 정상회담에서 대통령이 협의하기를 바라는 네 가지 의제를 하나씩 설명해 나갔다. 즉, 남북관계 개선과 통일 문제, 긴장 완화와 평화 문제, 공존공영을 위한 교류 협력 문제, 이산가족 상봉을 비롯한 기타 상호 관심사 등이다. 근 한 시간이 걸렸다.

김 위원장은 전혀 자세를 흩트리지 않고 지루한 기색 없이 가끔 메모해 가면서 진지하게 경청했다. 발언을 끝낸 나는 설명 내용을 담은 문건을 전달하고 우리 입장에 대해 시간을 두고 충분히 검토하기 바란다고 말했다. 나중에 정상회담 때 김 위원장은 실제로 그 문건이 많은 도움이 되었다며 감사를 표했다. 김 위원장은 정중히 감사의 뜻을 표한 후에 마치 가까운 지인과 대화를 나누듯 격식 없이 신명 나게 말하기 시작했다.

"개인적으로 저는 김대중 대통령을 존경해 마지않는다는 점부터 말씀드려야 하겠습니다."
"평양에 오시면 존경하는 어른으로, 품위를 높여 잘 모시겠습니다. 공산당 잡는 국정원장이 오셨으니 솔직하게 말하겠는데, 과거 중국 장쩌민 총서기나 그 어떤 외국 정상 방문 때보다 더 성대하게 최고로 모시겠습니다."
"무엇보다 김 대통령의 말씀을 많이 듣고 싶어요. 격식 없이, 허심탄회하게 많은 이야기를 나누면 좋겠습니다."

정상회담을 성공적으로 마친 다음에 금수산궁전을 방문할 수 있다는 김 대통령의 입장에 대해서는 다음과 같이 단호한 태도를 보였다.

"금수산궁전은 반드시 정상회담 전에 방문해 주셔야 합니다. 왜 남쪽 국민의 정서만 생각합니까? 우리 북쪽 인민의 정서는 안 중요합니까? 안 된다고만 하지 말고 되는 방안을 좀 강구해 봅시다."

김 위원장은 미국과의 관계에 대해서도 솔직한 생각을 들려주었다.

"조선반도 문제는 외세에 의존하지 말고 우리 민족끼리 힘을 합쳐 자주적으로 해결해 나가야 한다는 자주의 원칙이 중요합니다. 물론 역사적 경험으로나 조선반도의 지정학적 위치로 보나 미국과의 좋은 관계 유지는 매우 중요하지요. 김 대통령께서는 동북아의 평화와 안전을 위해 통일 후에도 미군이 계속 주둔해야 한다고 주장하시는데 사실 제 생각에도 미군 주둔이 나쁠 거 없습니다."

예상치 못했던 발언이라 내 귀를 의심했다. 그는 말을 이어갔다.

"다만 주한미군이 공화국에 대한 적대적 군대가 아니라 조선반도의 평화유지군으로 지위와 역할이 변경돼야 한다는 겁니다. 이미 1992년 초에 김용순 비서를 미국에 보내 이러한 뜻을 미국 정부에 공식적으로 전달한 바 있어요. … 우리는 과거의 적대관계를 청산하고 미국과의 관계 정상화를 중요한 과제로 삼고 있습니다. 미국과 관계 정상화가 된다면 미국이 우려하는 모든 안보 문제를 해소할 수 있습니다."

한반도 문제 해결에서 가장 중요한 핵심 과제는 북-미 적대관계 해소인데 이 문제에 대한 북측의 입장을 김정일 위원장의 말로 직접 들은 것은 매우 큰 소득이었다.

내가 만나본 김 위원장의 모습은 '음습하고 괴팍한 성격 파탄자', '언행이 럭비공 같고 말을 제대로 못하는 언어 장애자' 등, 김 대통령께 올렸던 국정원의 신상 정보와 전혀 다른 모습이었다. 김 위원장은 대통령 특사를 위한 만찬을 준비했다며 식사를 하면서 이야기를 계속하자고 초청했다. 김 위원장의 안내로 대형 원탁이 있는 식당으로 자리를 옮겼다. 그는 큼직한 리델 글라스 잔을 높이 들고 대통령 특사의 방북을 환영하는 건배를 제청했다. 음식은 양식으로 차려진 성찬이었다. 우리는 프랑스산 붉은 포도주를 마시며 세 시간 넘게 여러 가지 이야기를 나누었다.

김 위원장은 한결 솔직한 태도로 두서없이 자유자재로 민감한 주제에서 가벼운 주제로, 가벼운 주제에서 무거운 주제로 화제를 바꿔가며 대화를 주도해 나갔다. 김 위원장의 생각은 물론 말투며 성격 등을 파악할 수 있는 절호의 기회였다. 몇 가지 예를 들면 다음과 같다.

그는 나에게 포도주를 권하면서 전에는 위스키며 코냑이며 술을 워낙 많이 마셨는데 요새는 의사의 권고에 따라 건강에 좋다는 붉은 포도주만 마신다고 했다. 그러고는 던진 첫 화제가 '민주주의'였다.

"남쪽에서 말하는 '민주주의'라는 것은 잘 이해가 되지 않아요. 이조시대처럼 당파싸움만 하고, 야당은 반대를 위한 반대만 일삼는데 이런 것이 민주주의란 말인가요?"

나는 민주주의의 특징은 다양성 속에서 조화를 이루는 것이며 야당은 정부의 잘못을 지적하고 예방하기 위한 '반대당'이라고 했다. 그리고 지나친 경우도 없지 않으나 야당이 있는 것이 국가 발전을 위해 더 좋다고 생각한다고 가볍게 말했다.

그는 우리의 통일 방안에 깊은 관심을 표명하고 여러 가지로 구체적인 질문을 제기했다. 그는 '남북연합'이라는 개념을 '연방제'와 혼동하며 질문을 반복했고, 나는 그때마다 자세히 설명했다.

"김 대통령의 평양 방문은 아무래도 항공편으로 내왕하는 것이 좋겠어요. 공항 환영 행사를 성대하게 할 생각입니다. 3군 명예의장대 사열도 검토하고 있어요."

여기서 그는 공항 환영 행사를 금수산궁전 방문 문제와 연계하며 말을 이어갔다.

"아예 내가 공항에 직접 나가 김 대통령을 영접하고, 자동차를 함께 타고 곧바로 금수산궁전으로 모시고 가는 방법은 어떻겠습니까? … 김 대통령께서는 어쩔 수 없이 마지못해 방문하는 형식을 띠면 남쪽 국민들도 양해하지 않겠습니까. 정상회담을 마치고 방문할 수도 있다고만 고집할 것이 아니라 좋은 방안을 생각해봅시다."

"나의 서울 방문 문제를 벌써부터 논의하는 것은 시기상조지만, 김영남 상임위원장이 먼저 서울을 방문할 수는 있을 것입니다. 그때 박정희 대통령 묘소를 참배하게 하겠습니다. 박정희 대통령이 유신으로 정치 탄압을 한 것은 나쁘지만, 새마을운동을 전개하고 경제 개발을 하여 남조선을 발전시킨 데 대해서는 높이 평가받아야 합니다. 그분은 초기에 군대를 동원하여 경제 건설하고, 농민들과 함께 논밭에서 막걸리를 마셔가며 새마을운동을 전개하여 농촌을 발전시킨 것으로 압니다."

"북쪽에서는 막걸리가 안 되는데, 현대가 가져오겠다고 해서 기다리고 있는 중입니다."

"남쪽에는 궁중요리가 유명하다는데 나는 아직 못 먹어봤어요."

"고르바초프 대통령의 남조선 방문 기록영화를 보니 제주도가 남쪽 나라들처럼 참으로 이국적이고 아름답더군요. 저도 한번 가보고 싶은 생각이 들었습니다. 앞으로 정상회담을 제주도와 백두산을 번갈아 오가면서 개최하는 것도 좋은 생각이겠어요."

"지난날에는 안기부가 남북대화에 끼어들어 파탄시키곤 해서 이번에도 국정원이 개입하는 것을 원치 않았는데 김 대통령을 믿고, 또한 임 원장께서 과거에 〈남북기본합의서〉 만드는 데 크게 기여했다기에 두고 보기로 한 것입니다."

나는 감사의 뜻을 표하고 "이번 정상회담에서 김 위원장이 이산가족 문제에 대해 긍정적인 결단을 내려 김 대통령의 평양 방문 기념 선물로 주셨으면 합니다"라고 건의했다. 그러자 그는 주저 없이 이산가족 상봉 행사에 동의하고, 대통령께 말씀드려도 좋다고 화끈하게 말했다.

김 위원장은 낙후한 경제를 개선하기 위해 남북관계 개선은 물론이거니와 안보 위협 해소를 위해 미국과의 관계 개선을 열망하고 있었다. 그는 김 대통령의 협력을 얻어 미국과의 관계 개선을 추진해야겠다고 생각하는 것이 분명해 보였다. 김 대통령과 클린턴 대통령의 친밀한 관계와 한국이 미국을 설득하여 한미일 공조로 추진하고 있는 '한반도 평화 프로세스' 그리고 김 대통령이 서방 국가들에게 북한과의 관계 정상화와 인도적 지원 제공을 꾸준히 권고해 온 사실 등이 이런 생각을 하게 한 것으로 보인다.

밤 12시에 5시간 동안 이어진 첫 만남을 끝내고 야간비행으로 평양의 숙소에 도착하니 새벽 2시였다. 아침 8시에 이종화 비서관이 설치한 인마르새트 위성통신 전화로 김 대통령에게 면담 결과를 요약하여 보고했다. 이날 오전에는 을밀대와 부벽루 등을 산책하고, 오후에는 단군릉을 둘러보았다. 그리고 김 대통령의 평양 방문 시 환영 공연을 하게 될, 재일동포 출신 김병화가 지휘하는 조선국립교향악단의 공연을 모란봉극장에서 참관했다. 지휘자가 창작한 관현악 〈청산벌에 풍년이 왔네〉 등 여러 곡을 감명 깊게 감상한 나는 남북 문화 교류의 일환으로 이 교향악단의 서울 초청 공연을 추진하겠다고 약속했다. 박권상 KBS 사장의 적극적인 협조로 이 약속이 8·15 기념 행사의 일환으로 실현된 것을 보람 있게 생각한다. 저녁에 헬리콥터 편으로 개성을 거쳐 판문점을 통해 서울로 돌아왔다. 나는 김 대통령에게 특사 방북 결과 보고와 함께 김정일 위원장에 대한 인상을 이렇게 보고했다.

"상대방의 말을 경청하며 말하기를 즐기는 타입입니다. 식견이 있고 두뇌가 명석하며 판단력이 빨랐습니다. 명랑하고 유머 감각이 풍부한 편입니다. 수긍되면 즉각 수용하고 결단하는 성격입니다. 개방적이고 실용적인 사고방식을 갖고 있으며, 말이 논리적이지는 않지만 주제의 핵심을 잃지 않는, 좋은 대화 상대라는 인상을 받았습니다. 특히 연장자를 깍듯이 예우한다는 느낌을 받았습니다."

보고를 받고 난 김 대통령은 이제 안심이 된다며 특사 방문 성과에 만족해하셨다. 김 대통령과 나는 특사 방북을 계기로 재삼 정확한 정보의 중요성을 절감하였다. 잘못된 정보로 오해하고 오판하고 오산하며 불신하면 실패를 초래한다. 지도자들이 정확한 정보를 갖고 올바로 이해하고 올바른 판단으로 신뢰할 수 있으면 성공할 수 있다고 확신하게 되었다.

역사적인 김대중 - 김정일 정상회담

2000년 6월 13일 아침 10시 30분, 대통령 전용기가 서울 공항을 이륙한 지 한 시간 만에 평양 순안비행장에 안착하여 김대중 대통령은 김정일 국방위원장의 영접을 받았다. 김 대통령과 김정일 위원장이 반갑게 악수하며 첫 상봉에 이어 나란히 인민군 의장대를 사열하고 분열을 받았다. 너무나도 감격적이고 역사적인 장면을 목격하며 나는 흐르는 눈물을 참을 수 없었다. 대한민국 국군 총사령관인 대통령이 아직도 법적으로는 '전쟁 상태'에 있는 적군의 의장대를 사열하다니, 감히 상상이나 할 수 있는 일이었던가! 공항 환영 행사를 마치고 두 정상은 승용차에 동승하여 카퍼레이드를 시작했다. 50만 명을 헤아린다는 군중이 연도에 나와 꽃술을 흔들며 열광적으로 환영했다. 열흘 전 김정일 위원장이 대통령 특사인 나에게 말했던 '최고의 환영 행사'가 거행된 것이다.

두 정상이 한 차에 동승하는 것을 지켜보는 순간 내 마음이 편치 않았다. 김 위원장이 나에게 말했던 것처럼, 혹시 금수산궁전으로 직행하여 김 대통령도 어쩔 수 없이 김일성 주석의 주검에 참배하도록 만들지 않을까 전전긍긍했다. 다행히 그런 사태는 일어나지 않았다. 하지만 이 문제는 아직 해결된 것이 아니었다. 이제부터 해결해야 하는 것이 내가 평양에서 해야 할 첫 번째 임무였다. 나는 이 문제 외에도 두 가지 난제를 더 안고 평양 공항에 도착한 것이다.

나를 괴롭힌 또 하나의 난제는 '특정 언론사 기자 입북 거부' 문제였다. 북측은 이른바 '반북 책동'을 한 조선일보와 KBS에 사죄와 배상을 요구했는데, 우리 측은 말도 되지 않는 소리라며 항의하고 일축해 버렸다. 그런데 출발 전날 다시 사죄와 배상 약속을 즉각 하지 않으면 입국을 불허하며, 입국해도 즉각 추방하겠다고 통보해 온 것이다. 나는 김용순 비서 앞으로 긴급 메시지를 보냈다. "만일 추방한다면, 서울에 온 많은 국내외 취재기자들에게 북측을 비난하는 좋은 기삿거리가 될 터이니 심사숙고하기 바란다"는 요지였다. 그리고 예정대로 문제가 되는 언론사 기자들을 모두 대동해서 가는 강행 조치를 취했다. 문제가 생겨도 평양에 가서 해결하기로 한 것이다. 공항에 도착하자 우선 김용순 비서를 만나, 그 문제는 더 이상 시비하지 않겠다는 확약을 받아 냈다. 이 문제는 이렇게 강 대 강으로 대처하여 해결했다.

세 번째 난제는 '남북공동선언'을 작성하고 합의하는 문제였다. 이 문제야말로 정상회담에서 가장 중요한 일 중 하나라 할 수 있는데, 북측은 정상회담을 마치고 보자는 입장을 고집했다. 과연 합의할 수 있을지, 합의한다 해도 어떤 수준, 어떤 내용, 어떤 형식이 될지, 공동선언 채택의 책임을 맡은 내 입장에서는 여간 걱정이 아닐 수 없었다. 결국 이 문제는 정상회담에서 논의하여 해결하는 수밖에 없었다.

북측 요청으로 이튿날 아침 일찍 나는 임동옥 부부장과 마주 앉았다. 그는 이날 오후 3시로 예정된 정상회담 직전에 김 대통령이 금수산궁전을 방문하는 일정 계획을 제시했다. 나는 방문 불가 이유를 다시 설명하고 김정일 위원장에게 보고해 줄 것을 요청했다. 그러나 그는 "부하 된 도리로 그런 보고는 할 수 없다"고 잘라 말했다. 그렇다면 김 위원장에 보내는 내 명의의 메시지를 그대로 전해 달라며 미리 준비해 온 메시지를 읽었고 이를 받아쓰게 했다. 김 위원장에게 보내는 메시지의 요지는 이러했다.

"북측의 정서와 주장은 이해한다. 하지만 냉엄한 현실을 인정해야 한다. 남북 협력 사업을 위한 예산은 국회를 통과해야 하나 국회는 야당이 장악하고 있고, 국민의 70퍼센트 이상이 금수산궁전 참배를 반대하고, 언론의 협조를 얻기도 쉽지 않다. 김대중 대통령의 정치적 입지를 좋게 해주어야 남북관계를 개선하고 남북 경제협력을 할 수 있게 된다. 금수산궁전을 참배하면 김 대통령의 지도력이 상처받게 되고, 정상회담의 의미는 퇴색되며 합의 사항 이행이 어려워질 수 있다. 쌍방이 모두 이익이 되는 방향으로 일을 풀어가야 한다. 상주인 김 위원장에게는 적절한 조의를 표하게 될 것이다. 그러니 금수산궁전 방문을 더 이상 고집하지 않기를 건의한다.”

이날 북측이 “정상회담 전에 반드시 실시해야 한다”며 일정을 제시했던 금수산궁전 방문은 실현되지 않았다.

김대중 대통령과 김정일 국방위원장의 역사적인 남북정상회담이 14일 오후 3시부터 네 시간 동안 백화원영빈관 회의실에서 개최되었다. 우리 측에서는 대통령 특보 자격으로 나와 황원탁 외교안보수석비서관, 이기호 경제수석비서관 등 3명이 배석했다. 북측에서는 합의와는 달리 김용순 대남담당비서 한 명이 녹음기를 갖고 배석했다. 남북정상회담 내용은 내 회고록《피스메이커》에 역사 자료로서 상세히 기록했다. 여기서는 내가 발언한 내용 위주로 몇 가지만 서술한다.

인사말과 환담에 이어 대통령은 의제 설명에 앞서 김일성 주석 서거에 대해 직접 조의를 표명하는 대신 “김 위원장께서 삼년상을 지내면서 효도를 다한 점에 대해서 동방예의지국이라는 감명을 받았습니다”라고 말했다. 김 위원장의 효심을 언급하는 것으로 상주에 대한 예의

평양 백화원영빈관에서 진행된 역사적인 남북정상회담. 대통령 특보 자격으로 저자가 김대중 대통령을 옆에서 보좌하고 있다. 2000년 6월 14일.

────

를 갖춘 것이다. 그리고 네 가지 의제에 대해 준비된 자료를 참고하며 신중히 설명해 나갔다. 화해와 통일 문제, 긴장 완화와 평화 문제, 교류 협력 문제, 이산가족 상봉과 기타 관심사를 30분간 조용히 경청한 김 위원장은 감사의 인사를 드린다고 예의를 표하고는 대화를 주도해 나 갔다. 남북관계 개선을 위해서는 통일 문제에 대해 어느 정도의 공통 인식이 있어야 한다는 데 뜻을 같이한 두 정상은 통일 문제부터 의론 했다. 통일 문제는 어디까지나 우리 민족끼리 자주적으로, 그리고 평 화적으로 해결해야 한다는 원칙에는 이견이 없었다. 여기서 통일 방안 논의로 이어졌다. 김 위원장은 "연방제 통일을 지향하되 우선 '낮은 단 계의 연방제'부터 실현하자는 데 합의하자"라고 제의했다. 김 대통령은 "2체제 연방제 통일 방안은 수락할 수 없다"라고 거부했다. "우리가 주장하는 '남북연합제'란 2체제 2정부의 협력 형태를 의미한다"며 우리의 '민족공동체통일방안'을 되풀이하여 설명했다.

그러자 김 위원장은 "남측이 주장하는 '연합제'가 바로 내가 말하는 '낮은 단계의 연방제'와 같은 것"이라고 주장했다. 그는 계속 '연방제'라는 용어에 집착하고 있었다. 통일 문제를 둘러싼 논쟁이 이날 회담 시간의 반 이상을 차지할 정도로 길어졌다. 나는 대통령을 보좌하여 여러 번 발언 기회를 얻었다. 특히 연방제와 연합제의 차이에 관해 이렇게 설명했다.

"연방제와 연합제는 개념이 다른 것입니다. 연방제는 연방정부, 즉 통일국가의 중앙정부가 군사권과 외교권을 행사하고, 지역정부는 내정에 관한 권한만 행사하게 됩니다. 연합제는 이와 달리, 각각 군사권과 외교권을 가진 주권국가들의 협력 형태를 말합니다. 통일의 형태를 말하는 '연방'과 달리, '남북연합'은 통일 이전 단계에서 남과 북의 두 정부가 통일을 지향하며 서로 협력하기 위한 제도적 장치를 말합니다."

"연방제 통일을 이룩하려면 군대를 통합하고 외교를 통합해야 하는데, 서로 다른 체제 간에 그것이 갑자기 가능하겠습니까? 예멘의 경우가 좋은 예가 될 것입니다. 얼마 전 남예멘과 북예멘이 즉각 연방제 통일을 했지만 군대 통합에 실패하여 결국 전쟁으로 이어졌습니다. 우리는 결코 예멘의 전철을 밟아서는 안 될 것입니다. 우선 '남북연합'을 형성하여 서로 오고 가고 돕고 나누며 군축도 하고 안보 위협도 제거하여 군대 통합도 할 수 있는 여건을 만들어 통일하자는 것입니다. 따라서 지금은 통일의 길을 닦기 위해 당장 무엇을 해야 할 것인가를 논의하고 합의하는 것이 중요하다는 것이 김 대통령의 주장입니다."

김정일 위원장이 잘 이해했다며, 통일 문제에 대한 논의를 마무리했다. 두 정상은 북측이 제의한 '낮은 단계의 연방제'와 남측이 제의한 '남북연합제' 간에는 공통점이 있으니 앞으로 함께 논의해 나가자는 선에서 절충·합의하기로 했다. 다음으로 교류·협력 문제를 논의하였다. 김 위원장은 김 대통령이 제의한 산업공단 건설과 경의선 철도 연결 및 복선화 사업 등 경제협력 사업을 적극 추진하겠다고 확답했다. 그러면서 이 사업들은 현대와 구체적으로 합의하여 진행하겠다고 밝혔다. 김 대통령은 이산가족 문제도 합의하여 반드시 포함시켜야 한다고 말했다. 김 위원장이 흔쾌히 동의했다.

"지난번에 임동원 특사께도 말씀드렸지만, 이산가족 문제는 못할 거 없다는 생각이에요. 이번 8·15 광복절에 약 100명 정도씩 서울-평양 교환 방문을 해보고, 단계적으로 확대 추진하는 것이 좋겠어요. 그런데 여기서 짚고 넘어가야 할 문제가 있어요. 남측 국정원이 왜 자꾸 탈북자를 끌어들입니까? 여기서 도망친 범죄자들을 감싸고 돌면서 선전에 이용하고 왜 비방 중상하는 것입니까?"

국정원장인 내가 나서 단호하게 말했다.

"우리 정보기관이 탈북자를 유인한 일은 결코 없습니다. 그러나 서울에 오겠다는 탈북자를 같은 민족으로서 받아들이는 것은 너무도 당연한 일 아니겠습니까? 국정원이 탈북자를 선전에 이용하고 비방 중상한 일도 전혀 없습니다."

김 대통령은 무언가 중요한 문제가 생기면 우리 두 정상이 직접 소통할 수 있도록 비상연락망을 마련하자고 제의했다. 김 위원장이 즉각 동의했다. 나는 이 비상연락망인 '핫라인'이야말로 정상회담 최대의 성과 중 하나라고 생각한다. 2시간 반 동안 진행된 정상회담은 30분간 휴식을 취한 다음 재개되었다. 김 위원장은 김 대통령에게 비밀 사항을 말씀드린다며 미군 주둔 문제를 언급했다.

"1992년 초 김용순 비서를 미국에 특사로 보내 '남과 북이 싸움 안 하기로 합의했다'고 전하고 '미군이 계속 남아서 남북이 전쟁을 하지 않도록 막아주는 역할을 해달라'고 요청 했습니다. … '동북아의 역학관계로 보아 조선반도의 평화를 유지하자면 미군이 와 있는 것이 좋다'고 말해줬어요. 김 대통령께서는 '통일이 되어도 미군이 있어야 한다'고 말씀하신 걸로 아는데 그건 제 생각과도 일치합니다."

그는 미국과의 관계 정상화를 열망하고 있음을 숨기지 않았다. 미국이 제기하는 핵 문제나 미사일 문제는 모두 미국과의 관계가 정상화된다면 포기하겠다는 뜻을 내비치기도 했다. 그리고 미국과 관계 개선을 하기 위해 김 대통령의 도움을 바라고 있었다.

김 대통령은 미국이 북측과 관계 개선에 적극 나서도록 앞으로도 외교적 노력을 계속하겠다고 말했다. 실제로 남북정상회담을 계기로 북-미 관계가 급진전되었다. 10월에는 새로운 관계 수립을 위한 '북-미 공동코뮈니케'가 채택되고, 북-미정상회담을 준비하기 위해 올브라이트 국무장관이 평양을 방문하였다.

김 대통령이 이번 회담에서 합의할 대략적인 요지를 다섯 가지로 정리했고, 김 위원장이 이에 동의했다. 회담이 끝난 후 '남북공동선언' 우리 측 안을 타이핑하여 김용순 비서에게 전달하기까지는 20분도 채 걸리지 않았다. 정상회담에 참석하여 기록을 담당했던 김천식 과장이 기민하게 조치한 것이다.

이날 만찬은 8시부터 2시간 반 동안 목란관에서 김 대통령 주최 답례 만찬으로 개최되었다. 북측 고위급 인사 150명과 우리 측 공식 및 특별수행원 등 50명이 참석하여 축제 분위기 속에서 진행되었다. 이날 답례 만찬은 김정일 위원장이 원하던 궁중요리로 차려졌다. 김 위원장이 유쾌한 얼굴과 목소리로 많은 말을 하면서 축제 분위기를 주도했다. 김 대통령 역시 줄곧 기쁜 표정을 감추지 않았다.

축제 분위기가 한참 고조되고 있을 때 김용순 비서가 나를 만찬장 밖으로 불러냈다. 북측이 문안을 다듬은 공동선언문(안)을 최종 검토했다. 우리 측 초안 그대로인데 다만 자주의 원칙에 "우리 민족끼리 힘을 합쳐"라는 표현이 추가되었고, 이산가족 방문단 교환 조항에 "비전 향장기수문제 해결"이 추가되어 있었다. 문제될 것 없어 보였으나 대통령 승인을 받아야 했다.

김용순 비서의 보고를 받은 김 위원장이 공동선언문(안)을 나에게 보냈다. 나는 대통령에게 우리 측 초안과의 차이점을 설명하고 최종 승인을 얻었다. 대통령은 김 위원장에게 합의한다는 뜻을 밝혔다. 마침내 '6·15 남북공동선언'에 합의한 것이다. 김 대통령은 대단히 만족해하며 김 위원장의 손을 잡고 함께 연단으로 걸어나갔다.

"여러분! 모두 축하해 주십시오. 우리 두 사람이 '남북공동선언'에 완전히 합의했습니다!"

김 대통령은 김 위원장의 손을 잡아 번쩍 들어 올렸다. 참석자들은 한참 동안이나 열광적인 기립박수로 환영했다. 축제 분위기는 클라이맥스에 이르렀다. 이 장면은 사진기자들을 불러 다시 한번 연출하는 해프닝이 벌어졌다. 헤드테이블로 돌아온 김 위원장이 기분 좋은 표정으로 나를 부르더니 귓속말을 했다.

"오늘 아침 임 원장의 건의를 보고받았습니다. 조금 전 대통령께 금수산궁전에는 안 가셔도 되겠다고 말씀드렸습니다. 임 원장이 이겼습니다!"

이 말을 듣는 순간 나는 마침내 해냈다는 성취감에 벅찼고 그 기쁨을 표현할 길이 없었다. 나는 "감사합니다. 모든 일이 잘될 겁니다!"라고 말했다. 김 위원장은 미소를 지으며 내 잔에 포도주를 가득 채웠고, 우리는 함께 축배를 들었다. 이 광경을 보며 좌중에서는 박수가 터

남북정상회담을 마치고 목란관의 만찬 석상에서 김정일 위원장이 저자에게 "임 원장이 이겼소!"라고 귓속말을 하고 있다. 2006년 6월.

———

져 나왔다. 이 뜻깊은 장면이 TV 화면으로 서울에서 여러 차례 보도되었다. 그런데 나중에 야당과 일부 보수 언론이 "간첩을 잡아야 할 국정원장이 북한의 간첩 두목과 귓속말로 밀담을 나누었다"며 맹비난하는 빌미가 되기도 했다. 만찬을 마치고 백화원영빈관에 돌아와 마침내 '6·15 남북공동선언' 조인식을 거행하였다. 김정일 위원장 옆에는 김용순 비서가, 김대중 대통령 옆에는 내가 앉아서 두 정상이 서명하는 것을 지켜보았다. 서명이 끝나자 모두 축하의 샴페인을 들었다. 그야말로 역사적인 순간이었다.

'6·15 남북공동선언'에는 '(1) 통일 문제를 우리 민족끼리 자주적으로 해결해 나간다. (2) 남측의 연합 제안과 북측의 낮은 단계 연방 제안의 공통성을 인정하고, 이 방향에서 통일을 지향해 나간다. (3) 8·15에 이산가족 상봉을 하고, 비전향 장기수 송환 문제도 해결한다. (4) 경제협력과 사회·문화·체육·보건 등 교류 협력을 활성화한다. (5) 합의 사항 실천을 위해 조속히 당국 간 회담을 개최한다'는 내용과 함께 김정은 위원장의 서울 방문 문제가 포함되어 있다. 조인식을 마치고 난 후 공식 수행원들은 모두 대통령 숙소로 몰려가 김 대통령에게 경하의 인사를 드리고 기쁨과 감격을 함께 나누었다. 내가 숙소로 돌아오자 김보현, 서훈, 김형기 등 전략요원들과 특별수행원인 문정인 교수와 이종석 박사 그리고 박지원 장관이 찾아왔다. 역사적인 이날의 감격과 기쁨을 주체할 수 없었던 우리는 새벽 2시까지 축하의 뒤풀이를 즐겼다.

이튿날인 6월 15일에는 김정일 위원장이 주최하는 남북공동선언 경축 및 송별 오찬 연회가 백화원영빈관에서 열렸다. 12시부터 출발 시간 직전까지 3시간 동안 진행된 이 오찬 연회에는 양측에서 각각 50명씩 참석했다. 나는 갑자기 대통령의 답사를 대신하게 되었다. 북측에서 인민군 차수인 조명록 부위원장이 오찬사를 하게 됐기 때문이다. 대통령 연설문을 고쳐가며 읽느라고 진땀을 빼야 했다.

이날 오찬장에서 김 위원장이 여러 가지 파격적인 발언을 했다.

"남쪽에서 비료를 보내 주어 감사합니다. 인민들이 매우 고마워하고 있어요. 비료 10만 톤이면 알곡 30만 톤의 생산 효과를 가져옵니다."

"어제 만찬 때 대통령께서 6월을 '전쟁을 기억하는 비극의 달'에서 '화해와 평화를 기약하는 희망의 달'로 바꿔 나가자고 말씀하실 때 큰 감명을 받았습니다. 그래서 오늘 아침에 국방위원

김대중 대통령이 '6·15 남북공동선언'에 서명하고 있다. 2000년 6월 15일.

들에게 열흘 앞으로 다가온 6·25에는 종전처럼 하지 말라고 지
시했습니다."
"인민군총사령관으로서 오늘 12시부로 전방에서 대남 비방 방
송을 중지할 것을 명령했습니다."

이에 남측도 다음 날 동일한 조치를 취함으로써 쌍방 간 상호 비방
방송이 중단되었다. '6·15 남북공동선언'이 거둔 첫 번째 가시적 성과
였다. 정상회담을 성공적으로 마치고 평양에서 마지막 행사로 열린 이
오찬은 공식적이거나 외교적인 연회라기보다 동료들끼리 회식이나 송
별회를 하는 것 같은 화기애애한 분위기 속에서 진행되었다. 남과 북

남북정상회담을 마치고 김정일 위원장이 주최한 축하 겸 송별 오찬장에서 저자가 답사를 하고 있다. 2000년 6월 15일.

———

의 참석자들은 서로 자리를 옮겨가며 술잔을 권하고, 박지원 장관 제의로 〈통일의 노래〉를 합창하는 등 즐거운 축제 분위기를 만끽했다. 김정일 위원장이 그러한 분위기를 주도하다시피 했다.

오찬을 마치고 우리는 곧바로 귀로에 올랐다. 연도에 몰려나온 수많은 평양 시민들의 환송을 받으며 순안공항에 도착한 김대중 대통령은 김정일 위원장과 함께 다시 인민군 의장대를 사열했다. 그러고 나서 두 정상은 세 차례나 포옹을 하며 석별의 정을 나누었다. 평양 도착 첫날에는 서로 손을 내밀어 악수하는 데 그쳤지만 이제는 포옹을 하며 아쉬워할 만큼 가까워진 것이다. 나는 마음속으로 남과 북의 거리도 그만큼 가까워지기를 진심으로 기원했다. 나는 김대중 대통령을 보좌하여 정상회담 준비부터 시작해 전 과정에서 맡겨진 책무를 다하게 된 것을 일생일대 최대의 특전이요, 더 없이 큰 영광으로 생각한다.

화해와 협력의 시대 개막

평양에서 돌아오자 나는 양 정상이 합의한 남북의 소통 채널인 '비상연락망' 개설부터 서둘렀다. 북측의 호응에 힘입어 4일 만에 이 핫라인을 정식으로 연결·개통했다. 이 핫라인은 국정원과 북측 통일전선부가 관리 운영의 책임을 맡아, 국민의 정부 마지막 날까지 양 정상을 상시적으로 이어주며 남북관계 발전에 획기적인 역할을 수행했다.

정상회담 이후 당면 과제는 합의 사항을 실천에 옮기면서 신뢰를 다져 나가는 일이었다. 김 대통령은 "정상회담의 모멘텀을 살려 합의 사항 이행에 박차를 가해야 한다"며 나에게 계속 사령탑의 역할을 수행하라고 지시했다. 나는 제1차 남북장관급회담 개최 문제, 8·15 이산가족 상봉 문제 등 여러 현안에 대해 우리 측의 준비를 철저히 하도록 하는 한편 북측과 핫라인을 통해 의사소통을 해나갔다. 7월 초 김용순 비서는 내가 보낸 메시지에 대한 회신을 보내왔다. 제1차 남북장관급회담 개최 날짜와 장소, 박지원 장관이 건의했던 언론사 사장단 방북 초청, 이산가족 상봉 문제 협의를 위한 적십자회담 개최, 평양 국립교향악단의 서울 파견 등에 대한 회신이었다. 이제 드디어 실마리가 풀리기 시작한 것이다.

북측은 6·15를 기해 휴전선에서 비방 방송을 중지한 데 이어 일반 방송을 통한 대남 비방 방송도 중지했다. 매년 되풀이된 반미투쟁 월간 행사(6. 25.~7. 27.)도 사라졌다. 정상회담 직후인 6월 말에는 김정일 위원장이 원산에서 현대 정주영 명예회장 일행을 만나 경제협력 사업

문제를 협의했다. 현대의 금강산 관광 사업은 지난 20개월간 순조롭게 진행되고 있었다. 김 위원장은 산업공단 건설 후보지로 현대가 원했던 해주 지역이 아닌, 개성 지역을 지정하는 용단을 내렸다.

나는 이 놀라운 사실을 현대 측으로부터 보고받고 도저히 믿기지 않았다. 개성 지역은 서울을 사정거리 안에 둔 수많은 장거리포가 포진하고 있는, 서울에 가장 가까운 군사 전략적 요충지로 결코 개방할 수 없는 지역이었다. "혹시 현대가 속은 것이 아니냐"라고 되묻기도 했다. 물론 사실이라면, 우리에게 경제적 차원에서는 물론 안보적 차원에서도 더없이 좋은 장점을 고루 갖춘 지역이라 대환영할 일임에 틀림없었다. 두 달 후 현대는 '개성지역 산업공단 조성계획'을 김정일 위원장에게 설명하여 동의를 얻었다. 이 건설 사업이 8년 후 완성되면 노동력 수요가 35만 명에 달할 것인데 공급을 보장할 수 있을 것인지 묻자, 김 위원장이 이렇게 말했다고 한다.

"그때가 되면 남북이 평화 공존하며 군축이 이루어질 것입니다.
군대를 감축하여 노동력을 제공할 수 있을 것이니 안심하시오."

나는 이 말을 전해 들으며 김 위원장의 발상에 감탄했고, 꼭 그렇게 되기를 바라는 마음이 간절했다. 그렇게 되도록 하는 것이야말로 우리의 몫이라 생각하며 새삼 결의를 다졌다.

7월 말부터 남북장관급회담이 시작되었고, 8월과 9월에는 남북의 화해와 협력을 상징하는 많은 행사가 진행되었다. 8월 초에는 48명의 언론사 사장단이 방북하여 김정일 위원장과 3시간이나 오찬 환담을 나누었고 그 내용은 모두 공개되었다. 8월 15일에는 그렇게도 염원하던 이산가족 상봉이 마침내 서울과 평양에서 동시에 이루어졌다. 내가 평양에서 초청 약속을 한 평양 조선국립교향악단의 8·15 경축 서울 공연도 뒤를 이었다. 한편 우리 정부는 화해의 상징으로 북한에 돌아가기를 원하는 비전향 장기수 63명 전원을 판문점을 통해 송환했다. 시드니올림픽에서는 남북 선수단의 공동 입장이 실현되어 세계인의 찬사를 받았다. 또한 경의선 철도·도로 연결 기공식도 거행하여 비무장지대에 이르는 남측 구간의 공사가 시작되었다.

추석 연휴 기간인 9월 11일에 북한의 김용순 특사가 서울에 왔다. 특사로 방북했을 때 내가 정상회담 후속 조치 협의를 위해 그의 방한을 초청한 것이다. 그는 이번에 김정일 위원장이 보내는 추석 선물인 송이버섯 10킬로그램들이 300상자를 갖고 인민무력부 정치총국장 박재경 대장과 함께 항공편으로 왔다. 이 송이버섯은 함북 칠갑산에서 생산하여 전량 일본에 수출하는 것으로, 북한이 자랑하는 '특산물'이라고 한다. 김 대통령을 비롯한 6·15 방북단과 언론사 사장단 그리고 삼부 요인과 각 정당 지도자들에게 한 상자씩 전해 달라고 김정일 위원장이 특별히 보내온 것이었다.

김용순 특사는 미리 제주도와 경주, 산업 시설도 둘러보길 원한다는 의사를 전해왔다. 3박 4일의 제한된 시간을 최대한 활용하기 위해 나는 첫 회담을 서울에서 하고, 공군 수송기 편으로 북측 일행 6명과 함께 제주도에 가서 제2차회담을 하기로 했다. 아침 일찍 제주도에 도착하여 여러 곳을 관광한 후 저녁에 호텔에서 열린 만찬을 겸한 남북특사회담은 새벽까지 이어졌다. 우리 측에서는 김보현과 서훈, 북측에서는 임동옥과 권호웅이 배석했다. 나는 이튿날 아침 일찍 서울로 돌아와 지난밤의 협의 내용을 대통령께 보고드리고 관계 장관들과 대책을 협의했다. 한편 김 비서 일행은 경주와 포항제철을 둘러보고 오도록 조치했다. 서울에 돌아와서 마지막 협의가 진행되었는데 김용순 특사는 평양의 훈령을 받아가며 합의하곤 했다.

우리 측 관심사인 남북 철도·도로 연결 등과 관련된 군사적 보장책을 협의하기 위한 남북 국방장관회담을 9월 말 제주도에서 개최하기로 했다. 경제협력을 위한 투자보장합의서 등 제도적 장치를 마련하기 위한 실무 접촉도 9월 중 실시하기로 했다. 또한 이산가족 문제를 근본적으로 해결하기 위한 방법 중 하나로 이산가족의 생사 및 주소 확인과 서신 교환을 추진하기로 합의했다.

나는 "귀환을 원하는 비전향 장기수를 모두 무조건 돌려보냈으니 이제 귀환을 원하는 국군 포로와 납북자 문제도 해결하자"고 제의했다. 그러나 북측은 "포로 문제는 정전협정 체결 직후 포로 교환으로 모두 종결된 문제이고, 납북자란 존재하지 않는다"는 기존 입장을 되풀이했다. 우리 측은 "그렇다면 이들의 생사·주소 확인 사업을 실시하고, 이산가족 상봉 때 이들도 상봉할 수 있도록 하자"고 수정 제의했다. 이후 우리 측에서 보낸 198명의 생사·확인 의뢰에 대해 59명을 확인하여 통보해 왔고, 이산가족 상봉 때마다 총 25명을 포함한 36가족 150명이 상봉한 것으로 집계되었다. 이렇게 하여 7개항에 대한 합의 사항을 발표하였다.

북측의 최대 관심사는 식량 확보였다. 김용순 특사는 "백년 이래 최악의 가뭄으로 전 인민이 아사 지경에 이르게 되었다"며 식량 100만

톤의 긴급 지원을 요청했다. 이 문제는 이미 남북장관급회담에서 제기된 것으로, 우리 측은 60만 톤 제공 방안을 고려하고 있었다. 단, 이산가족 문제와 남북 철도·도로 연결 등과 관련된 군사적 보장책 마련을 위한 남북국방장관회담 조기 개최 문제와 연계하여 해결하기로 방침을 정해 놓고 있었다. 100만 톤을 계속 고집하던 김 특사는 평양의 최종 훈령을 받고 나서 국방장관회담의 제3국 개최 주장을 포기하고 즉각 제주도에서 개최하기로 하며, 이산가족 문제의 근본적 해결책도 남측 제안을 수용하기로 하여 해결되었다. 우리 측은 민간 차원에서 해외 구매한 옥수수 40만 톤을 추가로 제공하는 대안을 마련하고 있었다.

핵심 현안이 모두 타결된 이날 정오에 김 특사 일행이 청와대로 김 대통령을 예방했다. 김 대통령은 양측 대표들을 위한 오찬을 베풀었다. 환담 중 김 대통령이 "유엔총회 기회에 만나기로 합의했던 김영남 최고인민회의 상임위원장과의 뉴욕 회동이 이루어지지 못한 것을 아쉽게 생각한다"면서 "클린턴 대통령도 매우 당혹스러워했다"고 언급했다.

김용순 특사에 의하면, 북측은 김영남 상임위원장의 '프랑크푸르트 사건'에 대해 처음에는 "미국의 계획된 행동"이라며 격분하고 비난했으나 "임동원 원장이 핫라인을 통해 보낸 통보를 받은 데 이어 미국 국무장관의 유감 표명 메시지를 받고는 미국 정부 지령에 의해 계획된 것이 아닌 것 같다는 판단을 내렸다"고 한다. 남측이 긴급히 보내 준 메시지로 오해와 오판을 방지할 수 있었던 좋은 본보기가 된 것이다.

김영남 위원장 일행 15명이 유엔 새천년정상회의에 참석하기 위해 9

월 4일 프랑크푸르트 공항에서 뉴욕행 아메리칸 항공에 탑승 수속을 할 때 문제의 사건이 발생했다. 항공사 측이 소위 '불량국가 승객에 대한 처리 방침'에 따른다면서 신발을 벗기는 등 심한 몸수색과 화물 검사를 강요하자 북측 대표단 일행이 이에 항의하면서 마찰이 빚어진 것이다. 이러는 동안 비행기는 떠나버리고 말았다. 엄연한 한 국가의 외교사절이 탑승을 거부당하는 해괴한 일이 벌어진 것이다. 이들은 평양의 지시로 베이징을 경유하여 귀국 길에 올랐다.

나는 국정원이 입수한 이 정보를 즉각 주한미대사관을 통해 미국 정부에 통보해 주었다. 미 국무부는 몹시 당혹해하며 우리 측에 긴급 협조를 요청해 왔다. "국무장관 명의의 유감 표명 전문을 베이징을 통해 발송한다"는 사실과 "귀국하지 말고 뉴욕으로 와서 유엔 새천년정상회담에 꼭 참석해 주기 바란다"는 내용을 신속히 북측에 전달하여 설득해 달라는 것이었다. 나는 즉각 필요한 조치를 취했다. 그러나 북측이 번복하기에는 이미 늦은 상황이었다.

'6·15 남북공동선언' 채택을 계기로 남북관계는 눈부신 진전을 이룩하였고 7천만 겨레는 화해와 협력의 새 시대가 도래했다는 기쁨으로 들뜬 마음을 감추지 않았다. 우리 겨레뿐 아니라 전 세계가 한반도에서 벌어진 괄목할 만한 변화에 큰 관심을 기울이고 있었다. 2000년 8월 말, 언론사들이 실시한 여론조사에 의하면, "전반적으로 김 대통령이 국정 운영을 잘한다"가 75퍼센트 내외로 나타났는데 "가장 잘한 치적"으로는 "남북관계 개선" 또는 "햇볕정책"이 80~90퍼센트로 압도적인 비율을 차지했고, "외환위기 극복"이 그 뒤를 따랐다. 김대중 대통령은 2000년에 노벨평화상도 수상하였다. 한국인으로서는 최초의 노벨상 수상이다.

이러한 분위기 속에서 변화를 두려워하는 일부 보수 언론과 야당인 한나라당은 "가치관의 혼란을 초래한다", "북한의 계략에 말려들고 있다", "북한은 변하지 않는데 우리만 변한다", "국가안보가 걱정된다" 등의 부정적인 시각으로 남남갈등을 부추기며 남북관계 진전에 제동을 걸고 나섰다. 한나라당은 특히 국정원장인 나를 "남북관계의 사령탑"으로 지목하며 집중 공세를 전개했다. 이회창 당 대표가 앞장서 "국정원장 자리가 남북 교섭에 필요한 자리가 아니다. 임동원 원장이 그 자리에서 떠나야 한다"며 연일 인신 공격성 사퇴 공세를 벌여나갔다. 《조선일보》는 '임동원씨 보직 정리해야'라는 사설을 통해 한나라당의 사퇴 주장을 뒷받침하고 나섰다. 반면에 《한겨레》는 "야당의 공세는 비난을 위한 비난일 뿐"이라며 절도 없는 야당과 보수 언론의 대북정책 비판을 반박했다.

남북정상회담 이후 불신과 대결의 반세기를 넘어 화해와 협력의 새로운 시대를 개척해 나가기 위한 사령탑 역할을 맡은 나는 바쁜 나날을 보내야 했다. 빈번해진 남북 당국 간 회담, 이산가족 상봉, 사회·문화·체육 등 여러 분야에서의 왕래와 교류 활성화, 비무장지대의 지뢰 제거와 철도·도로 연결 공사 준비, 개성산업공단 건설 추진, 금강산 육로 관광 실현, 그리고 군사적 신뢰구축조치 등을 추진하며 새로운 '6·15시대'의 문을 열어나갔다. 한편으로는 남북관계를 총괄 지휘하고 다른 한편으로는 미국과 긴밀하게 정보 교환 및 협력을 유지하였다.

6·15와 북-미 관계 진전

역사적인 남북정상회담이 성공하자 미국 클린턴 행정부는 즉각 '6·15 남북공동선언'을 지지하고 대북 경제제재 완화 조치를 발표했다. 6월 23일에는 올브라이트 국무장관이 방한하여 김 대통령에게 축하와 경의를 표하고, 정상회담 결과를 직접 청취하는 한편 앞으로 미국이 취할 조치에 관해 협의했다. 당시의 정세는 미국이 중시해 온 북-미 관계 개선의 두 전제조건이 모두 해결의 가닥을 잡게 된 상황이었다. 금창리 지하 핵 시설 의혹은 그것이 핵 시설이 아님이 밝혀져 북한의 제네바 미-북합의 준수가 재확인되었다. 또한 북한의 미사일 발사 유예도 합의한 데다 남북관계도 개선의 전기가 마련되었다. 이제 미국이 결단해야 할 때가 된 것이다.

10월 초 보스워스 주한 미 대사는 나에게 "북한의 조명록 특사가 10월 9~12일 미국을 방문하여 올브라이트 국무장관과 회담을 하고 클린턴 대통령을 예방할 예정"임을 알려왔다. 일주일 후 조명록 특사는 샌프란시스코에 도착하여 미국 특사로 방북했던 윌리엄 페리 전 국방장관을 만나고, 그의 안내로 실리콘밸리 등을 돌아보았다. 강석주 외교부 제1부상 등 10여 명이 그를 수행했다. 그리고 워싱턴에 도착하여 올브라이트 국무장관과 회담을 한 후 군복으로 갈아입고 클린턴 대통령을 예방했다.

보스워스 대사는 11일 아침에, 클린턴-조명록회담에서 논의된 요지를 알려왔다. 조명록 특사는 6·15 남북정상회담으로 변화된 환경을 강조하며 북-미관계 정상화를 희망하는 한편 클린턴 대통령의 평양 방문을 초청하는 요지의 김정일 위원장 친서를 전달했다고 한다. 이어서 조명록 특사를 면담하고 난 클린턴 대통령이 "나 역시 김정일 위원장 만나기를 희망하며 장소는 평양이나 제3국, 시기는 11월 중순이나 12월을 고려할 수 있을 것"이라며 "조속히 김대중 대통령의 견해를 확인하여 보고하라"는 긴급 지시를 받았다는 것이다. 나는 즉각 대통령께 보고드렸다. 김 대통령은 "적극 환영하며, 방북 후에는 서울에 들러 일본 총리를 초청해서 3국정상회담을 하자"는 요지의 말씀을 하셨고, 나는 이 회신을 미국 측에 즉각 전달했다. 미국 측의 요청을 받은 지 2시간 만에 김 대통령의 회신이 워싱턴에 전달됐다.

이튿날 북-미관계 개선에 합의하는 '북-미공동코뮈니케'가 발표되었다. 이 공동 발표문에는 한반도 냉전 구조 해체를 위한 획기적인 내용이 포함되었다.

"남북정상회담으로 변화된 한반도 환경에 맞게 북-미관계도 근본적으로 개선하기로 하며, 정전협정을 평화체제로 전환하고, 정전 상태를 종식시키기 위해 4자회담 등의 방도를 인정한다."

그리고 클린턴 대통령의 평양 방문과 이를 준비하기 위한 올브라이트 국무장관의 방북 등 북-미관계 개선의 일정표가 명시되었다.

13일 보스워스 대사는 클린턴 대통령이 김대중 대통령의 동의를 얻어 평양 방문 초청을 수락했으며, 클린턴 대통령의 평양 방문을 준비하기 위해 올브라이트 국무장관이 10일 후 평양을 방문할 예정이라고 알려왔다. 아울러 웬디 셔먼 대북정책조정관이 "올브라이트 장관의 방북을 준비하기 위해 임동원 원장의 조언과 협의가 긴요하다"며 샌프란시스코에서 만나 주면 고맙겠다"고 간청한다는 것이었다.

적극 협조하라는 김 대통령의 지시에 따라, 나는 송민순 미주국장을 대동하고 보스워스 대사와 함께 1박2일 일정으로 14일 오전에 샌프란시스코에 도착하여 웬디 셔먼 일행을 만났다. 그리고 북한이 올브라이트 장관에 제기할 것으로 예상되는 문제를 포함한 현안 문제들에 대해 긴밀히 협의했다.

올브라이트 장관 일행은 2박3일간 평양에서 김정일 위원장의 환대를 받으며 공동 관심사에 관한 협의를 마치고, 귀로에 서울에 들려 김 대통령에게 방북 결과를 설명했다. 이어서 올브라이트 장관은 기자회견을 통해 "중요한 진전을 이룩했다"며 만족을 표했다.

하지만 아쉽게도 클린턴 대통령의 평양 방문은 실현되지 못했다. 미국 대통령선거(11. 7.) 개표 과정이 혼미를 거듭했고, 35일간의 법정 투쟁 끝에 연방대법원은 5 대 4 판결로 공화당 조지 부시 후보의 손을 들어주었다. 부시가 집권하게 된 것이다. 공화당은 클린턴 대통령의 방북을 "위대한 미국의 대통령이 '불량국가'의 사악한 독재자를 찾아간다는 것은 미국의 자존심에 심각한 손상을 주는 행위이므로 결코 용납할 수 없다"며 극력 반대해 왔다. 결국 클린턴 행정부는 "클린턴 대통령이 시간적 여유가 없어 평양 방문을 포기했다"라고 공식 발표했다.

미국의 대통령선거 결과는 한반도의 운명에 매우 부정적인 영향을 미쳤다. "클린턴 대통령의 방북이 무산되어 너무도 아쉽다"며 웬디 셔먼은 나중에 나에게 "만일 북한이 조명록 특사 방미를 한 달만 앞당겼

어도 한반도의 역사는 달라질 수 있었을 것"이라 말했다. 나는 이 의견에 전적으로 동의했다.

　"당시 나에게 1년이라는 시간만 더 있었다면 한반도의 운명이
　달라질 수 있었을 것인데 정말로 아쉽다."

　퇴임 후 서울에 온 클린턴 대통령이 김 대통령에게 실토한 말이다. 윌리엄 페리 장관도 자서전에서 "미-북관계 정상화가 이뤄질 수 있었던 절호의 좋은 기회를 놓쳐서 무척 아깝다"라고 지적했다.

　민주당의 클린턴 행정부는 미국 역사상 처음으로 북한을 상대하여 공식적으로 대화와 협상을 시작한 정부다. 포용정책Engagement Policy을 통해 북한의 핵 활동을 초기에 중단시키는 데 성공했다. 또한 '6·15 남북공동선언'이 채택되자 즉각 북-미관계를 정상화하기로 합의하는 '북-미공동코뮈니케'를 채택하고, 클린턴 대통령의 평양 방문을 추진했다. 김 대통령은 클린턴 대통령의 임기 말까지 3년간 그의 적극적인 협조를 얻어 '한반도 평화 프로세스'를 추진했다. 하지만 부시의 보수 정권 등장으로 중단되는 운명에 처하게 된다.

11장

역풍을 만난 남북관계

부시의 ABC와 대북 적대정책

조지 부시 대통령 취임 3주 후인 2001년 2월 11일부터 일주일간 나는 국가정보원장으로서 워싱턴을 공식 방문했다. "2월 12일 주간에 꼭 방문해 달라"는 미국 중앙정보부CIA 조지 테닛 부장의 간곡한 요청을 받은 것이다. 테닛 부장은 신임 부시 대통령에게 한반도 정세 보고를 앞두고 있었다. 지난해 9월에 방문 초청을 받았으나, 나는 미국 대통령 선거 이후로 연기했었다. 이번에는 마침 김대중 대통령의 방미도 추진되고 있던 참이라, 정권 교체 후의 워싱턴 분위기를 파악할 겸 좋은 기회가 되었다.

CIA 소개와 국제 정세 브리핑 등을 하고 난 후, 테닛 부장은 "CIA의 가장 취약한 분야가 북한에 관한 정보"라며 "간부들과 정세분석관들이 북한과 한반도 문제와 관련, 경험이 많은 전문가인 당신의 견해

국정원장인 저자가 미국 중앙정보부를 방문하여 환영을 받고 있다. 2001년 1월.

———

를 꼭 직접 듣고 싶어 하는데 이들과 토론할 수 있도록 시간을 할애해 달라"고 요청했다. 나는 좋은 기회라 보고 20여 명의 한반도와 동북아 문제 정세분석관들의 많은 질문에 답변하며 약 2시간 동안 토론하였다. 이들이 제기한 질문 중에는 북한 붕괴임박론을 선호하는 질문과 의견이 많았다. 예를 들면 다음과 같다. 북한이 붕괴하지 않고 과연 변화할 수 있겠는가? 북한의 최근 변화 조짐은 생존 전술이요 속임수가 아닌가? 북한의 변화를 기다리기보다는 북한의 위협을 제거하는 것이 급선무 아닌가? 북한의 군사적 위협을 과소평가하는 건 아닌가?

나는 1990년대 초에 CIA가 '북한이 1~2년 내 루마니아처럼 갑자기 붕괴sudden collapse in a few years될 것'이라고 판단했던 일과 그 후에도 '북한 붕괴가 임박했다'고 판단했던 일들을 상기시켰다. 그리고 왜 이러한 정보 판단이 결과적으로 맞지 않고 '희망 사항'에 불과했는가를 화두로 제기한 다음 이렇게 주장했다.

"서구식 합리주의적 사고방식과 서양식 잣대로 판단할 때 북한
은 이미 붕괴됐어야 합니다. 그러나 유교적·가부장적 전통이 있
는 북한과 같은 동양 사회는 동양식 사고방식으로 분석하고 북
한식 잣대로 판단해야 합니다."

"중국이나 베트남은 역사·문화적 배경과 경제·사회 발전단계
가 러시아나 동유럽 국가들과 다릅니다. 따라서 시장경제와 민
주주의로 가는 길도 다르다고 봐야 합니다. 이들 아시아 국가
는 공산당 일당독재 체제하에서 개방과 개혁을 추진하며 점진
적 변화의 과정을 밟고 있습니다. 나는 북한도 '유럽 모델'이 아
니라 이러한 '아시아 모델'을 본받으며 점진적 변화를 추구하게
될 것이라고 봅니다. 그러나 북한으로서는 외부의 위협, 봉쇄정
책 등이 계속되는 어려운 여건과 환경 속에서는 개방이나 개혁
에 나서기가 쉽지 않을 것입니다."

김대중 정부의 햇볕정책과 클린턴 행정부의 포용정책으로 최근 북
한이 변화의 조짐을 보이기 시작했다. 이것을 "속임수"라거나 "믿을 수
없다"고 하는 말들을 들으며, 1980년대 말 고르바초프가 주도한 변
화를 두고 소련 문제 전문가들이 "속임수다", "숨고르기를 위한 술책이
다", "믿을 수 없다"고 분석·판단했던 것이 생각난다고 상기시켰다.

이러한 전제를 먼저 설명한 후, 나는 우리 정부의 대북정책과 6·15
이후 한반도의 긴장 완화와 교류 협력의 진전 상황을 설명해 나갔다.

"우리의 대북정책은 화해와 협력을 통해 북한의 변화를 유도하

고 평화를 정착시켜 '법적 통일'에 앞서 남북이 평화 공존하며 서로 오가고 돕고 나누는 '사실상의 통일 상황'부터 실현하고자 하는 것입니다."

"북한의 핵이나 미사일 개발 문제는 '미-북 적대관계의 산물'로서, 북한은 이를 전쟁 억제용인 동시에 대미 협상용으로 사용하려 합니다. 북한은 안보 환경과 미국과의 관계가 개선되지 않는 한 핵과 미사일 개발을 결코 포기하려 하지 않을 것입니다."

내 설명을 진지하게 듣고 난 이들은 "명확하고 감동적이며 사고를 자극하는 것이었다"며 "판타스틱!"을 연발했다. 나 역시 이들의 한반도 정세 판단에 도움을 주게 되어 보람 있고 기쁘게 생각했다.

CIA가 마련한 일정에 따라 나는 연방수사국FBI과 국가안보국NSA 등을 방문한 데 이어 부시 신행정부의 주요 인사들을 만나 유익한 의견을 교환했다. 특히 콜린 파월 국무장관과의 한 시간에 걸친 대담은 대단히 유익했다. 보병대대장으로 한국에서 근무하면서 한반도 문제를 이해하고 한국에 깊은 애정을 갖게 되었다는 그는 당시 내 계급, 군무처 등을 물었다. 나는 대령으로 합참 전략기획과장이었다고 하자 그는 거수경례를 하며 전우애를 표했다. 그는 북한 정세, 북한의 대미 시각, 주한미군에 대한 북한의 입장, 6·15 이후의 남북관계 진전 상황, 미-북관계 등에 관해 많은 질문을 했고 나는 자세히 설명했다. 나는 북한이 미국과의 관계 정상화를 최우선 과제로 추구하면서 미군의 한국 주둔 필요성도 인정하고 있다고 전제한 후 그동안 북-미 간 안보 현안 해결에 많은 진전이 있었음을 상기시켰다. 그리고 모멘텀을 유지하여, 북핵 활동 중단에 이어 마무리 협상 단계에 있는 미사일 문제를 조속히 타결해서 미-북관계를 개선하고 한반도 냉전을 종식해야 할 것이라고 권고했다. 이에 대해 파월 장관은 다음과 같이 답변했다.

"한반도 냉전을 종식해야 한다는 김대중 대통령의 주장에 동의하며 햇볕정책을 지지합니다."
"한반도 냉전 종식을 위한 역사적인 기회가 도래했음을 명확히 인식하고 있으며 이를 지원하기 위해 적절한 역할을 모색해 나갈 것입니다."
"클린턴 행정부가 이룩한 성과를 계승하여 북한과 계속 대화해 나갈 것입니다."

나는 미국의 신임 국무장관이 한반도 문제에 대한 올바른 시각과 합리적인 생각을 갖고 있다는 데 크게 고무되었다. 그러나 그의 생각은 대북 적대정책을 주장하는 딕 체니 부통령과 도널드 럼즈펠드 국방부 장관 등 이른바 네오콘(신보수주의자)들의 견제를 받게 된다. 게다가 부시 대통령이 네오콘의 손을 들어줌으로써 북-미관계는 악화되어 간다.

새로 임명된 아미티지 국무부 부장관과 켈리 차관보 등에 이어 콘돌리자 라이스 안보보좌관을 만나 대화를 나누었다. 파월 국무장관과 달리 이들은 대부분 부정적인 대북 시각을 드러냈다.

"북한 정권은 인권을 유린하는 사악한 정권이고, 예측 불가능하고 신뢰할 수 없으며, 최근의 변화 조짐은 속임수에 불과하니

다. 북한의 미사일 개발과 군사력은 미국에 심각한 위협이 되고
있습니다."

"부시 행정부는 클린턴과는 정반대의 대북정책을 펴나갈 것입니
다. 불량국가 북한의 변화 유도보다는 정권 교체를 해야 합니다."

이들은 클린턴의 대북정책은 전적으로 잘못된 것이었고 결코 계승
해서는 안 된다며 전면 부정하였다. 그러고는 ABC Anything But Clinton라는
신조어를 들려주는 것이었다. 이렇게 북한을 적대시하는 태도를 노골
화하는 데는 당시 네오콘과 군산복합체가 주장해 온 요격미사일 개발
과도 연관이 있었다. 부시 행정부는 미사일 방어체제 MD 구축을 추진
하기 위한 명분을 '북한의 장거리 미사일 개발'에서 찾고 있었다. 전반적
으로 워싱턴 분위기는 ABC와 MD를 주장하는 네오콘이 주도하고 있
었다. 워싱턴에서 돌아오자 나는 대통령에게 방미 결과와 워싱턴의 분
위기를 보고드렸다. 며칠 후 김 대통령은 워싱턴을 방문하여 부시 대통
령과 정상회담(3. 8.)을 했다. 김 대통령은 한반도 평화 프로세스를 계속
추진하도록 설득했으나, 부시 대통령은 이에 부정적이었다고 보도되었
다. MD 추진을 정책의 우선순위로 삼아야 한다는 네오콘 강경파들의
주장을 수용한 부시 대통령은 북한과의 미사일 협상이나 한반도 평화
프로세스 따위에는 관심이 없었다. 오로지 북한을 불량국가로 부각하
는 데만 열을 올렸다. 당시 언론에서는 다음과 같이 보도하였다.

"부시가 김 대통령의 제의를 퉁명스럽게 거절하여 호기를 놓
쳐 버리게 됐다. 네오콘 강경파들이 주장하는 MD 추진 때문이

다."_시사주간지 《타임》

"부시 행정부가 MD 구축의 명분을 전적으로 불량국가에서 찾
으려 하고 있다. 북한의 핵 및 미사일 개발이 미국의 MD 개발에
더할 나위 없이 좋은 근거가 된다며 북한에 대한 포용정책과 협
상을 중단하겠다고 선언하기에 이른 것이다."_영국 일간지 《가디언》

막대한 예산이 소요되는 미국의 요격미사일 개발 사업은 '별들의 전
쟁Stars war'으로 널리 알려진 레이건 행정부의 '전략방위구상SDI'에 이어
이번이 6번째인 것으로 알려졌다. 네오콘 강경파들은 이것이 '6번째 실
패를 향한 질주'가 된다 하더라도 미국의 과학기술과 군수산업 발전을
위해 필수적이라고 주장하였다. 부시 대통령은 남북정상회담 이후 눈
부신 진전을 이룬 남북관계에 찬물을 퍼붓고, 북한과의 관계 개선을 통
해 '한반도 평화 프로세스'를 추진하기 시작한 한미 양국의 공동 노력을
포기했다. 이후 부시가 북한 정권을 붕괴시키려는 적대정책을 강행하자,
북한은 8년간 중단했던 핵 개발을 본격적으로 재개하기 시작했다.

다시 통일부로

2001년 3월 말 대대적인 개각이 이루어졌고, 나는 15개월 만에 다
시 통일부장관 직으로 돌아가게 되었다. 김 대통령은 개각 발표 이틀
전에 나를 불러 "6·15 남북공동선언을 본격적으로 실천해야 할 시점에

서, 국정원장 신분으로 남북관계를 총괄 지휘하기에는 활동에 제약이
너무 많다"며 "이제 공개적으로 북측과 교섭하고, 국회와 국민을 설득
하는 데도 앞장서 주어야 하겠다"고 간곡하게 부탁하였다. 나는 좀 쉬
어야겠다며 계속 정중히 사양했으나 받아들여지지 않았다.

통일부장관 직을 다시 맡으면서 나는 새롭게 조성되고 있는 국내외
의 어려운 상황을 어떻게 돌파해 나가야 할지 걱정부터 앞섰다. 클린
턴 행정부가 추진한 대북 관계 개선과 한반도 평화 프로세스를 전면
부정ABC하는 부시 대통령과 네오콘 강경파들은 대북 적대정책을 추진
하려 할 것이고, 이에 반발하는 북한의 경직된 태도가 한반도 긴장을
고조시킬 것이 불 보듯 뻔한 상황이었다. 북한은 부시 대통령의 적대
적 태도에 반발하여 이미 남북대화를 중단한 상태였다. 또한 국내 수
구 냉전 세력이 부시의 대북 강경 입장에 부화뇌동하여 햇볕정책 반대
를 강화하는 상황도 우려스러웠다.

이러한 상황에서도 우리는 우리가 할 수 있는 일을 계속하면서 북측
의 호응을 유도하는 한편 미국 부시 행정부도 설득해 나가야 했다. 남
북 당국 간 대화는 중단되었으나 대화 재개를 위한 물밑 접촉을 이어
가는 한편 남북 간에 합의한 사업 중 우리가 단독으로 할 수 있는 일
들은 중단 없이 추진해 나가기로 했다. 이는 6·15 공동선언 이행 의지를
과시하는 한편 북한도 우리와 같이 행동하도록 유도하기 위해서였다.

우선 비무장지대 남측 구간의 경의선 철도·도로 건설공사와 동해안
임시도로 공사, 개성공단 건설 준비를 추진했다. 다른 한편으로는 북
한에 대한 비료를 적기에 지원하는 등 남북 합의 이행을 위해 최선을
다하기로 했다. 나는 야당인 한나라당의 이회창 총재를 예방하여 남

북 현안을 설명하고 협조를 요청하는 등 야당 국회의원들과의 대화에도 적극 나섰다.

6월 초, 세 척의 북한 선박이 제주해협을 침범한 사건이 발생했다. 갑자기 소집된 NSC상임위원회에 합참이 보고한 바에 의하면, 우리 해군이 검색을 실시하자, 이들은 식량이나 소금 등을 적재한 민간 선박임을 밝히는 등 순순히 검색에 응한 후 제주해협을 통과했다는 것이다.

제주해협은 국제법상 '무해통항권'이 인정되는 국제항로로서 매일 수백 척의 외국 선박이 자유롭게 왕래하는 곳이다. 하지만 남과 북은 서로 상대방 영해에 진입, 항해하려면 사전허가를 받아야 한다. 허가를 받지 않고 진입한 행위는 '영해 침범'이었다. NSC상임위원회는 이를 '군사정전협정 위반'으로 규정하고 유엔사에 군사정정위원회 소집을 요구했다. 또한 북측에 강력히 항의하고 재발 시에는 강력히 대처하겠다고 엄중 경고하는 통일부장관 명의의 통지문을 보냈다. 다행히 그 이후로는 유사한 사건이 발생하지 않았다.

야당과 보수 언론은 "영해를 침범한 북한 선박에 군이 무력행사 등 강경 조치를 취하지 않았다"고 비난하며 안보 위기인 양 부풀렸다. 유엔사와 미국 정부는 한국군의 사건 처리에 대해 "의연하고 지혜로웠다"며 공개적으로 찬사를 보내고 지지했다. 하지만 한나라당은 "햇볕정책의 총체적 실패"라면서 그 책임을 지고 통일부장관이 자진 사퇴하라고 인신공격을 하며 정치 공세를 폈다. 1년 전 6·15 남북공동선언이 채택되어 국민의 열광적인 지지 속에 남북 화해 협력의 과정이 시작되던 때에도 한나라당은 햇볕정책의 사령탑 임동원 국정원장의 해임을 주장했었다. 이번에는 '실패한 햇볕정책을 총지휘한 임동원 통일부장관 해임결의안'을 국회에 제출하는 강수를 썼다. 하지만 통과되지는 못했다.

통일부장관으로 부임하자마자 당면한 문제는 '운영난에 봉착하여 중단 위기에 직면한 현대의 금강산 관광 사업을 어떻게 처리해야 할 것인가' 하는 문제였다. 다급해진 정몽헌 회장과 김윤규 사장이 나를 찾아와 정부의 지원을 요청했다. 적자가 누적되어 운영자금이 고갈되어서 직원들의 임금도 지불하지 못한 상황이라며, 더구나 북한에 4개월분의 미불액을 지불할 능력도 없다는 것이다. 현대는 유동성 위기에 봉착하여 시장의 신뢰를 잃고 있었다. 경제 부처는 "이제 현대는 금강산 관광 사업에서 손을 떼게 하고, 다른 기업이 맡아 운영하는 방안을 강구해야 한다"고 주장했다. 그러나 이 사업을 떠맡을 기업이 없었다.

나는 두 가지 방안을 갖고 해당 부처와 협의했다. 먼저 '관광진흥기금으로 지원하는 방안'을 문화관광부와 협의했으나 강력한 반대에 부딪혀 성공하지 못했다. 다음은 남북협력기금으로 현대를 채무보증하여 시중은행에서 900억 원을 대출하게 하는 방안인데, 이 방안도 경제 부처가 국회 동의 확득에 자신 없다는 이유로 회피하였다.

이제 금강산 관광 사업을 지속하기 위해서는 통일부장관인 내가 결단을 내리는 수밖에 없었다. 나는 심각한 고민 끝에 내가 모든 책임을 지고 돌파해 나가기로 결심하고 통일부 간부들을 설득했다. 실무 책임자인 조명균 교류협력국장이 이런 나의 뜻을 받들어 해결책을 마련하는 데 힘써 주었다. 그는 세 번째 방안을 제시했다. '통일부가 책임지고 남북협력기금에서 직접 대출하는 방안'이었다. 그러나 이 역시 국회 보고 사항으로, 금강산 관광 사업 중단을 주장하는 야당이 반대할 것이 뻔했다. 하지만 다른 방책이 없었다.

3개월 간의 수많은 우여곡절 끝에 남북교류협력추진협의회의 심의를 거쳐 드디어 해결책을 마련하였다. '남북관계 발전을 위해서라도 금강산 관광 사업은 반드시 계속되어야 한다'는 원칙에 관계 부처의 합의를 이끌어낸 것이다. 그리고 북한으로부터 사업독점권을 확보하고 그동안 많은 재원을 투자한 현대가 계속 사업 주체가 되는 대신 우선 참여 의사를 밝힌 관광공사와 컨소시엄을 형성하고, 단계적으로 다른 기업들의 참여를 유도한다는 방책에 합의하였다. 통일부는 컨소시엄의 운영자금으로 900억 원을 남북협력기금에서 지원하기로 하고, 우선 1/2인 450억 원을 연리 4퍼센트로 대출하여 금강산 관광 사업의 중단 위기를 모면할 수 있게 하려는 것이다.

그러나 국회 통일외교통상위원회 소속 야당 의원들이 완강하게 반대하며 보고받는 것을 거부하고 심의 의결하겠다는 것이다. 이 사안은 보고 사항일 뿐 심의 의결 사항이 아니었다. 나는 실속 없이 시간을 끌며 공전하는 상임위원회에 더는 기대하지 않기로 하고, 장관 재량으로 남북협력기금 대출을 집행했다. 이에 한나라당은 또다시 '통일부장관 해임결의안'을 제출하는 등 반대 소동을 벌였다. 두 번째 해임결의안이었다. 이번에도 통과시키지 못했다. 또한 한나라당이 법원에 제출한 '금강산관광사업에 대한 남북협력기금 대출결정 취소와 효력정지 가처분신청'도 실패로 끝났다. 이렇게 하여 위기에 처했던 금강산 관광 사업은 한나라당의 반대에도 불구하고 정부의 지원을 받아 현대아산이 계속하게 되었다.

금강산 관광 사업은 꽉 막힌 남북관계에 돌파구를 마련하고 한반도 평화 프로세스를 시작할 수 있는 추동력을 제공한 소중한 사업이다.

중단 위기에 처한 금강산 관광 사업을 계속할 수 있도록 조치한 것을 나는 보람 있게 생각한다. 또한 정주영 현대 회장의 고상한 뜻을 이어 받들 수 있게 되어 기쁘게 생각한다.

8·15 평양축전과 세 번째 장관 해임안

남북정상회담 이듬해의 광복절을 맞아 분단 역사상 처음으로 남북의 민간 대표들이 평양에서 만나 '2001년 민족통일대축전'을 공동으로 개최하였다. 이 행사에 참석하기 위해 2대의 항공기 편으로 337명(기자단 26명 포함)의 남측 대표단이 일주일 일정으로 방북했다. 지난 반세기 동안 금단의 땅이었던 북한을 처음으로 집단 방문하는 감격과 흥분으로 일부 인사들이 돌출 행동을 하는 해프닝이 벌어졌다. 집단 방북에 부정적이던 보수 언론은 이 해프닝을 연일 대서특필하며 과장·왜곡하고 색깔론으로 덧칠하여 남남갈등을 불러일으켰다. 호기를 포착한 한나라당은 대정부 공세를 강화하는 한편 방북을 허가한 책임을 물어 '통일부장관 해임건의안'을 국회에 상정했다. 나에 대한 세 번째 해임결의안이었다.

국민의 정부는 "통일 문제를 더 이상 정부가 독점할 것이 아니라, 정부가 민간 차원의 통일운동을 장려하겠다"고 공언해 왔다. 나는 민간 차원의 대북 접촉과 교류를 장려하는 정책을 추진하는 데 앞장서왔다. 소규모 접촉부터 시작하여 수백 명의 각계 민간단체 대표들이 금강산에서 북측 대표들과 접촉하고 회합하는 일이 빈번해졌다. 6월에는 6·15 남북공동선언 1주년을 기념하여 대규모의 '남북민족통일대토론회'가 금강산에서 개최되었다. 남측 420명이 북측 740명과 어울려 분야별로 10개 분과로 나뉘어 자유 토론을 하였다. 북측 참석자들이 판에 박힌 듯 경직된 발언으로 일관한 데 반해 남측 참석자들은 다양하고 발랄하고 자유분방한 발언으로 토론을 주도했다. 이 자리에서 두 달 후인 광복절에 평양에서 민족 공동 행사를 하자는 데 뜻을 모은 것이다.

8·15 민족통일대축전은 민족화해협력범국민협의회(민화협)와 7대 종단, 통일연대가 공동행사추진본부를 구성하여 북측과 통신을 유지하며 추진했다. 방북 승인 문제는 통일부가 단독으로 결정할 수 있는 문제가 아니었다. 국정원을 비롯한 관련 부처의 공통된 입장은 '방북을 허가할 수 없다'는 것이었다. 방북단원들이 통일된 행동을 할 수 있는 단체 구성원이 아니라 200개가 넘는 진보·보수 단체들의 '개별적인 300명'이라 통제하기 어려울 것이며, 무슨 일이 벌어질지 모른다고 판단한 것이다. 관련 부처의 공통된 입장을 보고했을 때 김대중 대통령은 "안 보내도 말썽이 생긴다. 장기적인 남북관계를 고려하여 보내야 한다. 모두에게 정부 방침을 준수하겠다는 각서를 받고, 위반자는 법적 책임을 추궁하겠다고 하면 될 것이다"라며 방북 허가를 지시했다. 나는 대통령의 생각이 옳다고 판단하고, 모든 책임은 통일부장관인 내가 지기로 하고 필요한 조치를 취하며 방북을 승인했다.

남북 교류 협력에 부정적인 보수 언론은 8·15 민족통일대축전의 역사적 의의와 성과는 외면한 채, 일부 방북자들의 돌출 행동 해프닝만

과장·왜곡하여 집중 보도했다. 일부 방북자들이 3대헌장기념탑 행사에는 참석하지 않기로 한 방침을 어기고 참석하자 이것만 집중 부각하여 "약속 깬 방북단 사고, 뒤통수 맞은 졸속 방북승인" 등의 기사로 지면을 가득 채웠다. 특히 《조선일보》는 '임동원 장관의 책임'이라는 사설을 통해 "대한민국 망신시킨 책임을 지고 물러나라"고 주장했다.

또한 한두 명의 개별적인 돌출 행동을 '색깔론'으로 포장하여 자극적인 제목을 달아 대대적으로 과장 보도하면서 비난 여론을 조성했다. "방북단, 김일성 생가 방문 '만경대정신 계승' 글 논란"(동아일보), "'훌륭한 장군님' 김일성 밀랍상에 큰절 눈물"(조선일보), "방북단 중 15명 친북인사"(중앙일보), "김정일 하수인 돌아가라, 반통일세력 몰아내자"(조선일보) 등이 보수 신문들의 1면을 장식한 기사 제목이었다.

대표단이 서울에 돌아오자 7명이 구속·수감되었다. 보수 언론과 야당의 색깔 공세는 계속되었다. 한나라당은 평양 통일대축전을 '반국가적 광란극'으로 규정했다. "햇볕정책의 총체적 실패"라며 "이에 대한 책임을 물어 통일부장관 해임을 추진할 예정이며, 가결 정족수를 확보하기 위해 자민련의 동조를 모색"하고 있다는 것이다. 자민련도 "책임자 문책" 의사를 밝히면서 "DJP공조 이상기류"(중앙일보)가 보도되기 시작했다.

나는 대통령을 만나 "DJP 공조 등과 관련하여 대통령의 입장이 더 이상 곤란하지 않도록 장관직을 사퇴하겠다"며 간곡히 사의를 표명했다. 그러나 "사퇴 불가"라는 대통령의 반응이 즉각 되돌아왔다. 대통령은 "내가 보내라고 한 것인데 임 장관만 난처하게 만들어 미안하다"라는 말씀을 반복하며 "이번 일은 임 장관이 책임질 문제가 아니다. 개인적 문제가 아니다. 흔들려서는 안 된다. 임 장관이 햇볕정책을 계속 추진해야 한다", "사퇴 문제는 인사권자의 뜻에 따르겠다고 하고 다른 말은 일절 하지 말라"는 충고까지 하였다.

8월 24일 자민련이 한나라당에 동조하여 통일부장관 문책론을 공식화하면서 사태는 단순히 장관 해임 문제를 넘어 'DJP 공조가 깨질 것인가'에 집중되었다. 보도 방향은 "DJP 정면충돌"로 바뀌기 시작했다. 이 무렵 나는 자민련 출신 장관들과 국회의원들의 요청으로 이들을 만나게 되었다. 이들은 "사태가 악화되기 전에 DJ와 JP를 위해 용퇴하는 것이 바람직하다"라고 권고하였다. 나는 단호히 거부했다. 드디어 JP가 직접 나섰다. 기자회견을 통해 "임 장관이 햇볕정책에 대한 총체적 실패 책임과 8·15 평양 행사 방북 승인에 대한 책임을 지고 자진 사퇴하면 모든 것이 순조롭게 풀릴 것"이라고 압박을 가하였다. 그는 국민 여론을 외면하고 있었다. 이 무렵 여론조사 결과를 보면 햇볕정책에 대한 지지가 여전히 70~80퍼센트를 차지했고, 대통령을 꿈꾸는 JP의 '대망론'에 대한 반대는 91퍼센트를 나타내고 있었다. 나는 이미 국회 통일외교통상위원회에서 내 입장을 공개적으로 밝힌 바 있다.

"8·15 행사에서의 돌출 행동에 대해서는 유감스럽게 생각하며, 국민들에게 심려를 끼쳐드려 송구스럽게 생각합니다. 그러나 햇볕정책은 성공적으로 추진되었으며, 실패 주장에는 결코 동의할 수 없습니다. 나의 거취 문제는 나 개인이 판단하기보다는 임명권자의 뜻에 따르는 것이 도리라고 생각합니다."

국회에서는 자민련 의원 15명이 가세하여 148 대 119로 한나라당이

상정한 '임동원 통일부장관 해임안'을 가결했다. 이후 교섭단체 구성 지원을 위해 자민련에 입당했던 의원들이 민주당으로 복귀했고, 자민련은 교섭단체 지위를 상실했다. 민주당-자민련 공동정부는 끝장이 났고, 'DJP 공조'는 붕괴되었다. 언론 보도에 따르면, "'마녀사냥식' 보도에 고무된 JP가 '대망론' 확산을 위해 임동원 장관 사태를 과도하게 활용하려다가 무리수를 두게 되었다"는 것이다. "끝까지 밀어붙이면, 종전처럼 DJ가 양보하리라던 그의 예상이 빗나간 것"이라는 분석도 나왔다. 그 후 2004년 4월 총선에서 자민련은 전국구 1번 후보였던 JP마저 낙선되는 수모를 겪어야 했다. 결국 'JP의 대망'은 깨지고 자민련은 몰락의 길로 접어들었다.

나는 9월 3일 국회 표결에 앞서 해임안 반대 발언에 나선 민주당의 여러 의원들, 특히 정범구 의원을 기억하며 감사하게 생각한다. 그는 서독의 '접근을 통한 변화' 정책을 예로 들면서 간곡하게 호소했다.

"독일에 브란트 총리의 오른팔 에곤 바^{Egon Bahr}가 있다면 한국에 임동원이 있다."

"한나라당과 자민련이 '평화 만들기 정책'을 일관되게 추진해온 임 장관을 속죄양으로 삼으려 하고 있다."

"정치는 유한하지만 민족은 영원하다. … 민족과 역사 앞에 책임지는 올바른 판단을 내려 주기 바란다."

또한 "임동원 통일부장관의 해임안 통과는 반역사적 반민족적 폭거"라고 규탄성명서를 발표하고, 해임안이 통과된 날부터 3일간 국회의원회관에서 단식으로 규탄 농성을 전개한 민주당의 정세균·김근태·송영길·정범구·이종걸·임종석 의원을 비롯한 여러 의원들에게 감사드린다. 특히 송영길 의원은 당시의 여당과 야당의 성명, 연설문, 신문 보도문 등을 총망라하여 수록하고 분석·해설한 《8·15 방북의 진실과 독일통일의 교훈》을 출판하였다. 이처럼 귀중한 역사 자료를 남긴 것을 높이 평가하며 감사드린다.

통일부장관 해임안이 가결되자 민주당-자민련 공동정부의 전 국무위원이 사직원을 제출했고 9월 7일 개각이 단행되었다. 나는 통일부장관직에서 물러났다.

대통령외교안보통일특보

금요일 개각 후 월요일 아침, 김대중 대통령의 전화를 받았다.

"함께 시작한 일이니 한배를 타고 끝까지 함께 가야 합니다. 대통령외교안보통일특별보좌역으로 임명하겠으니 즉각 업무에 복귀하도록 하세요."

뜻밖의 말씀에 놀란 나는 거듭 사양했으나 대통령의 뜻을 거역할 수 없었다. 김 대통령이 나를 특별보좌역으로 임명하려는 이유는 세 가지로 요약된다. 햇볕정책의 지속적인 추진을 위해 대통령을 '계속 직접 보좌'해 주기를 바라는 것이었다. 그리고 그동안 구축한 나의 '대북라인'을 그대로 유지하면서 남북대화를 계속 총괄 지휘해 달라는 것이었다. 또한 NSC상임위원회 기능의 계속성과 일관성, 효율성을 위해 내가 NSC를 계속 이끌어 주기를 바랐다. 9월 12일 오전 나는 대통령특별보좌역의 임명장을 수여받았다. 경악스러운 9·11 테러사건이 뉴욕과 워싱턴에서 발생한 지 12시간밖에 되지 않은 어수선한 분위기에서 임명장 수여식이 거행되었다.

테러리스트에 납치된 미국 항공기들이 미국 자본주의의 상징인 뉴욕 맨해튼 세계무역센터^{WTC}의 110층 쌍둥이 빌딩에 각각 충돌하여 건물을 무너뜨렸다. 이 테러로 2,753명이 사망한 것으로 밝혀졌다. 또한 비슷한 시간에 워싱턴 근처에 있는 펜타곤 국방성 건물에도 비행기가 충돌하여 184명이 사망했다고 보도되었다. 미국 영토에서 발생한 동시다발적인 테러에 온 세계가 경악했다.

9·11 테러사건으로 격분과 증오에 가득 찬 부시 대통령은 '테러와의 전쟁'을 선포한다. 이어서 테러의 배후로 이슬람 극단주의 세력인 알카에다를 이끄는 오사마 빈 라덴을 지목하고, 그의 은신처를 제공하고 있는 아프가니스탄에 대한 공중공격을 개시했다. 또한 "테러 활동을 지원하는 그 어느 지역에 대한 공격도 불사한다"고 선언했다.

우리 정부는 만약의 사태에 대비해 주한미군을 비롯한 주요 전략 시설을 보호하기 위하여 비상경계 조치를 취했다. 북측이 즉각 "대화 상대방에 대한 적대행위이며 6·15 공동선언을 위반하는 것"이라고 항의했다. 또한 "이런 살벌한 경계 태세하에서는 남북대화와 왕래가 순조로울 수 없게 되었다"며 합의 사항 이행을 거부하기 시작했다.

미국에서는 아프가니스탄 침공에 이어 "이라크 침공을 준비하며, 그 다음 목표는 북한이 될 가능성이 있다"는 미국 언론 보도가 나오기 시작했다. 마침내 2002년 1월 말 부시 대통령이 의회에서 연두교서를 통해 이라크, 이란과 함께 북한을 '악의 축axis of evil'으로 지정하고 '선제공격'으로 '정권 교체'시켜야 할 대상이라고 선언했다. 이른바 '부시독트린'이다. 북한을 '악마'요, 미국의 3대 '주적' 중 하나로 규정한 것이다.

북한은 즉각 규탄 성명을 통해 "이것은 사실상 우리에 대한 선전포고나 다름없다"며 크게 반발했다. 부시독트린은 우리 국민에게도 커다란 충격을 안겨 주었다. 불안감, 위기의식과 함께 반미감정이 확산되어 갔다. 진보와 보수를 막론하고 전쟁 반대의 의지가 결연했다.

부시 대통령이 연두교서를 발표하기 2주 전인 2월 하순경 한국을 포함한 동북아 3국에 대한 공식 방문 계획이 발표된 바 있다. 김 대통령은 이 기회를 활용하여 부시 대통령을 적극 설득하기로 하고, 설 연휴 기간을 이용해 워커힐의 한 빌라에서 한미정상회담 준비에 전념했다. 나는 대통령의 외교안보통일특보로서 그와 함께 부시 대통령을 어떤 논리로 설득할 것인가 등의 한미정상회담 전략에 대해 고민하며 의논했다. 김 대통령은 '전쟁 반대'와 '대화를 통한 문제 해결'을 설득하여, 전쟁을 방지하고 북한을 적대시하는 부시의 생각을 바꾸고자 했다.

나는 부시 대통령 방한 일정에 평화 지향적인 이벤트를 포함시키려고 노력했다. 통상 최전방 군 관측소를 방문하여 분단과 대결의 현장을 살펴보고, '미국의 한국 방위 의지'를 과시하는 것이 관행이었다. 이번에도 그렇게 계획되어 있었다. 나는 이번에는 종전과 달리, 두 대통령이 함께 도라산역을 방문하게 하자는 아이디어를 제시했다. 그곳에서 끊어진 철도와 도로가 연결되는 현장, 남북 평화 공존의 현장, 화해 협력정책의 현장을 부시에게 보여주려는 것이다. 양 정상이 철책선과 서울-평양 이정표를 배경으로 철도 침목에 기념 서명을 하고, 평화의 메시지를 전하는 연설을 하도록 하자는 구상이었다.

부시의 대북 강경 태도를 완화시키고 평화의 메시지를 전하게 하여, 전쟁을 걱정하는 우리 국민은 물론 북한도 안심하게 하려는 의도였다. 김 대통령의 적극적인 찬동을 얻어 미국 측에 제의하고 설득했다. 다행히 미국 측이 내 제안을 수용했다. 도라산역 건물은 거의 완공 단계였고, 다행히도 DMZ에 이르는 철도와 도로 공사도 최근에 완공되었다. 나는 도라산역을 몇 차례 방문하여 마무리 작업에 박차를 가하도록 조치하는 한편 최종 검토와 예행 연습을 주관했다. 모든 것이 순조롭게 진행되었다.

2월 20일 아침, 청와대에서 김대중-부시 단독정상회담이 개최되었다. 나는 대통령 특보로서 이 자리에 배석하였다. 부시는 북한에 대한 왜곡·과장된 정보와 편견 아래 '북한은 악마'라는 증오심으로 가득 차 있었다. 김 대통령이 차분하게 일일이 정확한 사실을 설명하자 부시는 경청하며 문답이 이어졌다. 일방적인 설득전이라고 할 수 있었다.

김 대통령은 미국의 최대 관심사인 북한의 대량 살상 무기와 미사일 문제에 대해 선수를 치며 대화를 주도해 나갔다. "우리는 북한의 핵 개발을 결코 용납할 수 없고 한반도는 반드시 비핵화돼야 한다는 입장을 견지하고 있다. 지난 남북정상회담 때 북한 지도자에게 이런 문제들의 조속한 해결을 위해 미국과의 대화를 적극 추진하라고 권고했다"고 말했다.

이어서 북한의 개방과 변화를 유도하기 위한 햇볕정책에 대해 자세히 설명했다. "햇볕정책은 그동안 긴장 완화, 이산가족 상봉, 인적 왕래의 증가 등 많은 성과를 내고 있으며, 우리 국민 70~80퍼센트의 강력한 지지를 받고 있다"고 힘주어 말했다. "햇볕정책은 유화정책이 아니다. 북한의 도발은 결코 용납하지 않고 응징한다"며, 휴전 이후 처음으로 북한의 군사 도발을 응징한 연평해전을 예로 들었다. 부시는 김 대통령이 발언하는 동안 "잘 이해했다", "좋은 정책이다"라는 말을 반복했다. 여기서 김 대통령은 북한에 대한 '선제공격'을 주장한 부시독트린을 직접 언급하지는 않았으나, 핵심 문제인 '전쟁 반대'와 '대화로 문제 해결'을 주장했다.

"우리 국민은 한반도 문제를 평화적으로 해결해야 한다는 생각
과 함께, 할 수 있다는 자신감을 갖고 있으며, 전쟁에는 단호히
반대하고 있다."
"북한에 대한 군사적 조치는 곧 전면전쟁이 될 것이다. 전쟁이
일어나면 우리가 승리하겠지만, 한국과 미국도 막심한 피해를
입게 될 것이다. 미 국방성이 예측한 피해 통계(1994. 5. 18.)에 의
하면, 개전 3개월 내 사상자가 미군 5만 2천 명, 한국군 49만
명, 민간인 1백만 명이며, 전비는 1천억 달러를 넘을 것이라고 했
다. 이러한 참화는 막아야 한다."

부시 대통령은 막강한 미군이 공격하면 북한은 순식간에 붕괴될 것이라 생각했던 모양이다. 그는 엄청난 피해 통계를 믿을 수 없다는 듯,

놀라움을 나타냈다. 배석한 콜린 파월 국무부장관이 김 대통령이 언급한 미국 측 통계가 사실이라는 뜻을 표시하자 고민하는 기색을 감추지 않았다. 이어서 김 대통령은 북한과의 대화를 적극적으로 권고했다.

"친구와의 대화는 쉽고 싫은 사람과의 대화는 어려우나, 국가이익을 위해, 그리고 필요에 의해 대화해야 할 때는 해야 한다. 레이건 대통령이 소련을 '악마의 제국'이라 비난하면서도 대화를 통해 데탕트를 추진하여 공산권의 변화와 냉전 종식을 이룩했다. 닉슨 대통령은 '전범자'라 규탄하면서도 중국을 방문하여 관계 개선과 개방 개혁의 변화를 유도해 냈다. 이제 미국이 유일 초대강국의 아량을 갖고, 전제조건 없이 북한과 대화해야 한다. 북한의 지도자는 미국과의 관계 정상화를 절실히 원하고 있음을 확인했다."

이에 부시는 "나는 북한을 공격하거나 전쟁을 할 생각이 없다"고 밝혔다. 한달 전 발표한 부시독트린을 뒤엎는 발언이었다. 마침내 김 대통령이 부시를 설득하는 데 성공한 것이다. 자리를 뜨면서 부시는 "솔직하고 대단히 유익한 대토론을 했다"며 만족감을 표시했다. 단독정상회담은 예정 시간을 한 시간이나 넘겨 1시간 40분 동안 진행되었다. 정상회담을 마친 후 공동기자회견에서 부시 대통령의 발언 요지는 이러했다.

"김 대통령의 햇볕정책을 적극 지지한다."
"북한을 침공하거나 공격할 의사가 없다."

"대화를 통한 평화적 해결 방안을 모색하겠다."

"북한 주민에 대한 식량 지원을 계속하겠다."

미 의회에서 밝힌 연두교서에서는 북한을 "선제공격으로 정권 교체 시켜야 할 대상"이라고 선언했었으나, 그로부터 한 달도 못 돼 서울에서는 "북한을 공격하거나 침공하지 않겠다"고 공언한 것이다. 김 대통령의 간곡하면서도 논리적인 설득이 주효한 것이다.

오후에 두 정상은 도라산역에서 다시 만나, 내가 제안한 행사에 참석했다. 김 대통령을 수행하여 특별열차 편으로 도라산역에 도착한 나는 판문점 미군 부대에서 장병들과 점심 식사를 마치고 밴으로 도라산역에 도착하는 부시 대통령을 영접했다. 양 정상은 철책선과 바로 그 앞에 멈춰 서 있는 열차를 배경으로, '평양 205Km←도라산역→서울 56Km'라는 이정표 앞에 놓인 철도 침목에 서명하는 의식을 거행했다. 그리고 부시 대통령은 역사 안에 모인 한미 각계 대표 300여 명앞에서 연설을 했다. 저녁에는 청와대에서 리셉션에 이어 부시 대통령 내외를 위한 김 대통령 내외 주최 만찬이 있었다. 이 만찬은 미국 측 요청으로 격식 없이 부드러운 대화를 나누는 소규모의 비공식 만찬으로 마련되었다. 양측에서 수행원 5명씩만 참석하는 이 만찬에 나도 참석했다. 부시 대통령이 "나는 독실한 크리스천이며 술을 전혀 마시지 않는다"며 경호원이 내민 알콜 성분이 없다는 맥주로 건배했다.

이날 만찬의 첫 화제는 감리교의 역사였다. 김 대통령이 부시 대통령에게 어느 교파 소속이냐고 묻자 그는 "감리교"라고 대답하였다. 그러자 김 대통령이 감리교가 산업혁명 시대의 영국 사회에 미친 영향에 대해 흥미진진한 설명을 해나갔다. 부시 내외는 진지하게 경청하면서 김 대통령의 박식함과 논리정연한 화술에 놀라움을 나타내며 감탄사를 연발하였다. 만찬을 마치면서 두 대통령은 "정상회담이 성공적이었으며 만족하게 생각한다"고 재확인했다. 특히 부시 대통령은 "오전 정상회담이 대단히 유익했고 대성공"이었으며, "도라산 방문이 대단히 감동적이고 인상적이었다"고 김 대통령에게 감사를 표했다.

다시 대통령 특사가 되어 평양으로

나는 4월 3일, 대통령 특사로 다시 평양을 방문했다. 부시 대통령이 이른바 '부시독트린'을 뒤집고, 북한을 공격할 의사가 없으며 대화를 통해 평화적으로 해결하겠다고 공개적으로 선언함에 따라 김 대통령은 이 호기를 포착하여 경색된 남북관계를 개선하고자 한 것이다. 대통령은 나에게 다시 대통령 특사로 방북하여 김정일 위원장을 만나, 부시의 입장 변화를 설명하고 남북관계 개선을 이끌어 내라고 지시했다.

북측은 우리의 특사 파견 제의에 대해 핫라인을 통해 동의한다고 알려왔다. 나는 국정원의 김보현 3차장(후에 국가전략연구원 이사장), 서훈 회담조정관(후에 국정원장), 이종화 비서관(후에 대학교수), 김상균 담당관(후에 국정원 국장), 통일부의 조명균 남북교류협력국장(후에 통일부장관), 김천식 통일정책과장(후에 통일부차관) 등 6명의 탁월한 보좌요원들을 대동하고 방북 길에 올랐다.

4월 4일 저녁 6시 백화원영빈관에서 김정일 국방위원장을 만났다. 나는 대통령 친서에 담긴 세 가지 문제를 하나씩 중점적으로 설명했다.

첫 번째는 부시독트린과 국제 안보 환경의 변화, 북-미관계에 대한 김 대통령의 생각으로 다음과 같다. 부시의 세계전략과 대외정책은 클린턴 행정부와 전혀 다르다. 국제 협력보다는 강력한 힘을 배경으로 하여 일방적으로, 외교보다는 군사적 선제공격으로 목적을 달성하려고 한다. 클린턴의 대북정책을 전면 부정하고 북-미 간 합의 사항도 백지화하며 북측과의 대화에 부정적이다. 그러나 김 대통령은 이번 서울 한미정상회담을 통해 북한을 침공하거나 공격하지 않겠다는 부시의 공개적인 다짐을 받아냈다. 3주 전 연두교서에서 선언한 내용을 뒤집은 것이다. 이런 상황에서 당당하게 남북대화와 교류 협력을 재개하여 남북관계 개선은 물론 국제적 관심을 이끌어 내고 미국 강경 언론을 약화시킬 필요가 있다.

또한 북한이 미국, 일본과 과감한 대화에 나서야 한다는 것이다. 최근 서울을 방문한 일본 고이즈미 총리에게도 북한과의 관계 개선을 권고했더니 고이즈미 총리는 납치자 문제에 진전이 있으면 국민을 설득하여 관계 개선을 추진할 의사가 있음을 밝혔다고 설명했다. 김 대통령은 "과거가 미래의 족쇄가 되는 상황을 배제해야 한다"고 말씀하시면서 "일본인 납치자 문제는 '지난날 극렬 맹동분자들이 저지른 소행'이라는 정도로 인정하고 유감을 표명하면서 조속한 귀환 조치를 취하는 것이 좋겠다"는 생각이다. 일본과의 관계 정상화를 통해 배상금을 받아내어 경제 개발에 활용하는 것이 현명한 선택이 아니겠는가 하는 것이 김 대통령의 생각이라고 부언했다.

다시 방북한 대통령 특사 일행. 오른쪽부터 이종화 비서관, 김천식 통일정책과장, 서훈 회담조정관, 저자, 김보현 3차장, 조명균 남북교류협력국장, 김상균 담당관. 2002년 4월.

　　이번 평양 방문을 통해 내가 확인한 김정일 위원장의 미국에 대한 태도를 세 가지로 요약할 수 있었다. 그는 미국을 불신한다. 그리고 미국을 두려워한다. 그러나 미국과 관계 정상화를 간절히 원하고 있었다. 북한이 대량 살상 무기와 강력한 군사력을 유지하려는 의도는 미국에 대한 불신과 공포에 기인하며, 대량 살상 무기를 체제 보존과 전쟁 억제는 물론 미국과의 관계 정상화를 위한 협상용으로 사용하려는 것이 분명했다.

　　이어서 두 번째 문제인 남북관계 타개책에 대한 우리의 입장을 설명했다. 김대중 정부의 남은 임기인 11개월은 결코 짧은 기간이 아니니 남북대화를 '속도전'으로 전개하여, 외부에서 불어닥친 역풍으로 말미암아 잃어버린 1년을 만회해야 한다고 강조했다. 우선 제2차 남북국방장관회의부터 서둘러 개최하여 비무장지대의 평화적 이용을 위한 '군사적 보장조치' 마련이 긴요하다고 제의했다. "김 대통령께서는 비무장지대 지뢰를 제거하고 끊어진 철도와 도로를 연결하여 분위기를 바꿔놓는 것이 제일 좋은 길이라고 말씀드리라고 하셨다"고 강조했다.

이어서 '5대 중점사업'을 언급하고 즉각 활성화 조치를 취하자고 주장했다. 경의선 철도·도로 연결 사업, 개성공단 조성 사업, 육로 관광을 포함한 금강산 관광 활성화 조치, 군사적 신뢰구축조치, 다방면의 인적 교류와 이산가족 상봉 사업 등이 그것이다. 특히 우리 측은 이미 비무장지대 남방한계선까지 경의선 철도와 도로 공사를 완공하고, 비무장지대 내 지뢰 제거 작업을 기다리고 있는 상황임을 강조했다.

김정일 위원장은 경의선뿐 아니라 동해선 철도도 연결하여 시베리아횡단철도와 연결해야 한다고 주장했다. 그리고 양 노선을 반드시 동시 병행 연결하자는 것이었다. 나는 좋은 구상이지만 강릉에서 비무장지대까지 약 130킬로미터 구간에는 철도가 없다고 설명했다. 이 사실을 알지 못했던 그는 뜻밖이라는 반응을 보였다. "우리 정부가 동해선 건설에 반대하지는 않겠지만 장기 계획으로 추진하는 수밖에 없을 것"이라고 말해 주었다. 그는 남측이 개성공단 추진 의지가 강하다는 것을 거듭 확인하고는 경의선 연결 사업을 빨리 추진하겠다고 말했다. 그리고 금강산 육로 관광을 위한 임시도로 정비 사업에도 동의했다. 이산가족 상봉 사업 재개 문제도 동의했다.

세 번째로 김 위원장의 서울 답방과 제2차 남북정상회담 개최 문제를 제기했다. 김 위원장은 "김 대통령을 빨리 만나고 싶으나 북한을 적대시하는 부시 집권으로 상황이 달라졌다"며, "더구나 남쪽의 한나라당과 우익 세력이 적극 반대하는 상황에서 서울에 갈 마음이 없다"고 밝혔다. 제주도를 대안으로 제시했으나 역시 부정적이었다. 그는 제3국에서 만나자며 시베리아의 이르쿠츠크를 제시했다. 내가 "남북정상회담을 제3국에서 개최하는 것은 적절치 않다"고 반론을 제기하자, 여기서 가타부타할 것이 아니라 김 대통령에게 보고드리라며, 이 문제는 비밀을 유지하자고 요구했다.

5대 중점사업 논의가 마무리되면서 김 위원장은 "지난 연말 경수로 시찰단이 한국 방문에서 많은 것을 배워왔다"며 남측이 베풀어 준 호의에 감사를 표했다. 그리고 "이번 특사 방문을 계기로 '경제고찰단'을 파견하고자 하니 북의 실정에 맞는 기업들을 보여주기 바란다"고 제의했다. 나는 남북 경제 교류 협력을 위해 이 제의를 받아들였다. 그에 따라 박남기 국가계획위원장을 단장으로 하고 장성택 당중앙위원회 제1부부장 등 고위급 인사들로 구성된 경제시찰단 18명이 9일간(10. 26.~11. 4.) 방한하여 삼성전자·포항제철·현대자동차 등의 산업 시설과 연구소, 유통 시설 등 38개소를 방문하며 정성 어린 환대를 받았다.

이어서 나는 9월에 부산에서 개최되는 아시안게임에 북측 대표단 파견을 요청했다. 이에 대해서는 금시초문인 듯, 김 위원장은 많은 질문을 하였다. 그러고는 선수단과 문화예술단 파견을 긍정적으로 검토하라고 김용순 비서에게 지시했다.

회담은 2시간 넘게 진행되었다. 공동 관심사에 관한 폭넓고 허심탄

회한 의견 교환을 마치면서 김 위원장이 결속 발언을 했다.

"대통령께 미국과는 조건 없이 대화하겠고, 일본과는 적십자 회담을 개시하겠다고 전해 주세요. 서울 방문은 내키지 않으니 다른 데서 만나자고 전해 주세요. 사실 그동안 미국과의 관계가 좋지 않아, 남북관계를 동결시켰지만 이번 임동원 특사 방문을 계기로 이제 모두 원상회복이 되었습니다. 이산가족 상봉 날짜를 다시 잡고, 동쪽과 서쪽의 철도와 도로의 연결 공사도 조속히 개시하고, 개성공단 건설 사업도 적극 추진하도록 합시다. 그리고 이러한 사업 추진을 위해 필요한 남북회담을 열어 대책을 논의하도록 합시다. 구체적인 것은 김용순 비서와 임동원 특사가 잘 협의해서 합의문을 발표하는 것으로 합시다."

그의 결론은 포괄적이고 명료했다. 김정일 위원장과의 회담은 상호이해를 증진하고 신뢰를 조성하여 남북관계의 '원상회복'에 대한 합의를 도출한 성공적인 회담이 된 것이다.

회담을 마치면서 김 위원장은 우리 일행을 만찬에 초대했다. 만찬장에서 김 위원장은 포도주를 권하며 다양하고 솔직한 대화를 주도했다. 몇 가지 예를 들면 이러하다. 그는 인터넷을 통해 청와대, 통일부 등 여러 사이트에 자주 들어가 본다며, 좋은 자료가 많다고 구체적인 예를 들어가며 평가하였다. 뿐만 아니라 매일 남쪽 TV 뉴스도 보고 있다고 말했다. 대통령선거전에도 관심을 표명하며 전망을 묻기도 했다. 한편, 남쪽의 영화와 TV 연속사극, 대중가요 등에도 많은 관심을 보였다.

"제주도 노래인 〈감수광〉을 부른 가수 혜은이가 요새도 노래 많이 부릅니까?"

"일본에서 활약하는 가수 김연자가 이번에 다시 평양에 오는데 내가 특별히 조용필의 〈그 겨울의 찻집〉과 나훈아의 〈갈무리〉 등 남쪽 노래 6곡을 신청해 놓았어요."

특히 영화 〈공동경비구역 JSA〉을 대단히 잘 만든 영화라며 높이 평가하는 것이 인상적이었다.

"젊은 군인들이 서로 적군이지만 같은 민족으로서, 또 한 인간으로서 이념을 초월하여 서로 통할 수 있다는 걸 잘 묘사했어요. 인물 설정도 잘 되었고…, 인간적인 반목이 아니라 체제 차이에서 오는 갈등을 잘 다루었기에 군 장성과 당 간부들에게 모두 보여주었어요. 그런 영화는 우리 인민들이 봐도 괜찮겠다는 생각을 했어요."

공교롭게도 나는 이 영화를 보지 못했고, 그와 대화를 나눌 수 없다는 사실이 부끄러웠다. 서울에 돌아오자마자 나는 제일 먼저 이 영화의 비디오테이프를 구해서 봤다.

그는 TV 연속사극 〈여인천하〉를 80편까지 봤는데 아주 잘된 작품이라고 높이 평가했다. 한 쪽 분량이 될까 말까 한 역사 기록을 토대로 그런 대작을 만들어 내는 남쪽 작가들이 정말 훌륭하다는 생각이 든다고 했다. 〈태조 왕건〉과 〈명성황후〉도 좋았다며, 사극은 역시 남쪽에

대통령 특사인 저자와 김정일 위원장이 남북관계의 원상회복에 합의하고 백화원 만찬 석상에서 환담하고 있다. 2002년 4월.

서 대단히 잘 만드는 것 같다고 했다. 그리고 "당 선전부장한테 남쪽 것에서 좀 배우라고 지시했다"고 말했다.

만찬을 마치고 작별의 악수를 나누면서 김 위원장은 "이번에 모든 문제를 대통령의 뜻에 따라 사업했다는 것을 잘 보고해 주세요. 서방 세계에 북조선을 올바로 알리기 위해 노력해 주시는 대통령께 감사드린다는 말도 꼭 전해 주십시오"라고 말했다. 어느새 밤 11시였다. 이번에도 지난번 처음 만났을 때처럼 5시간에 걸쳐 연속 대화를 나누었다. 김정일 위원장과 5시간의 면담을 통해 냉각되었던 남북관계를 '원상회복'하기로 합의하는 데 성공한 것이다. 합의 내용을 담은 공동보도문도 채택했다.

서울에 돌아와서 나는 TV로 생중계된 내외신 기자회견을 통해, 그동안 일시 동결되었던 남북관계를 '원상회복'하기로 합의했다고 밝히고, 5대 중점사업을 본격적으로 추진하기로 합의한 공동보도문을 발표했다. 그 후 우여곡절이 없지 않았지만, 각종 남북 당국 간 회담이 재개되고, 이산가족 상봉도 다시 시작되었다.

분단 이후 처음으로 북측에서 110명이 서울을 집단 방문하여, 민간 차원의 8·15 민족통일대회에 참가했다. 지난해에는 남측에서 민간인 300여 명이 처음으로 방북한 바 있었다. 또한 9월에는 630여 명의 북측 선수와 응원단이 만경봉호를 타고 부산에 3주간 머물면서 부산 아시안게임에 참가했다. '미모의 여성 응원단' 300명이 펼치는 이색적이고 매력적인 응원은 현장의 관중은 물론 많은 TV 시청자들을 대번에 매혹시켰고 이 대회를 빛내 주었다. 10월에는 북한의 경제시찰단이 방한하는 등 남북 간에 인적 왕래가 증가하고 사회·문화·체육 등 여러 분야에서 교류와 협력이 활성화되었다.

다만 김 대통령이 그렇게도 바라던 제2차 정상회담은 성사되지 못했다. 나는 대통령의 뜻을 받들어, 핫라인을 통해 제2차 정상회담을 이르쿠츠크가 아니라 판문점에서 개최하자는 대안을 제시했으나 북측은 거부했다.

제네바 미-북합의 파기와 북핵 개발

특사 임무를 마치고 돌아온 직후 나는 미국에서 날아온 잭 프리처드 대사를 만났다. 나는 "프리처드 대사를 평양에 보내 부시 행정부의 대북정책을 설명할 용의가 있다"는 미 국무부의 메시지를 직접 김정일 위원장에게 전달하고, 이에 대해 "대사 방문을 환영한다"는 김 위원장의 결정을 얻어냈다. 그리고 이를 즉각 미국 측에 전달했다. 나는 프리처드 대사에게 미국과의 대화와 협상을 간절히 원하는 김 위원장의 생각을 자세히 설명하고, 미국이 이 기회를 잘 활용할 것을 권고했다.

일주일 후 백악관 대변인은 "북한이 프리처드 대사를 초청했으며 미국은 이를 수용한다"고 발표했다. 그러나 그 후 아무런 진전이 없었고 끝내 실현되지 않았다. 워싱턴에서는 대북 적대정책을 주장하는 강경파가 제동을 걸고 있다는 보도가 뒤이었다.

'원상회복'에 합의한 남북관계는 활기를 띠고 있었다. 하지만 네오콘이 주도한 부시 행정부는 부시독트린으로 밝힌 적대적 대북정책을 추진하며 한반도 평화 프로세스에 제동을 걸기 시작했다. 8월에 네오콘 강경파인 존 볼턴 국무부차관이 강연을 구실로 서울에 나타났다. 그가 외교부와 국방부 간부들을 비공식적으로 만나 북한이 '고농축우라늄계획'을 추진하고 있다며 이런 상황에서 남북 교류 협력을 추진하는 것은 바람직하지 않다고 제동을 거는 발언을 반복하고 있다는 것이다. 외교부를 통해 나에게 비공식 면담도 신청했으나 그의 성향을 잘 아는 나는 그를 만날 필요를 느끼지 않아, 이를 거절했다. 내가 미국 측 인사와 면담을 거부한 유일한 케이스다.

'북한이 아직은 고농축우라늄 생산을 위한 시설이나 능력을 확보했다는 아무런 확증 정보가 없다. 더구나 한-미 정보기관 사이에 확인된 공동 판단도 없다'는 것이 우리 정보기관의 정보 판단이었다. NSC상임위원회는 이를 토대로 우리 정부의 입장을 정립한 바 있다. 한-미 정보기관의 확실한 증거에 기초한 신뢰성 있는 공동 판단이 나올 때까지는 어떠한 정치적 판단도 수용하지 않기로 한 것이다. 4년 전 '금창리 지하 핵 시설'에 관한 미국의 잘못된 정보를 상기하며, 다시는 이러한 정보 왜곡에 휘말리지 않는, 확고한 입장을 견지하기로 한 것이다.

펜타곤의 방해로 비무장지대 지뢰 제거 작업은 시작도 하지 못하는 사태가 길어지고 있었다. 지뢰 제거 작업은 남북관계 개선 발전에 꼭 필요한 작업이다. 지뢰를 제거해야만 남북 철도·도로 연결이 가능하고, 개성공단 건설 사업도 할 수 있었다. 주한미군 측 설득에 실패하자 우리는 김 대통령 명의로, 도라산역에서 남북 철도 연결 격려 연설을 한 부시 대통령에게 "직접 개입하여 해결해 주도록 요청"하는 메시지를 보내는 모험을 선택했다.

모험은 성공적이었다. 우리는 펜타곤의 방해를 극복하고 비무장지대의 지뢰를 제거하였고, 철도 부설과 도로 신설 공사를 실시하여, 끊어진 철도와 도로들을 반 세기만에 연결하고 개통하였다. 개성공단 건설 사업도 본격적으로 추진하였고, 금강산 육로 관광도 실현하였다. 남북 군사 협력과 군사적 신뢰구축조치도 취해지기 시작했다. 10월 2일, 평양에 가는 길에 서울에 온 제임스 켈리 아태담당차관보 일행을 청와대에서 접견했다. 그는 굳은 표정으로 준비된 원고를 보며 "북한의 고농축우라늄계획HEUP에 대한 확실한 증거가 있으며, 이를 폐기하라고 '통보'하기 위해 평양에 간다. 이 계획의 폐기가 대화의 전제조건임을 분명히 하게 될 것"이라고 읽어 내려갔다.

네오콘 강경파는 북한의 핵 활동을 중단시킨 클린턴 행정부의 '제네바 미-북기본합의'는 잘못된 것"이라며, 이 합의에 따른 대북 중유 공급이나 경수로 건설 제공을 "굴욕외교의 상징"이라고 규탄해 왔다. 드디어 확실치도 않은 '고농축우라늄계획'을 구실삼아 판을 깨고, '제네바 미-북기본합의'를 폐기하려는 수순을 밟으려 하는구나 하는 불길한 예감이 엄습했다.

2박3일의 평양 방문을 마치고 아침 일찍 서울에 돌아온 켈리 차관보 일행이 오후에 외교부장관 공관에서 우리 측에 방북 결과를 설명했다. 켈리는 준비된 설명문을 그대로 읽어 내려갔다. 신중을 기하는 기색이 역력했다. 미국 측 입장을 전달받은 북측이 첫날은 "고농축우라늄계획이 없다"고 주장했다고 한다. 그러나 이튿날 오후 강석주 제1부상은 어젯밤 군부 등 고위 관계자들이 모여 미국 측 주장을 검토하고 결정한 북측 입장을 전달한다며, 반항적인 어투로 "미국이 엄청나게 많이 보유하고 있는 핵무기로 우리를 '악의 축'이라며 '선제공격'하겠다고 위협하는 마당에 우리도 안보를 위한 억제력으로써 핵무기는 물론 그보다 더 강한 것도 가질 수밖에 없지 않느냐! … 전쟁을 하자면 할 용의가 있다"라고 항변하며 서슴없이 폭언까지 했다는 것이다. 이를 두고 켈리는 "북한이 고농축우라늄계획의 실재를 인정했다"는 것이었다.

나는 놀라움을 금할 수 없었다. "'왜 우린들 핵무기를 가질 수 없느냐' 식의 표현은 고농축우라늄계획을 시인하는 것인지, 핵무기를 가질 권리가 있다는 것인지 모호한 것"이라며, "북한 사람들의 과장되고 격앙된 발언을 그대로 받아들이는 데는 신중을 기해야 한다"라고 지적했다. 실제로 북한이 우라늄 농축을 시작한 것은 미국이 주장한 시기보다 8년 후인 2010년경이고, 더구나 그것도 무기급 고농축우라늄이 아니었다. 국제법상 문제가 되지 않는, 핵에너지의 평화적 이용을 위한 저농축우라늄이었다. 고농축우라늄을 생산하기 시작한 시기는 그보다 훨씬 뒤였다는 것이 나중에 밝혀졌다.

워싱턴의 네오콘들은 켈리 특사 방북을 계기로 북한이 고농축우라늄계획을 '시인'했다며, 이는 명백한 제네바 합의 위반으로 "그동안 미국을 속여 왔다"는 것을 인정한 것이니 미국도 이제 '제네바 미-북기본합의'를 파기할 수 있게 되었다고 쾌재를 불렀다. 이 사실이 보도되면서 국제적인 '북한 때리기' 여론이 조성되기 시작했다.

네오콘 강경파들은 북한에 대한 중유 공급을 종결시키는 조치를 서둘렀다. 중유 공급 중단이 발표되자 이에 맞서 북한은 핵 시설 가동을 위한 조치를 취하기 시작한다. 핵 시설 봉인 장치를 제거하고 사찰관을 추방한 데 이어 핵확산금지조약NPT 탈퇴를 선언(2003. 1. 10.)했다.

2003년 1월 27일 나는 대통령 특사로 다시 평양 방문길에 올랐다. 세 번째 특사 방북이었다. 2주 전 "초미의 관심사인 핵 문제에 대해 미측과 깊숙이 협의한 결과를 김정일 위원장에게 전달하고 대책을 협의하기 위해 김대중 대통령이 임동원 특사를 급파하고자 한다"는 메시지를 보낸 데 대해 "환영한다"는 회답을 받은 것이다. 수행원으로는 미국을 방문하여 콜린 파월 국무장관 등을 만나 미국 입장을 확인한 임성준 외교안보수석비서관과 노무현 대통령 당선자 측 인수위원인 이종석 박사 등 4명을 대동했다.

그런데 김정일 위원장이 갑자기 대통령 특사를 만나지 않겠다고 거절했다. 나는 김용순 비서 등과 회담하는 수밖에 없었다. 이렇게 된 것은 특사 방북을 앞둔 시점에 부시 대통령이 "북핵 문제의 국제화를 통해 북한을 압박해야 한다"는 체니 부통령 등 네오콘 강경파의 주장을 수용한 데 기인한다. 미-북 쌍무회담을 추진하고자 한 파월 국무장관은 또다시 고배를 마시게 된 것이다.

내가 평양으로 출발하기 전날 미 측은 대북 메시지에 "다자회담을 선호한다"는 내용을 포함시켜 줄 것을 갑자기 요청해 왔다. 다자회담 관련 뉴스도 나오기 시작했다. 북한은 북-미 쌍무회담 가능성에 대한 희망을 갖고 특사를 환영했으나 갑자기 상황이 변하면서 보좌진이 김정일 위원장에게 특사 접견을 만류한 것이었다. 북한은 외교부 성명을 통해 "북핵 문제는 미국 때문에 발생했고 … 미국만이 그것을 제거할 책임과 능력을 갖고 있다. 우리는 핵 문제의 국제화 시도에 반대한다"라고 발표했다. 북한과 관계를 개선하고자 하는 미국의 의지가 결여되어 있는 한, 우리의 노력은 도움이 될 수 없었다.

핵 문제는 핵무기가 필요 없는 안보 환경이 조성될 때라야 비로소 해결될 수 있는 문제임을 되새기게 된다. 특히 북핵 문제는 근본적으로 미-북 적대관계의 산물로서 부시 행정부가 북한을 악마화하고 적대정책을 유지하는 한 해결될 수 없는 문제다. 북한은 2003년 1월, 지난 8년간 중단했던 핵 활동을 재개하고 본격적인 핵 개발을 추진하기 시작했다. 김대중 대통령은 임기 말에 몰아닥친 북핵 위기를 막기 위한 최선의 노력을 경주하며 5년 임기를 마쳤다.

민주주의와 인권을 위해 평생을 바치고 최초의 수평적 정권 교체를 실현한 김대중 대통령은 임기 중 역사에 빛나는 업적을 많이 남겼다. 민주주의와 시장경제의 병행 발전을 기조로 하는 전방위적인 개혁을 추진하여 한국이 선진국으로 발돋움할 수 있도록 했고, 남북관계와

김대중 대통령이 6·15 남북공동선언 2주년을 맞아 저자에게 청조근정훈장을 수여하고 있다.
2002년 6월.

대외관계를 개선·발전시켜 평화와 번영의 기반을 마련했다. 무엇보다도
김대중 대통령은 한미일 3국 공조로 한반도 냉전 구조를 해체하기 위
한 한반도 평화 프로세스를 추진하여, 분단 사상 최초의 남북정상회담
과 '6·15 남북공동선언'으로 남북 화해와 협력의 새 시대를 열었다.

　나는 김대중 대통령의 세 번째 대북 특사 임무 수행을 마치며, 보람
있고 영광스러운 역사적 사명을 다한 것을 기쁘게 생각한다. 또한 남
북관계 개선과 한반도 평화 만들기에 기여한 공로를 인정받아 국가로
부터 최고 등급의 청조근정훈장을 수여받은 것을 영광으로 생각한다.
이 훈장은 김대중 대통령이 직접 수여해 주셨다.

위원댐 건설로 내 고향 위원읍이 수몰되었다.
내가 태어나서 15년간 자란 정든 내 고향 위원읍은
아무리 눈을 비비고 다시 보아도 그 자취를 찾아볼 수 없었다.
월남민이라 할 때는 북에 고향이 있는 사람을 뜻했는데
나는 고향이 없는 실향민이라고 생각하니 가슴이 아팠다.
위원읍을 수몰한 호수를 바라보며 넋을 잃은 나는
일행의 독촉을 받고서야 자리를 떠날 수 있었다.

12장

세종재단과
한겨레통일문화재단 시기

현대의 대북 송금 문제와 특검

국민의 정부 5년간 나는 김대중 대통령을 모시고, 불신과 대결의 남북관계를 화해와 협력의 새로운 관계로 전환하기 위해 소명의식을 갖고 최선의 노력을 다했다. 특히 역사적인 남북정상회담을 실현하여 '6·15 남북공동선언'을 채택하고 합의 사항을 실천하며 새로운 '6·15시대'를 여는 데 전력을 경주했다. 이와 함께 미국 클린턴 행정부와의 정책 공조를 이끌어 한반도 냉전을 끝내기 위한 평화 프로세스를 추진했다. 남북관계와 함께 북-미관계가 개선되면서 전쟁 위험이 줄어들고, 안정과 평화에 대한 기대가 높아갔고, 많은 국민에게 열렬한 지지를 받았다.

그러나 대내외적으로 많은 도전과 시련을 이겨내야 했다. 야당과 보수 언론, 반(反)김대중 세력으로부터 '친북 좌파 세력'이라는 비난을 감수해야 했다. 수구적인 극우파의 협박과 신변 위협도 비켜가야 했다. 파이어니어가 겪어야 하는 도전이 아닐 수 없었다.

이에 못지않게 나를 괴롭힌 것은, 공직을 마치고 노무현 정부 시기에 두 번이나 법정에 서는 고통을 겪은 일이었다. 한 번은 노무현 대통령이 집권 초에 강행한 이른바 '대북 송금 특검'과 관련된 것이고, 다른 한 번은 노무현 정부 중반기의 이른바 '국정원 불법감청사건'과 관련된 것이었다. 두 사건 모두 국가정보원장 재직 시기의 문제로서, 개인적인 비리나 부정부패 문제가 아니라 공적 업무 수행과 관련된 것이었다.

노무현 대통령이 취임하자 제일 먼저 취한 조치는 현대의 대북 송금 문제에 대한 특별검찰 수사를 실시하게 한 것이다. 대통령선거 기간 중 야당이 대북 송금 문제를 제기했다. 김대중 대통령은 퇴임 10여 일을 앞두고 대국민 사과를 하고 "대통령이 모든 책임을 지겠으니, 이 문제가 사법적 심사의 대상이 되어서는 안 된다"라고 호소했다. 그러나 법조인 출신인 노무현 대통령은 취임 직후 특검법을 받아들였고, 특별검찰의 수사에 이어 사법부의 심판으로 이어졌다. 이 특검 수사는 남북 관계와 국민들의 의식에 부정적인 영향을 주었다.

김대중 대통령은 2월 14일 TV와 라디오로 생중계되는 가운데 '국민에 드리는 말씀'을 발표하였다. 이날은 금강산 육로 관광을 위해 처음으로 육로가 개통되며 휴전선이 뚫리는 기념비적인 날이었다. 김 대통령은 이렇게 호소했다.

"현대 측의 대북 송금 문제를 둘러싼 논란으로 국민 여러분에게 심려를 끼치게 되어 참으로 죄송합니다. … 정부는 남북정상회담 추진 과정에서, 이미 북한 당국과 많은 접촉이 있던 현대 측의 협력을 받았습니다. 현대는 대북 송금의 대가로 북측으로부터 철도, 통신, 관광, 개성공단 등 7대 사업권을 얻었으며, 정부는 그것이 평화와 국가 이익에 크게 도움이 된다고 판단했기 때문에 실정법상 문제가 있음에도 불구하고 이를 수용했습니다."

"이번 사태에 대한 모든 책임을 대통령이 지겠습니다. … 여야 정치인 여러분은 국익을 위해 각별한 정치적 결단을 내려 주기 바랍니다. 여러분의 결정에 남북관계의 미래와 민족과 국가의 큰 이해가 걸려 있습니다."

대통령의 말씀에 이어 내가 보충 설명을 했다. "현대의 대북 송금 배경으로, 현대가 7대 사업에 대한 30년간 독점권 대가로 5억 달러를 지불키로 한 것으로 안다. 대북 송금과 관련하여 국정원이 2억 달러 상당의 원화를 미화로 환전하는 편의를 제공했으나, 상부에 보고하지는 않았다. 환전 편의 제공 문제에 대해서는 당시 국정원장인 내가 책임지겠다"는 등의 내용이었다.

노무현 대통령이 취임한 이튿날(2. 26.) 한나라당은 국회에서 단독으로 특검법안을 통과시켰고, 노무현 대통령은 여당과 한 사람을 제외한 전 국무위원이 거부권 행사를 적극 건의했으나 이를 받아들이지 않았다(3. 14.).

언론은 노 대통령의 특검법 공포 강행 배경을 여러 가지로 분석했다. 야당과 상생 관계 확립을 통한 협력 정치 구현을 위해 불가피한 정치적 선택을 한 것이라고 분석하는가 하면, 정치적 식견이 부족한 법조인 출신의 순진한 발상이라는 분석도 있었다. 반김대중 유권자와 영남 지역 지지 기반 확대를 노린 것이라든가, 동교동계에 대한 정치적 타격을 겨냥한 것이라든가, 김대중 정부와의 차별화를 부각하려는 것이라는 분석도 있었다. 한 언론은 민족문제와 남북관계에 대한 철학과 비전의 빈곤에 기인하는 것이라고 지적했는데 나도 이 분석에 동의한다.

민변 회장을 역임한 송두환 변호사를 특별검사로 하는 특별검찰부가 구성되어 조사에 들어갔다. 나는 특검 조사에 적극 협조했다. 당시 일부에서는 소련과 수교할 때 정부가 23억 달러 차관을 비밀리에 제공하기도 했고, 무기 거래 시 적정 수준의 리베이트가 뒤따른다는 것은 비밀이 아니라는 점을 상기시켰다. 외국과의 모든 경협 사업에는 뒷거래가 있어왔으나 국익을 위해 모든 정부가 이를 묵인해 왔을 뿐이다. 이런 관행으로 보아 민간기업이 대북 경협 사업 대가를 지불하는 것을 정부는 묵인해야 한다는 주장이 있었던 것도 사실이다.

특별검찰부는 3개월간 수사한 끝에 6월 25일 수사 결과를 발표했다. 특검은 "현대는 북한과 대북경제협력사업권을 얻는 대가로 4억 달러를 지급하기로 합의했고, 정부는 대북 지원 차원에서 현금 1억 달러를 지급하기로 합의했으나, 정부는 1억 달러 마련에 어려움을 느껴 현대 측에 1억 달러를 대신 지급해 줄 것을 요청하여, 현대가 도합 4억 5천만 달러를 북측에 송금하였다"고 발표했다. "이 과정에서 정부는 산업은행에 압력을 행사했고, 국정원은 송금 과정에 환전 편의를 제공했다"고 밝혔다.

대북 송금의 성격에 대해서는 "현대의 4억 달러는 대북경제협력사업의 선투자금 성격이며, 정부 부담금 1억 달러는 정책적 차원의 대북 지원금 성격이다. 다만 4억 5천만 달러가 정상회담 전에 송금됐고, 송금 과정에 정부가 개입했으며, 절차적 정당성을 얻지 못해 정상회담과의 연관성을 부인할 수 없다고 판단한다"고 발표했다. 그러나 송두환 특별검사는 대북 송금이 "정상회담과의 연관성을 부인하지 못하지만, 대가성이 있다는 것은 아니다"라고 강조했다.

특검은 산업은행 불법 대출과 관련하여 이근영 산업은행장, 박지원 비서실장, 이기호 경제수석비서관 등 3인을 배임·직권남용 등의 혐의로 구속·기소하고, 대북 송금과 관련하여 국정원 원장인 나와 현대 정몽헌 회장과 김윤규 사장을 '외환거래법' 위반 혐의로 불구속 기소했다.

1심 재판부는 전 피고인들에게 유죄이지만 형 집행유예(징역 1년 6개월에 3년 집행유예)를 선고했고, 이는 2심 재판부와 대법원을 거쳐 확정되었다. 판결의 논리는 '남북정상회담을 통치행위로 인정한다. 그 성과도 크다. 송금 행위와 정상회담의 관련성을 인정한다. 그러나 송금 행위는 통치행위가 아니며 실정법을 준수해야 한다. 실정법 위반이므로 유죄다. 그러나 개인적 이익을 추구한 것이 아니고 역사적 소명의식, 사회발전에 기여한 점 등을 고려하여 집행유예를 선고한다'는 것이다. 결국 이듬해 5월에 사면·복권되었다.

이 특검 사건이 남긴 상처는 대단히 깊었다. 민족문제와 남북관계에 대한 올바른 철학과 비전이 결여된 노무현 대통령은 취임 초부터 첫 단추를 잘못 끼움으로써 남북관계를 경색시키고 국론을 분열시키는 결과를 초래했다. 남북 화해·협력과 통일 문제에 대한 국민의 관심과 흥미가 감퇴되고, 북한에 대한 부정적 이미지가 높아갔다. 또한 남북관계 개선을 위한 추동력을 잃어버리는 결과를 초래했다. 노무현 정부 기간에 남북관계는 경색 국면이 지속되었다.

한편 현대는 7대 경협사업에 대한 선투자금을 지불하고도 사업 추진에 대한 의욕을 잃었고, 금강산 관광 개발 사업과 개성공단 건설 사업을 제외한 다른 사업들은 아무런 진척을 보지 못하여 적지 않은 손실을 입었다.

남북관계 개선을 선도한 금강산 관광 사업

국민의 정부 5년 동안 남북관계 개선과 한반도 평화 만들기의 사령탑 역할을 수행하고 정부에서 나온 후, 내가 제일 먼저 하고 싶었던 일은 금강산에 가보는 것이었다. 대북 송금 특검이 마무리되자 이 소원을 이룰 수 있게 되었다. 2003년 10월 어느 가을날, 나는 아내와 함께 금강산 관광 대열에 합류하였다. 우리 부부가 가기 한 달 전부터 금강산 육로 관광이 시작되었다. 2박3일 일정으로 관광 요금은 1인당 49만 원. 박택규 교수와 최영국 장군 내외가 동행했다.

군사분계선DMZ을 통과하자 인민군 소좌와 상위가 버스에 올라 인원 점검을 하고, 북측 출입경관리소CIQ에 도착하자 입경 수속이 진행되었다. 장전항에 정박한 관광선을 개조한 해금강호텔에 짐을 풀고, 곧바로 금강산온천장으로 가서 온천욕을 즐겼다. 현대가 건설한 이 온천장은 금강산 관광과 함께 인기 있는 명소가 되어 있었다. 질 좋은 온천수와 창밖의 아름다운 금강산 경치를 감상하며 온천욕을 즐길 수 있도록 설계된 훌륭한 시설이었다. 저녁 식사 후 호텔에 도착하자 북측 사업 본부장이 인사차 찾아왔다. 상부의 지시라며 "불편이 없도록 잘 모시 겠으며, 최고의 안내원으로 하여금 특별 안내하도록 하겠다"고 하였다.

구룡연 코스 관광에 나섰다. 이철숙(24세) 안내원이 나를 안내했다. 구룡연 코스는 목란관 앞에서부터 걸어서 3.7킬로미터 구간이다. 안내 원의 박식하고 재미있는 설명을 들으며, 금강문-옥류동-비봉폭포-연 주담을 거쳐 옥녀봉을 바라보며 구룡연폭포 앞 정자에 이르렀다. 갖가 지 기암과 흐르는 맑은 물, 담소 등이 아름답기 그지없었다. 이철숙 안 내원은 시 한 수를 소개하며 재치 있게 설명해 주었다.

뚝 떨어지면 폭포요 누워 흐르면 비단필이요
휘 뿌리면 구술(玉流)이요 고이면 담소(潭沼)요 마시면 약수(藥水)다.

목란관으로 돌아와 특별 메뉴라는 추어탕으로 점심을 먹었다. 미꾸 라지를 가루 낸 것이 아니라 잘게 토막 낸, 맛있는 이북식 추어탕이었 다. 오후에는 김윤규 사장 안내로 북측 지역 고성읍을 지나 현대가 경 영하는 농장을 시찰했다. 여기서 관광객을 위한 야채를 재배하고 있었 다. 온정리에 돌아와서는 현대가 건설한 원형 문화회관에서 평양에서 온 모란봉교예단의 스릴 넘치는 서커스 공연을 관람했다.

이튿날 오전에는 만물상 코스 관광에 나섰다. 구룡연 코스와 달리 경사가 심한 험준한 산행길이라 몹시 숨이 찼다. 삼선암, 귀면암 등 갖 가지 모양의 암석을 바라보며 천선대 근처까지 갔다. 관광객들은 아름

다운 단풍과 기암괴석으로 가득 찬 절경을 배경으로 사진 찍기에 바빴다. 금강산은 계절마다 독특하고 아름다운 경치를 보여주어 계절마다 불리는 이름이 다르다고 한다. 봄에는 화강암으로 된 산을 둘러싼 아침이슬이 떠오르는 태양에 빛나 마치 금강석과 같다 하여 '금강산(金剛山)'이라 불리고, 가을에는 붉게 타는 단풍이 바위, 소나무와 조화롭게 어울려 아름답다고 하여 '풍악산(楓岳山)'이라 불린다고 한다. 여름에는 계곡과 봉우리에 짙은 녹음이 깔린 신록의 경치를 볼 수 있다 해서 '봉래산(蓬萊山)'이라 불리고, 겨울에는 나뭇잎이 다 떨어져 산의 바위들을 구석구석 다 보여주는데, 이 모습이 마치 금강산 봉우리들이 모두 뼈를 드러낸 것 같다 하여 '개골산(皆骨山)'이라 불린다고 한다.

나의 이번 첫 관광은 금강산 관광 사업이 시작된 지 5년이 되던 때였다. 금강산 관광 사업을 중단 위기에서 회생시켜 준 데 감사한다며 현대아산 김윤규 사장 내외가 직접 안내하고 만찬을 베푸는 등 환대해 주어 고마웠다.

나는 3년 후에 다시 금강산을 방문할 수 있었다. 이번에는 2006년 말 겨울의 금강산을 찾았다. 가을의 울긋불긋한 금강산 못지않게 백설에 덮인 겨울의 금강산 또한 매력적이었다. 이번에는 지난번 멤버에 이상기 회장 내외와 김을권 장군이 합류하여 9명이 한 그룹이 되었다. 구룡연 코스에 이어 삼일포와 해금강을 둘러보았다. 외금강호텔에 숙박하며 현대아산 이형균 현지 사장의 정성 어린 도움을 받았다.

나는 금강산 관광 사업과 직간접으로 깊은 인연이 있고, 금강산 관광 사업에 큰 관심과 애정이 있었다. 금강산 관광 사업의 성사 과정에서부터 시작하여 안보 위기에 직면하여 관광선 취항이 어렵게 된 상황에서도 이를 허가하도록 했다. 또한 운영난에 봉착하여 중단 위기에 처했을 때는 야당의 반대를 무릅쓰고, 정부 지원을 통해 관광 사업을 계속할 수 있도록 지원했다. 이로 인해 야당이 통일부장관 해임결의안을 제출했으나 통과되진 못했다.

금강산 관광 사업은 막혀 있던 남북 교류 협력의 물꼬를 텄고, 남북 대화의 돌파구를 마련하는 데 크게 기여했다. 이제 금강산은 관광 명소일 뿐만 아니라 남북 당국 간 회담의 장소, 이산가족 상봉의 장소, 남북 각계각층 동포들의 만남의 장소가 되고 있었다. 서로 만나 분단의 한을 풀고 화해와 협력, 평화와 통일의 길을 모색하는 희망의 터전이요, 상호 신뢰를 다지는 마당이 된 것이다. 나는 큰 보람을 느꼈다.

2007년 11월에는 금강산 관광 9주년 기념행사에 초청받아 축사를 하고, 개방을 검토 중이라는 내금강과 표훈사 등을 둘러볼 수 있는 행운도 얻었다. 2008년에는 6·15 남북 및 해외동포 공동행사가 금강산에서 개최되어 네 번째 금강산 방문을 하게 되었다. 나는 남측을 대표하여 기조연설을 하고, 북측 인사들 및 해외 동포들과 어울려 여름의 금강산인 봉래산을 둘러보며 유익한 대화의 시간을 가졌다. 특히 미국에서 온 6·15 공동선언실천 미국위원회 이행우 공동위원장과 '코리아통신'을 운영하는, 세계적으로 유명한 인공관절 분야 의사인 오인동 위원을 오랜만에 다시 만났다. 조국의 평화와 통일, 북-미관계 개선을 위해 앞장선 이들이 미국 의회와 언론 매체 등을 대상으로 한 그동안의 활약상을 듣고 나는 큰 감명을 받았다. 나는 이들이 3년 후에 한겨레통일문화상을 수상하게 된 것을 축하하며 기쁘게 생각한다.

한 달 후인 2008년 7월 이명박 정부는 관광객 피살사건을 이유로 금강산 관광 사업 전면 중단 조치를 취했다. 이명박 정부는 사고 경위를 조사하여 필요한 조치를 강구하거나 남북관계 개선을 선도해 온 금강산 관광 사업을 재개할 의사가 전혀 없었다. 당시 통계에 의하면, 금강산 관광 사업이 시작된 이래로 지난 10년간 194만 명이 금강산을 다녀왔다.

10년 후인 2018년에 이르러 금강산 관광 사업 재개에 대한 기대가 높아갔다. 문재인 대통령의 적극적인 노력에 힘입어 두 번의 남북정상회담을 개최하며 남북관계 해빙 무드가 조성되었기 때문이다. 11월에는 금강산에서 남북이 공동으로 금강산 관광 20주년 기념행사를 개최했다. 평양에서 온 예술단 공연이 이 행사를 더욱 빛냈다. 이 기념행사에는 남측에서 현정은 현대아산 사장을 비롯하여 박지원·안민석·이인영 의원과 정세현·이종석·김성제 전 장관, 최문순 강원도 지사, 안병민·김준형 교수 등 30여 명의 초청 인사들이 참석했다. 나는 이 행사에서 남측을 대표하여, 금강산 관광 사업이 남북관계 개선 발전에 기여한 역할을 평가하고 관광 사업의 조속한 재개를 기원하는 축사를 했다. 구룡폭포 등을 다시 찾아보는 기회도 얻었다. 이것이 나의 다섯 번째이자 마지막 금강산 방문이 되었다. 하루빨리 북-미관계와 남북관계가 개선되어 다시 한번, 이번에는 봄철의 금강산을 가볼 수 있게 되기를 바라는 마음 간절하다.

뜻밖에도 이곳 금강산에서 정연주 전 KBS 사장과 부인 조영화 여사를 만나게 되어 무척 반가웠다. 통일언론상을 수상한 바 있는 정연주 사장은 남북 공동으로 TV 연속사극 등을 제작 방영하는 등 남북 문화 예술 교류에 주도적 역할을 수행했다. 그는 동아일보 기자 시절 자유언론 실천운동에 참여하여 해고되고, 1년여 감옥에도 갇혔다가 도미하여 휴스턴대학교에서 경제학 박사학위를 취득했다. 1988년에는 《한겨레신문》 창간에 참여하여 워싱턴 특파원으로 활약하며, 타의 추종을 불허하는 정확하고도 신속한 심층 기사를 계속 보내왔다. 나는 그의 기사를 기다리는 애독자가 되었고, 그의 기사를 자주 인용했다. 귀국 후에는 논설위원과 논설주간으로 활약했고, 2003년부터 5년간 KBS 사장을 역임했다.

유럽 3국과 중국 방문

나는 공직에서 물러난 후에도 한반도 평화와 통일 문제에 대한 협력을 얻기 위해 국내뿐 아니라 국외에서도 트랙 2 형태의 활동에 활발히 참여했다. 미국, 중국, 일본, 러시아뿐만 아니라 독일을 비롯한 유럽 국가들도 방문했다.

2004년 5월 중순, 김대중 대통령은 퇴임 후 첫 해외여행인 유럽 3국 방문에 함께 가자며 나를 초청했다. 나는 10일 일정의 프랑스·노르웨이·스위스 3국 방문에 수행하게 되었다. 김 대통령은 파리에서는 OECD포럼에서 연설하고 베르사유궁전 등을 둘러보았다. 제네바에서는 세계보건기구WHO에서 연설하고 시내 관광을 하였다. 파리와 제네바 일정은 국제기구 초청이었으나 오슬로 일정은 노르웨이 정부 초청이었다.

김 대통령은 2000년 12월에 오슬로에서 노벨평화상을 수상했다. 1년 후에는 영국과 유럽의회 방문길에 오슬로에 들러, 노벨평화상 심포지엄에 참석하여 기조연설을 하고, 본데빅Bondevik 총리와의 정상회담에 이어 국왕 주최 만찬에 참석하는 등 하루 동안 바쁜 일정을 소화한 바 있다. 이번에도 본데빅 총리 초청으로 3년 만에 다시 방문하는 것이다. 나로서는 이번이 2001년에 이어 김 대통령을 수행하는 두 번째 오슬로 방문이다.

오슬로에서는 총리 예방을 시작으로 노벨연구소 연설과 오찬 회동, 총리 주최 만찬이 있었고 본데빅 총리가 직접 안내한 보트 트립 등을 즐겼다. 본데빅 총리는 4년 전인 2000년 8·15 남북이산가족 상봉 현장을 직접 참관하기 위해 서울에 왔었다. 그때 나는 대통령 지시에 따라, 그를 조찬에 초청하여 남북정상회담과 남북관계, 김대중 대통령의 생애와 신념 등 그가 궁금해하는 문제들에 대해 자세히 설명하였다. 그리고 그를 코엑스 컨벤션센터로 안내하여, 평양에서 온 가족들을 만나 눈물의 바다를 이룬 남북이산가족 상봉 현장을 함께 목도한 바 있다.

그해 12월 김대중 대통령은 노벨평화상을 수상하였다. 그는 1987년에 서독의 빌리 브란트 전 총리와 사민당 국회의원들의 공동명의로 노벨평화상 수상 후보로 처음 추천되었다. 이후 매년 추천되어 오다 2000년 남북정상회담을 계기로 마침내 14년 만에 수상하게 된 것이다. 노벨평화상은 김대중 대통령의 업적으로 두 가지를 부각시켰다. 김대중 대통령이 "수십 년 동안 권위주의 독재체제를 반대하여 투쟁하며 민주주의와 인권을 위해 기울인 노력"과 "북한과의 적대관계를 청산하고, 화해·협력을 통해 냉전의 잔재를 제거하고 평화를 만들기 위해 기울인 노력"을 높이 평가하여 노벨평화상을 수여한다고 밝혔다.

이번 오슬로 방문에서는, 김대중 대통령의 노벨평화상 수여를 반대하는 로비가 많았다는 회고가 심심치 않게 화젯거리가 되었다. 군나르 베르게 노벨위원회 위원장은 김대중 로비설을 묻는 기자 질문에 "그렇다. 한국으로부터 로비가 있었다. 그런데 기이하게도 김대중 정부로부터의 로비가 아니라, 정치적 반대자들로부터 상을 주지 말라는 로비였다. 그럼에도 우리는 노벨상을 주기로 결정했다"고 답변했다고 한다. 또한 다른 분은 "한국인은 참 이상한 사람들이다. 김대중의 노벨상 수상을 반대하는 편지가 수천 통이 전달되었다"고 말했다고 한다. 노벨상 심사위원회의 한 위원은 "김대중 대통령에 대한 노벨평화상 시상은 지금까지의 역대 시상 중 가장 빛나는 시상"이라고 평가하기도 했다.

이번에 다시 만난 본데빅 총리는 4년 전을 회고하며 남북관계에 관해 많은 관심을 표명하고, 노르웨이가 할 수 있는 일을 찾아보겠다고 말했다. 나는 본데빅 총리의 겸손하고 소탈한 성품과 평화와 협력을 강조하는 그의 사고에 큰 감명을 받았다.

2004년 6·15에는 남북공동선언 4주년을 기념하는 국제토론회가 서울 그랜드 힐튼 호텔에서 개최되었다. 나는 영광스럽게도 기조연설을 하는 특전을 누렸다. 이 자리에는 김대중 전 대통령과 노무현 대통령이 참석하여 축사를 했다. 북측에서는 통일연구원 리종혁 원장이 이끄는 7명의 대표단이 참석하여 발표하고 토론했다. 성대하게 개최된 성공적인 남북공동 주최 국제토론회로 많은 주목을 받았다. 이후로는 6·15 남북공동선언을 기념하는 학술회의와 기념 만찬 행사가 김대중 평화센터 주최로 매년 개최되었다. 나는 매년 빠짐없이 6·15 행사에서 강연 또는 개회사를 한 것을 영광으로 생각한다.

2004년 6월 말, 나는 김대중 대통령을 수행하여 베이징을 방문했다. 그 얼마 전 '남북교류협력에 관한 법률 위반'에 대한 나의 사면 복권(5. 26.)이 발표되었다. 김대중 대통령이 제일 먼저 축하해 주시면서 중국 인민외교학회가 초청하는 중국 방문에 함께 가자고 초청한 것이다. 중국 측의 정중한 환대를 받으며 조어대(釣魚臺) 국빈관 9호각에 머물렀다. 김하중 대사가 중국 측과 긴밀히 협조하여 빡빡하지 않으면서도 알찬 5일간의 일정을 마련했다.

도착 첫날 조어대 9호각 집견실에서 CCTV 인터뷰로 시작하여, 조어대 18호각에서 인민외교학회장 주최 환영 만찬으로 이어졌다. 이튿날

에는 당·정부 주요 기관 집무실과 최고위 간부들의 공관이 있는 특별
구역인 중난하이(中南海)에서 장쩌민(江澤民) 군사위원회 주석을 예방했
다. 김 대통령은 국빈으로 베이징을 방문하여 한중정상회담을 한 지 6
년 만에 재회의 기쁨을 나눈 것이다. 이날 저녁에는 외교부장을 지낸
탕자쉬안(唐家璇) 국무위원 주최 만찬이 조어대 양원제에서 개최되었
다. 이어서 김 대통령은 청화대학교에서 강연을 하고, 미국 실리콘밸리
를 본받은 중국 하이테크 신기술 산업개발연구단지인 중관촌(中關村)
을 방문했다. 그리고 유명한 최고급 식당인 장안구락부에 중국 친지
인사들을 초청하여 성대한 오찬을 베풀었다. 참석자들은 모두 화기애
애한 분위기에서 지난날을 회상하며 대화를 즐겼다. 마지막 날에는 베
이징의 중심가인 장안가 관광에 이은 김하중 대사 관저의 저녁 만찬
으로 즐거운 시간을 보냈다.

김하중 대사는 김대중 대통령 임기 시작부터 청와대 의전비서관과
외교안보수석비서관으로 대통령을 매일같이 가까이에서 성실하게 보
좌했다. 두 경우 모두 대통령은 임명에 앞서 내 의견을 물었다. 독실한
크리스천으로 매사에 성실하고 올곧은 품성을 지닌, 유능한 그를 높
이 평가하고 존경해 온 나는 그를 적극 추천했었다.

2001년 8·15 평양 민족통일축전 사건으로 내가 통일부장관 직에서
물러나게 되었을 때, 대통령은 나에게 후임자 추천을 요구했다. 나는
홍순영 주중대사를 추천했다. 그리고 중국 전문가로서 중국 대사 근
무를 그토록 원해 온 김하중 수석비서관을 주중대사로 천거했다. 그
를 전적으로 신뢰하고 의존해 온 김 대통령은 자신의 임기 말까지 그
의 보좌를 받길 원했고 다른 직책으로 전직하는 것을 허락하려 하지

않았다. 내 건의는 즉석에서 거부되었다. 하지만 훌륭한 인재를 육성하기 위해서라도 집권 기간 중 그에게 기회를 줘야 한다고 강력히 건의했다. 김하중 대사는 2001년 10월 주중대사로 부임하여 성공적으로 임무를 수행하였다. 그는 6년 반이라는 장기간을 주중대사로 지낸 기록을 남겼다.

6년 전 나는 김대중 대통령 국빈방문을 수행하며, 이 조어대 중앙에 위치한 국가원수 영빈관인 18호각에 머물렀던 적이 있다. 이번이 두 번째 조어대 체류다. 나는 매일 아침 일찍 일어나, 호수를 중심으로 19개 동의 국빈관이 있는 조어대의 호수 주변 길을 산책하며 아름다운 경치를 감상하는 즐거움을 만끽했다. 하루는 오후에 별도의 시간을 내어 대사관 직원 안내로 명나라와 청나라의 황제가 거주했던 고궁인 자금성(紫禁城)을 둘러보았다. 그리고 닉슨 대통령이 즐겼다는 페킹덕과 마오타이주로 유명한 식당(全餐德)에서 저녁 식사를 즐겼다. 이런 좋은 기회를 마련해 주신 김대중 대통령과 김하중 대사에게 감사할 따름이다.

민간 싱크탱크 세종재단

나는 군인(28년), 외교관(11년), 통일 일꾼(6년)으로 45년 공직 생활을 통해 나에게 부여된 임무를 성공적으로 마치게 된 것을 큰 보람이요 기쁨으로 생각한다. 내 나이 70세가 되었지만 건강이 허락하는 한, 그동안 쌓은 경험과 터득한 지혜를 공유해야 한다고 생각했다. 하나는 그동안 공직 생활의 귀중한 경험을 역사 기록으로 남기기 위해 준비해 온 회고록을 완성해서 발간하는 것이다. 다른 하나는 시민사회 평화 통일 분야에서 봉사활동을 하는 것이다.

2004년 11월, 임기 4년의 세종재단† 이사장에 취임하였다. 대북 송금 사건 재판 후 사면·복권된 나는 이종석 청와대 안보실장에게서 세종재단 이사장으로 추천하겠다는 전화를 받았다. 10년 전 세종연구소에서 객원연구위원으로 1년간 보람 있게 근무한 바 있기 때문에 연구 생활을 위해서도 기쁘게 수락했다.

세종재단 이사진에는 재단 창설 멤버인 이홍희 동서식품 회장을 비롯하여, 헌법재판관과 국회의원을 역임한 조승형 변호사, 김성훈 전 농림부장관, 신기복 전 캐나다 대사, 최상용 고려대 교수, 문정인 연세대 교수 등 쟁쟁한 분들이 참여하고 있었다. 연구소에는 백종천 소장을 비롯하여 박기덕, 진창수, 송대성, 백학순, 홍현익 등 우수한 연구위원들이 활동하고 있었다.

세종연구소는 그동안 외교, 안보, 통일, 지역연구 분야의 대표적인 공익 민간 싱크탱크로서 역사와 시대의 소명에 부응하는 연구소로 성장해 왔다. 미국과 한반도 문제 전문가인 백학순 박사가 주도하여 미

---

† 세종재단은 미얀마 랑군 아웅산 테러사건(1983. 10.) 희생자 유가족들을 돕기 위해 전두환 정부가 정주영 현대 회장을 비롯한 대기업의 기부금을 재원으로 1984년에 설립한 일해재단을 1988년에 세종재단으로 개명한 것이다. 16명의 희생자 유가족 지원과 장학 사업을 수행하며, 현대그룹이 기증한 경기도 성남시 수정구 부지에 연구소 건물을 건립하여 1986년 연구소를 개소하였다. 정주영 회장을 비롯하여 정원식·강영훈 전 총리 등이 이사장으로 봉사했다.

국 브루킹스연구소와 공동으로 서울-워싱턴포럼도 운영하고 있었다. 그리고 고위 국가공무원을 대상으로 한 '국가전략 연수 프로그램'도 운영하며, 전략적 마인드를 갖춘 국정 운영 핵심 리더 양성에도 기여하고 있었다.

세종재단은 내가 이사장으로 부임하기 3~4년 전부터 재정 운영에 어려움을 겪고 있었다. 기부금을 기금으로 한 이자 수입으로 운영 재원을 마련해 왔으나 금리가 초기에 비해 1/3 이하로 점점 낮아지면서 수입이 줄어든 것이다. 삼일회계법인에 의뢰하여 진단해 본 결과, 이대로 가면 앞으로 6~7년 후인 2012년경에는 원금을 잠식하게 될 것으로 예상되며, 파산이 불가피하게 될 것이라는 판단이었다.

이에 나는 재임 기간 중 재정 수익 증대 노력(골프 연습장 임대사업 등)을 하는 한편 재정지출 절감, 연구위원 증원 억제, 해외 출장 제한, 봉급 인상 동결 등 긴축재정정책을 추진했다. 그 결과 파산 시기를 4~5년 더 늦출 수 있었다. 이렇게 어려운 일을 수행하기까지, 재단기금의 과실 증대와 긴축재정을 위해 헌신적으로 노력한 김진국 과장의 공이 컸다. 경리장교 출신인 김진국 과장은 내가 부임하기 7~8년 전부터 모신 세 분의 이사장들 모두에게 재정·경리 업무에 정통하고 유능하고 정직·성실하여 신뢰할 수 있는 "진국이다"라는 평을 받아왔다. 법대 출신으로 성실하고 유능한 배태수 감사의 역할 또한 평가하고 싶다.

나는 2008년 11월, 마지막 이사회에서 지난 4년간의 지도 편달과 협조, 특히 재판 관계로 5개월간 자리를 비우게 되었고 계속 재판이 진행되었는데도 흔들림 없이 신뢰해 주고 협조해 주신 데 대해 감사의 인사를 드렸다. 재단 운영과 관련해 유가족 지원 사업과 연구 활동 지원을 차질 없이 수행한 것을 다행으로 생각하며 이사들의 협조에 감사드렸다. 다만 재임 중 기금을 확충하지 못했고, 긴축 운영으로 직원들에게 어려움을 주어 미안하게 생각한다. 하지만 모두가 노력·협조한 결과 파산을 2012에서 2016년경으로 연기할 수 있게 시간을 번 것을 그나마 다행으로 생각하며 자위한다고 말했다.

내가 세종재단에 재직했던 기간은 노무현 정부 시기에 해당한다. 노무현 정부는 부시 행정부 네오콘의 대북 강경정책으로 북핵 문제를 둘러싼 어려운 상황 속에서도 대북 인도석 지원과 남북 교류 협력 사업을 지속해 나갔다. 나는 그동안 정성 들여 심고 물 주고 가꾸어 온 남북관계 개선 발전을 위해 나름대로 계속 노력했다.

2005년의 6·15와 8·15 남북공동행사

2005년은 우리 민족 역사에 길이 빛나는 6·15 공동선언 5주년을 맞는 해이며, 광복 60주년을 경축하는 뜻깊은 해다. 남과 북은 그동안 남북관계에서 우여곡절이 적지 않았으나, 이 뜻깊은 해를 맞아 서울과 평양을 오가며 공동 행사를 개최하기로 합의했다. 6·15 공동 행사는 평양에서, 8·15 공동 행사는 서울에서 개최하게 되었다. 북측은 6·15 평양 공동 행사에 당국대표단 파견을 요청한 우리 측 제의를 받아들여, 민간 행사에 더해 남북당국공동행사도 병행할 수 있게 되었다. 그리고 6·15 공동선언 5주년 기념 남북당국공동행사에 정동영 통일부장관을 단장으로 하는 대표단 20여 명이 평양을 방문하였다. 나는 대표단장의 고문 자격으로 동행했다.

평양 행사에 앞서 서울에서는 김대중평화센터 주최로 6·15 공동선언 5주년 기념 국제학술회의가 신라호텔에서 개최되었다. 미국에서 레이니 전 주한 대사, 일본에서 도쿄대학교 와다 하루키 교수, 유럽에서도 한반도 문제 전문가들이 참가하는 성대한 토론의 장이 되었다. 나는 이 국제학술회의에서 주제 발표를 하고 평양으로 향했다.

6월 14일 비 내리는 오후 평양 공항에 도착하여, 김일성경기장에서 열린 민족통일대회 개막식을 참관하고, 이어서 만수대 환영 만찬에 참석하여 낯익은 북측 인사들과 오랜만에 재회의 기쁨을 나누었다. 15일 오전 민족통일대회가 진행되었고, 김기남 비서가 옥류관에서 주최한 오찬으로 이어졌다. 김용순 통일전선부장의 서거로 김기남 비서가 대리 역할을 하고 있는 것으로 보였다. 오후에는 인민문화궁전에서 남북당국공동행사가 열렸다. 나는 남측을 대표하여 기조연설을 하는 영광을 누렸다. 이어서 만수대창작사를 둘러보고 평양지하철을 시승했다. 그 후 가극 〈춘향전〉을 관람하고 기념연회에 참석하는 등 바쁜 하루를 보냈다. 이튿날에는 정주영체육관에서 경기를 관람하고 폐회식에 참석했다. 이어서 우리 당국대표단은 김영남 최고인민회의 상임위원장을 예방하고 그가 주최한 목란관 만찬에 참석했다. 만찬 분위기가 화기애애했다.

나는 이 기간에 개별적으로 두 가지 비공개 일정을 가졌다. 하나는 2년 전 서거한 나의 카운터파트요, 라이벌이었던 김용순 비서의 묘소를 방문한 것이다. 내 요청을 받아들여, 한 송이 꽃을 준비한 통전부

요원의 안내를 받아 이른 새벽에 방문했다. 묘비에는 그의 서거 일자가 2003년 10월 26일로 적혀 있었다. 또 다른 하나는 예상하지 못한 일이었다. 북측이 원산 근처에 사는 내 누이동생 동연과 도은을 평양에 불러와서 만나 보게 한 것이다. 동연은 15년 만의 재회였지만 도은은 이날 처음 만났다.

평양에 도착하자 나는 곧바로 정동영 통일부장관의 김정일 위원장 면담을 주선하기 위해 힘썼다. 임동옥 통전부 차장을 설득하여 김정일 위원장에게 내 건의를 전달하는 데 성공했다. 마침내 면담이 성사되어 6월 17일 오전 2시간 넘게 걸린 단독회담이 열렸다. 정 장관은 북측이 곧 6자회담에 복귀하겠으며 남북정상회담도 할 용의가 있다는 확답을 받아내는 성과를 거두었다. 그리고 8·15 서울 남북공동행사에 북측에서 당국대표단을 파견하는 문제도 합의했다고 한다.

이날 나는 김정일 위원장이 주최한 대동강영빈관 오찬에 참석하였다. 3년 만에 다시 김정일 국방위원장을 만났다. 김 위원장은 "이번 정동영 장관과의 만남은 3동의 합작품"이라는 재치 있는 농담으로 분위기를 띄웠다. 동녘 동(東) 자 이름을 가진 임동원·정동영·임동옥 세 사람을 가리키는 말이다.

2시간 넘게 진행된 오찬에서 김 위원장의 옆자리에 앉게 된 나는 두 가지 문제를 제기했다. 하나는 남북국방장관회담을 조속히 개최하여 군사적 신뢰 구축과 군비통제 문제를 협의하고 군사회담을 개시해야 한다는 것이었다. 이 군사회담이 성과를 거두려면 수년이 걸리겠지만, 이를 추진하는 것이 한반도 평화를 만들어 나가는 첩경이 될 것이라고 역설했다.

6·15 5주년 축하 행사를 마치고 김정일 위원장이 초청한 대동강영빈관 오찬에 저자가 정동영 통일 부장관과 함께 참석하여 의견을 나누고 있다. 2005년 6월.

———

　다른 하나는 북측이 미국의 안전 보장만 고집할 것이 아니라 러시아 가 제안한 유엔 안전보장이사회의 상임이사국들인 미국, 러시아, 중국 등이 포함된 다자 안전 보장을 수용하는 것이 더 유리할 것이라는 의 견을 제시했다. 단독 안전 보장은 일방적으로 폐기하면 무용지물이 되 지만 다자 안전 보장은 쉽게 폐기하기 어렵다는 장점이 있다고 설명했 다. 김 위원장은 "옳습니다. 앞으로 그렇게 해야 되겠지요"라고 화답했 다. 이것이 김정일 위원장과의 마지막 만남이 되었다. 그는 2011년 12 월 17일 갑자기 서거했다.

　광복 60주년을 맞아 8·15 남북공동행사인 민족대축전이 서울에서 개최되었다. 북측에서 김기남 비서를 단장으로 하는 당국대표단이 방한했다. 김기남 단장 일행은 분단 사상 최초로 국립현충원을 방문했다. 서울 방문에 앞서 북측이 대표단의 현충원 방문 의사를 전해왔을 때 우리 정부는 이를 수락할지 여부로 고심한 것 같다. 우리 측이 평양을 방문하게 될 때 김일성 주석의 주검이 안치된 금수산궁전을 방문케 하려는 술책이라며 부정적인 의견이 적지 않았던 것 같다. 정동영 통일부장관이 내 의견을 물어왔을 때, 나는 남북관계 개선의 계기를 마련할 좋은 기회라며 수용할 것을 적극 권장했다. 북측 대표단의 현충원 방문은 파격적이며 역사적 사건이 아닐 수 없다. 김기남 단장 일행은 국회도 방문하여 남북 국회 간 협력 문제도 논의했다. 이것 역시 분단 사상 처음 있는 일이었다.

나는 김기남 단장과 함께 통일축구를 관람하고, 이해찬 국무총리가 총리 공관에서 베푼 환영 만찬과 8·15 민족대축전 행사, 당국 간 공동 행사 등에 참석한 후 경주를 함께 방문했다. 역사에 관심이 많은 김기남 단장의 요청을 받아들여, 통일부가 경주 방문 일정을 마련했다. 나는 정동영 장관과 함께 이들을 안내하여, 경주 요석궁에서 만찬 회동을 하고, 천마총·첨성대·안압지 등을 둘러보았다. 이튿날 이른 새벽에는 김 단장 일행과 함께 석굴암을 방문하고 불국사에서 사찰 음식으로 아침을 먹으며 스님들과 유익한 대화를 나누는 자리에 동참했다. 당선전선동부장을 오랫동안 지내고, 조국평화통일위원회 부위원장 직함으로 남북관계에 관여하고 있는 김기남 비서(1929년생)는 북측 인사로는 드물게 부드럽고 말이 잘 통하는 인물이다. 김기남 비서는 4년 후인 2009년 8월, 김대중 대통령이 서거했을 때 김정일 위원장의 특사로 조의방문단을 이끌고 다시 서울을 방문하였다.

남북경제공동체를 지향한 개성공단

개성산업공단이 2004년 말 첫 제품을 생산하면서 활성화되기 시작했다. 나는 현대아산 측 초청으로 2005년 5월 개성공단을 처음으로 방문하여 공장들을 둘러보고, 의류 생산업체인 신원이 주최한 패션쇼도 관람했다. 그리고 1년 후인 2006년 5월에 다시 방문했다. 이번에는 아내, 친구 내외와 함께 개성공단에 이어 개성 시내를 둘러볼 기회도 얻었다. 통일부 고경빈 개성공단사업 지원단장의 주선과 황부기 남북경협협의사무소장의 친절한 안내로, 도라산역을 경유하여 개성공단을 방문, 공장들을 둘러보았다. 우리는 개성공단에서 북측의 근로자들과 남측의 기술자들이 함께 일하고, 서로 돕고 나누는 것을 보면서 바로 이것이 평화와 통일을 만들어 가는 과정이라는 생각을 나누었다. 처음부터 개성공단 조성 사업에 관여했던 나는 여러 가지 난관을 극복하며 개성공단 건설을 추진했던 일들을 회상하면서 보람을 느꼈다.

이어서 개성으로 가서 고려박물관을 구경하고, 승차한 채로 시내 중심가를 둘러보고는 선죽교 등을 방문했다. 오후에는 개성 시내에 있는 한 식당으로 가 평양에서 온 북측 인사들의 영접을 받으며 점심 식사를 했다. 56년 만에 고향에 와보게 된, 개성 출신인 아내의 기쁨은 대단히 컸다. 이번 방문에는 박택규 교수·김을권 장군·최영국 장군·이상기 회장 내외 등 5가족 여행 모임 멤버에 더하여, 홍은표 장군·권용수 사장·이후득 이사·백승도 장군·임원순 사장 내외도 동참하였다. 총 10

가족 20명이 한 그룹이 되어 모두 함께 유익한 경험을 즐겼다.

2000년 6월, 남북정상회담에서는 남측의 자본과 기술에 북측의 노동력과 토지를 결합하는 산업공단을 건설하여 공동의 이익을 추구하자는 데 합의하였다. 이는 남북 경제의 균형적인 발전을 도모하기 위한 '남북경제공동체' 형성의 출발점이 될 것이라는 데에도 인식을 같이했다. 끊어진 경의선 철도와 도로 연결 문제에도 합의했다.

정상회담 2주 후인 6월 29일 원산에서 정주영 현대 명예회장과 만난 김정일 위원장은 산업공단 후보지로 해주를 지정해 줄 것을 요청해 온 우리 측에 "해주 대신 개성을 내주겠다"고 하여 우리를 놀라게 했다. 개성은 산업공단을 만들기에 가장 이상적인 지역임에 틀림없다. 하지만 서울로 향한 군사력이 집중 배치된 전략적 요충지를 북측이 개방한다는 것은 우리로서는 상상조차 하지 못했다.

개성공단 조성을 위한 선결 과제는 남북 경의선 철도·도로 연결이며, 이를 위해서는 DMZ 지뢰 제거 작업이 선행되어야 했다. 우선 우리는 미 클린턴 행정부의 협조로 1년여에 걸쳐 문산에서 DMZ(도라산)에 이르는 우리 측 구간 철도와 도로의 신설 공사부터 추진하여 대부분 마무리했다. 하지만 DMZ 지뢰 제거 및 남북 철도와 도로 연결 공사는 새로 집권한 부시 행정부의 대북 적대정책과 방해에 부딪혀 진척시킬 수 없었다. DMZ 관할권을 가진 UNC가 미 국방성의 지령을 받고 제동을 건 것이다. 김 대통령의 명의로 부시 대통령에게 "직접 개입하여 해결해 주도록 요청"하여 마침내 비무장지대의 지뢰 제거 작업을 시작할 수 있었다.

한편, 북한은 부시 행정부의 대북 적대정책에 반발하여 남북대화를

개성공단을 방문하여 현정은 현대아산 사장과 함께 공장을 둘러보고 있다. 2005년 5월.

───

중단하고 남북관계를 경색시키고 있었다. 김대중-부시 서울 한-미정
상회담 직후인 2002년 4월, 나는 대통령 특사로 다시 평양을 방문하
여 김정일 위원장과 5시간에 걸친 회담을 통해, 개성공단 사업 추진,
경의선 철도와 도로 연결 공사 즉각 개시에 합의했다. 이후 북측은 개
성공업지구법(2002. 11. 27.)을 채택하고, 개성 지역 주둔 장거리 포병을
비롯한 모든 군부대를 후방으로 이동시켰다. 이렇게 하여 개성공단 조
성을 위한 여건이 마련된 것이다.

　2002년 말, 마침내 DMZ 지뢰 제거 작업을 완료하고, 남북 연결 임
시도로를 개통하여 개성공단 내지 조성 작업을 시작하였다. 남쪽에
서 전력을 송전 방식으로 공급하고 남북 연결 통신망도 개통하였다.

경의선 철도 개통 행사로 개성에 도착한 저자가 이종석 전 통일부장관, 백학순 박사와 함께 선죽교를 둘러보고 있다. 2007년 5월.

2004년 6월에는 개성공단 1단계 시범단지 부지조성공사가 완료되었다. 공장들이 건설되기 시작하고 12월 15일에는 첫 제품으로 '통일냄비'가 생산되어 시장에 그 모습을 드러냈다. 나는 2007년 3월 정동영 통일부장관 초청으로 다시 개성공단을 방문하여 나날이 발전하고 있는 공단의 활기찬 모습을 보면서 남북경제협력이 곧 평화와 통일의 길임을 확신하였다.

2007년 5월 17일에는 경의선과 동해선 연결 공사도 완료되어 남북 철도 연결 구간 열차 시범 운행이 시행되었다. 반세기 만에 끊어진 철도를 연결하고 개통하게 된 것이다. 나는 이 개통 행사에 초청받아 문산역 행사에 이어 문산역에서 개성역까지 가는 열차를 타고 개성에 이르렀다. 개성에서는 오찬을 마치고 이종석 전 통일부장관, 백학순 박사(후에 세종연구소장 역임)와 함께 선죽교를 둘러보기도 했다. 개성공단사업도 활성화되어 2016년 2월 박근혜 정부가 개성공단 가동 중단 폐쇄 조치를 취할 때까지 12년간 운영되었다.

2011년 말 통계에 따르면, 남측의 섬유·전기 전자·기계 금속·화학 업종 등 123개 기업이 북측 노동자 5만여 명을 고용하여, 누적 생산액 32억 3천만 달러의 실적을 올리며 남북의 공동이익을 창출했다고 한다. 북측 노동자의 노임은 평균 110달러/월 수준인 것으로 알려졌다.

국정원 불법감청사건

2005년 11월, 나는 국정원장 재직 중 불법으로 통신 감청했다며 '통신비밀보호법' 위반으로 구속·기소되었다. 70일간의 구치소 생활과 2개월 반의 병원 생활을 거쳐, 5개월 만에 보석으로 풀려났다. 그리고 2년 넘게 걸린 재판에서 유죄 판결을 받았으나 형 집행유예 조치를 받았다. 이 기간은 하늘을 우러러 한 점 부끄럼 없는 인생을 살기 위해 노력해온 내 70여 평생에, 처음으로 경험하는 참기 어려운 고난의 시기였다. 그러나 나는 하나님을 믿고 의지하며, 진실이 밝혀지고 정의가 실현될 날을 참고 기다리면서 나 자신을 돌아보는 귀중한 성찰의 시간을 가지게 된 것을 감사하게 생각했다.

2005년 8월 5일 김승규 국정원장이 "국민의 정부에서도 극히 제한적인 불법 감청이 있었다"는 충격적인 발표를 했다. 약 2주 전, 김영삼 정부 시절 안기부 미림팀의 '삼성의 정치자금' 관련 도청 사건에 대한 내사 결과를 공개적으로 발표했는데, 엉뚱하게도 국민의 정부 때도 제한적이나마 불법 감청이 있었다고 밝힌 것이다. 그리고 "과거의 불법 감청 실태를 한 점 남김없이 밝혀 국민에게 용서를 구한다"며, 통신 감청 장비들을 낱낱이 밝히고 지금은 모두 폐기하여 불법 감청을 근절했다고 발표하였다.

검찰 출신인 김승규가 국정원장으로 부임한 지 불과 3주 만에, 업무도 제대로 파악하기 않은 상태에서 이런 엄청난 발표를 한 것이다. 통신 감청에 문제가 있었다면 먼저 국정원에서 자체 조사하여 필요한 조치를 취해야 하는데, 검찰이 수사하게 하여 문제를 확대하고 공론화한 것은 도저히 이해되지 않았다. 그는 국정원에 대한 검찰의 압수수색도 자청했다. 국가정보기관이 개인적인 비리가 아닌 업무상의 문제로 자기 직원들에 대한 검찰 수사를 자청하는 것은 국가정보기관 창설 이래 처음 있는 해괴한 일이다. 나중에 재판장도 판결문에 명시했듯이, 세계적으로도 그 유례를 찾아볼 수 없는 일일 것이다.

세계 모든 나라의 정보기관이 국가안보 및 국민의 생명과 재산을 보호하기 위해 스파이, 테러, 마약 거래, 밀수, 산업스파이 등 국제범죄를 감시하고, 외사·방첩을 목적으로 통신 감청을 실시하고 있다. 예를 들어, 미국은 국가안보부NSA라는 대규모 통신 감청 조직을 운영하고 있다. 통신 감청 과정에서 직원들의 위법행위가 발생했다면, 우선 자체적으로 조사·처리하는 것이 당연하다.

어떻게 그리고 왜 이런 일이 일어난 것일까? 중앙정보부와 안기부를 불신해 온 '검찰 출신 김승규 원장의 아마추어리즘'과 "모든 것을 숨김없이 공개하라"고 지시한 '노무현 대통령의 안일한 판단'에 기인한다는, 정보기관 전문인 김당 기자의 분석 기사(《월간중앙》 2005년 10월호)가 눈길을 끌었다.

마침내 10월 28일부터 나는 특별수사1부에서 검찰 조사를 받게 되었다. 내 후임인 신건 원장과 함께 조사를 받았다. 검찰은 서울중앙지방검찰청 황교안 차장 지휘하에 이른바 X-파일의 '삼성의 정치자금사건' 수사는 계좌 추적 등을 전문으로 취급하는 특별수사부가 아니라 공안부에 배정했다. 그리고 국가안보 문제와 관련된 국정원 불법 감청 수사는 공안부가 아니라 특별수사부에 배정했다. 왜 수사 담당 부서가 바뀌었는가 하는 의문이 제기되었다. 공안부의 한 검사도 나에게 이 조치는 대단히 잘못된 것이며 그 저의가 의심스럽다는 말을 들려주었다. 특수1부 김강욱 검사와 박민식 검사가 수사를 담당했다.

검찰에 출두한 첫날, 부장검사와 수사 검사들은 입을 모아 "김승규 국정원장이 왜 이런 발표를 했는지 이해가 되지 않는다"라고 말했다. 김승규 원장은 발표하기 전에 전직 원장들과 협의했어야 했다. 검찰로서는 대단히 곤혹스럽게 되었다며, 원장들에 대한 사법 처리가 불가피해졌다고 말하는 것이다.

검찰은 수사 착수 최초 1개월간 아무런 증거도 확보할 수 없었다고 한다. 하지만 그 후 검찰 출신인 김승규 국정원장이 국정원 직원들을 증인으로 계속 제공해 주어 수사를 진척시킬 수 있었다는 것이다. 나중에 언론에 보도되고 법정에서도 확인된 바에 의하면, 김승규 원장이 통신 감청 담당 직원들을 "사법 처리하지 않고 인사상의 불이익도 없도록 보장하겠다"고 회유하고 안심시켜 검찰에 내보내는 등 검찰 수사에 적극 협조했다고 한다.

검찰은 내가 불법 감청을 지시했고, 보고도 받은 '공범'이라고 추궁했다. 그리고 증거가 이미 충분히 확보되었다며 사법 처리가 불가피하니 변호사를 선임하라는 예상치 못한 권고를 받았다. 나는 참으로 놀라움을 금할 수 없었다. 불법 감청을 지시한 바도, 보고 받은 바도, 묵인한 바도 없는 나로서는 이미 근절된 것으로 확신하고 있는 불법 감청 행위가 있었다는 것이 도저히 믿기지 않았다. 실제로 나중에 재판장은 내가 "불법 도청을 지시한 사실이 없다"고 판결한다.

과거 중앙정보부와 안기부가 정권 보위 차원에서 정치 활동에 개입해 온 것은 잘 알려진 사실이다. 하지만 김대중 대통령은 취임 초 국정원을 방문하여 원내 방송망을 통해 전 직원들에게 "이제부터는 국정원이 정치 활동에 관여해서는 안 되며, 도청, 미행, 사찰, 감시, 고문 등이 있어서는 안 된다", "내가 최대 피해자다. 국민의 정부에서 이런 일은 결코 용서받지 못한다"는 취지의 특별지시를 한 바 있다. 나는 대통령을 수행하여 이 자리에 참석했었다.

이종찬 원장은 취임 후 국내 정치 활동과 관련된 조직을 개편하고, 이 분야에 종사한 많은 직원들을 퇴직시키는 과감한 인사 개혁을 단행했다. 김대중 정부 출범을 계기로 더 이상 정치 활동 개입을 하지 않는 새로운 국가정보기관으로 거듭나기 시작한 것이다. 기관 명칭을 국가정보원으로 개칭하고, 표어도 '정보는 국력이다'로 바꿔 새 출발을 하였다.

나는 원장 취임 초 지휘방침을 통해 부서장들에게 정치 활동 개입 엄금, 법과 규정 준수, 모든 권한을 위임하니 책임을 지고 업무를 수행할 것을 강조하며 이를 실천에 옮겼다. 2000년 4월 국회의원 총선거를 계기로 국정원이 더는 정치 활동에 개입하지 않고 본연의 임무만 수행하는 정보기관으로 거듭나자 국회에서 야당 측의 찬사를 받기도 했다. 그리고 불법 감청은 없는 것으로 확신하고 있었다.

검찰은 내가 원장으로 재직한 기간의 불법 감청 증거로 8가지 사례를 적시했다. 이 중 한 가지는 내가 보고받았고, 정보화하여 대통령께 보고한 사안이다. 대통령 아들을 이용하여 사우디아라비아 유력 인사와의 이권에 개입하려던 최규선 사건으로 해외 통신 첩보였다. 이는 불법 감청이 아니라 합법적 감청이었다. 검찰이 제시한 그 외의 모든 사례는 원장이 알아야 할 첩보가 아니며 보고받은 바도 없었다. 나중에 법정에서 김은성 국내담당 차장이 자기가 지시한 사안으로서 원장께 보고한 바 없고, 보고할 성질의 것도 아니었다고 증언했다.

검찰은 대대적인 언론플레이를 통해 국정원 불법감청사건을 과장·왜곡하고 공론화하면서 'X-파일에 나오는 삼성 불법정치자금 제공'과 '삼성이 유망한 고위급 검찰 간부들에게 뇌물(떡값)을 제공해 왔다'는 의혹은 수면 아래로 침몰시켜 버렸다. 그리하여 검찰은 이른바 '불법감청사건'으로 두 원장은 구속·기소하고, '삼성의 불법정치자금사건'은 무혐의로 처분했다.

검찰 조사를 받을 때 나는 한 수사관에게서 "특별수사부 검사는 광화문 네거리에서 아무나 붙잡아다 수사하여 유죄로 만들어 기소할 수 있는 재간을 가진 탁월한 검사들"이라는 말을 듣고 놀라움을 금할 수 없었다. 죄 없는 자도 죄인으로 만들 수 있고, 죄 있는 자도 불문에 처할 수 있는 권력을 갖고 있다는 뜻으로 들렸다. 원장은 사법 처리하고, 불법 감청을 책임져야 할 담당 부서장과 과장은 불기소 처분할 수도 있다는 뜻으로 읽혔다.

구속을 며칠 앞두고, 나는 김승규 원장이 보낸 2명의 국정원 간부를 통해 '불구속 입건 제의'를 받았다. 청와대와 검찰과 협조한 제의라며, '불법 감청 보고를 받은 바 있음을 시인하고, 이에 대해 도의적 법적 책임을 지겠다'라고 2일 안에 공개 발표하면 '불구속'으로 기소할 수 있다는 내용이었다. 그러나 불법 감청 보고를 받은 바 없고, 묵인한 바도 없는 나로서는 이 제의를 결코 받아들일 수 없었다. 마침내 나는 신건 원장과 함께 11월 15일 통신비밀보호법 위반으로 구속·기소되어, 이날 밤 서울구치소에 수감되었다.

구치소에 수감된 이튿날 지정수 보안과장이 나와 신건 원장을 그의 집무실로 불렀다. 조정윤 구치소장도 자리를 함께했다. 가톨릭 신자인 조정윤 소장이 구약성경에 나온 '욥의 시련' 이야기를 들려주며, 구치소 생활에서 가장 중요한 것은 마음의 평화 유지, 수양의 시간, 건강 관리 등임을 강조하였다. 그의 조언이 너무도 고맙고 감동적이었다.

욥은 잘못한 것이 없는 의인인데도 극심한 고통을 당했는데, 자신이 그런 고통을 당하는 이유조차 모른다. 극심한 아픔과 손실을 당할 만한 어떤 잘못을 저질렀다고 생각하지 않았다. 그런데도 모든 가족과 재물을 잃고 난치병으로 참을 수 없는 고통을 받았다. 하지만 인내심을 가지고, 직접 신성 체험을 통해 하나님의 실재를 체험하며 고난을 극복하고, 다시 축복을 받는다는 것이 내가 이해한 '욥기'의 핵심 내용이다. 나는 욥기를 이미 몇 번 읽었으나 조 소장의 조언을 듣고 즉시 다시 한번 읽었다. 그리고 내 일생의 생활신조인 "항상 기뻐하라, 쉬지 말고 기도하라. 범사에 감사하라"는 말씀을 되새기며 마음의 각오를 다졌다.

좁은 독거방에 기거했지만 불편한 것은 별로 없었다. 추운 겨울이었지만 야간에는 전기온돌을 돌려 주어 실내가 따뜻했고, 식사도 내 건강관리에는 좋은 음식이었다. TV는 채널이 고정되어 있었지만 저녁에는 연속사극도 볼 수 있었다. 또한 매일 30~60분씩, 격리된 좁은 운동장에서나마 걷기운동을 할 수 있었다. 나는 아내가 골라 준 찬송가를 부르며 열심히 걸었다. 잠자리도 만족했고 잠도 잘 잤다. 이 정도면 고급 호텔 생활과 다름없다고 긍정적으로 생각하니 모두 감사할 뿐이었다. 나는 성경을 다시 읽기 시작했다. 그리고 토인비의《역사의 연구》,《김대중 옥중서신》등을 시작으로 여러 지인이 보내 준 책들을 읽으며 많은 것을 배우고 깨달았다. 영락교회 목사님이 보내 준 필립 얀시의《내가 고통 당할 때 하나님은 어디 계십니까?》, 유시춘 여사가 보내 준 유시민의《거꾸로 읽는 세계사》등이 특히 크게 도움이 되었다.

독거방에 기거하며 한 주일에 한 번씩 서울지방검찰청에 나가 수사를 받는 생활이 근 20일간 계속되었다. 이 기간에 구치소 면회는 허용되지 않았으나, 검찰청에 출두하는 날에는 가족 특별면회가 허용되어 아내를 만날 수 있었다. 이 기간에 많은 분들이 도움을 준 것에 대해 감사하게 생각한다. 열린우리당의 최재천·송영길·이종걸 의원 등 10여 명이 변호인단을 구성하여 나의 세종법인 변호인들과 협조했다.

나는 5년 전 관상동맥 시술을 받은 바 있고 고혈압, 고지혈증과 혈당으로 정기적으로 진찰을 받아왔다. 구치소 입소 후에는 고혈압 증세가 악화되어 외진이 허가되었다. 일산 백병원에서 내 주치의인 이원로 교수의 정성 어린 치료를 받을 수 있어 다행이었다. 병원에 있는 동안 옛 전우인 김승남·백승도·이후득이 병문안을 왔다. 이후득이 정성껏 마련해 온 프레지던트호텔 도시락으로 함께 점심을 나누며 담소하는 즐거움이 컸다. 정성 어린 도시락을 계속 마련해 준 정영도 요리사에게도 감사한다. 그는 동탑 산업훈장을 받은 한국 요리명장이다. 이들은 재판이 끝날 때까지 매번 법정에 나와 나를 성원해 주었다. 감사할 따름이다.

20일 후 검찰의 구속·기소가 결정되면서 내 구치소 생활에 변화가 일어났다. 의무실 옆 병동의 독거방으로 옮기게 되었는데, 여기서 옆방의 최순영 회장을 만나면서 여러 가지 감사한 일이 생겼다. 교회 장로인 그는 매일 아침 새벽이면 큰 소리로 찬송가를 10여 곡 부르고 기도하며 예배드리는데 옆방에서 들으며 나도 은혜를 받았다. 하나님을 믿고 의지하며 참고 기다리는 수밖에 없다고 다짐하며, 마음의 평화를 유지하는 것이 가장 중요하다는 것을 깨달았다. 또한 일요일이면 그가 섬기는 교회에서 구치소 수감자들을 위한 봉사활동으로 떡을 갖고 오는데, 최 장로의 초청으로 몇 사람이 한데 모여 떡을 먹으며 환담하는 특전도 누릴 수 있었다.

이때부터 면회도 허용되었다. 걱정하는 아내의 모습을 보면 눈물이 앞을 가리곤 했다. 미국에 있는 세 아들이 2~3주씩 교대로 귀국하여 어머니를 위로하며, 면회도 함께 오고 필요한 도움을 주었다. 많은 분들의 성원과 면회, 보내 준 편지와 책이 큰 위로가 되었다.

김선도 목사님과 김장환 목사님은 와서 기도해 주었다. 더구나 여러 분들의 정성이 들어간 재정적 지원도 받았다. 특히 김대중 대통령, 이종찬 원장, 백낙환 이사장, 김승남 회장, 최영국 장군이 변호사 비용과 입원비에 보태라고 보낸 돈은 큰 도움이 되었다. 어떻게 감사드려야 할지 알 수가 없다.

1심 재판은 서울중앙지방법원에서 7개월간(2005. 12. 12.~2006. 7. 14.) 이어졌고, 이때 33명의 검찰 측과 피고인 측 증인신문을 포함한 23회의 공판이 열렸다. 이어서 서울고등법원 항소심 재판은 1년 넘게 걸려 (2006. 11. 7~2007. 12. 20.) 이듬해 연말에 선고공판(재판장 이재홍)이 이루어졌다.

2년에 걸친 긴 재판 과정에서 나는 많은 사실을 알게 되었다. 검찰 측 증인으로 국내담당 차장과 통신 감청 업무를 담당했던 부서장을 비롯한 전·현직 감청 관련 직원 21명이 법정에서 증언했다. 10년 내지 20년간 통신 감청 업무에 종사한 이들은 과거에 관행적으로 또는 실적을 올리기 위해 스스로 일부 불법 감청을 했으나, 언제 어떤 내용이었는지는 기억하지 못한다고 진술했다. 적법 절차를 취해야 하고, 불법 감청을 방지해야 할 책임이 있는 국장과 과장들은 차장에게 책임을 전가했다.

두 원장을 모신 김은성 국내담당 차장은 상당 부분 자기가 지시한 것이 사실이라고 시인했다. "임 원장이 불법 감청을 지시한 사실은 없고, 내가 불법 감청 사실을 보고한 바도 없다"라고 진술했다. 또한 재판장도 지적했듯이, 검찰이 적시한 도청 사례에 대해서는, 내가 원장으로 재직한 기간에 야당 지도자나 정치인에 대한 감청은 전혀 없었고, 김은성 차장이 자기가 지시했다고 시인한 8가지 사례뿐이었다.

재판장은 검찰의 공소사실을 거의 그대로 받아들여 피고인들의 유죄를 인정했지만 형의 집행유예를 선고했다. "국정원이 조직적·관행적으로 불법 감청을 해왔으며, 이 사실에 대해 피고인들이 포괄적·대략적인 내용의 인지가 타당하며, 불법행위 금지 지시가 구체적·물리적 조치이어야 하는데도 추상적이었다"며, "묵인 방관했으므로 부작위(不作爲)에 대한 책임이 인정된다"고 판단한 것이다. 재판부는 검찰 측 증인들의 진술은 대부분 수용하였으나, 신상의 불이익을 감수하면서도 증언한 현역 국정원 간부들인 피고 측 증인들의 증언은 피고인과의 인연을 이유로 받아들이지 않았다. 나는 재판부가 진실의 편에 서서 시시비비를 가려줄 것으로 믿었다. 그래서 이런 처사를 도저히 이해할 수 없었다.

그러나 재판장은 "개인 이익을 추구하는 비리나 부패 범죄가 아니며, 불법 도청을 지시한 사실이 없고, 정보기관의 오래된 불법행위를 단기간 근무한 원장에게 책임 추궁하는 것은 가혹하다"고 판단했다. 또한 "국민의 정부의 불법 감청은 과거 정부에 비해 상대적으로 제한적 범위 내에서 이루어졌음에도 불구하고 과거의 원장들은 기소 대상에서 제외되었고, 실제로 불법 감청을 지휘 조종한 책임 부서장인 8국장과 관련 과장들은 형사 입건 조치도 되지 않았음"을 지적했다. 그리고 "2차장과 부서장인 8국장이 반(半)독립적 권한과 책임을 가지고 있고, 특히 2차장의 역할과 책임이 중대한 것으로 판단"했다.

그리고 재판장은 "과거 수십 년간 조직적 관행적으로 정보기관 업무의 일환으로 자행한 도청 행위에 대한 책임자로서 구속되고 재판하는 것은 국내외적으로 그 유례를 찾기 어렵다. 현직 국정원장의 발표와 재판 과정을 통해 불법 감청 사례가 밝혀지고, 원장의 형사책임을 인정, 유죄판결이 선고된 것 자체가 역사적으로 의미가 있고, 충분히 경각심을 환기시켰다고 보아 형 집행을 유예한다"며, 두 원장에게 징역 3년과 집행유예 4년을 선고했다.

나는 이러한 판결을 결코 받아들일 수 없었다. 재판부도 인정했듯이, 나는 결코 불법 감청을 지시한 바 없다. 그럴 필요나 수요가 없었다. 오히려 이를 금지했다. 또한 나는 불법 감청을 인지한 바 없다. 따라서 방관하거나 묵인한 바도 없다. 내가 받아본 통신감청보고서는 국가안보와 국제범죄 등과 관련된 합법적인 것들이었다. 만일 불법으로 의심되는 것이 있었다면 오히려 불법행위를 적발, 시정하는 계기가 될 수 있었을 것이나 그런 사례가 전혀 없었다. 선고공판이 있는 10일 후인 2007년 연말에 두 전직 원장은 국무회의의 의결을 거쳐 사면·복권되었다.

남과 북은 제2차 남북정상회담을 2007년 10월 평양에서 개최하기로 합의했다. 남북정상회담을 준비하는 과정에서 노무현 대통령이 김정일 위원장에 관한 정확하고 구체적인 정보를 알기 위해 나를 만나고 싶어 한다고 알려왔다. 나는 노무현 대통령과는 불편한 관계지만 남북관계 개선과 관련된 문제에는 적극 협조하기로 했다.

나는 마침 초고가 완성된 회고록 《피스메이커》에서 남북정상회담 부분을 복사하여 청와대에 보내 주며, 먼저 읽어보고 난 후에 원한다면 만나겠다고 했다. 결국 노 대통령을 만나 한 시간 정도 대화를 나누었다. 비서실장, 안보실장 등 남북정상회담 관련자들이 배석했다. 노 대통령은 회고록 초안을 정독했는데 대단히 흥미진진했다며 메모지에 적어온 여러 가지 질문을 제기했다. 그 모습이 인상적이었다. 그는 핵심 문제를 잘 짚었고, 질문을 통해 철저히 이해하려고 노력하는 것으로 보였다.

그가 서거했을 때, 마침 나는 김해 인제대학교에서 특강을 마친 참이었다. 김연철 교수와 함께 봉화마을 빈소를 찾았다. 방문자 이름이 방송되며 내가 다가가려 하자 민정수석비서관을 지낸 문재인 전 비서실장이 대열에서 뛰쳐나와 "웬일이십니까?"라며 놀란 표정으로 맞아 주었다. 웬일이라니, 문상 온 것인데…. 그 모습이 너무나도 뜻밖이고 인상적이어서 오래 기억에 남는다. 아마도 이른바 '국정원 불법감청사건'과 연관하여 그렇게 말한 것이 아닌가 하는 생각이 들었다.

회고록《피스메이커》출판

나는 공직 생활을 마치고 4~5년간 회고록 완성 작업에 힘을 기울였다. 그리고 6·15 8주년을 기념하며《피스메이커: 남북관계와 북핵문제 20년》을 중앙북스에서 발간하였다. 지난 1993년부터 틈틈이 자료를 정리하고 초안을 작성해 두었는데, 이에 추가하여 김대중 정부 5년간의 기록을 집중적으로 정리해서 완성(746쪽)한 것이다. 장남인 임원혁 박사가 초고를 검토해 주었다. 책 제목인 '피스메이커'도 그가 추천한 것이다.

2008년 6월 10일 저녁, 출판기념회를 캐피털호텔에서 개최했다. 본

저자의 회고록 《피스메이커》 출판기념회에 참석해 주신 김대중 대통령 내외. 2008년 6월.

래는 서울시청 옆 프레스센터에서 열기로 했으나, 미국산 쇠고기 수입
문제로 '촛불문화제'가 열리게 되어 출입이 통제돼서 갑자기 장소를
옮겨야 했다. 이런 불편한 사정에도 불구하고 김대중 대통령 내외를
비롯해 많은 분들이 참석하여 축하해 주었다.

백낙환 인제대 이사장, 한승헌 전 감사원장, 최영철·한완상 전 통일
원 장관과 김대중-노무현 정부의 통일부 장관 8명 전원 그리고 현직
김하중 장관이 자리를 빛내 주어 고마웠다. 지난날 군에서, 외교 분야
에서, 통일 분야에서 함께 일해온 동료들과 기자들을 포함하여 230여
명이 참석해 축하해 주었다.

불편한 봄을 무릅쓰고 오신 김대중 대통령이 따뜻한 축사를 해주
셨다.

"저는 한마디로 얘기해서 이 책을 손에 들고 깊은 안도의 숨을 내쉬었습니다. 그것은 이 회고록을 통해 우리 시대의 통일 문제에 관한 진실과 우리들의 노력을 후손들에게 전해 줄 수 있는 가장 권위 있는 책을 갖게 되었기 때문입니다. 이 책은 역사의 진실을 전할 뿐 아니라 앞으로 우리가 민족 통일 문제를 어떻게 풀어나가야 할 것인가에 대해서도 중요한 지침을 주고 있다고 생각합니다. 이런 책을 집필하는 데 임동원 장관은 가장 적임자라 할 것입니다."

"우리가 이 책을 신뢰하는 것은 임동원 장관의 민족애와 애국심만이 아니라 성실하고 책임감 있는 인격에 대해서 우리의 신뢰가 크기 때문입니다."

과분한 찬사였다. 나는 내 경험과 생각을 다른 분들과 공유해야 한다는 의무감으로 역사의 중요한 고비마다 내 경험과 관찰을 기록하고 관련 자료들을 챙겨두었다. 그 기록과 자료들을 정리하여 펴낸 것이 바로 회고록《피스메이커》다. 나는 내부에서 그리고 현장에서 본 당시의 상황을 역사 기록으로 남기고자 한 것이다.

탈냉전의 새 시대를 맞아 남과 북이 한반도에서도 냉전을 끝내고 불신과 대결을 넘어 평화와 화해·협력의 새 시대를 열어나가기 위해 노력해 온 20년의 과정에 관한 역사를 기록한 것이다. 이 책에서 나는 노태우 정부의 북방정책과 남북관계의 기본장전인 〈남북기본합의서〉를 산출한 '남북고위급회담'의 전개 과정을 기록했다. 그리고 김대중 정부의 화해협력정책(햇볕정책)과 클린턴 행정부와 함께 추진한 '한반

도 평화 프로세스', 분단 사상 최초의 '남북정상회담'과 '6·15 남북공동
선언', 이를 통해 물꼬를 튼 남북 화해·협력의 전개 과정을 기록하였다.
또한 북-미관계와 북핵 문제의 발단, 한반도 비핵화 추진과 파탄 과정
도 기록하였다. 여기에 내 군대 생활 기간 중 자주국방을 위한 전력증
강계획인 '율곡계획'을 수립하고 초기 집행한 과정, 외교관으로 나이지
리아와 오스트레일리아 대사를 지낸 일, 외교안보연구원장으로 재직
한 기록을 간단하게 추가하였다.

여러 분이 서평을 발표했는데, 특히 국회 통일외교통상위원회 위원
을 지낸 최재천 변호사가 《프레시안》(7월 8일 자)에 실은 장문의 서평을
감사하게 생각한다.

"이 회고록은 대단히 정밀하고 잘 직조된 '실록'이다. 그의 성품
만큼이나 차분하고 군더더기가 없다. 그리고 한없이 겸손하다.
이 책은 '남북관계에 대한 내적 협상 기록'이다. 또한 '한미관계
사'이다. 지난 10년간 '남북교류사'이자, '북미교류사'이다. 보다
본질적으로는 '남북화해협력사'이고 통일의 초기과정을 기록
한 '한반도 통일사'이다."
"그의 남북화해와 통일에 대한 열정을 역사는 영원히 기억할 것
이다. 국회에서 통외통위 위원으로 일해 온 경험에 비춰 볼 때
이 책이 주는 가치와 감동은 특별하다."

이 회고록은 서울에서 출판된 지 5개월 후 일본 이와나미(岩波) 출
판사에서 일본어로 번역 출판되었다. 《임동원회고록 남북수뇌회담에

의 길(林東源回顧錄 南北首腦會談への道)》이라는 제목으로, 아사히신문 한국지국장을 역임한 하사바 기요시(波佐場淸) 교수가 번역한 것이다. 하사바 기요시는 오사카 외국어대학 조선어과 1회 졸업생으로 아사히신문사의 서울 지국장을 지낸 한반도 문제 전문가다. 그의 저서로는 《코리아 閑話》(일본어판, 2007)가 있다. 그가 《김대중의 3단계 통일론》을 일본어로 번역·출판하면서부터 나는 그와 친근한 관계를 유지해 왔다. 평양도 방문 취재하는 등 한반도 문제에 깊은 관심을 두고 탐구해 온 학자 타입의 기자인 그는 후에 《김대중 자서전》을 재일교포 강종헌 박사와 함께 번역하여 이와나미에서 출판하였다.

이해 11월 말에는 오사카와 도쿄에서도 출판기념회가 열렸다. 오사카에서는 교토의 리츠메이칸(立命館)대학 코리아연구소장인 서승(徐勝) 교수의 초청으로 이 대학에서 강연부터 하였다. 이 자리에서 나는 나라(奈良)에서 온 나카즈카 아키라(中塚明) 교수를 만났다. 그는 이미 내 회고록을 읽었으며, 출판기념회에서 축사를 하기에 앞서 내 강연을 직접 들어보고 싶어서 왔다고 했다. 그는 한국어로 번역된 《1894년, 경복궁을 점령하라!》(푸른역사, 2002), 일본어판인 《일본과 한국 조선의 역사》,《동학농민전쟁과 일본》 등을 저술한 학자로, 동학농민전쟁과 일청전쟁 연구의 권위자다. 그는 동학농민전쟁 유적지 답사단을 조직, 인솔하여 한국을 자주 방문하는 것으로 잘 알려져 있다.

강연을 마치고 서승 교수가 교토의 한 전통식당(紅梅庵)에서 베푼 만찬에 참석했다. 이 자리에서 나는 서승 교수의 과거사를 듣게 되었다. 그는 서울대 대학원 유학 시절 이른바 '학원간첩단사건'으로 보안사에서 수사를 받던 중 분신자살을 시도하여 얼굴에 중증 화상을

저자의 일본어판 회고록에 대한 오사카 출판기념회에서. 왼쪽 두 번째가 축사를 한 나카즈카 교수, 맨 오른쪽이 번역자 하사바 기요시 교수. 2008년 11월.

입었다. 박정희-김대중이 대결한 1971년 대통령선거일을 앞둔 때, 그가 북한 지령으로, 친분이 있는 김상현 의원을 통해 김대중에게 '불순 자금'을 전달했다는 조작된 죄명을 뒤집어쓰고 극심한 고문을 받았다는 것이다. 사형선고를 받고 1990년 석방될 때까지 19년간 수감 생활을 하며, "인간성을 말살하려는 비인간적인" 사상 전향공작에 반대하는 투쟁을 계속했다고 한다. 남북대결시대가 낳은 무고한 희생자의 억울한 이야기를 들으며 참담한 심정을 금할 수 없었다.

이튿날 오사카 출판기념회에는 오사카와 교토의 한반도 문제 연구가들이 참석하여 축하해 주었다. 나카즈카 아키라 교수의 애정 어린 축사에 큰 감명을 받았다. 그는 회고록의 몇 군데를 인용하여 읽어가면서 자세히 분석·평가해 주었다. 출판기념회를 마치고 10여 명이 시내의 한 주점에서 뒤풀이 행사를 한 것을 아름다운 추억으로 간직하고 있다.

도쿄에 도착하자 제일 먼저 아사히신문의 우에무라 다카시(植村隆) 기자와 인터뷰를 하게 되었다. 학생 시절부터 한국에 관심을 갖고 연세대 어학당에 유학하였으며 서울특파원을 거친 그는 일본군 위안부 문제를 처음으로 폭로한 용기 있는 기자다. 위안부 피해를 최초로 증언한 김학순 할머니와 관련된 기사를 《아사히신문》(1991년 8월 11일 자)을 통해 세상에 알린 것이다. 일본 보수 강경파의 끈질긴 핍박에도 잘 견디어 내고 있는 그에게 머리를 숙이게 된다. 이 만남에서 나는 그가 저술한 380쪽에 이르는 포켓북 《망가 한국현대사: 고바우 영감의 50년》(일본어판)을 기증받았다. 고바우 영감의 만화 해설을 통해 한국 현대사를 알기 쉽게 설명한 그의 재치와 식견에 감탄하였다. 이 책에는 그가 집대성한 1910년 이후부터 2003년까지의 '한국현대사 연표'가 부록으로 실려 있는데, 나는 이 귀중한 자료를 자주 참고한다.

저녁에 도쿄의 한 호텔에서 출판기념회가 열렸다. 한국어로도 번역·출판된 《일본은 왜 평화헌법을 폐기하려 하는가》의 저자인 주오대학의 이토 나리히코(伊藤成彦) 명예교수, 북한 문제 전문가로 유명한 도쿄대학의 와다 하루키(和田春樹) 교수, 와세다대학의 이종원 교수, 일본에 체류 중인 강인덕 전 통일부장관 등 한반도 문제 전문가들이 많이 참석하여 축하해 주었다. 이튿날에는 NHKTV와 인터뷰를 하고, 오코노기 마사오(小此木政夫) 교수 초청으로 게이오대학에서 강연하였다.

2012년에는《피스메이커》의 영문판이 미국 스탠퍼드대학교 아태연구소APARC에서 출판되었다. 신기욱 소장의 번역 출판 제의를 받았고, 이 책을 자기가 영역하고 싶다며 벌써부터 지망해 온 전 미 국무성 한국어 통역 통킴(김동현)이 번역을 담당했다. 그는 미 고위층 인사의 평양 방문 때마다 수행하여 통역한 한반도 문제 전문가다. 특히 이 책에 대북정책조정관 윌리엄 페리 전 국방장관의 추천사가 수록된 것을 영광으로 생각하며 감사드린다. 그는 이 책이 "한반도의 장래에 관심을 가진 이들의 필독서"라며 높이 평가해 주었다.

스탠퍼드대학교에서 열린 출판기념회에서는 주한 미대사관에서도 근무한 한반도 문제 전문 외교관 출신인 데이빗 스트라브David Straub가 책을 소개하고, 내가 연설했다. 스탠퍼드대학교 출신인 장남 임원혁 박사가 통역을 맡았다. 북한 핵 시설을 여러 번 방문한 바 있는 북핵 문제 전문가인 헤커Sig Hecker 박사를 비롯한 여러 분과 대화도 나누었다. 회고록 영문판이 세계 여러 나라의 한반도 문제 연구가들이 많이 인용하는 책이 된 것을 기쁘고 보람 있게 생각한다.

2015년에는《피스메이커》의 개정증보판을 창비에서 출판했다. 초판 발간 이후 2008년부터 2015년까지 8년간의 남북관계와 북핵 문제 전개 과정을 추가하고, 부시 대통령의 안보보좌관 콘돌리자 라이스의 회고록《최고의 영예》, 돈 오버도퍼와 로버트 칼린 공저의 개정판《두 개의 한국》등 미국에서 새로 나온 자료들을 참고하여 일부 보완했다.

세종재단에서 임기를 마치며, 나는 백낙환 이사장의 초빙을 받고 2008년 9월부터 6년간 인제대학교에서 석좌교수로 남북관계와 통일

백낙환 이사장(왼쪽 첫 번째)이 지켜보는 가운데 인제대학교에서 저자에게 명예정치학박사 학위를 수여하고 있다. 2002년 5월.

───

문제를 강의하는 특전을 누렸다. 그에 앞서, 2002년 인제대학교에서 명예정치학박사를 수여받은 바 있다.

　백낙환[†] 이사장은 남북관계 개선과 평화통일 문제에 관심이 높아, 내가 정부에서 한 활동에 큰 관심을 보이며 성원을 아끼지 않았다. 감사하게 생각한다. 그는 2000년 남북정상회담 특별수행원으로 평양을

[†] 평북 정주 출신인 백낙환(1926~2018) 이사장은 큰아버지인 백인제 박사의 뜻을 받들어 서울백병원을 현대화하는 한편 서울 지역과 부산 지역에 6개의 백병원과 인제의과대학을 설립하고 이를 종합대학으로 발전시키는 등 의료 활동과 인재 양성을 위해 헌신했다. 정부는 의사요 경영인이요 교육자로서 우리 사회에 크게 기여한 그의 공로를 높이 평가하여 2002년에 최고 훈장인 국민훈장 무궁화장을 수여한 바 있다. 그의 저서 중에 자서전 《영원한 청년정신으로》(한길사, 2007)가 있다.

방문한 바 있고, 개성공단 의무실을 지원하는 한편 평양에 정성수액 공장을 건설하고, 인제대학교에 통일학과를 설치하는 등 통일 문제에 많은 관심을 기울였다. 통일학 교수 추천을 요청받은 나는 김연철 박사(후에 통일부장관 역임)를 추천했다. 나는 이 대학에서 받은 석좌교수 급여를 모아 대학발전기금으로 기부한 것을 기쁘게 생각한다.

공직을 떠난 후에 가장 아쉬운 것은 사무실과 운전기사였다. 운전은 필요할 때 내가 직접 하거나 대중교통 수단을 이용한다 하더라도, 출퇴근할 수 있는 사무실이 있어야 했다. 가장 친근한 전우요 81클럽 회장인 김승남[†] 조은시스템 회장이 벌써부터 자기가 사무실을 마련해 주겠다고 나섰다. 실제로 내가 세종재단에서 퇴임할 때, 그는 이미 영등포구 문래동 에이스하이테크시티에 있는 조은문화재단의 고문으로 나를 추대하고 사무실도 마련해 놓았다. 그는 도움이 필요한 사람들을 지원하기 위해 조은문화재단을 설립하여 사회에 기여하고 있었다. 나는 감사한 마음으로 받아들이고 2009년 1월 초부터 입주했다.

김승남 회장은 내가 제28사단 81연대장으로 중부전선 최전방 비무장지대DMZ에 연하여 휴전선을 지키는 임무를 수행할 때 모범 대대장

[†] 김승남 회장은 성균관대학교 경제학과 졸업 후 육군 간부후보생으로 입대하여 20여 년간 지휘관과 참모로 근무한 후 보병연대장으로 예편한 직업군인 출신이다. 1994년, 50대의 나이에 조은시스템과 잡코리아를 창업하여 사업에 성공한 그는 2009년에 대한경영학회가 수여하는 경영자대상을 수상하였다. 봉사와 나눔의 경영 철학을 실현하고자 가치 중심 경영, 보안 비즈니스 모델 개발, 안전한 사회 구현, 일자리 창출 등 사회적 기업 지향 경영을 지속적으로 실행하여 조은시스템을 국내 굴지의 기업으로 성장시켜 국가와 사회에 기여한 공헌을 높이 평가해 시상한 것이다.

81클럽 멤버들과 함께한 저자의 생일 축하 자리에서. 왼쪽부터 시계 방향으로 조은시스템 김승남 회장, 저자, 민경백(육군 소장 예편), 김형곤(육군 준장 예편), 이후득 이사. 2018년 7월.

으로 훌륭하게 임무를 수행한 전우다. 예편 후 4반세기가 지났는데도, 그는 '81클럽'을 주도적으로 만들어 전우애를 다지며 매년 한두 차례 국내 여행 또는 오찬 모임 등을 이어오는 등 인화와 봉사에 앞장서고 있다. 그가 쓴 책인 《고맙습니다》(한국경제신문, 2007)와 《좋은 성공》(조은북스, 2010)은 많은 독자에게 사랑을 받고 있다.

매일 지하철을 이용하여 출퇴근하며 걷기운동을 할 수 있어 건강관리를 하는 데 대단히 좋았다. 이 사무실에서 책을 읽고 강연 준비를 하고 자서전을 쓰고 손님들을 만나며 일과를 진행했다. 여기서 나는 인제대학교 석좌교수로 연구 활동을 하고, 여러 대학교와 사회단체, 교회 등의 초청 강연을 준비하는 등 유익한 시간을 보낼 수 있었다. 공직에서 물러난 후 사무실이 있어 출퇴근할 수 있다는 것은 큰 행운이요 축복이 아닐 수 없다. 이후득 81클럽 전우가 조은문화재단 상임

이사로 함께 근무하며 좋은 동료가 되어 주었고 정성 어린 도움을 주었다. 김승남 회장과 이후득 이사의 배려와 선의에 감사할 따름이다.

한겨레통일문화재단

2008년에 나는 한겨레통일문화재단† 이사장으로 취임하여, 3년 임기를 두 번이나 연장하며 9년 동안 장기간 무보수 비상임 이사장으로 봉사하였다. 세종재단 이사장 임기 만료를 앞두고 있을 때 한겨레통일문화재단 이사장 직을 맡아달라는 한겨레신문 최학래 사장의 요청을 받고 나는 정중히 사양했다. 4년 전에 한겨레통일문화상을 수상한 바 있는 나는 한겨레통일문화재단의 활동과 역할을 잘 알고 높이 평가하고 있었으나, 내 나이 75세라 노욕이라는 오해를 받고 싶지 않았다. 그러나 그는 강요하다시피 요청을 반복하였다. 한겨레통일문화재단의 비전이 '남북 화해와 평화를 위한 씨를 뿌리고, 겨레의 미래를 위해 평화의 나무를 심으며, 아시아를 평화의 마을로 일구어 가겠다'는 것인데 이사장님의 꿈과 일치하는 것이 아니냐며 설득하는 것이었다. 결국 나

---

† 한겨레통일문화재단은 독지가 고 김철호 선생이 우리 민족 내부의 골 깊은 이념 갈등을 해소하고 화해와 통일을 위해 힘써줄 것을 당부하면서 한겨레신문에 기탁한 기부금과 토지가 재단의 주춧돌이 되었다. 한겨레신문은 발기인과 후원금 캠페인을 벌여 3만 2천 명의 마음과 뜻을 모아 광복 50년을 맞아 국민통일재단으로서 한겨레통일문화재단을 설립하였다.

는 최 사장의 끈질긴 요청을 수락하지 않을 수 없었다.

내가 이사장으로 부임했을 때 이사진에는 전직 한겨레신문 사장들과 안병욱·서중석 교수, 대하소설 《태백산맥》으로 유명한 조정래 소설가, 박혁 변호사 등 저명한 인사들이 참여하고 있었고, 이병 상임이사와 박진원 간사장, 김연철 평화연구소장 등이 활동하고 있었다. 분기마다 개최되는 이사회를 마치고 열리는 만찬 회동은 다양하고 유익한 대화와 토론의 장이 되어, 나에게 큰 도움이 되었다.

한겨레통일문화재단은 남북교류협력사업과 대북지원 활동, 남남갈등 해소사업을 비롯해 여러 사업을 진행한다. 특히 연례행사로 매년 한겨레-부산 국제심포지엄을 개최하는 한편 한겨레통일문화상 시상, 시베리아 대장정 행사 등을 꾸준히 실시해 왔다. 불행하게도 내가 이사장으로 재임했던 기간은 이명박-박근혜 보수 정권의 집권으로 남북관계가 경색된 시기였다. 그러나 어려운 여건 속에서도 가능한 범위 안에서 남북교류협력사업과 대북지원 활동을 추진하여 사과나무 묘목 지원, 어린이 학습장용 종이공장 현대화 사업 지원 등을 이어갔다.

동아시아 평화를 위한 한겨레-부산 국제심포지엄은 2005년부터 매년 가을 부산 해운대에서 개최되었다. 이 자리를 통해 나는 여러 나라에서 모셔온 저명한 평화운동가들과 학자들을 만나 의견을 나누며 유익한 시간을 보냈다. 특히 일본의 하토야마 유키오(鳩山友紀夫) 전 총리를 만나 만찬 대화를 나누며, "우애(友愛)를 기반으로 하는 동아시아 공동체 건설"을 주장하는 그의 주장에 큰 감명을 받았다. 그의 철학과 사상을 집대성한 명저인 《탈대일본주의》는 우리에게 많은 깨달음을 준다. 이 책은 한국어로도 번역·출판되었다.

한겨레통일문화상은 분단을 넘어 남북 화해와 협력, 평화와 통일에 기여한 분들을 기리기 위해 1999년에 만든 상이다. 고 윤이상(음악가), 강만길 교수, 고 정주영 회장을 비롯하여 나도 제6회 수상자로 선정되어 상을 받은 바 있다. 나는 이사장으로 있는 동안 한겨레통일문화상을 남북관계 개선에 앞장서온 6·15남북공동선언실천 남측위원회 대표인 백낙청 교수, 평생을 통일 분야에서 헌신해 온 정세현 전 통일부장관, 해외에서 평화와 통일을 위해 헌신해 온 네 분(도상태 일본 삼천리철도 이사장, 재미 통일운동가인 이행우·오인동·신은미 선생)이 수상한 것을 기쁘게 생각한다.

시베리아 대장정은 블라디보스토크에서 하바롭스크를 거쳐 동시베리아의 중심지인 이르쿠츠크에 이르는 철도 여행으로, 일제강점기에 독립운동의 무대였던 시베리아 연해주와 한민족의 발원지로 알려진 바이칼호를 찾아가는 여정이다. 이 여행에는 북방협력의 길을 모색하는 프로그램도 포함되어 있다. 나는 이르쿠츠크대학에서 열린 한-러 협력을 위한 학술회의에 참석하고, 바이칼호 안의 올콘섬에서 1박을 하며 참석자들과 유익한 토론을 하였다. 이르쿠츠크의 명소를 둘러보고, 소수민족인 브랴트족의 노래와 춤 등 문화 행사에도 참관하여 아름다운 추억도 남겼다.

한편, 내 회고록이 일본어판으로 출판되면서 재일동포들과 인연을 맺게 된 나는 일본을 자주 방문하였다. 2009년 6월, 일본 삼천리철도 도상태(都相泰) 이사장이 주최하는 6·15 남북공동선언 9주년 기념 행사에 강연 초청을 받고 나고야를 방문했다. 성황을 이룬 이 강연회에 참석한 삼천리철도 회원에는 재일교포뿐 아니라 일본인도 여럿 있었다. 도상태 이사장이 자비를 들여 매년 6·15 기념 행사를 주최해왔다고 한다.

도상태 이사장은 "남북 철도 연결 사업에 재일동포들도 참여하자"며, 비영리법인NPO 삼천리철도를 설립하여 1,360만 엔(약 1억 4,000만 원)을 모금했다. 그리고 서울과 평양을 방문하여 이 성금을 비무장지대DMZ 구간을 연결하는 철도 레일을 구입하는 데 써달라고 당국에 직접 전달하였다. 나는 이 사실을 나고야 첫 방문에서 알게 되었다. 국내에서도 이런 모금 운동이 있었다는 말을 들어본 적이 없는 나는 감탄을 금할 수 없었다. 나는 그에게 머리 숙여 경의를 표하며 감사드렸다.

그런데 2년 전 남북 철도 시험 운행을 위한 경의선 개통 행사(2007. 5. 17.)에는 초청받지 못하여 회원들에게서 섭섭하다는 말을 많이 들었다는 것이다. 이 말을 들으며 나는 무척 미안하고 부끄러웠다. 나는 이 개통 행사에 많은 사람과 함께 초청받아, 문산역에서 출발하여 한국전쟁 후 처음으로 38선을 넘어 개성역까지 왕복하는 열차를 타고 개성에 다녀왔다. 그런데 이 구간의 철로와 건설 비용을 모아 기부한 재일동포들은 초청받지 못했다니 얼마나 섭섭했겠는가. 또한 모금을 주도한 도상태 이사장의 입장은 얼마나 난처했겠는가.

서울에 돌아오자마자 나는 성금을 직접 수령한 정세현 전 통일부장관, 경의선 개통 행사를 주관한 이재정 전 통일부장관과 회동하였다. 이들은 큰 실수를 범했다고 인정하였으며, 우리는 함께 대책을 세워 실행에 옮겼다. 도상태 이사장 일행을 서울에 초청하여 사과드리고, 11월 13일 우리 3명의 전 통일부장관이 문산역에서 열차 편으로

일본 삼천리철도 도상태 이사장에게 도라산역에서 임동원·정세현·이재정 전 통일부장관 명의의 감사패를 드리고 있다. 백색 상의를 입은 이는 강종헌 박사. 2009년 11월.

도라산역에 함께 모시고 가서, 거기서 감사패 전달식을 하고 오찬과 판문점 방문, 만찬 행사를 진행했다. 도상태 이사장 일행은 세 통일부장관의 사과와 환대에 서운했던 마음이 좀 풀리는 것 같았다. 우리 세 사람도 뒤늦게나마 감사를 표할 수 있어 다행이라고 자위할 수가 있었다.

또한 나는 도상태 이사장을 한겨레통일문화상 수상자로 추천했다. 심사위원회는 "도상태 이사장의 헌신적인 노력과 모범적인 활동이 온 겨레에게 민족 화해와 실천적인 대안을 제시해 왔다"고 높이 평가했다. 한겨레통일문화재단은 "지난 10년간 '6·15 공동선언'과 함께 걸어온 도상태 이사장의 담대한 의지와 헌신, '삼천리철도'의 실천에 존경을 표하며" 한겨레통일문화상을 시상했다.

이해(2010년) 6월, 나는 도상태 이사장의 초청으로 나고야 6·15 10주년 기념 강연회에 참석했다. 그는 한겨레통일문화재단 이사장인 내가 삼천리철도 회원들 앞에서 직접 한겨레통일문화상을 수여하는 행사를 거행하길 원했다. 행사와 강연을 마치고 정세현 장관 내외와 우리 내외는 도 이사장 가족과 함께 중부 산악 국립공원의 히라유(平湯) 온천장에서 1박하며 아름다운 고산지대 일대를 산책하는 즐거운 시간을 보냈다.

도상태 이사장은 공과대학을 졸업한 후 형제들과 함께 회사를 설립하여 사업에 성공한 재일동포 2세다. 그는 일찍이 조국의 평화통일 문제에 관심을 갖고 통일운동에 참여해 왔다. 2017년 2월에는 도상태 이사장 3형제가 설립·운영해 온 G테크노주식회사 창립 50주년 기념 축하 행사에 초청받아 축하 연설을 했다. 그는 많은 일본인 손님들이 참석한 이 행사에 김덕수 사물놀이 팀을 초청하여 오찬 행사를 빛냈다. 이 행사를 마치고 도 회장은 정세현 장관과 우리 내외를 나고야에서 멀지 않은 도바(鳥羽)온천으로 안내하여 1박을 하며 환대해 주었다. 도회장의 세심한 배려와 정성 어린 환대에 감사할 뿐이다.

도상태 이사장이 함께한 모든 행사에서는 삼천리철도 이사인 강종헌 박사가 훌륭한 통역을 해주었다. 강 박사는 불운한 과거를 지닌 사람답지 않게 명랑하고 성실하며 친화력 있는 성품의 소유자로서 금방 친근감이 들었다. 그는 일본에서 태어나 고등학교를 졸업하고 조국에 유학을 와서 서울대 의예과에 재학하던 중, 이른바 '재일동포 유학생 간첩 조작 사건'에 휘말려 사형선고를 받고 13년간 억울한 옥살이를 하며 청춘을 빼앗겼다. 그는 1988년에 석방되어 일본으로 돌아가서 만학으로 박사학위를 취득, 와세다대학 등에서 강사 생활을 하며, 평화통일 운동에 참여하고 있었다. 나는 그와 이야기를 나누면서 한반도 문제에 정통한 그의 건전한 분석력과 판단력을 높이 평가하게 되었다. 2013년 1월 23일, 그는 무죄 선고를 받았다. 이날 나는 그와 그의 가족을 만찬에 초청하여 축하하고 그동안 겪어온 고통을 위로했다. 이 자리에는 도상태 이사장과 정세현·이재정 장관도 함께했다. 그는 후에 하사바 기요시와 함께 《김대중 자서전》을 일본어로 공동 번역하는 업적을 남겼다.

2009년 12월 초에는 해외코리언 심포지엄-세계대회가 일본 교토(京都) 국립국제회관에서 '우리나라의 평화와 해외동포의 역할'이라는 주제로 개최되었다. 주최자인 재일코리아협의회(윤봉길 회장)의 초청을 받은 나는 200여 명의 해외 동포가 모인 이 세계대회에서 영광스럽게도 기조 강연을 하게 되었다. 이어서 축제 분위기로 가득 찬 만찬회에 참석하여 해외 동포들과 즐거운 대화를 나누었다. 북한은 일찍부터 재일교포 자녀 교육을 위해 여러 곳에 각종 조선인학교를 설립하여 운영을 지원해 왔는데, 한국은 그러지 않았다는 지적을 받기도 했다.

이튿날에는 교토 관광에 합류했다. 재일 한국학자 박종명(朴鐘鳴) 선생을 만나, 직접 교토 관광 안내를 받은 것은 큰 행운이었다. 그는 《유성룡(柳成龍)의 징비록(懲毖錄)》을 일본어로 번역·출판하고 《재일조선인의 역사와 문화》(일본어판) 등을 저술한, 유명한 조선고대사·조일관계사의 권위자다. 그의 안내로 백제 왕족 출신의 일본 천황 생모 무덤인 다카노니이가사(高野新笠)릉을 찾았을 때, 나는 일본 천황이 김대중 대통령을 위한 국빈 만찬 때 "항무(恒武)천황의 생모가 백제 무

재일코리아협의회가 국립교토국제회관에서 주최한 해외코리언 심포지엄에서 강연을 마친 저자가 참석자들과 찍은 기념사진. 2009년 12월.

령(武寧)왕의 자손"이라며, 혈연관계를 언급한 것을 상기했다. 신라계 도래인이 세웠다는 교토의 가장 오래된 사찰인 고오류사(広隆寺)에서는 일본 국보 1호인 목조반가사유상(木造半跏思惟像)을 감상했다. 임진왜란 희생자의 귀 무덤인 미미즈카(耳塚)도 찾아보았다. 생생하게 역사를 공부할 수 있는 귀중한 시간이었다. 일본의 오래된 옛 수도인 교토에는 신사와 사찰이 매우 많았다. 신사가 450개, 사찰이 2,000개가 넘는다고 한다.

G2로 부상하는 중국 방문

중국은 2010년에 일본을 제치고 세계 제2의 경제 강국, 즉 G-2로 부상한다. 중국의 GDP는 30년간(1980~2010) 30배 성장하여, 같은 기간 약 5배 성장한 미국, 일본과 뚜렷한 대조를 이루었다.

중국에서는 1978년 덩샤오핑이 계급투쟁노선 폐기, 인민의 물질적 생활 수준 향상, 개혁 개방을 통한 현대화된 '중국식 사회주의' 건설을 목표로, 4개 기본원칙을 토대로 한 개혁·개방정책을 단계적으로 추진했다. 4개 기본원칙이란 사회주의 견지, 무산계급 독재 견지, 공산당의 영도, 마오쩌둥사상의 견지를 말한다. 경제에서는 좌경을 배제하고 정치에서는 우경을 배제(經濟反左 政治反右)하며, 공산당 영도하에 경제개혁을 추진한다는 것이다.

덩샤오핑은 '실천만이 진리를 검증할 수 있는 유일한 기준이다'라는 '실사구시(實事求是)'의 기치를 내걸고, 일본 및 미국과의 관계 정상화부터 실현하여 개방을 통해 자본과 기술 도입의 길을 튼다. 그리고 조심스럽게 단계적인 경제개혁을 추진했다. 소련과는 전혀 다른 접근 방식이다. 중국의 개혁은 농촌 개혁에서부터 시작되었다. 집단농장(인민공사)을 폐지하고 농민들에게 토지를 임대해 주는 한편 '농업생산책임제'를 채택했다. 또한 농산물 매입 가격을 인상하고 부업을 장려하는 등 농민들이 부지런히 일하여 부유해지도록 장려했다. 그 결과 최초 10년간 농촌사회 생산 총액이 3배로 증가했다. 이로 인해 농산물 수급이 안정되었고, 개혁·개방정책을 추진하면서도 안정을 유지할 수 있었다.

한편, 본격적인 개방과 경제개혁에 앞서 시험적인 개방에 착수했다. 선전(深圳) 등 연안 4개 도시에 가공수출을 위주로 하는 경제특구를 설치하여, 외국의 자본과 기술 및 관리 기술 등을 도입·운영하는 시험장으로 삼았다. 5년에 걸친 이 시험이 큰 성공을 거두자, 이번에는 경제특구를 연안 14개 도시와 3대 하천 삼각주로 확장하였다. 인구 2억의 연안 지역을 국제시장에 노출하고 국제 교류와 경쟁에 참여케 함으로써 대외 지향적 수출 경제를 발전시켜 나간 것이다.

중국은 1985년부터 전면적인 경제개혁을 본격적으로 추진했다. 기업의 자율권 확립, 소유권과 경영권 분리, 시장과 경쟁에 의한 우열 승패의 원리 적용, 합리적 가격체계에 의한 시장 조정 등이 추진되었다. 무역량이 급증하고 국민총생산 증가율은 최초 10년간 연평균 9.7퍼센트에 이르렀다. 1인당 국민소득도 300위안 수준에서 1,300위안 수준에 이르렀다.

그러나 모든 일이 순조롭게만 진행된 것은 아니었다. 경제개혁이 확대·심화되면서 경제성장이 이루어지고 국민의 물질적 생활 수준도 향상되고 있었으나, 한편으로는 경기과열과 통화팽창, 인플레이션 현상이 나타났다. 또한 경제적 불평등이 확산되면서 계층 간, 지역 간 빈부 격차가 심화되는 등 많은 부작용과 문제점이 생겨났다.

황금만능 사조가 팽배하고 부정부패도 번져갔다. 또한 대외 개방 확대에 따라 바깥세상에 대한 새로운 정보와 서구식 민주주의와 접촉할 기회가 많아지면서 비교의식과 비판의식이 생겨나고, 자유와 민주주의를 갈망하는 등 의식 변화가 일어나기 시작했다. 1989년 6월 4일 청년 학생들과 지식인들이 주도한 '천안문 민주화운동'이 그 전형적인 예다. 이 운동은 개혁의 속도를 축소·조정하여 안정 추구 정책으로 전환하는 계기가 되었다.

나는 중국의 점진적 개혁·개방 모델이야말로 북한이 본받아야 하고, 본받을 수 있는 모델이라는 생각을 굳히게 되었다. 다만, 남북 분단 상황에서 안보는 필수 전제조건일 수밖에 없다. 미국의 봉쇄정책이나 흡수통일 등의 전쟁 위협을 느끼는 상황에선 북한이 개혁·개방에 나설 수 없을 것이다. 따라서 남북 간 화해·협력 관계 발전이, 우선은 북한의 개방과 경제개혁을, 장기적으로는 한반도의 평화와 평화통일을 가능케 하는 지름길이 될 것이라 생각하였다. 이런 생각에 따라, 나는 기회가 닿는 대로 자주 중국을 방문하였다.

그러던 중에 나는 그토록 원했던 중국 경제특구 방문 기회를 얻었다. 2007년 5월, 고위 국가공무원을 대상으로 하는 세종연구소의 '국가전략 연수 프로그램'의 일환으로 실시된 교육생들의 중국 방문에 동행한 것이다. 선전(深圳)-광저우(廣州)-베이징(北京)-황산(黃山)-항저우(杭州) 코스였다. 나는 급격히 부상하는 중국의 발전을 주도한 선전-광저우 경제특구 현장을 보고 싶었다.

홍콩을 경유하여, 덩샤오핑이 시작한 최초의 경제특구인 선전을 방문했다. 선전시 당국자의 설명에 따르면, 25년 전 작은 어항에 불과했던 선전이 800만 인구의 최신식 대도시로 변모했다는 것이다. 세계 500대 기업 중 140개 회사가 투자하고, 70개 기업이 진출해 있다는 선전은 수출가공 제조기지 역할은 물론 물류 중심지 역할을 하며 중국의 경제 발전을 주도한다고 했다. 또한 연평균 25퍼센트의 경제성장을 기록하며 교역액이 2천억 달러(연간)가 넘는다고 한다. 이곳에서 전자 통신업체인 화웨이(華爲)를 방문했다. 화웨이는 엄청난 규모와 첨단 시설을 자랑하고 있었다. 미국 유학을 했다는 젊은 안내자들의 영어 설명을 들으며 중국의 밝은 미래를 전망할 수 있었다.

이어서 광저우를 방문했다. 광저우에는 외국 기업이 수백 개나 진출해 있었다. 특히 중산대학(中山大學)을 포함한 광저우 대학성(大學城)을 방문하여 고급 인력 양성을 위한 노력에 경탄을 금할 수 없었다.

우리 일행은 베이징에서 안후이성(安徽省) 남동부의 황산시로 가서 1박하고, 이튿날 '중국에서 경치가 가장 아름다운 산'으로 알려진 황산(黃山)에도 올랐다. 황산은 유네스코 세계자연유산 및 문화유산으로 지정된 명산이다. 케이블카를 타고 산 중턱에서 내려, 여기서부터 수많은 돌계단을 오르내렸다. 다행히도 날씨가 청명하여 72개 봉우리로 이루어진 아름다운 황산의 모습을 눈에 담을 수 있었다. 절묘하기 이를데 없는 기암절벽과 기묘하게 자란 소나무들, 그 절경 사이로 깔려 있는 구름의 바다가 장관을 이루어 시시각각 움직이며 환상적인 풍경을 연출하였다. 이들 기암(奇岩), 기송(奇松), 운해(雲海)를 황산의 삼기(三奇)라 한다는데, 눈앞에 펼쳐지는 진경은 말로 표현할 수 없을 만큼 장엄하고 아름다웠다.

2012년 6월에는 한-중 수교 20주년을 기념하여 서해협력 국제회의가 중국 단둥(丹東)에서 개최되었다. 한겨레통일문화재단이 인천시·단둥시와 공동으로 주최한 이 국제회의에 나는 송영길 인천시장, 양상우 한겨레 사장과 함께 참석했다. 단둥시에서 큰 관심을 갖고 참여하는 한편 단둥시의 발전상과 개발 계획을 적극 홍보하고 나선 것이 인상적이었다. 단둥시장과 도미 유학한 바 있다는 젊은 여성 부시장의 자신감 넘치는 단둥시 홍보가 감명 깊었다. 우리 측에서는 이봉조 전 통일부차관, 최완규 교수, 이인석 인천발전연구원장과 김민배 교수 등이 발표와 토론에 나섰다.

우리는 단둥시를 둘러본 후 관광선을 타고 좌우로 단둥과 신의주를 바라보며 압록강 하류를 관광하였고, 압록강 단교와 중국의용군 참전비 등을 둘러보았다. 그리고 호산장성(虎山長城)을 탐방하였다. 랴오닝성(辽宁省)의 성도인 선양(瀋陽)도 방문하여 세계문화유산인 북릉공원 칭자오링(淸昭陵)도 둘러보았다. 1650년에 완성되었다는 이 능은 친명정책을 고집한 조선을 침공하여 병자호란을 일으키고 인조의 굴욕적인 항복을 강요한 청 태종 홍타이지(皇太極)의 무덤으로 규모가 엄청나다. 당시 신흥 세력인 청과 기존 세력인 명 사이에서 실리와 명분의 균형을 추구했던 광해군의 현명한 중립외교를 되새겨 보는 기회가 되었다.

이상기 회장 초청으로 그의 지사와 공장이 있는 중국 장쑤(江蘇)성 우시(無錫)를 방문했다. 우시는 상하이(上海), 항저우(杭州) 수저우(蘇州), 난징(南京)을 이웃하고 있는 중심 도시다. 이상기 회장은 서울대 재학 중 만나 평생의 친구가 된 박택규 교수의 제자로, 중국에 진출하여 성공적으로 사업을 하고 있는 기업인이다. 내 사돈인 최영국 장군을 포함하여 네 가족이 매년 두세 차례 국내외 여행을 즐기며 친목을 도모해 왔는데 이상기 회장 초청으로 이곳을 세 번이나 방문하며 즐거움을 나눈 것을 고맙고 아름다운 기억으로 간직하고 있다.

유명한 타이후호(太湖)의 북쪽에 연한 우시에서는 관광 명소를 방문하는 것 못지않게 맛있는 중국 음식을 즐기며 좋은 호텔에서 휴식할 수 있어서 좋았다. 우시의 관광 명소 중 하나이자 TV 연속극 〈삼국지〉의 촬영장인 삼국성(三國城)은 엄청난 규모와 정교한 시설을 자랑했다. 또한 흥미진진한 공연을 보여주었는데 삼국지와 TV 연속극을 회상하며 관람하는 즐거움이 컸다. 또 다른 관광 명소인 영산대불(靈山大佛)은 산꼭대기에 있는 거대한 불상이다. 발 아래의 연꽃 받침과 좌대까지 포함하면 전체 높이가 101미터에 이르는데, 이 높고 거대한 청동 불상은 세계에서 가장 큰 불상이라고 자랑한다. 또한 화려한 공연장까지 갖춘 넓은 영산범궁(靈山梵宮)에는 볼거리가 많았다. 모두가 다 덩샤오핑의 개방 개혁 시대에 이루어진 발전된 중국의 모습이다.

우시에 숙박하면서 주변 도시들도 번갈아 방문했다. 20여 년 만에 다시 찾은 상하이, 항저우, 수저우는 몰라보게 달라졌다. 이번에는 특히 중국 근현대사의 비극을 관통하는 곳인 난징을 찾아볼 수 있어서 중국 근대사 공부에 많은 도움이 되었다. 국민당 정부 시절(1928~1949)의 수도였던 난징에서는 장제스(蔣介石) 정부의 총통부 청사를 둘러보고, 중화민국의 국부로 존경받는 쑨원(孫文)의 묘인 웅장한 중산릉(中山陵)을 방문했다. 이민족 몽골의 원(元)나라를 무너뜨리고 명(明)나라를 세운 주원장(朱元璋)이 묻힌 효릉(孝陵)이 이웃하고 있었다. 난징은 아편전쟁으로 나라가 혼란에 빠졌을 때, 반외세·반봉건·반청(淸)을 외치며 한족 민족주의 민중운동을 주도한 홍수전(洪秀全)이 태평천국(太平天國)의 수도로 삼았던 곳이기도 하다. 또한 1937년 말 일본 침략군이 30만 명의 무고한 중국인을 무참하게 학살한 비극의 현장이다. 중국침략일본군 난징대학살조난자기념관도 방문했다. 눈 뜨고 볼 수 없는 비참한 현장을 목격하며 일본 침략군의 잔인한 만행에 몸서리가 났다.

네 가족 여행 모임 멤버가 중국 장쑤성 우시에 있는 삼국성을 둘러본 후 찍은 기념사진. 왼쪽부터 이상기 회장 내외, 박택규 교수 내외, 저자 내외, 최영국 장군 내외. 2015년 11월.

———

아편전쟁과 일본제국주의의 침략이라는 수모를 겪은 중국이 놀라운 속도로 굴기하고 있는 오늘날의 중국을 보며 경탄을 금할 수 없었다. 이제 중국은 한국의 첫 번째 교역국이요 경제 협력 파트너다. 대중국 수출은 한국 수출 전체의 25퍼센트에 이르고 있다. 이는 대미·대일 수출을 합친 것보다 많다. 사회 문화 협력 분야에서도 괄목할 만한 발전을 보여주고 있다. 중국의 굴기와 함께 한-중관계 발전도 급진전되고 있는 것이다.

하와이, 애틀랜타와 로스앤젤레스

두 아들네가 미국에 거주하다 보니 전 가족이 한자리에 모이기가 쉽지 않다. 결혼 40주년을 맞아 2005년 4월에 차남 원일의 초청으로 하와이를 방문했다. 3남 원철 가족도 합류하여 일주일 동안 카일루아 Kailua 빌라에 묵으며 와이키키 비치, 폴리네시안 문화센터, 파인애플 농장, 호놀룰루를 한눈에 내려다볼 수 있는 다이아몬드 헤드 등을 둘러보며 즐거운 일정을 보냈다.

2006년 11월에는 3남 원철의 초청으로 그의 애틀랜타 집에서, 세 아들 전 가족이 모여 추수감사절을 지냈다. 원철은 1997년 이래 애틀랜타에서 직장 생활을 하며 정착했다. 장남 원혁은 브루킹스연구소에서 연구하며 가족과 함께 1년간 워싱턴에 체류 중이었다. 차남 원일은 로스앤젤레스에 정착하여 한 연구소에서 근무하고 있었다. 6명의 손자 손녀를 포함하여 14명의 가족이 전부 모이기가 쉽지 않은데 애틀랜타에서 만나게 된 것이다. 원철의 집은 네 가족을 모두 수용하기에 충분한 2층 단독 건물이었다. 우리 내외는 손자 손녀들의 장기자랑을 즐겼다. 열한 살 난 큰 손자 영훈이 색소폰을 연주하고 아이들이 노래를 불렀다. 애틀랜타에서는 스톤마운틴 정상에 올라가 보고, CNN 본사와 코카콜라 본사, 지미 카터 대통령기념관도 둘러보았다.

2010년 4월에는 데이비드 로스David Ross 선교사의 초청으로 그가 운영하는 미국 시애틀 국제선교훈련원에서 일주일간 머물렀다. 이 기간에 북한 선교를 위한 선교사 양성 교육기관인 새코리아섬김학교(배기찬

미국 시애틀 국제선교훈련원에서 1주간 강의를 마치고 수강생들과 찍은 기념사진. 앉아 있는 왼쪽 첫 번째가 데이비드 로스 선교사, 서 있는 오른쪽 첫 번째가 배기찬 교장. 2010년 4월.

———

교장)에서 연속 5일간 '북한 이해' 과목을 강의하였다. 북한 선교를 하려면 북한, 남북관계, 통일 문제 등을 이해하는 것이 중요하기 때문이다. 북한 선교를 희망하는 30여 명의 젊은이들이 진지하게 경청해 주었고, 내게 많은 질문을 던졌다. 이들과 토론도 함께하며 보람 있는 시간을 보냈다.

오대원이라는 한국 이름으로 더 잘 알려진 데이비드 로스는 1961년 한국에 선교사로 파송되어 1986년 미국으로 돌아갈 때까지 25년간 예수전도단을 설립하여 활발히 사역한 선교사로, 널리 사랑과 존경을 받는 분이다. 1994년에는 시애틀에 안디옥국제선교훈련원을 설립하여 북한 선교 사역과 세계 선교에 헌신하고 있었다. 노무현 청와대에서 정책조정비서관을 역임한 배기찬 교장은《코리아 다시 생존의 기로에 서다》(위즈덤 하우스, 2005)라는 책으로 높이 평가받은 바 있는 석학이다. 나는 그가 청와대에서 근무할 때 만나 한반도 문제를 논의하면서 서로 알게 되었는데 시애틀에서 다시 만나 친교하게 된 것이다.

시애틀 일정을 마친 뒤, 나는 로스앤젤레스로 가서 교민들을 상대로 강연하였다. 6·15 미국위원회(홍성현 대표위원장)와 서부위원회(김용현 위원장과 오인동 위원)가 공동 주최한 이 강연회에는 200여 명의 교민들이 참석하여 대성황을 이루었다. 강연을 마친 뒤에는 이곳 지도층 인사 20여 명과 맥주를 마시며 의견을 나누는 유익한 좌담회도 가졌다.

이 강연회에 문정인 교수와 함께 참석한 스펜서 킴 부부를 처음으로 만나 친교를 맺었다. 스펜서 킴은 미국에서 항공우주 제품 제조 판매사인 CBOL의 대표이사로 성공한 교포 기업인이다. 그는 태평양세기연구소를 창립하여 봉사활동도 하고 있었다. 이 연구소는 비영리재단으로서 환태평양 지역 국민들 간의 교량 역할을 통해 상호 이해를 넓히는 데 목적을 두고 있다. 그는 미 외교협회CFR 회원이며, 코리아 소사이어티 이사회 이사도 맡고 있었다. 그는 그 후 한반도평화포럼이 운영하는 한평아카데미도 지원했다.

로스앤젤레스에서는 차남 원일의 집에 체류하며 서울에서 온 아내와 합류하여 즐거운 나날을 보낼 수 있었다. LA의 가장 오래된 교회인 샌가브리엘 교회를 비롯하여 헌팅턴 공원 등을 둘러본 것이 인상에 남는다. 오렌지카운티의 라구나에 사는 사돈 이종옥 씨 내외를 방문해서 해변가를 함께 거닐며 즐거운 한때를 보내기도 했다.

또한 오인동 박사 부부와 함께 미국 부호들이 산다는 호화 주택 지구인 패서디나Pasadena에 가기도 했는데, 오인동 박사의 동서인 한기현 사장 부부의 초청으로 오찬에 참석하기 위함이었다. 여기에 문정인 교수 부부도 동석했다. 나는 이렇게 넓고 아름다운 정원과 호화 저택은 별로 본 적이 없었다.

여기서 만난 오인동 박사의 부인 장경자 씨가 놀랍게도 내 오랜 친구인 장인환 사장의 누이동생이라고 자기소개를 하였다. 내가 육사 생도였을 당시 주말 외출 시 자기 집에서 중앙고 동창들 모임에 이인혁, 김광은 등과 함께 만나곤 할 때 여고생인 자기와 동생 경희(한기현 사장 부인)가 시중들던 이야기를 하는 것이다. 나는 중앙고 출신인 육사 동기생 김광은을 따라 이 모임에 참석하며 이들과 친교를 맺었다. 55년 전 기억을 떠올리며 얼마나 반가웠는지, 기쁜 마음을 말로 다 표현하기 어려웠다.

결혼 50주년을 맞은 2015년 6월, 원일 부부가 우리를 다시 하와이로 초청해 주었다. 10년 전인 결혼 40주년에 하와이에 초청해 주었고, 작년에 이어 세 번째 하와이 초청이었다. 아름다운 코올리나Ko Olina 휴양지에서 즐거운 일주일을 보냈다. 해변가를 거닐며 주변 식당에서 맛있는 음식을 즐기고 유쾌한 날들을 보냈다. 아내가 무척 행복해한 순간들이었다.

그 후에도 아내는 하와이에 다시 가보고 싶어 했으나 건강이 장거리 여행을 허락지 않았다. 그 후에는 여름방학 등을 이용하여 온 가족

저자의 산수연에 모인 가족들. 2013년 6월.

이 서울에 모여 가까운 휴양지를 여행하며 즐거운 시간을 보냈다. 내 산수연에도 온 가족이 서울에서 모였다.

우리 내외는 6명의 손자 손녀가 모두 대학생이 되어 건강하고 성실하게 공부 잘하며 올곧게 자라고 있는 것을 자랑으로 생각하며, 항상 하나님의 사랑과 은혜에 감사드린다.

장남인 원혁은 미국 스탠퍼드대학교에서 27세에 경제학박사 학위를 취득한 후 육군 장교로 군 복무를 마치고 한국개발연구원KDI에서 근무하고 있다. 김월계와의 사이에 연세대학교에 재학 중인 아들 영훈과 딸 지현이 있다. 차남 원일도 스탠퍼드대학교를 거쳐 남가주대학교USC

에서 항공우주공학 박사학위를 취득하고 로스앤젤레스의 한 연구소에서 근무하고 있다. 이은영과의 사이에 캘리포니아대학교에 재학 중인 두 딸 지은과 지애가 있다. 컴퓨터에 관심이 많은 3남 원철은 렌슬러공과대학교RPI에서 전산학을 이수하고, 공군 장교로 군 복무를 마친 후 다시 피츠버그대학원에서 전산정보학을 전공하고 애틀랜타의 한 회사에서 근무하고 있다. 최혜영과의 사이에 조지아테크에서 대를 이어 컴퓨터를 전공하는 두 아들 영준, 영호를 두었다.

13장

한반도 평화의 길

김대중 대통령 서거

김대중 전 대통령이 2009년 8월 18일 13시 42분에 서거하셨다. 두 달 전인 6·15 9주년 행사에서 그는 불편한 몸을 이끌고 연단에 올라 한국이 직면한 3대 위기, 즉 민주주의의 위기, 민생경제의 위기, 남북관계의 위기를 지적하며, 이명박 대통령에게 6·15 남북공동선언과 10·4 남북정상선언을 지키라고 촉구했다. 그리고 "우리 모두 행동하는 양심이 되자! 행동하지 않는 양심은 악의 편"이라고 쉰 목소리로 절규하였다. 이것이 그의 마지막 연설이었다. 한 달 후인 7월 20일 일요일 저녁 8시경, 김 대통령의 전화를 받으며 나는 크게 놀랐다. "유럽상공인협회 연설 원고 검토를 부탁"하는 전화였는데, 목소리가 제대로 나오지 않을 만큼 무척 힘들어하셨다. 나는 "연설이 문제가 아니라 건강부터 잘 관리하셔야 하겠다"고 간곡히 말씀드렸다. 이것이 나와 김 대통령이 나눈 마지막 대화가 되었다. 그는 이튿날 세브란스병원에 입원하셨고 끝내 돌아오시지 못했다.

2008년 이명박 보수 정권이 집권하면서 남북관계는 경색되기 시작했다. 북한 붕괴임박론을 신봉한 이명박 정부는 관광객 피살사건을 계기로 금강산 관광 사업을 전면 중단하였고, 남북 통신망이 모두 두절되었다. 또한 김정일 건강 이상설이 나돌자 급변 사태에 대비하며 흡수통일의 망상에 사로잡혔다. 2009년 봄, 북한의 인공위성 광명성 2호 발사(궤도 진입에 실패)와 제2차 핵실험을 계기로 남북관계는 더욱 경색되었다.

김 대통령이 서거하셨을 때 이명박 정부는 북한에 조문단 파견을 요청하려 하지 않았다. 지난 5월 노무현 대통령 서거 때에도 그러했다. 서거 당일 저녁 세브란스병원 장례식장에서 나는 박지원, 정세현, 문정인과 회동하여 대책을 논의했다. "남북관계 개선의 계기를 마련하기 위해서라도 평양에 조문 사절을 초대해야 한다"는 데 의견을 모았다. 정부 측의 부정적인 입장을 확인한 우리는 김대중평화센터의 임동원, 박지원 이름으로 이날 밤 베이징을 경유해 평양으로 김 대통령 서거를 일리는 부고 전문을 발송했다.

이튿날 아침 10시, 평양에서 회신이 왔다. "김정일 위원장의 특사 조의방문단 파견 지시에 따라, 김 위원장의 화환을 갖고 특별 비행기 편으로 가겠다"며 방문 날짜 등 필요한 실무 대책을 취하고 통지해 주기 바란다는 내용이었다. 우리 4인 대책위원은 즉각 정부 측에 통보하고, 정부가 맡아 처리할 것을 건의했다. 청와대는 "통민봉관, 민-관을 이간하려는 사설 조문단"이라며 부정적인 반응을 보였다. 하지만 장례위원인 우리는 국가장례위원회 및 통일부 측과 협의하여 이날 저녁에 "8월 21일(금) 15시 김포공항 도착, 1박2일을 권고"하는 요지의 답신을 보냈다. 북측은 즉각 김기남 비서를 특사로 파견한다고 공식 발표하는 한편 유가족 앞으로 조의전문을 보내왔다. 이어서 김양건, 원동연, 맹경일, 리현 등 조문단 명단(6명)을 통보하며 "정부 당국자를 포함한, 남측 인사들과 기탄없이 만날 용의"가 있다는 회신을 보내왔다. 북측은 이 기회를 활용하여 남북관계 개선의 길을 모색하려는 속뜻을 내비친 것이다.

국가장례위원회 측과 협의를 거쳐 정부 측이 공항 영접, 조문 안내, 이희호 여사 예방, 숙박, 신변 보호 조치와 체재 비용을 담당하기로 합의했다. 정부 측은 이외의 정부 당국자 접촉 등 다른 일정은 일절 고려하지 않는다고 선을 그었다. 우리는 조문 특사 방한을 남북관계 개선의 계기로 활용할 것을 재차 권고하며 청와대 예방 일정을 건의했으나 받아들여지지 않았다. 다행히 김형오 국회의장은 김기남 조의방문단 접견에 찬동하고 우리의 건의를 수락했다.

김기남 비서 일행은 통일부차관을 대동한 정세현 전 통일부장관의 공항 영접과 안내를 받아 곧바로 국회 의사당 빈소를 방문하여 조문·헌화하고, 국회의장을 예방했다. 이어서 김대중도서관으로 가 이희호 여사를 예방했다. 우리 측 4인 대책위원이 배석한 이 자리에서 김 비서는 "청와대를 방문하여 김정일 위원장의 메시지를 전달하고, 정부 당국자와도 만나기를 희망하며 남북관계 개선의 계기를 마련하게 되길 기대한다"고 밝혔다. 우리는 이를 즉각 정부 측에 전했으나 이번에도 긍정적인 반응이 없었다. 이에 나는 대통령과 직접 통할 수 있는 국민통합특보인 김덕룡 민화협 의장의 협조를 얻기로 하고. 그가 김 비

김대중 대통령 서거 시 서울에 온 북측 특사조문단이 이희호 여사를 예방하고 김대중도서관을 둘러보았다. 오른쪽부터 정세현, 맹경일(북), 김성재, 김기남(북), 김양건(북), 저자, 원동연(북). 2009년 8월.

서를 직접 만나 보도록 이튿날 조찬에 초청했다.

2박3일 동안 나는 그랜드 힐튼 호텔에서 이들과 함께 숙박하며, 경색된 남북관계를 개선하기 위한 소중한 의견을 나눌 기회를 마련했다. 첫날 저녁에는 환영 만찬간담회를 주최했다. 북측 4명과 우리 측에서 4인 대책위원에 더하여 백낙청, 이재정, 김연철과 통일부의 김남식 정책실장이 참석하여 허심탄회하게 의견을 나누었다. 이튿날 조찬간담회에는 김덕룡 의장, 정세현·이종석·정동영 전 통일부장관들, 문정인·김연철 교수, 통일부 김남식 실장과 내가 자리를 같이했다. 김 비서는 "김정일 위원장이 북남대화에 관심을 갖고 있다. 이번에 대통령을 직접 만나 남측의 진의를 확인하라는 특명을 받았다. 남북관계의 새로운 진전을 이룩하는 계기가 되길 기대한다"는 요지로 조심스럽게 말했다. 식후에 김덕룡 의장과 김양건 비서는 단둘이 식당 한구석에서 한참 동안 밀담을 나누었다. 이날 오전에는 현인택 통일부장관과 김양건 비서의 비공개 만남이 호텔에서 열렸다.

김덕룡 의장의 협조를 얻어 마침내 이튿날인 일요일, 오후 영결식에 앞서 오전 9시에 이명박 대통령과의 30분 면담이 성사되었다. 남북정상회담 개최 문제가 논의되었을 것으로 추측되었으나, 그 내용은 공개되지 않았다. 김 비서는 만족감을 표명하며 평양으로 돌아갔다.

김 비서의 방문을 계기로 남북관계에 진전 움직임이 나타났다. 두절된 남북 통신망이 재개되었고, 10월에는 금강산에서 남북이산가족 상봉이 실현되었다. 그리고 10월 17일 싱가포르에서 남측 임태희 청와대 비서실장과 북측 김양건 비서의 비밀 접촉이 이루어졌다. 남북정상회담 개최 문제가 논의된 것으로 추측되었다. 남북관계 개선을 기대하는 분위기가 서서히 조성되는 듯했다. 하지만 얼마 가지 못했다.

이해 11월 NLL을 침범한 북측 함정을 격파한 대청해전과 이듬해 3월 천안함 침몰 사건을 계기로 남북관계는 다시 냉각되었다. 이명박 정부는 2010년 5월 24일 개성공단을 제외한 모든 남북 교류 협력과 교역 등을 전면 중단하는 조치를 취하였다. 박근혜 정부는 2016년 2월 개성공단마저 전면 중단하고 폐쇄해 버렸다. 김대중 대통령의 햇볕정책으로 시작된 6·15 남북 화해 협력의 공든 탑이 모두 무너져버렸다. 많은 난관을 극복하며 어렵게 다져온 남북관계를 이렇게 파탄시키다니 안타까운 마음을 표현할 길이 없다. 하루빨리 북-미 적대관계가 해소되고, 남북관계가 개선되기를 바라는 마음이 간절하다.

한반도평화포럼

2008년 보수적인 이명박 정부가 집권하면서 남북관계는 불신과 대결의 시대로 역주행하기 시작했다. 지난 10년간 온 겨레의 땀과 정성으로 일구어온 남북 화해와 교류 협력의 공든 탑은 무너지고, 평화가 위협받는 엄혹한 사태가 벌어지고 있었다. 6·15 남북공동선언과 10·4 남북정상선언은 묵살되었다. 북한이 급변 사태로 조만간 붕괴될 것이고, "통일이 캄캄한 밤중에 조만간 도둑같이 찾아올 것"이라며 흡수통일의 환상이 공론화되기 시작했다.

김대중 전 대통령은 생애 마지막이 된 6·15 9주년 행사 연설에서 한국이 직면한 3대 위기, 즉 민주주의의 위기, 민생경제의 위기, 남북관계의 위기를 지적하시고, 이명박 대통령에게 "6·15선언과 10·4선언을 지키라"고 촉구했다. 그리고 "우리 모두 행동하는 양심이 되자! 행동하지 않는 양심은 악의 편"이라고 절규하신 것이, 우리에게 큰 울림이 되었다.

이러한 정세를 배경으로 한반도평화포럼이 창립되었다. 2009년 7월, 영등포 하이테크시티의 내 연구실에서 4명의 전직 통일부장관(정세현, 이종석, 이재정과 나)과 김연철(한겨레평화연구소장), 박진원(한겨레통일문화재단 간사장) 6명이 만났다. 한 달 동안 세 차례 회동하며 국내외 정세를 분석·평가하고 대책을 논의했다. 우리는 민주정부 10년 동안 일궈온 화해·협력정책의 성과가 허물어지는 참담한 상황을 그대로 좌시할 수 없었다. 이 어두운 시기에, 남북관계 개선과 평화와 통일에 대한 균형 잡힌 시각으로 바람직한 담론을 생산하고 올바른 여론을 형성하는 한편 실용적인 정책 대안을 제시하는 등, 빛과 소금의 역할을 다하기 위해 한반도평화포럼을 창립하기로 의견을 모았다. 이 포럼은 학계, 통일운동 시민사회단체 지도자 및 전직 관료들이 연합하여 만들기로 합의하고, 곧바로 창립 준비에 나섰다.

학계에서는 문정인·김연철 백학순·고유환·서주석·장용석·이수훈·전현준·이장희·안병민·이춘근·김준형·정욱식, 시민사회단체에서는 백낙청(6·15공동선언실천 남측 상임대표)·백승헌(민변 회장)·윤수경(평화여성단체 대표)·이선종(원불교 교무)·황인성·이용선(우리민족서로돕기 대표)·장용훈(연합뉴스)·이제훈(한겨레) 박진원(한겨레통일문화재단)이 창립 멤버로 참여하였다. 관료 출신으로는 4명의 전 통일부장관, 백종천(전 안보실장), 통일부의 김형기·이관세 전 차관과 고경빈 조명균 실장, 국정원 출신으로는 김보현(전 3차장)과 서훈(전 국장) 등이 창립 멤버로 참여했다.

9월 7일 오후 서울 프레스센터에서 등록 회원 130명이 대부분 참석한 한반도평화포럼 창립총회를 개최하였다. 정관 채택에 이어 공동대표로 임동원, 백낙청을 선출하고 운영위원 위촉과 '한반도평화포럼 창립결의문'을 채택하였으며 제1차 토론회도 개최했다. 그 후로 한반도평화포럼 회원들은 지난 민주정부에서 평화와 통일, 안보 문제를 다루어 온 정책 경험과 학계에서 연구해 온 학문적 지혜 그리고 평화·통일운동을 전개해 온 시민사회의 열정과 경험을 서로 나누며 힘을 합쳐 바람직한 한반도의 오늘과 내일을 모색해 왔다.

한반도평화포럼의 운영자금은 회원들의 회비와 간부들의 특별 기여금으로 충당했다. 발족 초기에 백낙환 인제대 이사장을 비롯한 독

한국프레스센터에서 열린 한반도평화포럼 창립총회에서 백낙청 교수와 저자가 공동이사장으로 선출되었다. 2009년 9월.

———

지가들의 기부금이 큰 도움이 되었다. 공동이사장을 맡은 백낙청 이사장과 나도 창립 비용을 보탰다. 그동안 정세현, 문정인, 이종석, 백종천, 윤수경, 김연철 등 간부들을 비롯한 많은 회원이 한반도평화포럼의 발전을 위해 헌신적으로 기여했다. 특히 여러 가지 어려운 상황에서도 한반도평화포럼 활동을 성공적으로 이끌어온 아이디어 맨 박진원 사무총장(후에 남북연락사무소장 역임)의 창의적인 제안과 적극적인 추진력 그리고 꾸준히 주도해 온 공로를 높이 평가한다.

한반도평화포럼에서는 월례 토론회로 시작하여, 6·15 공동선언과 10·4 정상선언을 기념하는 연례 학술회의를 비롯한 각종 국내외 학술 심포지엄, 각 지역을 순회하며 시민들과 함께 하는 '통일토크쇼' 등을 개최했다. 매주 2회 발행하는 온라인 뉴스레터 '한반도의 아침'은 많은 독자의 사랑을 받으며 계속 발간되고 있다. 평화 통일 분야의 일꾼을 양성하는 1년 과정의 한평아카데미도 매년 이어지고 있다.

특히 두 번의 대통령선거를 앞두고는 새 정부의 바람직한 통일·외교·안보정책 건의서를 만들어 각 정당 대통령 후보들에게 제공했다. 건의서는 서훈 박사가 주도한 연구팀이 초안을 작성하고 전문가들이 검토하여 완성했다. 문재인 대통령 후보는 한반도평화포럼이 주최하는 행사에 여러 번 참석했고, 나는 오찬 회동을 하며 의견을 나누기도 했다. 집권 후에는 대통령 관저로 초청받고 만찬 회동을 통해 자문에 응하는 특전을 누리기도 했다. 문재인 대통령은 지난 9년간의 역주행을 멈추고, 김대중-노무현 정부의 화해 협력의 대북정책을 계승하여 남북관계를 개선하고 한반도 평화 프로세스를 재개하고자 노력했다. 문재인 정부에는 한반도평화포럼을 주도해 온 여러 회원이 요직에 참여하였다.

나는 박원순 서울특별시 시장의 간곡한 요청을 받아들여 2013년부터 6년간 서울특별시 남북교류협력위원회 위원장으로도 봉사했다. 박원순 시장은 서울시와 평양시가 자매관계를 맺어 대북지원사업을 추진하고자 꾸준히 준비하였다. 하지만 보수적인 박근혜 정부에서는 기회를 얻지 못했다. 박 시장은 나와 함께 2018년 문재인 대통령 평양 방문을 수행하여 북측과 접촉하였으나, 이듬해 북-미 하노이 정상회담 파탄으로 남북관계는 다시 경색되어 진전을 보지 못했다. 아쉬운 일이 아닐 수 없다.

공직을 마친 후 나는 한겨레통일문화상과 민족화해상(민화협에서 시상)을 수상한 데 이어 독립운동가이며 성균관대학교를 설립한 김창숙 선생을 기리는 심산상(2016년), 민족문화 창달과 평화통일 촉진에 헌신한 청명 임창순 선생을 기리는 임창순상(2019년), 김구 선생을 기리는 백범통일상(2021년)을 수상한 것을 큰 영광으로 생각한다.

2017년에는 6·15 17주년을 기념하여 KBS가 한 시간 분량의 〈오래된 기억 6·15남북정상회담〉을 특집으로 방송해서 좋은 평가를 받았다. 이 특집은 양승동 프로듀서가 내 회고록인 《피스메이커》를 정독하여 구상하고, 최진영 프로듀서와 함께 나와 인터뷰하는 형식으로 만든 작품이다. 양승동 PD는 6·15공동선언실천 남측위원회 언론본부 공동 대표, 제21대 한국PD연합회 회장 등을 역임한 탁월한 프로듀서다. 이 해에 그는 통일언론상 대상을 수상하고, 이듬해에는 KBS 사장(2018. 4.~2021. 12.)으로 선출되었다.

동방정책과 햇볕정책의 만남

독일 통일 20년을 맞은 2010년 12월, 나는 프리드리히 에버트 재단 초청으로 베를린을 방문했다. 에버트 재단은 자유베를린대학과 공동으로 김대중 대통령 노벨평화상 수상 10주년을 기념하여 12월 9일 '코리아의 평화와 민주주의'를 주제로 한 행사를 개최했다. 행사는 김대중 대통령이 10년 전인 2000년 남북정상회담 성사를 앞두고 '베를린선언'을 발표한 바로 그 장소인 헨리 포드 기념관에서 거행되었다. 이 행사에는 전현직 교수 40여 명, 대학생 60여 명을 포함한 200여 명이 참석하여 대성황을 이루었다.

베르너 페니히Werner Pfennig 교수가 1년 전에 서거한 김대중 대통령을 추모하며, '김대중의 사상과 회고'를 주제로 감명 깊은 기념 연설을 했다. 나는 그가 15년 전에《김대중의 3단계 통일론》출판기념회에 초청되어 축하 강연을 한 때부터 그와 긴밀한 유대를 유지해 왔다. 그는 서울을 자주 방문했다.

내 기조연설과 함께 '브란트의 동방정책과 김대중의 햇볕정책'이라는 주제로 대담이 진행되었다. 빌리 브란트 총리의 동방정책을 설계하고 시행한 에곤 바Egon Bahr와 김대중 대통령의 햇볕정책 설계자요 전도사로 소개된 나는 80여 분간 진지하고도 유익한 대담을 나누었다.

종전 후 저널리스트로 활약하던 에곤 바(1922~2015)는 1960년 빌리 브란트 서베를린 시장의 공보관으로 발탁된 후 계속 빌리 브란트의 정치적 동반자로 활약했다. 빌리 브란트가 연방정부 외교부장관을 거쳐 1969년 총리에 취임하면서 그는 특임장관으로 동방정책을 구상하고 실행하는 중요한 역할을 수행했다. 그리고 헬무트 슈미트 정부에서도 경제협력장관으로 동방정책을 계속 추진했다. 에곤 바의 동방정책이 마침내 동서독의 통일에 이르는 초석이 된 것이다.

나는 통일부장관 시절인 2001년에 서울을 방문한 에곤 바를 처음으로 만나 그를 만찬에 초청하여 유익한 의견을 나눈 바 있다. 당시 그는 나의 시야를 넓혀 주고 많은 자극을 주었다. 이번에는 9년 만에 베를린에서 다시 만나 공개 토론을 하게 되니 기쁘고 영광스러운 일이 아닐 수 없었다. 나를 반갑게 맞아준 88세의 에곤 바는 외견상 노쇠한 것 같아 보였으나 77세인 나보다 기억력이나 표현력이 훨씬 더 좋아 보였다.

에곤 바 박사는 나의 "기조연설에 전적으로 공감한다"며 "김대중 대

독일 통일 20주년을 기념하여 '브란트의 동방정책과 김대중의 햇볕정책'을 주제로 자유베를린대학 헨리 포드 기념관에서 카린 잔즈 박사의 사회로 저자와 에곤 바 박사가 80여 분간 대담하였다. 2010년 12월.

────

통령의 연합단계를 통한 점진적·단계적 평화통일정책은 합리적이고 현실적인 올바른 정책이다. 상당 기간 화해와 소통의 과정을 통해 상대방 주민의 마음을 얻어야 평화적 통일이 가능할 수 있게 될 것"이라고 말했다. 그는 언론 매체에서 흔히 독일 통일을 '흡수통일'이라고 말하는데, 이는 동독 시민을 모독하는 잘못된 표현이라고 지적했다.

"독일 통일은 흡수통일이 아니다. 상당 기간 동서독 소통의 과정을 통해 의식이 변화된 동독 주민이 시민혁명과 민주선거를 통해 스스로 선택한 통일이다. 서독이 일방적으로 강요하고 흡수할 수 있는 것이 아니다."
"물론 이러한 선택이 가능하도록 동독 시민의 마음을 얻은 것은, 장기간 꾸준히 추진한 동방정책의 소산이었음은 두말할 나위도 없다. 동방정책은 '접촉을 통한 변화', '작은 걸음의 점진적 접근'을 통해 '민족통합'을 지향한 장기 정책이었다. 햇볕정책도 이와 같은 지향성을 가진 것으로 안다."

이 말을 들으며 나도 '흡수통일'이라는 표현을 써온 것을 부끄럽게 생각하였다. 에곤 바는 "동방정책은 단순히 동독에 국한된 정책이 아니라 소련을 비롯한 동구권에 대한 정책"이었다고 강조했다.

"동방정책은 양독의 관계 개선과 함께 소련을 비롯한 동구권 국가들과의 관계 정상화로 유럽의 안보 협력CSCE의 틀을 만들어, 유럽의 평화와 질서 안에서의 독일 통일을 지향한 것이다."
"서독의 동방정책 없이는 고르바초프가 소련의 최고지도자가 될 수 없었을 것이고, 또한 고르바초프 없이는 독일 통일도 불가능했을 것이다."

한편 그는 한반도 문제와 관련하여 이렇게 조언하였다.

"유럽과 달리 동북아의 경우는 평화공동체 형성이 쉽지 않아 보인다. 두 코리아가 힘을 합쳐 선도적 역할을 할 필요가 있다고 본다. 동북아 평화공동체 안에서 코리아 통일을 이루어 나가야 할 것이다. 따라서 우선 두 코리아의 화해 협력과 관계 발전이 긴요하며, 강자요 가진 자인 남한의 아량과 적극성이 중요하다."

이 대담을 통해 동방정책과 햇볕정책은 여러 가지 유사점이 있음을 확인했다. 독일과 한반도는 둘 다 제2차 세계대전 후 분단된 국가로서 통일을 이룩해야 할 과제를 안고 있었다. 또한 서로 특수관계를 유지하며 민족의 동질성을 유지하고자 했다. 따라서 정책의 핵심은 화해와 교류 협력을 통해 변화를 추구하며 상호의존성을 제고하는 것이었다. 또한 서독과 한국은 분단된 상대방보다 우위의 국력을 토대로 인도적·경제적 지원을 제공하며 접촉과 교류 협력을 활성화하고자 했고, 서방 동맹을 유지하며 관계 개선과 지역의 평화와 질서를 조성하고자 했다.

하지만 한반도의 상황은 독일과 많은 부분에서 차이가 있었다. 남북한은 동서독과 달리, 동족상잔의 처절한 전쟁을 겪으며 서로 원수가 되어 아직도 증오와 불신의 승패 게임에서 헤어나지 못하고 있다. 또한 장기화된 군사정전체제 아래 적대관계가 지속되면서 군비 경쟁이 심화되고 있다. 유럽에서처럼 양대 진영 간의 화해와 협력을 통한 평화 질서 구축 노력이 부재한 상태에서 한반도는 해양 세력과 대륙 세력의 각축장이 되고 있다. 더구나 동독과는 달리 시민사회 경험이 전무한 북한의 경직성과 예측불가성이 변화를 어렵게 하고 있다. 이처럼 한국은 독일과 적지 않은 유사점이 있으나 심각한 차이점이 있는 것도 사실이어서, 이를 극복해야 하는 지난한 과제를 안고 있다는 점도 부각되었다.

베를린에 체류하면서 나는 자유베를린대학 이은정 교수가 소장으로 활약하고 있는 코리아문제 연구소의 연구위원들과 여러 차례 토론회를 가졌고, 에버트 재단이 주최하는 오찬 간담회에 참여했으며《디 타게스짜이퉁》지와 인터뷰를 했다. 그리고 페니히 교수 내외의 안내

로 베를린에서 약 25킬로미터 남쪽에 위치한 포츠담을 방문했다. 제
2차 세계대전에서 독일이 항복(1945. 5. 8.)한 후 미·영·소 수뇌가 역사
적인 정상회담을 한 장소에 가보고 싶었다. 여기서 독일에 대한 전후
처리 문제와 함께 일본에 무조건 항복을 요구하는 포츠담선언이 발표
(1945. 7. 17.)되었다. 또한 포츠담회담에서 우리 민족의 운명을 좌우하
는 미·영·소·중 4개국에 의한 5~10년의 신탁통치안이 확인되었다. 영
국의 처칠, 미국의 트루먼, 소련의 스탈린이 회담하는 모습을 담은 흑
백 사진들이 인상적이었다.

또한 에버트 재단 베르너 캄페터^{Werner Kampeter} 박사의 안내로 베를린
시내를 돌아보기도 하고, 내가 그토록 가보고 싶었던 라이프찌히^{Leipzig}
도 방문하였다. 여기서 동독 시민혁명의 발상지인 니콜라이교회와 시민
혁명기념관 등을 둘러보았다. 니콜라이교회에 소속된 5,000 신도들이
1989년 10월 9일 월요기도회를 마치고 민주화를 요구하는 평화적인 촛
불시위를 전개했는데 이것이 동독 시민혁명을 촉발한 것이다. 이 비폭
력 시위를 시작으로 "인간의 얼굴을 가진 사회주의", "민주적인 신(新)동
독 건설"을 주장하는 민주화 시위가 동독 전 지역으로 급격히 퍼져나갔
다. 그리고 한달 후에 베를린장벽이 무너졌다.

월요기도회를 주도한 유명한 휘러^{Christian Fuehrer} 목사께 경의를 표하
기 위해 예방하고자 했으나 부재 중이라 뜻을 이루지는 못했다. 기독
교사회주의자인 그는 "예수는 인류 역사상 최초의 사회주의자"라고
주장한 것으로도 유명하다.

캄페터 박사는 내 요청을 받아들여, 라이프치히에서 동독 출신인
알렉스 뤼디거 교수를 안내자 겸 토론자로 선정하여, 동독인의 입장에

동독 시민혁명의 발상지인 라이프찌히 니콜라이교회 앞에서. 2010년 12월.

서 본 '통일 전후의 동독 상황'을 파악할 수 있도록 배려해 주었다. 동독 출신의 50대 정치학 교수는 동독인들이 시민혁명을 통해 '인간의 얼굴을 가진 사회주의', 자유와 평등, 보다 좋은 삶을 원했으나 통일 후 동독인들은 마치 2등 시민으로 전락한 느낌을 갖게 되었다며, 통합 과정이 슬기롭지 못했기 때문이라고 비판했다.

그는 통일 당시 서독에 기민당이 아니라 사민당이 집권하고 있었다면 많이 달랐을 것이라고 주장했다. 통일 후 일정 기간이라도 동독 기업들을 국가가 관리했어야 하는데 신자유주의 정책을 추진한 기민당 정부는 시장에 방치해 버렸다. 동독의 기업과 공장은 서독 자본가들에게 싼값에 불하되었고, 이윤을 추구하는 자본가들은 인수 후 일부 공장을 가동하지 않고 방치했다. 이로 인해 동독에서는 실업자가 양산되었다는 것이다. 특히 토지와 공장의 즉각적인 사유화 정책도 잘못됐다고 말했다. 일정 기간 국가가 개입해 공개념으로 관리했어야 했다는 것이다. 토지를 원소유자에게 반환할 것이 아니라, 경제 개발에 활용하면서 원소유주에게는 채권을 발급한다든가 하는 방식으로 보상하는 정책을 취했다면 경제발전을 위해서나 동독인들 및 원소유자 모두에게 이로울 수 있었다는 것이다.

또한 그는 조기 통일이 아니라 '국가연합'을 거쳐 신중하게 통일을 추진했으면 더 좋았을 것이라고 주장했다. 그렇다고 해서 통일이 잘못됐다는 뜻은 아니라고 강조했다. 통일 후 통합 과정에서 동독인의 피해를 최소화하도록 배려했어야 했는데 그러지 못했다는 것이다. 이런 의미에서 그는 "남북연합을 통해 점진적·단계적으로 통일을 지향하기로 한 '6·15 남북공동선언'은 현실적이고 이상적인 좋은 방법"이라고 생각한다고 평가했다.

2012년 2월에는 에버트 재단[†]이 뉴욕에서 '동북아 평화와 협력'을

[†] 이 회의를 주최하고 경비를 지원한 프리드리히 에버트 재단(Friedrich-Ebert-Stiftung, FES)은 독일 사회민주당(SPD)과 관련되어 있으면서도 독립적으로 운영되는 비영리 공익 재단이다. 제1차 세계대전 패전 후 독일 역사상 최초로 민주적으로 선출된 프리드리히 에버트(1871~1925) 대통령의 정치적 유산으로 1925년에 설립된 기구다. 나치에 의해 한때 당과 함께 활동이 금지되었으나, 제2차 세계대전 후 활동을 재개하였다. 이 재단은 민주주의와 정치 교육을 장려하고 해외 개발 지원 사업을 전개하는 독일의 가장 크고 오래된 조직으로 지금은 전 세계 100여 개국에 지부를 두고 있다고 한다. 한국지부장으로 베르너 캄페터에 이어 크리스토프 폴만(Christoph Pohlmann)이 적극적이고 훌륭한 활약을 하고 있었다.

주제로 한 국제회의를 3일간 개최했다. 토론자의 익명성을 보장하기 위해 누가 어떤 발언을 했는지는 비밀에 부쳐야 하는 채텀 하우스 룰Chatham House Rule을 적용한 비공개 회의였다. 이 규칙으로 인해 솔직한 개인 의견과 소중한 정보를 교환하는 유익한 회의가 되었다.

이 회의는 북한을 포함한 6자회담 참가국과 독일, 몽골 등 8개국에서 전현직 정부 고위 관리, 국회의원, 싱크탱크와 시민단체 전문가들 50여 명을 개인 자격으로 초청한 Track-2 회의였다. 미국 측에서는 헨리 키신저Henry Kissinger 전 국무장관, 존 케리John Kerry 상원 외교위원장, 도널드 그레그Donald Gregg와 제임스 레이니James Laney 전 주한 대사 등 15명이 참석했다. 북한 측에서는 리용호 외무성 부상(후에 외무상 역임), 최선희 미주국 부국장(후에 외무성 부상), 한성열 유엔 차석대사(후에 외무성 부상) 등 7명, 한국 측에서는 백낙청 교수, 손학규 의원, 문정인 교수와 임성남 외교부 차관보 등 7명이 참석했다. 그리고 중국·러시아·일본·몽골에서 각 2명, 독일에서 한반도 문제에 관심이 많은 볼커 루헤Volker Ruhe 전 국방상, 요하네스 플르그Johannes Pflug 의원 등 9명이 참석했다. 모두 중량급 인사들이 참석한 격조 높은 회의였다.

이 회의에서 가장 큰 관심을 끈 것은, 존 케리 미 상원 외교위원장과 2시간 가까이 이어진 특별대담이었다. 북한 측 참석자들과 북-미관계 개선책 문제에 대한 진지한 토론이 전개된 것이다. 장기간 영국 주재 대사를 역임한 리용호 부상과 최선희 부국장이 유창한 영어로 적극적이고 격렬한 질문을 하였으며 진지하게 토론하여 이 회의를 빛냈다. 이례적이라 할 만했다. 존 케리는 "미국은 영원한 적이 없다는 입장을 유지한다"며, 북한과의 관계 개선이 가능하다고 언급했다. 헨리 키신저

독일 에버트 재단 주최 '동북아 평화와 협력'을 주제로 한 뉴욕회의에서. 왼쪽부터 이해우 위원장, 저자, 그레그 대사, 레이니 대사, 백낙청 교수, 이기호 교수. 2012년 10월.

_____

박사의 '동북아 평화 안보의 전제조건'이라는 30분간의 특강과 토론도 관심을 끌었다. 나는 '한반도 평화와 동북아 안보 협력'이라는 주제로 발표하고 토론했다.

이 회의에서는 발제와 자유 토론을 통해 다음과 같은 내용이 논의되었다. (1) 동북아의 평화와 안보를 위해서는 한반도의 평화와 안보가 필수적이며, 동북아 집단안보기구를 구성해야 한다. (2) 한반도 비핵화를 위해 2005년 9·19 6자합의대로, 핵 문제를 북-미 적대관계 해소와 함께 행동 대 행동 원칙에 의해 단계적으로 해결해야 한다. (3) 한반도 전쟁 재발 방지를 위해 정전상태를 공고한 평화체제로 전환하는 일이 긴요하다. 이 밖에 유럽 헬싱키 프로세스의 교훈 수용과 동북아 적용 문제, 미-중 역할의 중요성 등이 논의되었다.

뉴욕회의에 이어 이듬해 5월에는 에버트 재단이 한신대학과 공동 주최로, 다시 '동북아 평화와 안보'를 주제로 하여 전문가를 중심으로 한 토론회 형식의 국제회의를 개최했다. 이번에는 독일 뮌헨 남쪽 투칭Tutzing의 아름다운 호숫가에 자리 잡은 투칭기독교아카데미에서 열렸다.

나는 채수일 한신대 총장, 손학규 의원, 이행우 위원장, 박명규 교수(서울대), 이기호 교수(한신대)와 함께 참석했다. 미국 측에서는 한국에 20여 년간(1969~1993) 체류하며 활동하여 한국어에 능숙한 캐리어 F. Carrier 교수, 프리차드J. Pritchard 대사, 상원외교위원장 보좌관 프랭크 재누치F. Jannuzi, 북핵 전문가 레온 시갈Leon Sigal 등이 참석했다. 독일과 EU 측에서는 볼커 루헤 전 국방상, 요하네스 플르그 의원과 크리스토프 폴만 에버트 재단 한국지부장 등 10여 명이 참석하여 발표하고 토론했다. 폴만, 이행우, 이기호가 이 회의를 조직·운영하고 사회를 맡는 등 큰 역할을 수행한 실속 있는 회의였다. 아름다운 슈타른베르크 호수 Starnberger See에서 다 함께 관광선을 타고 구경도 하고 만찬장으로 이동하며 대화를 나눈 것도 좋은 추억으로 남는다.

투칭으로 가는 길에 나는 채수일 총장, 이행우 위원장과 함께 독일 제3의 도시인 뮌헨에서 1박하며 시내 관광 명소를 둘러보았다. 오랜 역사를 자랑하는 중심가 광장 거리에서 웅장한 교회 건물들을 구경하고, 고풍스러운 멋을 풍기는 시청 청사도 둘러보았다. 청사 시계탑에서 인형들이 나와 인형극을 펼치는 것도 인상적이었다. 뮌헨에서 투칭으로 가는 길에 '반석 위에 앉은 백조'라는 이름이 붙은 유명한 노이슈반슈타인성Schloss Neuschwanstein을 찾았다. 바이에른 왕가의 황태자가 낡은 성을 고쳐 신고딕 양식으로 재건축한 고성으로 절벽 언덕 위에 세워져 있다. 여기서 내려다보는 알프스 호수와 작은 마을, 이를 둘러싼 아름다운 경치가 무척 인상적이었다.

압록강-두만강 따라 3,300리 길

2012년 8월 초, 이종석 박사의 연구답사팀에 합류하여 압록강-두만강에 연한 북-중 접경 지역으로 9일 동안 답사 여행을 떠났다. 이 여행을 통해 최근의 북-중 관계를 파악할 수 있었을 뿐만 아니라 백두산 등정도 하게 되어 매우 유익하면서도 아름다운 기억을 간직하게 되었다. 이종석 박사는 북한 문제뿐 아니라 북한-중국 관계 연구의 권위자다. 그는 자료 수집을 위해 오래 전부터 자주 중국을 방문하는 한편 북-중 접경 지역 연구 답사를 해왔다.

중국이 '동북3성진흥계획'을 추진하면서 북한도 2~3년 전부터 공동 개발에 호응하여 경제개발을 추진 중인 것으로 알려졌는데, 이번 답사는 그 진전 상황을 북-중 접경 지역에서 관찰하려는 것이다. 2009년 10월 중국 총리 원자바오와 김정일 위원장의 평양회담을 통해 북한과 중국은 '경제 무역 협력 의정서'를 체결하고, 중국은 이어서 곧 창춘(長春)-지린(吉林)-투먼(圖們)에 이르는 '창지투(長吉圖)개발계획'을 발표했다. 2010년이 되자 중국은 신압록강대교 건설공사를 시작했고, 나선(나진-선봉)에 신부두를 건설하여 50년간 사용권을 확보했으며, 중국인의 북한 단체 관광을 개시하는 등 많은 변화의 조짐이 나타나기 시작했다.

중국은 개혁·개방을 시작한 이후 지난 30년간 30배의 경제성장을 이룩하여 세계 제2의 경제 강국으로 부상했다. 그동안 해안 지대에 집중해 온 경제개발을 점차 내륙 지역으로 확대하면서 창지투 개발을 포함한 동북3성 개발도 본격적으로 추진하는 단계에 이른 것이다.

2012년은 전년도 12월에 갑자기 서거한 김정일 위원장을 뒤이어 28세의 김정은 위원장이 집권한 첫해다. 김정은은 첫 대중연설에서 "허리띠를 조이지 않게 … 인민 생활 향상을 현실로 꽃피워 나가야 한다"며 "경제 강국 건설"을 내세웠는데, 과연 어떤 진전이 있는지도 관심사였다. 답사 코스는 압록강 하류에서 시작하여 압록강 상류와 백두산 지역, 두만강 상류에서 하류에 이르는 코스다. 이번 답사팀에는 북한 문제 전문가인 정세현 전 통일부장관과 백학순 박사, 황인성·장재연·황재옥 박사들도 합류하여 자주 유익한 토론을 하였다. 답사 기간 중에 부산에서 온 한반도평화포럼 간부인 조현장 의사도 합류했다.

항공편으로 다리언(大連)에 도착한 우리는 미니 버스를 타고 고속도로를 달려 단둥(丹東)으로 향했다. 도중에 기초공사 중인 산업단지 황금평을 살펴보았다. 단둥에 이르자 우선 압록강 유람보트를 타고 좌우편의 단둥과 신의주 두 도시를 관찰했다. 인구 75만 명의 단둥은 새로 건축한 고층 빌딩이 즐비하여 날로 발전하는 활기찬 도시라는 인상을 받았다. 하지만 신의주(인구 36만 명) 쪽에는 "김일성동지와 김정일동지는 영원히 우리와 함께 계신다"는 크고 기다란 가로 현수막이 경관을 가리고 있었고, 높은 굴뚝 몇 개만 시야에 들어왔다.

한국전쟁 때 미 공군의 폭격으로 단교(斷橋)된 압록강 철교에 올라 끊어진 지점까지 가보았다. 이 다리는 대륙 침략의 야욕을 가진 일제가 1911년에 건설한 철교다. 단교된 지점의 입구에는 중국인민지원군(중공군) 사령관이 압록강 철교를 통해 개입한 날(1950년 10월 19일)을 보여주는 탁상용 캘린더를 형상화한 조각과 지원군을 이끌고 있는 펑더화이(彭德懷) 사령관의 참전 기념 조각상이 있어 눈길을 끌었다.

철로와 도로 겸용인 중조우의교(1943년 준공)에는 물자를 가득 실은 트럭 행렬이 계속 이어지고 있었다. 단둥-신의주-평양 철도와 도로를 연결하는 이 교량이 북-중 교역과 교통에 중추적인 역할을 수행하고 있음을 직감할 수 있었다. 또한 2~3년 내 완공될 것이라는 신압록강대교의 모습을 보며, 우리는 저 신대교가 완공되어, 단둥-신의주에서 평양-개성에 이르는 고속도로도 건설되고, 남북의 고속도로가 연결되어 대륙으로 진출하게 될 날을 상상해 보는 대화를 나누었다. 단둥 시가를 둘러본 후 저녁에는 뜻밖의 이벤트가 있었다. 내 친근한 동지들인 정세현, 백학순, 이종석이 내 팔순 생일을 축하하는 애정 어린 헌사와 함께 성대한 만찬을 베풀어 주어 고마웠다.

단둥에서 압록강을 따라 태평만 창허도(長河島)에 이르러, 중국이 1987년에 준공한 태평만댐(발전설비용량 19만 킬로와트)과 1951년 3월 미 공군 폭격으로 단교된 하구(河口)-청수(삭주) 철교와 교량을 보았다. 이 철교는 중국인민지원군 개입 당시 사용된 3대 철교 중 하나였다. 철교와 교량이 모두 단교되어 지금은 하구-청수 수로(하천 교통로)만 운용되고 있었는데, 많은 선박을 목격할 수 있었다. 창허도에서는 마오쩌둥(毛澤東)의 장남 마오안잉(毛岸英)의 추모 동상이 눈길을 끌었다. 비문에

저자의 고향 위원읍을 수몰시킨 압록강 위원댐을 배경으로. 2012년 8월.

———

는 "항미원조(抗美援朝) 보가위국(保家衛國)을 위해 중국인민지원군에 솔선 지원하여 10월 23일 이곳 하구에서 압록강을 건너 참전하여, 총 사령부에서 근무 중 11월 25일 미 공군 폭격으로 28세로 희생되었고, 평남 열사묘지에 안장되었다"라고 적혀 있었다.

창허도에서 선박 편으로 수풍댐을 찾았다. 압록강에 있는 4개의 댐 중 가장 규모가 크고 오래된 수풍수력발전소는 설비용량 64만 킬로와트로 1944년에 준공되었다. 다시 버스를 타고 라후샤오(老虎哨)로 가서 위원댐을 보았다. 라후샤오-위원은 압록강의 네 수로(하천 교통로) 중 하나다. 위원댐은 이번 여행에서 내가 개인적으로 꼭 가보고 싶었던 곳이다. 북한이 1990년에 준공한 위원댐은 설비용량 39만 킬로와트의 수력발전 설비를 갖추고 있었다. 위원댐 건설로 내 고향 위원읍이 수몰되었다. 내가 태어나서 15년간 자란 정든 내 고향 위원읍은 아무리 눈을 비비고 다시 보아도 그 자취를 찾아볼 수 없었다. 월남민이라 할 때는 북에 고향이 있는 사람을 뜻했는데 나는 고향이 없는 실향민이라고 생각하니 가슴이 아팠다. 위원읍을 수몰한 호수를 바라보며 넋을 잃은 나는 일행의 독촉을 받고서야 자리를 떠날 수 있었다. 이렇게라도 내 고향 땅을 멀리서나마 바라볼 수 있어 다행이라 생각했다.

북한의 만포를 마주한 지안(集安)에서는 만포선의 시발점인 지안-만포 철교(1939년 준공)를 중간 지점까지 거닐어 보았다. 안내문을 보니, 이 지안-만포 철교를 통해 1950년 10월 11일부터 1953년 7월까지 중국인민지원군 42만여 명과 지원요원 17만 명을 비롯해 작전물자 등이 수송되었다고 소개되어 있다. 철교에서 멀지 않은 좌측에는 거의 완공 단계에 있는 새 지안-만포 교량이 눈에 띄었다. 완공되면 압록강의 네 번째 교량이 될 것이다. 지안-만포 통로는 단둥-신의주 통로에 이어 압록강의 중요한 북-중 통로임을 확인할 수 있다. 지안에서는 광개토왕비, 장군총, 고구려 벽화를 볼 수 있는 오호묘와 환도산성을 둘러보며, 백학순 박사의 강의를 통해 고구려의 역사도 공부할 수 있었다.

압록강 하류 답사를 마치고 통화(通化)를 거쳐 바이산(白山)으로 이동하여 압록강 상류 답사를 시작했다. 린장(臨江)의 한 전망대에 올라 압록강의 두 번째 교량인 린장-중강 교량과 대안의 북한 땅인 중강진 일대를 관찰하고, 압록강 강변을 따라 양강도의 수도인 혜산시의 대안 도시 창바이(長白)로 향했다. 압록강 상류는 북한 양강도 지역을 관찰하는 흥미진진한 코스다. 백두산 망천아봉(望天鵝峰)(해발 2,051미터)의 광활한 현무암 용암대지에 압록강 방향으로 23개의 계곡이 형성되어 있는데 도구(道溝)라 불리는 이 계곡들의 끝자락을 따라 이동하는 코스다.

여섯 번째 계곡인 6도구진에 이르자 유명한 압록강 뗏목 여러 개가 눈에 띄었다. 압록강 상류에서 벌목한 목재를 뗏목으로 묶어, 마치 강 위의 열차처럼 내려보내 하류로 운송하는 것이다. 일행은 처음 보는 것이라 신기하게들 생각했으나, 나는 소년 시절에 고향에서 많이 봤기 때문에 70여 년 만에 다시 보자 흥분을 금할 수 없었다. 압록강변을 따라가며 북한 지역의 다락밭 등 낙후한 농촌 모습, 8도구진 대안의 김형직군(후창군), 14도구진 대안의 비교적 잘 정리된 마을로 보이는 김정숙군(자성군), 벌목한 목재 집결 장소 등을 관찰하며 18도구를 지나 조선족 자치현인 창바이에 이르렀다.

다음 날 이른 새벽에 창바이호텔을 출발하여 백두산 등정 길에 나섰다. 중국에서는 백두산을 창바이산(長白山)이라고 부른다. 창바이산 화산지질공원(해발 1,340미터)으로 가, 남파참(南坡站)에서 미니버스로 갈아타고 남파길을 따라 올라갔다. 남파길은 북한과 접경한 32킬로미터 군용도로를 5년 전 시멘트로 포장한 도로로서 아직은 개방이 제한되어 있다고 한다. 북한과의 경계선이기도 한 압록강의 상류를 따라 발원지까지 가다 보니 강폭이 점점 좁아져 1미터 미만의 냇가로 좁아지고 있었다. '천지' 이정표가 있는 지점에서 하차하여 제비봉을 바라보며 도보로 정상에 올랐다. 아침 8시였다. 마침내 그토록 소원하던, 우리 민족의 성스러운 산 백두산 정상에 오른 것이다. 맑고 쾌청한 날씨에 푸른 천지를 내려다보며 서로 경쟁이나 하듯이 사진을 찍어댔다.

중국 국장과 "中國 36 2009"라고 새겨진 160센티미터 높이의 경계

남파길로 백두산에 올라 천지 앞에 섰다. 왼쪽부터 황인성, 정세현, 저자, 이종석, 장재언, 조현장. 2012년 8월.

비석이 눈에 띄었다. 2009년에 세운 36번 경계비인 것이다. 뒷면에는 북한 국장과 "조선 36 2009"라 새겨져 있었다. 월경(?)하여 북측 면을 배경으로 기념사진을 찍었다.

백두산은 천년 전 화산 폭발로 형성된 높이 2,744미터의 활화산으로 장군봉, 천문봉 등 16개 봉우리와 천지로 형성되어 있다. 천지(天池)의 수면은 해발 2,194미터, 수면 면적은 9,165제곱킬로미터, 깊이 384미터, 둘레 13킬로미터로 적수량이 20억 세제곱미터나 되는 엄청 큰 산상 호수다. 버스를 타고 올라갈 때는 35분이 걸렸는데 하산할 때는 다섯 번이나 정차하며 천천히 한 시간 반 동안 백두산 고원지대의 여기저기를 둘러보았다. 압록강 발원지인 물줄기와 고산지대의 아름다운 화초들을 관찰하며, 그랜드캐니언을 연상케 하는 압록강대협곡의 장엄한 광경도 둘러보았다.

오후에는 창바이에서 발해 유적지로 가서 5중탑인 영광탑(靈光塔)을 둘러보고, 전망대에 올라 창바이시와 혜산시 두 도시의 전경을 바라보았다. 양강도의 수도인 인구 20만의 혜산시는 규모는 커 보이지만 여러모로 인구 10만의 신흥 도시 창바이(長白)와 비교되었다. 압록강 길을 따라 걸으며 혜산시를 근접 관찰했다. 압록강 폭이 100미터가 되지 않아 보이고 깊어 보이지도 않았다. 많은 여인네들이 강가에서 빨래를 하고 어린아이들이 물놀이를 즐기고 있었다. 압록강의 세 번째 교량인 창바이-혜산교로는 광물 운반 차량들이 목격되었다. 저녁에는 이곳의 유명한 산천어로 만찬을 즐기고 밤하늘을 가득 채운 별 보기에 나섰다.

이튿날에는 창바이에서 북쪽의 바이허(二道白河)로 이동하여 북파길로 다시 한번 백두산 등정에 나섰다. 창바이에서 바이허에 이르는 도로는 망천아봉(望天鵝峰) 북측의 침엽수와 자작나무의 밀림지대(해발 2,000미터)를 관통하는 길이었다. 이 밀림지대에서 벌어진 항일전쟁의 역사를 이종석 박사의 설명으로 들으며 이동했다. 송화강의 상류를 마주하기도 했다.

바이허에서 백두산 북파참(北坡站)으로 가는 길은 삼림 속의 잘 가꾸어진 도로였다. 북파참은 관광객으로 엄청나게 붐벼 통행이 어려울 정도였다. 이날 북파참에서 표를 산 관광객이 무려 1만 4천 명이라는 전광판을 보고 놀라지 않을 수 없었다. 한국 관광객들이 많아 보였다. 조용한 남파참과는 확연한 대조를 이루었다. 창바이폭포가 관광객의 인기를 끌고 있었다.

다시 북파참을 경유하여 이번에는 백두산 고원지대의 위안지(圓池)

습지대로 갔다. 만주족 기원 신화의 중심지로 알려진 이곳에는 이를 알리는 돌비석이 있었다. 지금까지는 단둥-신의주 두 도시를 낀 하류에서부터 2,000리 길(790킬로미터)인 압록강을 따라 발원지인 백두산에 올라왔다. 이제부터는 두만강의 발원지인 위안지에서 531킬로미터에 이르는 두만강을 따라 상류에서 하류의 끝 팡촨(防川) 까지 내려가게 된다.

북한 대홍단의 삼장리와 연결된 두만강의 첫 교량인 구청리(古城里)-삼장교를 살펴보며 점심을 먹고, 난핑(南坪)에 이르렀다. 난핑-무산 교량은 함경북도 무산을 통해 청진항에 이르는 중요한 통로로서, 도로의 개보수 작업이 한창 진행되고 있었다. 난핑의 호암전망대에 오르니 무산 철광 지역이 한눈에 들어왔다. 안내판에는 "무산철광은 아시아주 최대의 노천철광"이라고 소개되어 있었다. 컨베이어벨트에 실려온 철광석을 옮겨 적재한 트럭들이 난핑-무산 교량을 통해 중국으로 수송하는 광경을 한참 동안 관찰했다. 활기를 띤 통로임을 알 수 있었다.

무산의 대안 도시인 허룽(和龍)과 룽징(龍井)을 둘러보고 "연변조선족자치주 창립 60년을 축하합니다"라고 한글과 한문으로 적힌 커다란 경축문을 통과하여 인구 44만의 옌지(延吉)에 도착해 세기호텔에서 2박하였다. 여기서부터 세종연구소 초청으로 한국에 다녀온 바 있는 조선족 경제학자인 연변대 김화림(金華林) 교수가 동참하였다. 그는 '동북 3성진흥계획'에 대한 발표를 하고 우리와 토론도 하였다. 중국은 야심 찬 동북3성 개발을 위한 랴오닝(遼寧)연해경제벨트건설과 창춘(長春)-지린(吉林)-투먼(圖們)에 이르는 창지투(長吉圖)개발계획을 추진하면서 북-중 접경 지역에 경제무역지대 건설 계획을 추진하고 있으며, 북한도 공동 개발, 공동 관리 원칙하에 적극 호응하여 경제개발을 추진하기 시작했다고 한다. 창지투개발계획은 북한의 나선경제특구개발계획과 연계하여 추진 중이며, 최근 두만강 하류에서 중국의 활동이 활기를 띠고 있다는 것이다. 나진-선봉경제무역지대는 북한이 중국의 경제특구를 모방하여 외국 자본과 기술 유치를 위해 1991년 12월에 설치해서 개발을 추진해 왔다. 초기에는 인프라 확충에 중점을 두면서 국제 화물 중계기지 및 수출가공기지 건설, 관광기지 개발을 추진하며 국제 교류의 거점으로 육성하고자 했다. 하지만 그동안 계획대로 추진되지 못한 상태였다고 한다.

옌지에서 훈춘(琿春)의 취안허(圈河)-원정 교량과 샤퉈즈(沙坨子)-경원 교량의 상황을 살펴보고, 두만강 최하류의 중국-러시아-조선 3국 접경 지점인 팡촨(防川)에 이르렀다. 멀리 러시아의 핫산과 북한 나선을 연결하는 철교가 보였다. 다시 국제합작시범구(국제물류단지)인 훈춘(인구 22만 명)에 돌아와 훈춘시 당부서기가 초청한 오찬간담회에 참석했다. 김화림 교수가 주선한 자리다. 그는 지린성(吉林省) 진흥을 위한 핵심 사업인 창춘-지린-투먼(長吉圖) 벨트 개발계획을 설명하면서 바다로 나가기 위해 북한의 나선항 부두를 빌려 사용하며(借港出海), 나선경제특구 개발계획과 연계 개발을 추진하고 있다고 설명했다. 그 시발점인 훈춘과 나선을 연결하는 4차선 50킬로미터 고속도로가 최근 완공되어 나선까지 30분밖에 걸리지 않게 되었고, 신교량 건설계획도 추진 중이라고 한다. 중국은 나선경제특구 개발 지원, 북한 지하자원 개발, 무역 증진 등으로 북한 경제발전에 기여하게 될 것이라는 설명이다.

이번 답사 여행의 최종 코스는 북한의 최북단 지방인 함북 온성군의 대안인 투먼(圖們) 일대를 둘러보는 것이었다. 투먼에서 온성의 남양과 연결된 철교와 교량을 살펴보았다. 두만강의 유일한 철교인 투먼-남양 철교는 1933년에 건설되어 함북선으로 연결된 것인데, 나선에 이르는 구간의 철도 개선 작업이 진행 중이라고 한다. 다른 구안의 새 건물들이 그러하듯이 투먼 구안 건물 역시 훌륭했고, 그 옆에 줄줄이 늘어선 '고려기념품' 상품 가게들이 인상적이었다. 또한 19세기 중엽부터 조-중 왕래와 교역 및 수송 장소였다는 두만강나루터가 우리의 관심을 끌었다. 도로와 철도가 개설되면서 이 나루터는 폐지되었다는 안내문이 암석에 새겨져 있었다. 투먼 근처의 량수이(凉水)-온성 단교(온성대교)도 둘러보았다. 이 교량은 일본군이 패망하면서 소련군의 진격을 저지하기 위해 파괴한 것이라고 한다. 그 근처의 전망대에 오르니 북한 땅 산상에 우뚝 세워진 '왕재산기념비'가 시야에 들어왔다. 이어서 한반도의 최북단 지점을 끼고 흐르는 두만강 가에서 온성군 풍서리 지방을 살펴보는 것으로 이번 답사 여행을 마무리했다.

이번 답사에서는 주로 북-중 간 합의된 16개 통과지점(口岸)인 3개 철교와 9개의 교량, 4개 수로의 대부분과 북한 접경 지역의 중국 도시 8개를 모두 둘러보며, 북-중 왕래와 교역 현황, 북한의 변화 모습을 관찰하였다. 중국 여행의 마지막 밤은 북한 측이 운영하는 옌지의 유경 호텔에서 만찬을 즐기며 마무리했다.

이번 답사 여행에 앞서 안병민 박사(한국교통연구원 동북아 북한연구센터장)가 한반도평화포럼 토론회(2011. 7. 12.)에서 발표한 설명과 자료 〈현장에서 본 북-중 경협: 황금평에서 나선까지의 교통 인프라를 중심으로〉가 큰 도움이 되었음을 밝히며 감사드린다.

다시 찾은 평양과 백두산

2018년 9월 역사적인 남북정상회담이 평양에서 개최되었다. 나는 문재인 대통령의 특별수행원으로 평양을 방문하는 행운을 누렸다. 13년 만에 이루어진 11번째의 평양 방문이었다. 2박3일 동안 북한의 최고급 호텔이라는 고려호텔에 투숙했다. 지난날에는 주로 영빈관인 백화원 초대소에서만 투숙했기 때문에 평양 시내 중심가에 위치한 고려호텔에 묵기는 이번이 처음이었다.

평양에 도착한 첫날 오후, 김영남 최고인민회의 상임위원장을 예방하고 평양대극장에서 공연 관람을 한 후 목란관에서 개최한 환영 만찬에 참석했다. 남북정상회담이 개최된 이튿날(18일), 우리 특별수행원들은 학생소년궁전, 평양교원대학, 만수대 창작사를 방문하는 등 평양 시내를 둘러볼 수 있었다.

평양의 모습은 13년 전과 비교하면 외양상 많이 달라져 있었다. '평양의 맨해튼'이라고 자랑하는, 작년에 완공되었다는 3킬로미터에 이르는 여명거리에서는 조형미를 뽐내는 82층, 70층, 55층, 45층의 초고층 아파트들이 우리의 눈길을 끌었다. 종전과 달리, 백화점에는 잘 포장된 갖가지 상품이 진열되어 있었다. 도로를 오가는 많은 택시가 눈에 띄었고, 휴대폰으로 통화하며 걸어다니는 시민들의 표정이 비교적 활기차 보였다. 13년 전에는 한복 치마저고리 차림의 여성들이 다수였는데 이제는 대부분의 여성들이 양장 차림이었고 의상과 신발 등도 서울과 크게 달라 보이지 않았다.

나는 얼마 전 중국의 북한 전문가가 전해 준 중국 측의 북한 정세 판단 내용을 회상하게 되었다. 지난 4월 서울에서 만난, 중국 베이징대학의 진징이(金景一) 교수는 '북한 김정은 집권 6년(2012~2017) 평가'를 주제로 한 북한 전문가 회의 결과를 들려주었다. 평양에서 유학한 바 있는 조선족인 그는 자주 북한을 방문하는데 최근에도 다녀왔다고 한다. 나는 근 20년간 그와 교류하면서 북한 문제를 논의해 온 사이다. 그가 이번에 들려준 요지는 이러하다.

- 김정은은 선군정치를 끝내고, 당이 주도하는 국정운영체제로 정상화하고, 권력 기반을 확고히 다졌다.
- 농업 분야에서는 포전담당제(2~3명 단위) 채택으로 농업 생산성이 증대되었고, 기업 분야에서는 자율 경영 및 성과급제 채택, 기업 간 경쟁 등으로 생산성이 향상되고, 인민 생활 향상에 성과를 이룩했다. 시장이 확장되어, 장마당이 2010년에 200개 규모에서 지금은 470개 규모로 증가했고, 휴대폰 보급이 약 580만대로 증가하여 정보 소통이 활기를 띠게 되었다.
- 핵 무력 건설을 통해 전쟁 억제력은 물론 외교 협상력을 확보하게 되는 등 자신감을 갖게 된 것으로 보인다.
- 중국, 러시아는 물론 한국, 미국과의 외교관계 개선에 적극 나서려 한다. 특히 대미 협상을 적극 추진하려 할 것이다.

이번 평양 방문을 통해, 중국 북한 전문가들의 이러한 평가를 내 눈으로도 어느 정도 확인할 수 있었다.

판문점 남북정상회담 만찬장에서 저자와 김정은 위원장의 첫 만남. 오른쪽부터 김정숙 여사와 문재인 대통령, 저자, 김영철 비서, 김정은 위원장과 리설주 여사. 2018년 4월. 사진 출처: 연합뉴스

19일에는 김정은 위원장이 주최하는 옥류관 오찬에 우리 특별수행원들도 참석했다. 냉면 정식코스로 진행된 이 오찬에 나는 주탁(헤드테이블)에 앉아 김정은 위원장과 환담을 나누게 되었다. 지난 4월 27일 판문점에서 열린 남북정상회담 만찬에서 처음으로 만나 간단한 대화를 나눈 데 이어 이번이 두 번째 만남인 셈이다.

지난 4월 판문점 만찬에서는 김정은 위원장의 여동생인 김여정이 나를 김정은 위원장에게 인도하여 소개해 주었다. 이 자리에 김영철 비서가 끼어들어 〈남북기본합의서〉 채택의 주역이었다며 남북고위급회담 당시의 이야기를 곁들여 나를 소개하였다. 나는 남북대화를 재개한 김 위원장의 결단을 평가하고, 문 대통령과 긴밀히 협력하여 미국과의 관계 개선에도 성과가 있기를 기대한다고 말했다. 김정은은 나를 잘 알고 있다며 남북관계 발전을 위해 계속 힘써달라고 말했다. 나

평양 남북정상회담을 축하하기 위해 5·1경기장에서 '빛나는 조국'이라는 프로그램으로 짜여진 집단체조와 예술공연을 펼쳤다. 2018년 9월.

는 이 첫 만남에서 그가 감성적인 자기 부친과 달리, 이성적인 성격의 소유자라는 인상을 받았다. 그의 여동생 김여정은 지난 2월 평창동계올림픽 개회식에 참석한 북측 대표단을 위한 이낙연 국무총리 주최 오찬(2. 11.)에서 처음 만났다. 나와는 여러 번 만난 바 있는 김영남 최고인민회의 상임위원장의 소개로 인사를 나누고, 한 식탁에서 식사를 하며 한 시간가량 환담을 나누었다.

김정은을 만남으로써 나는 지난 28년에 거쳐 김씨 3대를 모두 만난 남측 인사가 된 셈이다. 김일성은 남북고위급회담 대표로 1990년 예방과 1992년 오찬 회동 등으로 두 번 만났다. 김정일은 2000년 남북정상회담을 계기로 특사와 대표로서 여러 시간에 거쳐 세 번 만났고, 2005년에는 6·15 5주년 행사를 마친 뒤 그가 초대한 오찬에서 한 번 더 만나 대화를 나누었다. 김정은과는 2018년 4월 판문점과 9월 평양에서 잠시나마 환담을 나누었다.

평양의 마지막 밤에는 5·1경기장에서 집단체조와 예술공연을 관람했다. 남북정상회담을 축하하는 '빛나는 조국'이라는 프로그램이었다. 북한이 자랑하는 집단체조와 예술공연을 3시간가량 관람하면서 우리는 그 아이디어와 공연자 7,500명의 일사불란한 묘기에 감탄을 거듭했다. "평화와 번영, 통일의 대통로를 열어나가자", "새로운 미래로 나가자!" 등 다양한 카드섹션을 배경으로 다채로운 집단체조와 예술공연이 이어졌다. 다른 무엇보다도 우리를 놀라게 한 사건은, 이날 집단체조를 마치면서 김정은 위원장의 소개로 대한민국 문재인 대통령이 분단 역사상 처음으로 15만 석을 가득 채운 북한 군중을 향해 7분간 대중연설을 했다는 사실이다. 문재인 대통령은 이렇게 선언했다.

"두 정상은 전쟁의 공포와 무력 충돌의 위험이 없고, 핵무기도 핵 위협도 없는 공고한 평화를 만들고, 지난 70년 적대를 완전히 청산하고 다시 하나가 되기 위해 남북관계를 개선·발전시켜 나가기로 합의했습니다."

북한 청중은 열광적인 박수와 환호로 호응했다. 감히 상상할 수 없었던 이 역사적인 현장을 문 대통령 근처에 앉아 목격하면서 나는 감동을 넘어 감탄을 금할 수 없었다. 그리고 문 대통령이 말한 그날을 이룩하기 위해 남북이 인내심을 갖고 신뢰를 다지면서 지혜와 힘을 모아야 할 것이라고 생각했다.

집단체조 관람을 마치고, 우리는 이튿날 백두산 등정 계획을 통보받고 기대와 흥분 속에서 잠자리에 들었다. 20일 새벽 5시에 호텔을 출발하여 평양 공항에 도착하였다. 서울에서 긴급 수송해 온 방한 자켓을 지급받아 입고, 고려항공 편으로 45분간 비행하여 삼지연공항에 도착했다. 간단한 환영 행사를 마치고, 렉서스 미니버스 편으로 한 시간가량 이동하여 백두산에 도착하니 9시 30분이었다.

백두산에 오르는 접근로 4개 중 3개가 중국 쪽에 있고 하나는 북한 쪽에 있다. 나는 6년 전 중국 쪽의 북파길과 남파길로 백두산을 오르면서 북한 쪽 동파길로도 등정하고 싶은 간절한 소망을 품고 있었다. 마침내 그 소망을 이루게 되었다. 김정은 위원장이 직접 안내한 문재인 대통령 내외와 함께 동파길로 백두산에 오른 것이다. 백두산에서 3시간 동안 머물며, 최고봉인 장군봉에 올라가 보고, 4명씩 탑승하는 케이블카를 타고 천지로 내려가 차가운 물에 손을 담그는 기쁨도 만끽했다. 이렇게 하여 3개 방향에서 우리 민족의 성산 백두산을 등정하게 된 것은 나의 큰 기쁨이요 특전이 아닐 수 없다. 백두산에서 내려와 삼지연 호텔 정원에 마련된 오찬장에서 점심을 먹었다. 다시 평양 공항으로 돌아온 우리는 대한항공 편으로 갈아타고 한 시간 동안 비행하여 저녁 6시 30분에 서울공항에 안착했다. 너무나도 감격스러운 하루였다.

2018년 9월 평양 남북정상회담에 이르기까지 그 과정은 무척이나 험난하였다. 촛불혁명으로 박근혜 대통령이 탄핵·파면되고, 새로 출범한 문재인 대통령 정부는 북핵 문제로 고조되는 전쟁 위기에 직면했다. 문재인 대통령은 평창동계올림픽에 북한의 참여를 이끌어 내어 남북대화의 물꼬를 트고, 북-미 대화를 성사시켜 마침내 위기를 기회로 전환하는 데 성공하였다.

우리 민족의 성산 백두산에서. 2018년 9월.

———

    한반도는 2017년, 전쟁 위기가 최고조에 이른 최악의 상황에 직면했다. 북한은 지난 15년간 미국의 군사적 압박과 강력한 국제적 경제 제재 조치에도 불구하고, 핵실험을 여섯 번이나 강행하여 핵폭탄 제조 기술을 확보한 데 이어 핵폭탄 운반 수단인 탄도미사일 개발을 추진했다. 2017년에는 미군 전략폭격기 발진기지인 괌^{Guam}을 사정권에 둔 중거리탄도미사일 발사시험에 성공하는가 하면, 미국 독립기념일인 7월 4일에는 미국 본토를 겨냥한 대륙간탄도미사일^{ICBM} 화성-14호 발사시험에도 성공했다. 미국은 분노와 격분에 휩싸였고, 트럼프 대통령은 고강도의 군사적 압박을 가하며 전쟁 불사로 위협했다. 그는 UN총회 연설을 통해 "북한을 완전히 파괴하는 수밖에 없다"고 선언하기에 이른다. 전쟁 위기는 최고조에 이르렀다.

    북한은 이해 11월 말, 대륙간탄도미사일^{ICBM} 화성-15호 발사시험에 성공하며 "핵무력 완성"을 선언하였다. 김정은은 "미국 본토 전역이 우리의 핵 타격 사정권 안에 있다. 이제 미국은 결코 우리를 상대로 전쟁을 걸어오지 못한다"며 '전쟁 억제력 확보'에 자신감을 표명했다.

전쟁 위기로 군사적 긴장이 고조되던 엄혹한 시기에 집권한 문재인 대통령은 "결코 전쟁은 안 된다", "우리 동의 없는 군사행동은 수용할 수 없다"며 전쟁과 군사적 행동에 결연히 반대하고, 북핵 문제의 평화적 해결을 위한 흔들림 없는 노력을 경주하였다. 크리스마스를 앞둔 어느 날 나는 백낙청 공동위원장과 함께 문재인 대통령을 면담하게 되었는데 아무런 타개책을 제시할 수 없긴 마찬가지였다. 문 대통령은 평창동계올림픽에 북한이 참가하길 간절히 원하며 그 기회를 활용하여 최선을 다해 보는 수밖에 없다는 생각을 내비쳤다.

문 대통령은 동계올림픽을 평화의 올림픽으로 만들기 위해 미국을 설득하여, 예정된 한-미 팀스피릿 훈련을 무기한 연기하는 조치를 취했다. 마침내 김정은 위원장이 신년사를 통해 평창동계올림픽에 북한의 참가 의사를 밝히면서 실마리가 풀리기 시작했다. 문 대통령은 평창동계올림픽을 평화의 올림픽으로 만들고, 위기를 기회로 전환할 수 있게 된 것이다.

북한은 동계올림픽 개회식에 김영남 최고인민회의 상임위원장과 김정은의 여동생 김여정을 특사로 파견하였고, 특사단은 개회식 다음 날인 2월 10일 문 대통령과 회동하였다. 남북 간 소통의 계기가 마련된 것이다. 이어서 3월 5일 남측 특사(정의용 안보실장과 서훈 국가정보원장)가 방북하여 김정은 위원장과 회담하였다. 김정은은 남측 특사에게 비핵화 의지를 밝히며 이렇게 말했다.

"군사적 위협이 해소되고 체제 안전이 보장된다면, 핵을 보유할 이유가 없다."

"비핵화 문제와 북-미관계 정상화 문제 협의를 위한 미국과의 대화를 제의한다."

이 내용은 합의문으로 발표되었고, 남측 특사단은 지체 없이 워싱턴을 방문하여 트럼프 대통령을 만났다(3. 9.). 트럼프 대통령은 북한의 대화 제의를 즉각 수락하고, 즉석에서 북-미정상회담을 하겠다고 결단하여 세상을 놀라게 했다. 북-미정상회담에 앞서 남북 정상은 11년 만에 판문점에서 만나 '4·27 판문점 선언'을 채택하고, 한반도 평화 정착의 밑그림을 그렸다. 이에 앞서 김정은 위원장은 당중앙위원회 전원회의를 개최(4. 20.)하여 그동안의 '핵-경제 병진노선'을 버리고 '경제 건설에 총력을 집중'하는 새로운 전략적 노선을 채택한다. 핵을 걸머지고 어렵게 생존하기보다는 핵을 버리고 인민 생활 향상과 경제 건설의 길을 택하는 어려운 결단을 한 것으로 보인다.

마침내 김정은 위원장과 트럼프 대통령의 역사적인 북-미정상회담이 6월 12일 싱가포르에서 개최되었다. 이 자리에서 한반도 문제의 핵심 과제를 확인하고 포괄적으로 해결하기로 하는 총론적인 합의를 하였다. 두 정상은 아래와 같은 요지의 '싱가포르 공동성명'을 발표했다.

- 지난 70년 동안 지속된 적대관계를 해소하고, 새로운 북-미관계를 수립한다.
- 한반도의 공고한 평화체제 수립을 위해 공동으로 노력한다.

- 북한은 한반도의 완전한 비핵화를 향하여 노력하기로 약속한다.
- 북한은 미군 유해의 즉각 송환을 포함한 유해 수습을 약속한다.

이 합의가 실천에 옮겨진다면, 한반도 평화를 이룩할 수 있게 될 것이다. 대화가 진행되는 동안에는 핵실험 및 미사일 발사실험을 중단하겠다는 북한의 선제적 조치에 상응하여 미국도 한미연합군사훈련 중단조치를 취하였다. 9월의 평양 남북정상회담은 이러한 상황 진전을 배경으로 한 고무적인 분위기에서 진행된 것이다. 기존의 남북 합의들을 재확인하고, 군사적 신뢰구축조치를 망라한 군사 분야 부속합의서도 채택하는 한편, 핵 문제 해결 방안도 제시하는 '9·19 평양공동선언'을 채택하였다. 문재인 대통령은 '남북관계 개선을 가속화하여 북·미관계를 견인'하고자 한 것이다.

2018년은 위기를 기회로 전환한 기념비적인 한 해였다. 2018년 초 평창에서 시작하여, 봄에는 남북의 정상이 판문점에서 만나고, 여름에는 북-미 정상이 싱가포르에서 역사상 최초의 정상회담을 하고, 가을에는 남북이 평양에서 정상회담을 거듭하며 일촉즉발의 전쟁 위기에서 대화와 협상을 시작하는 극적 반전을 이루었다. 소중한 성과임에 틀림없다. 하지만 유감스럽게도 북-미관계는 다시 경색되었다. 싱가포르 북-미 정상합의는 이듬해 2월 하노이에서 열린 제2차 북-미정상회담에서 파국을 맞았다. 트럼프 대통령이 한반도에서 변화보다는 현상유지를 원하는 군산복합체 등 보수 강경파들의 제동에 걸려 앞으로 나가지 못하고 주저앉았다는 것이 일반적인 평가다. 모처럼 위기를 기회로 전환하는 계기를 마련하였으나, 북-미관계 파탄으로 인해 남북 관계도 1년을 넘기지 못하고 다시 경색 국면에 접어들었다.

한반도 문제에 깊이 개입한 초대강국 미국이 대북관계 개선에 나서 지 않는 한 남북관계 개선은 기대하기 어렵다는 엄혹한 현실에 다시 직면하게 된 것이다. 지난날 클린턴 행정부가 보여 주었듯이, 미국이 결 단하면 미-북 적대관계를 해소하고 북핵 문제 해결은 물론 한반도 평 화체제 구축의 길이 열릴 수 있다. 미국의 결단이 문제 해결의 열쇠라 할 것이다. 우리는 인내심과 일관성, 신축성을 갖고 꾸준히 북한을 설 득해야 한다. 그리고 남과 북이 힘을 합쳐 미국을 선도하여 중단된 한 반도 평화 프로세스를 다시 추진해야 한다. 미국과 북한이 싱가포르 정상회담에서 합의한 '북-미관계 정상화'와 '비핵화', '정전상태의 평화 체제로의 전환'에 더하여 '남북관계 개선 발전'이 한반도 문제의 4대 핵 심과제다. 서로 긴밀한 연관성과 상호의존성을 지닌 이 4대 핵심과제는 포괄적·단계적으로 해결해 나가야지, 어느 한 요소만 먼저 해결할 수는 없다는 것이 우리가 지난 30년의 경험을 통해 얻은 소중한 교훈이다.

이제 더는 미루지 말고, 남-북, 한-미, 북-미가 이미 합의한 바 있고 중국도 동의한 '4자평화회담'을 개최하여 정전체제를 평화체제로 전환 하는 과정을 시작해야 한다. 이 과정을 통해 한반도의 4대 핵심과제 를 포괄적·단계적으로 해결해 나가야 한다. 그리고 평화 공존과 공동 번영의 '남북연합'을 형성하여 '사실상의 통일 상황'부터 이룩하고, 평 화와 번영의 통일국가를 지향해 나가야 한다. 평화가 전부는 아니지만 평화 없이는 아무것도 이루지 못한다. 한반도 평화 프로세스를 다시 추진해야 한다.

다시, 평화

임동원 자서전

임동원 지음
© 임동원, 2022

초판 1쇄 인쇄일 2022년 9월 23일
초판 1쇄 발행일 2022년 10월 1일

ISBN 979-11-5706-268-3 (03340)

만든 사람들
기획편집   배소라
책임편집   박정수
디자인   케이앤북스
홍보 마케팅   김성현 최재희 맹준혁
인쇄   아트인

펴낸이   김현종
펴낸곳   ㈜메디치미디어
경영지원   이도형
등록일   2008년 8월 20일 제300-2008-76호
주소   서울시 중구 중림로7길 4, 3층
전화   02-735-3308
팩스   02-735-3309
이메일   editor@medicimedia.co.kr
페이스북   facebook.com/medicimedia
인스타그램   @medicimedia
홈페이지   www.medicimedia.co.kr